REFERENCE INDEX

רעפערענץ־אינדעקס

ABBREVIATIONS

adj	adjective
adv	adverb
coll	collective
conj	conjunction
cont	contemptuous
f	feminine
fem	feminine
interj	interjection
m	masculine
masc	masculine
n	noun
pl	plural
prep	preposition
pron	pronoun
sing	singular
v	verb

קירצונגען

א״א	און אַנדערע
אאז״ו	און אַזוי ווײַטער
אדוו	אַדווערבּ
אדי	אַדיעקטיוו
א״ע	און ענלעכע
וו	ווערבּ
וכ׳	וכדומה
ז	לשון־זכר
נ	לשון־נקבה
ס	לשון־סתם, מין סתמי
פ״נ	פּרט־נאָמען
פּראָנ	פּראָנאָם
פּרעפּ	פּרעפּאָזיציע
קאָל	קאָלעקטיוו
קאָנ	קאָניונקציע
ר	לשון־רבּים

A a

a, A n	אַ ז (ען) (בוכשטאַב)
a indefinite article	אַ (למשל: אַ לאַנד)
abandon v	פאַרלאָזן; אויפגעבן
abandonment n	פאַרלאָזונג נ
abase v	דערנידעריקן; פאַרשעמען
abbey n	קלויסטער ז (ס)
abbreviate v	פאַרקירצן
abbreviation n	פאַרקירצונג נ (ען)
abdomen n	בויך ז (בײַכער)
abhor v	עקלען, מיאוסן זיך
ability n	פעאיקייט נ (ן)
able adj	פעאיק
abnormal adj	אומנאָרמאַל
abode n	וווינאָרט ס (וווינערטער)
abolish v	אָפּשאַפן
abolition n	אָפּשאַפונג נ (ען)
abominable adj	עקלדיק
abound v	זײַן בשפע
about prep, adv	וועגן; אַרום; אומגעפער, אַן ערך
above prep, adv	איבער; העכער; אויבן
above (Also above-mentioned) adj	אויבן-דערמאָנט
abridge v	פאַרקירצן
abridgment n	פאַרקירצונג נ (ען)
abroad adv	אין אויסלאַנד
abrogate v	בטל מאַכן
abrupt adj	פלוצעמדיק; שאַרף
abscess n	געשוויר ס (ן)
absence n	אָפּוועזנהייט נ
absent adj	פעלנדיק; ניטאָ
absolute adj	אַבסאָלוט
absolutely adv	דורכויס
absorb v	אײַנזאַפּן
absorbed adj	פאַרטיפט; פאַרטאָן
abstain v	אָפּהאַלטן זיך
abstract adj	אַבסטראַקט
abstract n	קיצור ז (ים)
absurd adj	אַבסורד
absurdity n	אַבסורד ז (ן)
abundance n	שפע נ (ס)
abuse v	באַניצן לרעה
abyss n	אָפּגרונט ז (ן)
acacia n	אַקאַציע נ (ס)
academy n	אַקאַדעמיע נ (ס)
accelerate v	פאַרגיכערן
accent n	אַקצענט ז (ן)
accentuate v	אַקצענטירן
accept v	אָננעמען
acceptable adj	פאַסיק
acceptance n	אָננעמונג נ
access n	צוטריט ז (ן)
accessible adj	צוטריטלעך
accessory n	צוגאָב ז (ן); מיטפאַרברעכער ז
accident n	צופאַל ז (ן); אומגליק ס (ן)
acclaim v	אַפּלאַדירן; באַגריסן
accommodate v	צופרידן שטעלן; אײַנאָרדענען
accompany v	באַגלייטן
accomplice n	מיטפאַרברעכער ז (ס)
accomplish v	אויספירן; דערגרייכן
accomplishment n	דערגרייך ז (ן)

accord n הסכם ז (ס); האַרמאָניע נ (ס)
accord v אײַנשטימען
accordingly adv וועדליק דעם; דעריבער
according to לויט, וועדליק
accordion n אַקאָרדיאָן ז (ען)
accost v ווענדן זיך (מיט פרעכקייט)
accoucheur n אַקושאָר ז (ן)
accoucheuse n אַקושאָרקע נ (ס)
account n חשבון ז (ות), באַריכט ז (ן); קאָנטע נ (ס); ווערדע נ (ס)
account v באַריכטן; באַרעכענען, באַטראַכטן
accountable adj פאַראַנטוואָרטלעך
accountant n רעכנמײַסטער ז (ס)
accrue v צוּוואַקסן
accumulate v אָנזאַמלען
accurate adj פינקטלעך
accursed adj פאַרשאָלטן
accusation n באַשולדיקונג נ (ען)
accuse v באַשולדיקן
accused adj באַשולדיקט
accused n באַשולדיקטער ז, אָנגעקלאָגטער ז
accustom v צוגעוויינען
ache n ווייטיק ז (ן)
ache v וויי טאָן; בענקען
achieve v דערגרייכן
achievement n דערגרייך ז (ן)
acid adj זויער
acid n זײַערס ס (ן)
acknowledge v באַשטעטיקן
acknowledgment n באַשטעטיקונג נ (ען)
acorn n חזיר־ניסל ס (עך)

acquaint v באַקענען
acquaintance n באַקאַנטער ז; באַקאַנטשאַפט נ (ן)
acquire v אײַנשאַפן זיך, דעראָבערן
acquit v פרײַזאָגן
acquittal n פרײַזאָגונג נ (ען)
acre n אַקער ז (ס)
acrobat n אַקראָבאַט ז (ן)
acronym n ראשי־תיבות ז (ן)
across prep, adv איבער, אויף יענער זײַט; אין קאָנטאַקט מיט; אַריבער
act n אַקט ז (ן), טאַט נ (ן)
act v פירן זיך; שפילן, אויפטרעטן
acting adj אַמטירנדיק
action n טואונג נ (ען); האַנדלונג נג (; קאַמף ז (ן)
active adj טעטיק
activity n טעטיקייט נ (ן)
actor n אַקטיאָר ז (ן), שוישפילער ז (ס)
actress n אַקטריסע נ (ס), שוישפילערין נ (ס)
actual adj פאַקטיש
acuity n שאַרפקייט נ
acumen n שאַרפזיניקייט נ
ad n אַנאָנס ז (ן)
adage n שפריכוואָרט ס (שפריכווערטער)
adamant adj אומפשרותדיק
adapt v צופאַסן
add v צוגעבן, צולייגן, מוסיף זײַן
addict n אַדיקט ז (ן)
addition n חיבור ז (ים); צוגאָב ז (ן)
address n אַדרעס ז (ן); רעדע נ (ס)
address v אַדרעסירן; ווענדן זיך צו
adept adj טאַט־פעאיק

adequate adj גענוגיק
adhere קלעפּן זיך; בלײַבן געטרײַ
adherent n אָנהענגער ז (ס)
adhesive adj קלעפּיק
adjacent adj דערבײַאיק, נאָענט
adjective n אַדיעקטיוו ז (ן)
adjourn v אָפּלייגן (אַ זיצונג)
adjust v צופּאַסן; רעגולירן
adjustment n צופּאַסונג נ (ען)
adjutant n אַדיוטאַנט ז (ן)
ad-lib v אימפּראָוויזירן
administer v אָנפירן
administration n אַדמיניסטראַציע נ (ס)
administrator n אַדמיניסטראַטאָר ז (ן)
admirable adj באַוווּנדערלעך, אויסגעצייכנט
admiral n אַדמיראַל ז (ן)
admiration n באַוווּנדערונג נ
admire v באַוווּנדערן
admirer n פאַרערער ז (ס)
admissible adj דערלאָזלעך
admit v אַרײַנלאָזן; אָנערקענען
admittance n אַרײַנגאַנג־רעכט ס
admonish v וואָרענען
admonition n וואָרענונג נ (ען)
adopt v אַדאָפּטירן; אָננעמען
adoption n אַדאָפּטירונג נ (ען); אָננעמען ס
adore v פאַרגעטערן; פאַרהערלעכן
adorn v באַפּוצן, אויסצירן
adult adj דערוואַקסן
adult n דערוואַקסענער ז
adultery n ניאוף ז (ים) (פאַרשוועכונג פון זיווג)
advance v גיין פאָראויס; שטײַגן
advance n פאָראויסגאַנג ז (פאָראויסגענג)
advancement n פּראָגרעס ז; העכערונג (אין ראַנג) נ
advantage n יִתרון ז (ות)
advantageous adj גינציק
adventure n אַוואַנטורע נ (ס); פּאַסירונג נ (ען)
adventurer n אַוואַנטוריסט ז (ן)
adventurous adj אַוואַנטוריסטיש
adverb n אַדווערב ז (ן)
adversary n קעגנער, קעגנענער ז (ס)
adverse adj אומגינציק; אומפרײַנדלעך
adversity n אומגליק ס (ן); שוועריקייט נ (ן)
advertise v אַנאָנסירן
advertisement n אַנאָנס ז (ן)
advice n עצה נ (עצות)
advisable adj ראַטזאַם
advise v ראָטן, געבן אַן עצה
adviser n ראַטגעבער ז (ס), יועץ ז (ים)
advocate v רעקאָמענדירן
advocate n שטיצער ז (ס); אַדוואָקאַט ז (ן)
aerial n אַנטענע נ (ס)
aesthetic, esthetic adj עסטעטיש
aesthetics, esthetics n (takes sing. v.) עסטעטיק נ
aether, ether n עטער ז
afar adv פון דער ווײַטן
affable adj ליבלעך; אָנגענעם
affair n עניין ז (ים), עסק ז (ים); ראָמאַן ז (ען)
affect v ווירקן

affection n ליבשאַפט נ(ן)
affectionate adj ליבלעך, וואַרעם
affidavit n אַפידייוויט ז(ן)
affiliate v פאַרבינדן; פאַראייניקן זיך
affinity n נאָענטשאַפט נ(ן)
affirm v באַשטעטיקן
affirmative adj באַשטעטיקט
affix v אָנהעפטן, צוטשעפען
afflict v פלאָגן
affliction n פלאָג (ן), אָנשיקעניש ס(ן)
affluence n רײַכקייט נ; שפע נ
affluent adj רײַך
afford v האָבן דאָס געלט פאַר; זײַן אומשטאַנד; פאַרשאַפן
affront n באַליידיקונג נ(ען)
aforesaid adj אויבנדערמאָנט
afraid adj דערשראָקן
afresh adv פון דאָס נײַ
after prep & adv נאָך; שפעטער; פון הינטן
aftereffect n נאָכעפעקט ז(ן)
afterlife n עולם־הבא ז
aftermath n נאָכווירק ז(ן)
afternoon n נאָכמיטאָג ז(ן)
aftertaste n נאָכגעשמאַק ז(ן)
afterthought n נאָכגעדאַנק ז(ן)
afterward, afterwards adv נאָך דעם, דערנאָך
again adv ווידער, נאָך אַ מאָל
against prep קעגן; אַנטקעגן
agave n אַגאַווע נ(ס) (מידבר־געוויקס)
age n עלטער ז; תּקופה נ(תּקופות)
aged adj אַלט
agency n אַגענטור נ(ן)
agent n אַגענט ז(ן)
aggravate v פאַרערגערן; אויפרעגן
aggression n אַגרעסיע נ(ס), אָנפאַל ז(ן)
aggressive adj אַגרעסיוו
aggressor n אָנפאַלער ז(ס)
agile adj פלינק
agility n פלינקייט נ
agitate v טרייסלען; אויפרודערן
agitation n טרייסלונג נ(ען); העצע נ(ס)
agitator n אַגיטאַטאָר ז(ן)
ago adv מיט... צוריק, פריער
– long ago לאַנג צוריק
agony n יסורים ר
agree v מסכּים זײַן, אײַנשטימען
agreeable adj ליב; אײַנשטימיק
agreement n אָפמאַך ז(ן), הסכּם ז(ס)
agribusiness n אַגריהאַנדל ז
agriculture n אַגריקולטור נ, ערדאַרבעט נ
agronomy n אַגראָנאָמיע נ
ah interj אַ! אַך!
aha interj אַהאַ!
ahead adv פאָראויס
ahoy interj אַהוי! (רוף אָדער באַגריסונג פון מאַטראָזן)
aid v העלפן
aid n הילף נ
aide-de-camp n אַדיוטאַנט ז(ן)

ail v	קרענקען
ailment n	קרענק נ (ען)
aim v	צילן; שטרעבֿן
aim n	ציל ז (ן); שטרעבֿונג נ (ען)
aimlessly adv	אָן אַ ציל
air n	לופט נ; מעלאָדיע נ (ס)
airfield n	פליפעלד ס (ער)
air force	לופט־מיליטער ס, לופטפלאָט ז (ן)
airmail n	לופטפאָסט נ
airplane n	עראָפּלאַן ז (ען)
airport n	לופטפאָרט ז (ן)
airy adj	לופטיק; דעליקאַט
aisle n	דורכגאַנג ז (ען) (צווישן רייען פון שטולן, א״ע)
alarm n	אַלאַרעם ז (ס); שרעק ז (ן)
alarm v	איבֿערשרעקן
alarm clock	וועקזייגער ז (ס)
alas interj	וויי!
album n	אַלבֿאָם ז (ען)
alchemy n	אַלכעמיע נ
alcohol n	אַלקאָהאָל ז (ן)
alderman n	שטאָט־יועץ ז (ים)
alert adj	וואַכזאַם, וואַכיק
alert n	אַלאַרעם ז (ס); גרייטקייט צושטאַנד ז (ן)
alert v	אַלאַרמירן, וואָרנען
alertness n	וואַכזאַמקייט נ
algebra n	אַלגעבֿרע נ
alibi n	אַליבֿי ז (ס)
alien adj	פרעמד
alien n	אויסלענדער ז
alienate v	אָפּפרעמדן
alike adj, adv	גלײַך; ענלעך
alimony n	אַלימענטן ר

alive adj	לעבֿעדיק
all adj, pron, adv	אַלע; גאַנץ; אַלץ; אין גאַנצן, גאָר
allegation n	טענה נ (ות), באַשולדיקונג נ (ען)
allege v	טענהן, האַלטן
allegiance n	געטרײַשאַפט נ (צו אַ פאָלק, וכ׳)
allegory n	אַלעגאָריע נ (ס)
allergic adj	אַלערגיש
allergy n	אַלערגיע נ (ס)
alleviate v	לינדערן
alley n	געסל ס (עך)
alliance n	אַליאַנץ נ (ן), בֿונד ז (ן)
alliteration n	אַליטעראַציע נ, (ס)
allocate v	צוטיילן
allow v	דערלויבֿן
allowance n	געלט־שטיצע נ (ס) (וואָכנגעלט, וכ׳); הנחה נ (הנחות)
alloy n	געשמעלץ ס (ן)
all right	רעכט; גוט; געזונט
allude v	אָנדײַטן, מרמז זײַן
ally n	פאַרבֿינדעטער ז
almighty adj	אלמעכטיק
the Almighty n	אַלמעכטיקער ז (גאָט)
almond n	מאַנדל ז (ען)
almost adv	כּמעט (זייער נאָענט צו, שיִער ניט)
alms n pl	צדקה נ; נדבה נ (נדבות)
aloft adv	אויבֿנאַרויף
alone adj, adv	איינזאַם; אַליין
along prep, adv	לענג־אויס; ווײַטער; פאָראויס; צוזאַמען

alongshore adv בײַם ברעג
aloof adj גלײַכגילטיק; קיל, צוריקגעהאַלטן
alp n הויכער באַרג ז
alphabet n (העברעאישער) אַלפבית ז (ן); אַלפאַבעט ז (ן)
Alps n pl אַלפּן ר־פּ״נ
already adv שוין
also adv אויך, אויכעט
altar n אַלטאַר ז (ן); מזבח ז (ות)
alter v איבערמאַכן
alternate adj יעדער צווייטער; אַנדערער
alternate v אָפּבײַטן; בײַטן זיך
alternative n אַלטערנאַטיוו נ (ן), ברירה נ (ברירות)
although conj כאָטש
altitude n הייך נ (ן)
altogether adv בסך־הכּל, אין גאַנצן, אינגאַנצן
altruism n אַלטרואיזם ז
aluminium n אַלומיניום ז
always adv שטענדיק, תּמיד
amateur n אַמאַטאָר ז (ן)
amaze v דערשטוינען
amazement n דערשטוינונג נ, פֿאַרגאַפֿונג נ
ambassador n אַמבאַסאַדאָר ז (ן)
ambiguous adj צווייטײַטשיק
ambition n אַמביציע נ
ambitious adj אַמביציעז
ambulance n אַמבולאַנס ז (ן)
ambuscade, ambush n אַמבוסקאַדע נ (ס), לאָקער ז (ן)
ameliorate v פֿאַרבעסערן

amen interj אמן!
amend v אויסבעסערן
amendment n אויסבעסערונג נ (ען); הוספה נ (הוספות)
amiable adj ליבהאַרציק
amicable adj פֿרײַנדלעך
amid, amidst prep אינמיטן; צווישן
ammunition n אַמוניציע נ
amnesty n אַמנעסטיע נ
among, amongst prep צווישן
amortization n אַמאָרטיזאַציע נ
amortize v אַמאָרטיזירן
amount n סכום ז (ען)
amount v באַטרעפֿן
amphibian n אַמפֿיביע נ (ס)
amphibious adj אַמפֿיביש
ample adj גענוגיק; ברייט
amputate v אַמפּוטירן
amulet n קמיע נ (ות)
amuse v פֿאַרווײַלן
amusement n פֿאַרווײַלונג נ (ען)
an indefinite article אַן (דוגמא: אַן עפּל)
anachronism n אַנאַכראָניזם ז (ען)
analogous adj אַנאַלאָגיש
analogy n אַנאַלאָגיע נ (ס)
analysis n אַנאַליז ז (ן)
analyze v אַנאַליזירן
anarchist n אַנאַרכיסט ז (ן)
anarchy n אַנאַרכיע נ
anathema n חרם ז (ס); פֿאַרשאָלטענער ז
anatomy n אַנאַטאָמיע נ
ancestor n אָב ז
ancestors n pl אבות ר, אור־עלטערן ר
anchor n אַנקער ז (ס)

anchor v	פאַראַנקערן
ancient adj	פאַרצײַטיש;
	זייער אַלט
and conj	און
anecdote n	אַנעקדאָט ז (ן)
anemia n	אַנעמיע נ
	(פאַראָרעמקייט פון בלוט)
anemone n	אַנעמאָנע נ (ס),
	פסח־בלום נ (ען)
anesthetic n	אַנעסטעטיק ז (ן)
anew adv	פון דאָס נײַ, פונסנײַ
angel n	מלאך ז (ים)
anger n	כּעס ז, צאָרן ז
anger v	דערבייזערן, דערצערענען
angle n	ווינקל ז (ען)
angry adj	בייז, צאָרניק
anguish n	פּײַן נ, יסורים ר
animal n	חיה נ (חיות)
animate v	מונטערן, באַלעבן
ankle n	קנעכל ס (עך)
annex v	אַנעקסירן, אָנשליסן
annex n	אַנעקס ז (ן), צובוי ז (ען)
annihilate v	פאַרטיליקן
annihilation n	פאַרטיליקונג נ
anniversary n	יאָרטאָג ז (יאָרטעג)
annotate v	שרײַבן נאָטיצן
announce v	מעלדן, באַקאַנט מאַכן
announcement n	מעלדונג נ (ען),
	מודעה נ (מודעות)
annoy v	דערקוטשען; טשעפּען
annual adj	יערלעך
annul v	בטל מאַכן, אָפּשאַפן
anoint v	זאַלבן
another adj	אַן אַנדער
answer n	ענטפער ז (ס)
answer v	ענטפערן
ant n	מוראַשקע נ (ס)
antagonism n	אַנטאַגאָניזם ז
antenna n	אַנטענע נ (ס)
anthem n	הימען ז (ס);
	לויב־ליד ס (ער)
anthology n	אַנטאָלאָגיע נ (ס)
anthropology n	אַנטראָפּאָלאָגיע נ
antibiotic n	אַנטיביאָטיק ז (ן)
anticipate v	פאָראויסזען;
	ריכטן זיך, דערוואַרטן
antipathy n	אַנטיפּאַטיע נ (ס)
antiquarian n	אַנטיקוואַר ז (ן)
antique adj	פאַרצײַטיש
antique n	אַנטיק ז (ן)
anti-Semite n	אַנטיסעמיט ז (ן)
anti-Semitic adj	אַנטיסעמיטיש
anti-Semitism n	אַנטיסעמיטיזם ז
antiseptic n	אַנטיסעפּטיק ז (ן)
antonym n	אַנטאָנים ז (ען)
anvil n	קאָוואַדלע נ (ס)
anxiety n	אומרו נ (ען);
	דאגה נ (דאגות)
anxious adj	אומרואיק; נײַגעריק
any adj	אַבי וועלכער
anybody pron	יעדער איינער;
	ווער נאָר
anybody n	חשובער פאַרשוין ז
	(חשובע פאַרשוינען)
anyhow adv	ווי עס איז;
	סײַ ווי סײַ
anything pron	אַבי וואָס, עפּעס
anyway adv	סײַ ווי סײַ,
	יעדן פאַל, יעדנפאַלס
anywhere adv	אַבי וווּ, ערגעץ

apartment n דירה נ (דירות), װוינונג נ (ען)
ape n מאַלפּע נ (ס)
ape v מאַלפּעװען, נאָכקרימען
aphorism n אַפּאָריזם ז (ען)
apologetic adj אַפּאָלאָגעטיש
apologize v אַנטשולדיקן זיך
apology n אַנטשולדיקונג נ (ען)
apostrophe n אַפּאָסטראָף ז (ן)
appall v דערשיטערן
appalling adj גרויליק
apparel n קליידונג נ
apparel v באַקליידן; אויספּוצן זיך
apparent adj קלאָר; קענטיק
apparently adv משמעות, באַשײַמפּערלעך
appeal n אויפֿרוף ז (ן); צוצי ז (ען); אַפּעלאַציע נ (ס)
appeal v אַפּעלירן; געפֿעלן
appear v אויסזען; אויפֿטרעטן; דערשײַנען
appearance n אויסזען ס; אויפֿטריט ז (ן); דערשײַנונג נ (ען)
appease v באַרואיקן; באַפֿרידיקן; נאָכגעבן
appeasement n באַרואיקונג נ (ען); נאָכגעבונג נ
appendix n בלינדע קישקע נ (ס); הוספה נ (צו אַ בוך אָדער דאָקומענט)
appetite n אַפּעטיט ז (ן)
applaud v אַפּלאָדירן
applause n אַפּלאָדיסמענטן ר
apple n עפּל ז
applesauce n עפּל־צימעס ז (ן); (סלענג) שטות ז/ס (ים)
appliance n מכשיר ז (ים)
application n אָנווענדונג נ (ען); אַפּליקאַציע נ (ס), בּיטע נ (ס)
apply v אָנווענדן; אָנגעבן (אַ בּיטע)
appoint v נאָמינירן, באַשטימען
appointment n באַשטימונג נ (ען); אָפּשמועס ז (ן)
appraisal n שאַצונג נ (ען)
appraise v שאַצן
appreciate v אָנערקענען; זײַן דאַנקבאַר
apprehend v באַזאָרגט זײַן; אַרעסטירן; באַנעמען, תּופֿס זײַן
apprehension n חשש ז (ים); אַרעסט ז (ן); תּפֿיסה נ, באַנעם ז (ען)
apprentice n לערנייִנגל ס (עך)
approach v צוגיין, דערנענטערן זיך
approach n צוגאַנג ז (ען)
appropriate adj פּאַסיק, געהעריק
appropriate v צוטיילן; צונעמען פֿאַר זיך
approve v באַשטעטיקן; מסכּים זײַן
approximately adv בערך, אומגעפֿער
apricot n אַפּריקאָס ז (ן)
April n אַפּריל ז (ן)
apron n פֿאַרטעך ז (ער)
apt adj פּאַסיק
aptitude n טאַלענט ז (ן); געלענק ס (ען)
aquarium n אַקוואַריום ז (ס)
aqueduct n אַקוועדוקט ז (ן)
arbitrary adj קאַפּריזיק; טיראַניש

arbitration n	בוררות ס
arbitrator n	בורר ז (ים)
arch n	בויגן ז (ס)
archaeology, archeology n	אַרכעאָלאָגיע נ
archer n	פײַלן־בויגער ז (ס)
archipelago n	אַרכיפעלאַג ז (ן)
architect n	אַרכיטעקט ז (ן)
architecture n	אַרכיטעקטור נ (ן)
archives n pl	אַרכיוו ז (ן)
area n	שטח ז (ים); ראַיאָן ז (ען); געביט ס (ן)
arena n	אַרענע נ (ס)
argue v	אַרגומענטירן; טענהן
argument n	אַרגומענט ז (ן); טענה נ (טענות)
aria n	אַריע נ (ס)
arid adj	טרוקן
arise v	אויפשטיין
aristocracy n	אַריסטאָקראַטיע נ (ס)
aristocrat n	אַריסטאָקראַט ז (ן)
aristocratic adj	אַריסטאָקראַטיש
arithmetic n	אַריטמעטיק נ
ark n	נחס תּיבה נ
Holy Ark	אָרון־קודש ז
arm n	אָרעם ז (ס)
arm v	באַוואָפענען
armada n	אַרמאַדע נ (ס)
armament n	באַוואָפענונג נ (ען)
armaments n pl	וואָפן ס (ן)
armchair n	פאָטעל ז (ן)
armed adj	באַוואָפנט
armistice n	וואָפן־שטילשטאַנד ז (ן)
armor, armour n	פאַנצער ז (ס)
arms n pl	געווער ס

army n	אַרמיי נ (ען), מיליטער ס
aroma n	אַראָמאַט ז (ן)
around adv, prep	אַרום; אַנטקעגן; לעבן
arouse v	אויפרודערן
arrange v	אײַנאָרדענען; צוגרייטן
arrangement n	אײַנאָרדענונג נ (ען); צוגרייטונג נ (ען)
arrest v	אַרעסטירן
arrest n	אַרעסט ז (ן)
arrive v	אָנקומען
arrogance n	פאַרריסנקייט נ, גאווה נ
arrow n	פײַל נ (ן)
arsenal n	אַרסענאַל ז (ן)
arson n	אונטערצינדונג נ (ען)
art n	קונסט נ (ן)
artichoke n	אַרטישאָק ז (ן)
article n	אַרטיקל ז (ן) (מאמר; פאַראַגראַף; חפץ; אָרגאַניש בײַוואָרט פון סובסטאַנטיוו: אַ, אַן, קיין, דער, די, דאָס)
articulate adj	דײַטלעך
artifact n	אַרטיפאַקט ז (ן)
artificial adj	געמאַכט; קינסטלעך
artillery n	אַרטילעריע נ
artisan n	בעל־מלאָכה נ (־מלאָכות)
artist n	קינסטלער ז (ס)
artistic adj	קינסטלעריש
as adv, conj	ווי, גלײַך ווי; אַלס; אַזוי ווי; ווען, בעת
ascend v	אַרויפגיין; אַרויפשטײַגן
ascent n	אַרויפגאַנג ז (ען); אויפשטײַג ז
ash n	אַש ס
ash tray	אַש־טעצל ס (עך), אַש־בעכער ז (ס)

aside adv אין אַ זײַט
ask v פרעגן; בעטן
aspect n אַספּעקט ז (ן)
asphalt n אַספאַלט ז
aspiration n אַספּיראַציע נ (ס), שטרעבונג נ (ען)
aspire v שטרעבן
aspirin n אַספּירין ז (ען)
ass n אייזל ז (ען)
assail v באַפאַלן
assailant n אָנפאַלער ז (ס)
assault v אָנגרײַפן
assault n אָנגרײַף ז (ן)
assemble v צונויפזאַמלען; צונויפשטעלן
assembly n פאַרזאַמלונג נ (ען)
assert v פעסטשטעלן
assess v טאַקסירן; אָפשאַצן
assessor n טאַקסאַטאָר ז (ן); שאַצער ז (ס)
asset n פלוס ז (ן), מעלה נ (מעלות)
assets n pl אַקטיוון ר
assiduous adj פלײַסיק
assignment n אויפגאַבע נ (ס)
assimilate v אַסימילירן
assimilation n אַסימילאַציע נ (ס)
assist v אַרויסהעלפן
assistance n הילף נ; אונטערשטיצונג נ
assistant n אַסיסטענט ז (ן)
associate v פאַרבינדן; חברן זיך
associate n שותּף ז (ים); חבר ז (ים); מיטאַרבעטער ז (ס)
association n פאַרבאַנד ז (ן); פאַראייניקונג נ (ען)

assort v סאָרטירן
assorted adj פאַרשיידענערליי
assume v משער זײַן; נעמען אויף זיך; פרעטענדירן
assure v פאַרזיכערן
asterisk n שטערנדל ס (עך)
astonish v פאַרוווּנדערן
astonishment n פאַרוווּנדערונג נ (ען)
astray adv, adj אָוועק פון גלײַכן וועג; פאַרבלאָנדזשעט
astrology n אַסטראָלאָגיע נ
astronaut n אַסטראָנאַט ז (ן)
astronomer n אַסטראָנאָם ז (ען)
astronomy n אַסטראָנאָמיע נ
asylum n אַזיל ז (ן)
at prep אין; בײַ, לעבן; אויף; צו
atheism n אַטעאיזם ז
athlete n אַטלעט ז (ן)
athletic adj אַטלעטיש
athletics n אַטלעטיק נ
atlas n אַטלאַס ז (ן)
atmosphere n אַטמאָספער נ (ן)
atom n אַטאָם ז (ען)
atomic adj אַטאָמיש
atonement n פאַרגעבונג נ
atrocious adj גרויזאַם
atrocity n אַכזריותדיקער טאַט ז
attach v צוטשעפען; צובינדן; בײַלייגן
attack v אַטאַקירן, באַפאַלן
attack n אַטאַק ז (ן), אָנפאַל ז (ן)
attain v דערגרייכן
attainment n דערגרייכונג ז (ען)
attempt v פרוּוון
attempt n פרוּוו ז (ן)

attend v בײַזײַן; באַגלייטן; באַדינען
attendance n בײַזײַן ס
attendant n באַדינער ז(ס)
attention n אויפמערקזאַמקייט נ
attentive adj אויפמערקזאַם
attic n בוידעם ז(ס)
attitude n שטעלונג נ(ען)
attorney n אַדוואָקאַט ז(ן)
attract v צוציִען
attraction n צוציאונג נ(ען);
אַטראַקציע נ(ס)
attractive adj צוציִענדיק; חנעוודיק
attrition n צערײַבונג נ;
אָפּפאַלונג נ(דורך עמעריטור,
רעזיגנירונג, א״ע)
auburn adj רויט־ברוין
auction n ליציטאַציע נ(ס)
audacity n מוט ז
audible adj הערעוודיק
audience n עולם ז(ס); אודיִענץ נ(ן)
auditorium n אודיטאָריע נ(ס)
augment v פאַרגרעסערן
august adj דערהויבן
August n אויגוסט ז(ן)
aunt n מומע נ(ס)
austerity n צנע נ
authentic adj אויטענטיש
author n מחבר ז(ים)
author v מחבר זײַן, פאַרפאַסן
authority n אויטאָריטעט נ(ן)
authorize v באַפולמעכטיקן
auto n אויטאָ ז(ס)
autobiography n אויטאָביאָגראַפיע נ(ס)
autograph n אויטאָגראַף ז(ן)
autograph v אויטאָגראַפירן

automat n אויטאָמאַט ז(ן)
automatic adj אויטאָמאַטיש
automation n אויטאָמאַציע נ
automobile n אויטאָמאָביל ז(ן)
autonomous adj אויטאָנאָמיש
autonomy n אויטאָנאָמיע נ(ס)
autumn n האַרבסט ז(ן)
autumnal adj האַרבסטיק
availability n פאַראַנענקייט נ
available adj פאַראַניק
avalanche n לאַווינע נ(ס)
avarice n געלטגײַציקייט נ,
תאוות־הממון נ
avaricious adj געלטגײַציק
avenge v נעמען נקמה
avenue n אַלייע נ(ס)
average adj דורכשניטלעך
average n דורכשניט ז(ן)
aversion n עקל ז(ען)
avert v פאַרהיטן
aviation n אַוויאַציע נ
avocado n אַוואָקאַדאָ ז(ס)
avoid v אויסמײַדן
avow v מודה זײַן עפנטלעך
await v וואַרטן אויף
awaken v אויפוועקן
award v באַלוינען; צופּסקענען
award n אויסצייכענונג נ(ען);
צופּסקענונג נ(ען)
aware adj וויסיק; אינפאָרמירט
awareness n וויסיקייט נ
away adv, adj אַוועק; ניטאָ; ווײַט
awe n אָפּשײַ ז, יראת־הכבוד ס
awful adj שרעקלעך; זייער שלעכט
awkward adj אומגעלומפּערט; פריקרע

awl n — נאָל נ (ן)
ax, axe n — האַק נ (העק)
axiom n — אַקסיאָם נ (ען) (אָנגענומענער פּרינציפּ)
axis n — אַקס נ (ן)
azan n — מאָסלעמישער רוף ז (צום ציבור־געבעט)
azure adj — הימל־בּלוי

B b

b, B n — בּע ז (ען) (בּוכשטאַבּ)
babble v — פּלאַפּלען, בּעבּען
babble n — פּלאַפּלערײַ ס
baby n — זויג־קינד ס (־קינדער), בּייבּי ס (ס)
babysitter n — קינדהיטער ז (ס)
bachelor n — בּחור ז (ים)
back n — רוקן ז (ס); הינטן ז (ס)
back adj, adv — הינטערשט; צוריק
back v — שטיצן
backbone n — רוקנבּיין ז (ער)
background n — הינטערגרונט ז (ן)
backing n — אונטערשטיצונג נ
backlash n — קריקשלאָג ז
backward adj — צוריקגעשטאַנען
backwards adv — אויף צוריק
bacteriology n — בּאַקטעריאָלאָגיע נ
bacterium n — בּאַקטעריע נ (ס)
bad adj — שלעכט
badge n — עמבּלעם נ (ען), אָפּצייכן ז (ס)
badly adv — שלעכט; זײער
baffle v — פּלעפּן; פּאַרשטערן; קעמפן אָן הצלחה
bag n — זעקל ס (עך); טאָרבּע נ (ס); בּײַטל ז (ען)
bagatelle n — שיבּוש ז (ים), קלייניקייט נ (ן)
bagel n — בּייגל ז
baggage n — בּאַגאַזש ז (ן)
baggy adj — לויז
bail n — קויציע נ
bake v — בּאַקן
baker n — בּעקער ז (ס)
bakery n — בּעקערײַ נ (ען)
baksheesh, bakshish n — בּאַקשיש ז (ן)
balalaika n — בּאַלאַלײַקע נ (ס)
balance n — וואָג נ (ן); גלײַכוואָג נ; בּילאַנץ ז (ן)
balance v — בּאַלאַנסירן (וואָג); בּילאַנצירן (חשבּון)
balcony n — בּאַלקאָן ז (ען)
bald adj — פּליכעוואַטע, ליסע
bale n — פּאַק ז (פּעק)
ball n — בּאַלעם ז (ס)
ball n — בּאַל ז (בּעלער)
ballad n — בּאַלאַדע נ (ס)
ballet n — בּאַלעט ז (ן)
balloon — בּאַלאָן ז (ען)
ballot n — שטימצעטל ז (ען/ עך); שטימען ס; שטים נ (ען)
ballot v — שטימען
ballroom n — טאַנצזאַל ז (ן)
balm n — בּאַלזאַם ז

balm of Gilead גילעדער באַלזאַם ז (זען ירמיה ח׳, כב); אַמעריקאַנער טאָפּאָליע נ
balmy adj באַלזאַמיש (מילד; שמעקעדיק) (סלענג) נאַריש; משוגע
baloney n, interj (סלענג) שטות ז; בלאָטע!
balsam poplar אַמעריקאַנער טאָפּאָליע נ (ס)
bambino n בייבי ס (ס), וויקלקינד ס (ער)
bamboo n באַמבוס ז (ן)
bamboozle v אָפּנאַרן
ban n פאַרבאָט ז (ן); חרם ז (ס)
ban v פאַרווערן
banal adj באַנאַל
banality n באַנאַליטעט נ (ן)
banana n באַנאַנע נ (ס)
banana oil פרעטענציעזע דיבורים
band n באַנד נ (בענדער), בענדל ס (עך); באַנדע נ (ס); קאַפּעליע נ (ס)
bandage n באַנדאַזש ז (ן)
bandage v באַנדאַזשירן
bandana, bandanna n גרויס קאָפּטיכל ס
bandeau n קאָפּבאַנד נ
bandit n באַנדיט ז (ן)
bandy v אַרומוואַרפן; געבן און נעמען; אויסבײַטן
bane n אַ סיבה פון טויט, רעה, אָדער רואין
baneful adj סכנת־נפשותדיק; שעדלעך
bang n טראַסק ז (ן), קנאַל ז (ן)
bang v טראַסקען, קנאַלן
banish v פאַרטרײַבן, פאַרשיקן
banishment n פאַרטרײַבונג נ (ען)
banjo n באַנדזשאָ ז (ס)
bank n ברעג ז (ן); באַנק נ/ז (בענק)
bank account באַנק־קאָנטע נ (ס)
banker n באַנקיר ז (ן)
bank holiday לעגאַלער יום־טוב ז (פון פרײַטיק ביז מאָנטיק בכלל)
bankrupt adj באַנקראָט
bankruptcy n באַנקראָט ז (ן)
banner n פאָנע נ (ס); פאָן נ (ען)
banner adj אָנזעעוודיק, בולט
banquet n באַנקעט ז (ן)
bantam n באַנטאַם ז (קליינער האָן; קורץ געוויקסיקער קעמפער)
bantling n קונדאַס, קונדס ז (ים); יונגאַטש ז (עס)
baptize v טויפן
bar n שטאַנג ז (ען); שטיקל ס (עך); מניעה נ (מניעות); אַדוואָקאַטנשאַפט נ; שענק נ (ען)
barb n שטעכלקע נ (ס)
barbarian n באַרבאַר ז (ן)
barbarism n באַרבאַריזם ז (ען)
barbarous adj באַרבאַריש
barbed adj שטעכיק
barber n שערער ז (ס)
barbershop n שערערײַ נ (ען)
bard n פּאָעט און זינגער ז (פון אַמאָליקע צײַטן)
Bard of Avon שעקספּיר
bare adj נאַקעט, בלויז

bare v אַנטבלויזן, אויפדעקן
barefoot adj, adv באָרוועס
barely adv קוים
bargain n מציאה נ (מציאות); אָפּמאַך ז (ן)
bargain v דינגען זיך
barge n באַרקע נ (ס)
baritone n באַריטאָן ז (ען)
bark n ביל ז (ן); קאָרע נ (ס)
bark v בילן; אָפּרײַבן (קאָרע; הויט)
barley n גערשט ז (ן)
bar mitzvah n בר־מיצווה ז (־מיצוות)
barn n שײַער ז (ן)
barometer n באַראָמעטער ז (ס)
baron n באַראָן ז (ען)
baroness n באַראָנעסע נ (ס)
baroque adj באַראָקיש; אויסגעפּוצט, מליצהדיק
baroque n באַראָק ז (סטיל)
barracks n קאַזאַרמע נ (ס)
(takes either a sg. or pl. v.)
barracuda n באַראַקודע נ (ס) (פיש)
barrel n פאַס נ (פעסער)
barren adj פרוכטלאָז
barricade n באַריקאַדע נ (ס)
barricade v באַריקאַדירן
barrier n מחיצה נ (מחיצות); שטרויכלונג נ (ען); גרענעץ ז (ן)
barter n בײַטהאַנדל ז
barter v אויסבײַטן
base n באַזע נ (ס)
base v באַזירן
base adj געמיין

baseball n בייסבאָל ז
baseless adj אומבאַגרינדט
basement n אונטערגאָרן ז (ס)
basement apartment n קעלערוווינונג נ (ען)
bashful adj שעמעוודיק
basic adj גרונטיק, פונדאַמענטאַל
basically adv אין גרונט
basis n באַזיס ז (ן), גרונט ז (ן)
bask v וואַרעמען זיך
basket n קויש ז (ן)
basketball n קוישבאָל ז
bass n (מוזיק) באַס ז (ן)
bastard n ממזר ז (ים)
bat n פלעדערמויז נ (פלעדערמײַז)
batch n פעקל ס (עך), בינטל ס (עך)
bath n באָד נ (בעדער)
bathe v באָדן
bathing suit n באָדקאָסטיום ז (ען)
bathroom n וואַשצימער ז (ן)
bathtub n וואַנע נ (ס)
battalion n באַטאַליאָן ז (ען)
batter v צעשלאָגן
battery n באַטעריע נ (ס)
battle n שלאַכט נ (ן)
battlefield n שלאַכטפעלד ס (ער)
bawd n זונה נ (זונות)
bawl v שרײַען; וויינען הילכיק; (סלענג) אָנשרײַען, געבן אַ פסק
bay n בוכטע נ (ס), אײַנגאַס ז (ן)
bayonet n באַגנעט ז (ן)
bazaar n באַזאַר ז (ן)
bazooka n באַזוקע נ (ס)
be v זײַן
beach n ברעג ז (ן); פלאַזשע נ (ס)

beacon n לײַכט־טורעם ז (ס); פײַער־סיגנאַל ז (ן)
bead n קרעל נ (ן)
beadle n שמש ז (ים)
beak n שנאָבל ז (ען)
beam n שטאַנג ז (ען); קלאָץ ז (קלעצער); שטראַל ז (ן)
beam v שטראַלן, שײַנען; קוועלן
bean n (גרויסער) באָב ז (עס); (קליין) בעבל ס (עך)
bear v טראָגן; פאַרטראָגן, אויסהאַלטן; געבוירן
bear n בער ז (ן) (חיה)
beard n באָרד נ (בערד)
bearing n האַלטונג נ (ען); שײַכות ס
bearings n pl אָריענטאַציע נ
beast n חיה נ (חיות); בעסטיע נ (ס), ווילדע חיה
beat v שלאָגן; קלאַפּן
beat n קלאַפּ ז (קלעפּ); טאַקט ז (ן)
beatnik n ביטניק ז (עס)
beautiful adj שיין
beauty n שיינקייט נ; שיינהייט נ (ן), שיינע פרוי נ (ען)
beaver n ביבער ז (ס) (חיה)
because conj ווײַל, וואָרעם, מחמת
beckon v ווינקען; צוציִען
becloud v פאַרוואָלקענען; פאַרטונקלען
become v ווערן
becoming adj פּאַסיק; שיין
bed n בעט ס (ן)
bedbug n וואַנץ נ (ן)
bedding n בעטגעוואַנט ס
bedeck v באַצירן
bedlam n באַלאַגאַן ז (ען); דולהויז ס (דולהײַזער)
bedroom n שלאָפצימער ז (ן)
bee n בין נ (ען)
beef n רינדפלייש ס, רינדערנס ס
beehive n בינשטאָק ז (ן)
beep n פּיפּס ז (ן)
beep v פּיפּסן
beer n ביר ס
beet n בוריק ז (עס)
beetle n זשוק ז (עס)
befall v געשען, פּאַסירן
befitting adj פּאַסיק
befog v פאַרנעפּלען; מאַכן אומקלאָר
before prep, adv, conj פאַר; פריִער; איידער
befriend v באַפרײַנדן זיך
befuddle v צעטומלען
beg v בעטן; בעטלען, שנאָרן
beggar n בעטלער ז (ס), שנאָרער ז (ס)
begin v אָנהייבן, אָנהויבן, אָנפאַנגען
beginner n אָנהייבער ז (ס), אָנפאַנגער ז (ס)
beginning n אָנהייב ז (ן), אָנפאַנג ז (ען)
begrudge v זשאַלעווען, ניט פאַרגינען; מקנא זײַן
beguile v אָפּנאַרן, פאַרפירן
behalf n טובה נ; זײַט נ; אינטערעס ז
in **behalf of** לטובת
behave v אויפפירן זיך
behavior n אויפפירונג נ (ען)

behest n באַפעל ז (ן)

behind n הינטן ז (ס), געזעס ס (ן)

behind prep, adv הינטער; הינטן

behind adj הינטערשטעליק

behold v זעען; באַמערקן

beholden adj דאַנק־שולדיק

beige adj בייזש (קאָליר)

being n זײַן ס; באַשעפעניש ס (ן)

belated adj פאַרשפּעטיקט

belch n גרעפּץ ז (ן)

belch v גרעפּצן

beleaguer v באַלאַגערן; פּלאָגן

belief n גלויבן ז (ס)

believe v גלויבן, גלייבן; מיינען

believer n גלויביקער ז

belittle v גרינגשעצן

bell n גלאָק ז (גלעקער)

belle n יפהפיה נ (יפהפיות), שיינהייט נ (ן)

belles-lettres n pl (takes sing. v.) בעלעטריסטיק נ

bellicose adj קעמפעריש

belligerency n מלחמה־צושטאַנד ז (ן)

belligerent adj מלחמהדיק

belligerent n בעל־מלחמה ז

bellow v ריטשען

belly n בויך ז (בײַכער)

bellyache n בויכווייטיק ז (ן)

bellyache v מרוקען; באַקלאָגן זיך (איבער קלייניקייטן)

belong v געהערן

beloved adj באַליבט

below prep, adv אונטער; אונטן

belt n פּאַס ז (ן); פּאַסיק ז (עס)

bema n בעלעמער ז (ס), בימה נ (בימות)

bemoan v באַקרעכצן; באַקלאָגן

bench n באַנק נ (בענק)

bend v בייגן

bend n בייג ז (ן)

beneath prep, adv אונטער; אונטן; אין דער נידער, אינדערנידער

benediction n ברכה נ (ברכות)

benefactor n טובה־טוער ז (ס), נדיב ז (ים)

beneficiary n געניסער ז (ס)

benefit n טובה נ (טובות), נוצן ז (ס)

benefit v ברענגען נוצן; געניסן

benevolence n ווילטעטיקייט נ

benevolent adj ווילטעטיק

bequeath v איבערלאָזן (אין אַ צוואה)

bequest n עזבון ז (ות)

beret n בערעט ז (ן)

berry n יאַגדע נ (ס)

berth n שיפבעטל ס (עך); אַנקערונגס־פּלאַץ ז (־פּלעצער)

beseech v בעטן ערנסט

beside prep בײַ, לעבן; אויסער

besides adv, prep דערצו; אויך; אויסער

besiege v באַלאַגערן

best adj, adv בעסט; צום בעסטן

bestow v באַשענקען

best seller בעסטסעלער ז (ס) (בעסט־פאַרקויפלעך בוך)

bet n געוועט ס (ן)

bet v וועטן זיך

betray v פאַרראַטן, בוגד זײַן

betrayal n	פֿאַרראַט ז (ן), בגידה נ (בגידות)
better adj, adv	בעסער
better v	אויסבעסערן
betterment n	פֿאַרבעסערונג נ (ען)
between prep, adv	צווישן; אינצווישן
beverage n	געטראַנק ס (ן)
beware v	היטן זיך
bewilder v	צעטומלען
bewitch v	פֿאַרכּישופֿן; באַצויבערן
beyond prep, adv	הינטער; אויסער; אויף יענער זײַט; ווײַטער
bias n	פּאָראורטל ז (ען)
Bible n	בּיבל נ; תּנך ז
Biblical, biblical adj	בּיבליש; תּנכיש
bibliography n	בּיבּליאָגראַפֿיע נ
bibliophile n	בּיבּליאָפֿיל ז (ן)
bicker v	אַמפּערן זיך (איבער אַ קלייניקייט)
bicycle n	ראָווער ז (ן), בּיציקל ז (ען)
bid v	הייסן, באַפֿעלן; אָנבאָטן; זאָגן (אַ באַגריסונג); בעטן
bid n	אָנבאָט ז (ן)
bidder n	אָנבאָטער ז (ס)
bidding n	באַפֿעל ז (ן); אָנבאָט ז (ן)
big adj	גרויס
bigot n	בּיגאָט ז (ן), פֿאַנאַטיקער ז (ס)
bigamy n	בּיגאַמיע נ
bigotry n	פֿאַנאַטיזם ז; אומטאָלעראַנץ נ
bigshot n	(סלענג) קנאַקער ז (ס)
bigwig n	(שמועסדיק) מכובד ז (ים)
bike n	בּיציקל ז (ען)
bikini n	בּיקיני נ (ס)
bilateral adj	צווייזײַטנדיק
bile n	גאַל נ
bilingual adj	צווייִשפּראַכיק
bilk v	באַשווינדלען
bill n	חשבון ז (ות); באַנקנאָט ז (ן); געזעץ־פּראָיעקט ז (ן); שנאָבל ז (ען)
bill v	שיקן אַ חשבון
billiards n (takes sing. v.)	בּיליאַרד ז
billion n	בּיליאָן ז (ען)
billionaire n	בּיליאָנער ז (ן)
billy goat	(שמועסדיק) באָק ז (בעק)
bimah n	בּימה נ (ות)
bind v	בּינדן; אײַנבּינדן
bindery n	בּינדערײַ נ (ען)
biochemistry n	בּיאָכעמיע נ
biography n	בּיאָגראַפֿיע נ (ס)
biology n	בּיאָלאָגיע נ
biotic adj	בּיאָטיש
bird n	פֿויגל ז (פֿייגל)
bird of peace	שלום־פֿויגל ז, טויב נ (ן)
bird of prey	רויבפֿויגל ז (רויבפֿייגל)
birth n	געבורט ס/נ (ן)
birth certificate	מעטריקע נ (ס)
birthday n	געבורטסטאָג ז (געבורטסטעג)
birthright n	בכורה נ
biscuit n	בּיסקוויט ז (ן)
bit n	שטיקל ס (עך); בּיסל ס (עך)

bitch n צויג נ (צײַג);
כלבטע נ (ס), מרשעת נ (ן)
bitchy adj רישעותדיק, שלעכט
bite n ביס ז (ן); ביסן ז (ס)
bite v בײַסן
biting adj בײַסיק
bitter adj ביטער
bitterness n ביטערקייט נ
bizarre adj ביזאַר (מאָדנע, משונהדיק;
פֿאַנטאַסטיש; גראָטעסק)
black adj שוואַרץ
blackboard n טאָוול ז (ען)
blacken v פֿאַרשוואַרצן
blackmail n שאַנטאַזש ז
blackmail v שאַנטאַזשירן
blacksmith n שמיד ז (ן)
blade n שאַרף נ (ן) (פֿון אַ מעסער);
ראַזיר־מעסערל ס (עך);
גרעזל ס (עך)
blame n שולד נ
blame v האַלטן פֿאַראַנטוואָרטלעך;
טאַדלען
blank adj בלאַנק, בלויז, ליידיק
blank n בלאַנק ז (ן), בלויז ז (ן)
blanket n קאָלדרע נ (ס); דעק נ (ן)
blanket v אײַנדעקן
blare v ריטשען; קוויטשען
blaspheme v לעסטערן
blast n בלאָז ז (ן); אויפֿרײַס ז (ן)
blast v אויפֿרײַסן
blatant adj שרײַיִק; גראָב
blaze n פֿלאַם ז (ען)
blaze v פֿלאַמען, פֿלאַקערן
blazing adj פֿלאַמענדיק
bleach n בלייעכץ ס

bleach v בלייכן
bleak adj וויסט; קאַלט
און אומעטיק
bleat v מעקען (ווי אַ קאַלב);
בעקען (ווי אַ שעפּס)
bleed v בלוטיקן
blemish n פּגם ז (ים)
blend n געמיש ס (ן)
blend v אויסמישן; צונויפֿגיסן זיך
bless v בענטשן
blessing n ברכה נ (ברכות)
blind adj בלינד
(window) **blind** n שטאָרע נ (ס)
blind v בלינד מאַכן; פֿאַרבלענדן
blindness n בלינדקייט נ
blink v פּינטלען; בלינצלען, בלינצן
blintz, blintze n בלינצע נ (ס)
bliss n גליקזעליקייט נ
blister n בלאָטער ז (ס)
blitzkrieg n בליצקריג ז (ן)
blizzard n זאַווערוכע נ (ס)
bloated adj געשוואָלן;
אויפֿגעבלאָזן
bloc n בלאָק ז (ן), גרופּע נ (ס)
block n קלעצל ס (עך); בלאָק ז (ן)
(פֿון הײַזער); פֿאַרצאַם ז (ען)
block v פֿאַרשטעלן; בלאָקירן
blockade n בלאָקאַדע נ (ס)
blockhead n שוטה ז (שוטים)
blond adj בלאָנד
blonde n בלאָנדינע נ (ס),
בלאָנדינקע נ (ס)
blood n בלוט ס
bloodshed n בלוט־פֿאַרגיסונג נ
bloody adj בלוטיק

bloom n	בלי ז
bloom v	בליִען
blossom n	בליִעכץ ס; קווייט ז (ן)
blossom v	בליִען, צוויטען
blot n	פלעק ז (ן); קלעק ז (ן)
blot v	באַפלעקן; אָפקלעקן
blotter n	קלעקער ז (ס)
blotting paper	קלעקפּאַפּיר ס
blouse n	בלוזע נ (ס), בלוזקע נ (ס)
blow n	בלאָז ז (ן);
	קלאַפּ ז (קלעפּ), זעץ ז (ן)
blow v	בלאָזן
blue adj	בלאָ, בלוי
blue n	בלויער קאָליר ז
bluff n	בלאָף ז (ן)
bluff v	בלאָפן, אָפּנאַרן
blunder n	(נאַרישער) פעלער ז (ן)
blunder v	באַנאַרישן זיך
blunt adj	טעמפּ; אָפן, שאַרף
blurt v	ארויסכאַפּן זיך
blush v	רויטלען זיך
boar n	וואַלד־חזיר ז (ים)
board n	ברעט נ (ער);
	דירעקטאָריום ז (ס)
board v	פאַרדעקן מיט ברעטער;
	אײַנאָרדנען זיך אין אַ
	פּאַנסיאָן; אַרויפגיין
	(אויף אַ שיף, צוג, א״ע)
boarding house	פּאַנסיאָן ז (ען)
boast n	באַרים ז (ען)
boast v	באַרימען זיך
boaster n	באַרימער ז (ס)
boat n	לאָטקע נ (ס),
	שיפל ס (עך)
body n	קערפּער ז (ס)

bodyguard n	לײַב־וואַך נ (ן);
	לײַב־שומר ז (ים)
bogey n	שד ז (ים)
boil v	קאָכן, זידן
boiler n	קעסל ז (ען)
boiling adj	קאָכעדיק
bold adj	דרייסט
boldness n	דרייסטקייט נ
bolster n	לאַנג קישל ס (עך)
bolster v	אונטערשפּאַרן מיט
	אַ קישל; אונטערשטיצן
bonanza n	רײַכער גראָבן ז
	(פון מינעראַלן); (שמועסדיק)
	אוצר ז (ות), שמאַלצגרוב נ (ן)
bolt n	ריגל ז (ען)
bolt v	פאַרריגלען
bomb n	באָמבע נ (ס)
bomb v	וואַרפן באָמבעס
bombard v	באָמבאַרדירן
bond n	בונד ז (ן); קייט נ (ן);
	אָבליגאַציע נ (ס)
bondage n	קנעכטשאַפט נ
bone n	ביין ז (ער)
bonnie, bonny adj	פריילעך; ליב
bonus n	באָנוס ז (ן), פּרעמיע נ (ס)
bon voyage	גליקלעכע רײַזע!
bony adj	ביינערדיק
boo v	שרײַען ״בו״;
	אויספײַפן
booby n	גולם ז (ס); טיפּש ז (ים)
book v	באַשטעלן
book n	בוך ס (ביכער); ספר ז (ים)
bookbinder n	אײַנבינדער ז (ס)
bookcase n	ביכערשאַנק נ
	(ביכערשענק)

bookkeeper n בוכהאַלטער ז (ס)
bookkeeping n בוכהאַלטעריע נ
booklet n ביכל ס (עך)
bookseller n בוכהענדלער ז (ס), מוכר־ספרים ז (מוכרי־ספרים)
bookstore n ביכער־קראָם נ (ען)
boom n בום ז (ען) (הילכיקער קלאַנג); אויפבלי ז (ען)
boom v מאַכן בום־קלאַנגען; אויפבליִען
boomerang n בומעראַנג ז (ען)
boon adj פריילעך
boon n ברכה נ (ברכות); טובה נ (טובות); נוץ ז/נ (ן)
boor n זשלאָב ז (עס), כאַם ז (עס)
boost v אונטערהייבן
boot n שטיוול ז
booth n ביידל ס (עך)
bootleg v שמוגלען (ליקער, א״ע)
bootlegger n שמוגלער ז (ס) (פון ליקער, א״ע)
bootlicker n אונטערלעקער ז (ס)
booty n רויב ס
booze n אַלקאָהאָל־געטראַנק ס (ען)
border n ראַנד ז (ן); גרענעץ ז (ן); ברעג ז (ן)
border v גרענעצן זיך
borderline n גרענעץ ז (ן)
bore v בויערן; נודיען
bore n נודניק ז (עס)
boredom n לאַנגווייל ז
boring adj לאַנגווייליק
born adj געבוירן
borough n שטאָטטייל ז (ן)
borrow v באָרגן; לייַען

borscht, borsht n באָרשט ז (ן)
bosom n בוזעם ז (ס)
boss n שעף ז (ן); בעל־הבית ז (בעלי־בתים)
boss v אויפפּאַסן; באַלעבאַטעווען איבער, שאַפן זיך מיט
bossy adj הערשעריש
botany n באָטאַניק נ
botch v פושערן, פאַרטאַטשעווען
both adj, pron, conj בײדע; סײַ... סײַ
bother n קלאַפּאָט ז (ן)
bother v טשעפען; באַלעסטיקן
bottle n פלאַש נ (פלעשער)
bottom n גרונט ז (ן), דנאָ ז (ען)
boudoir n בודואַר ז (ן)
bough n צווייַג נ (ן)
boulder n פעלדז ז (ן)
boulevard n בולוואַר ז (ן)
bounce n אָפשפרונג ז (ען)
bounce v אָפשפרינגען; צוריקגעשיקט ווערן (אַ טשעק אָן דעקונג)
bound v שפרינגען
bound n שפרונג ז (ען)
bound n (often bounds) תחום ז (ען)
boundary n גרענעץ ז (ן)
bounty n ברייטהאַרציקייט נ; באַלוינונג נ (ען)
bouquet n בוקעט ז (ן)
bourgeoisie n בורזשואַזיע נ
bow v בייגן זיך, פאַרנייגן זיך
bow n פאַרנייג ז (ן); בויגן ז (ס)
bowels n pl געדערעם ר
bowl n שיסל נ (ען)
box n קאַסטן ז (ס), קעסטל ס (עך); פושקע נ (ס); לאָזשע נ (ס)

boxing n	באָקס ז (ספאָרט)
boy n	ייִנגל ז/ס (עך)
boycott n	בויקאָט ז (ן)
boycott v	בויקאָטירן
bracelet n	בראַסלעט ז (ן)
bracket	קלאַמער ז (ן); שטייַערקלאַס ז (ן)
brackish adj	געזאַלצן; אָן טעם
brag v	באַרימען זיך
braggart n	באַרימער ז (ס)
braid n	צאָפ ז (צעפ)
Braille (Also braille) n	ברייַל ז, ברייַלשריפט נ
brain n	מוח ז (ות)
brains n pl	שׂכל ז, אינטעליגענץ נ
brake n	טאָרמאָז ז (ן)
brake v	האַמעווען, טאָרמאַזירן
bran n	קלייַען ר
branch n	צווייַג נ (ן); פיליאַל ז (ן)
branch out v	צעצווייַגן זיך
brand n	בראַנדצייכן ז (ס); מאַרקע נ (ס)
brand v	בראַנדן; שטעמפלען
brandish v	פאָכען (אַ שווערד, א״א)
brandy n	קאָניאַק ז (ן)
brass n	מעש ס
brass adj	מעשן
brat n	יונגאַטש ז (עס)
brave adj	בראַוו, מוטיק, דרייסט
brave v	שטיין אַקעגן (אָן מורא)
bravery n	מוט ז, דרייסטקייט נ
bravo interj	בראַוואָ!
brawl n	קריגערייַ ס (ען)
brawl v	קריגן זיך, ראַנגלען זיך
bray n	ריטש ז (פון אַן אייזל)
bray v	ריטשען
brazen adj	מעשן; פרעך, חוצפהדיק
breach n	דורכבראָך ז (ן); ברעכונג נ (ען)
breach v	דורכברעכן
bread n	ברויט ס (ן)
breadth n	ברייט נ
break n	בראָך ז (ן); הפסקה נ (ות)
break v	ברעכן, צעברעכן
breakable adj	צעברעכלעך
breakdown n	אייַנבראָך ז (ן); צעענצלונג נ (ען)
breakfast n	פרישטיק ז (ן), פת־שחרית ס
breakneck adj	געפערלעך שנעל
breakthrough n	דורכבראָך ז (ן)
breast n	ברוסט נ (בריסט)
breath n	אָטעם ז (ס)
breathe v	אָטעמען
breed n	אויסברי ז (ען); שטאַם ז (ען); ראַסע נ (ס)
breed v	געבוירן; האָדעווען
breeze n	ווינטל ס (עך)
brevity n	קורצקייט נ
brew n	געברייַ ס (ען)
brew v	ברייַען (ביר); פארבריִען (טיי)
bribe n	שוחד־געלט ס (ער), כאַבאַר ז
bribe v	משַחד זיין; אונטערקויפן
bribery n	אונטערקויפונג נ; שוחד־נעמונג נ
brick n	ציגל ז
bricklayer n	מויערער ז (ס)
bride n	כלה נ (כלות)

bridegroom n חתן ז (ים)
bridesmaid n אונטערפירערין נ (ס)
bridge n בריק נ (ן)
bridge v בויען אַ בריק
bridle n צוים נ (ען), צײַמל ס (עך)
bridle v אַרויפלייגן אַ צײַמל (אויף אַ פערד); צוימען
brief adj קורץ
briefcase n טעקע נ (ס)
briefly adv בקיצור
brigade n בריגאַדע נ (ס)
brigand n בריגאַנט ז (ן); באַנדיט ז (ן)
bright adj ליכטיק; גלאַנציק; אינטעליגענט
brighten v באַלײַכטן; דערפרייען
brilliant adj גלאַנציק; גאוניש
brilliant n בריליאַנט ז (ן)
brim n ראַנד ז (ן); זוים ז (ען); ברעג ז (ן)
brine n זאַלצוואַסער ס
bring v ברענגען
bring up דערציִען (אַ קינד)
brink n ראַנד ז (ן); ברעג ז (ן/עס)
brisk adj לעבעדיק, מונטער; פריש
bristle n האַרטע האָר נ
bristle v שטײַפן זיך
brittle adj צעברעכלעך
broad adj ברייט
broadcast n טראַנסמיסיע נ (ס)
broadcast v טראַנסמיטירן
broil v בראָטן (איבער אָדער אונטער אַ פײַער)
broke adj אָן געלט
brokenhearted adj זייער טרויעריק
broker n בראָקער ז (ס); מעקלער ז (ס)

bronze n בראָנדז ס
brooch n (Also **broach**) בראָש נ (ן)
brook n טײַכל ס (עך)
brook v דולדן; טאָלערירן
broom n בעזעם ז (ער)
broth n יויך נ (ן)
brother n ברודער ז (ברידער)
brother-in-law n שוואָגער ז (ס)
brotherly adj ברודעריש; פרײַנדלעך
brow n ברעם נ (ען); שטערן ז (ס)
browbeat v אָנשרעקן
brown adj, n ברוין; ברוינער קאָליר ז
browse v בלעטערן; פאַשען זיך
bruise n סיניאַק ז (עס)
bruise v צעקלאַפן; באַליידיקן
brunette n ברונעטקע נ (ס)
brush n באַרשט נ (ן); פענדזל ז (ען)
brush v באַרשטן; פוצן
brutal adj ברוטאַל, גרויזאַם
brute n בעסטיע נ (ס); אכזר ז (ים)
bubble n בלעזל ס (עך)
bubble v בלעזלען
buccaneer n פיראַט ז (ן)
buck n הירש ז (ן); (סלענג) דאָלאַר ז (ן)
bucket n עמער ז (ס)
bud n קנאָספ ז (ן)
bud v שפראָצן
budge v רירן זיך; ענדערן אַ מיינונג
budget n בודזשעט ז (ן)
budget v בודזשעטירן
buffet n בופעט ז (ן)
bug n אינסעקט ז (ן)
bug v רייצן זיך; דערקוטשען
buggy n וואָגן ז (ס), וועגעלע ס (ך)

build v בּויען
building n בּנין ז (ים); בּויאונג נ
bulb n (בּלומען־) ציבּעלע נ (ס); עלעקטריש לעמפּל ס (עך)
bulk n פֿאַרנעם ז (ען); גרייס נ (ן); גרעסטער טייל ז
bulky adj פֿאַרנעמיק
bull n בּיק ז (עס)
bulldozer n בּולדאָזער ז (ס)
bullet n קויל נ (ן)
bulletin n בּולעטין ז (ען)
bullock n יונגער בּיק ז; עקסל ס (עך)
bully n אוממענלעכער טיראַן ז, שלעגער ז (ס)
bulwark n שוץ־וואַל ז (ן)
bum n שלעפּער ז (ס)
bum v ארומגיין ליידיק
bumblebee n זשומזשע נ (ס)
bump n זעץ ז (ן), שטויס ז (ן); בּײַל ז (ן)
bump v אָנשטויסן זיך
bun n קליינע בּולקע נ (ס); (האָר) גרעק ז (ן)
bunch n הענגל ס (עך); חֶברה נ (חברות)
bunch v הײַפֿלען זיך
bundle n בּינטל ס (עך), פּעקל ס (עך)
bundle v אײַנפּאַקן
bungalow n בּאָנגאַלאָ ז (ס)
bungle v פֿאַרטאַטשעווען
bungler פֿאַרטאַטש ז (ן)
bunny n (שמועסדיק) קרוליק ז (עס), קיניגל ס (עך)

burden n לאַסט נ (ן), משׂא נ (ות)
burden v בּאַלאַסטיקן, בּאַלאָדן
bureau n בּיוראָ ז/ס (ען)
bureaucracy n בּיוראָקראַטיע נ
burglar n אַרײַנבּרעכער ז (ס)
burglary n אַרײַנבּרעך ז (ן)
burial n קבורה נ (קבורות)
burly adj שווער און שטאַרק
burn v בּרענען; פֿאַרבּרענען
burning n פֿאַרבּרענונג נ (ען)
burro n קליינער אייזל ז (קליינע אייזלען)
burrow n קאַנורע נ (ס)
burst v אויפֿרײַסן; פּלאַצן
burst n אויפֿרײַס ז (ן)
bury v בּאַגראָבן
bus n אויטאָבּוס ז (ן)
bush n קוסט ז (ן); ווילדער וואַלד ז
bushel n בּושל ז (ען) (מאָס)
bushy adj קוסטיק
business בּאַשעפֿטיקונג נ (ען); געשעפֿט ס (ן); עסק ז (ים)
bust n בּיוסט ז (ן)
busy adj פֿאַרנומען
but conj, prep, adv אָבּער; אַחוץ; נאָר
butcher n קצב ז (ים); קײַלער; רוצח ז (ים)
butcher v שעכטן; קאַליע מאַכן
butcher shop יאַטקע נ (ס)
butt n קאָלבּע נ (ס) (פֿון אַ פּיסטויל); שטאָפּסל ס (עך) (פֿון אַ פּאַפּיראָס); ציל ז (ן); אָביעקט ז (ן) (פֿון חוזק)

butt v שטויסן
butter n פּוטער נ
butterfingers n (takes sing v) ליימענער גולם ז
butterfly n פֿלאַטערל ס (עך)
buttermilk n פּוטערמילך נ
buttocks n pl געזעס ס (ן)
button n קנאָפּ ז (קנעפּ), קנעפּל ס (עך)
button v פֿאַרקנעפּלען
buy v קויפֿן
buyer n קונה ז (ים); אײַנקויפֿער ז (ס)
buzz n זשום ז (ען)
buzz v זשומען, זומזען
by prep בײַ, לעבן; דורך; לויט; אויף; מיט
bygone adj פֿריִערדיק
bygones n pl אַמאָליקע פּאַסירונגען ר
bylaw n סטאַטוט ז (ן)
byline n מחבר־שורה נ (אין אַ צײַטונג)

C c

c C n צע ז (ען) (בוכשטאַב)
cab n טאַקסי ז/נ (ס)
cabbage n קרויט ס (ן)
cabbagetown n (קאַנאַדיש) קרויט־שטעטל ס (עך); דלות־קוואַרטל ז (ען)
cabin n בײַדל ס (עך); קאַבינע נ (ס)
cabinet n שענקל ס (עך); קאַבינעט ז (מיניסטאָרן) (Often Cabinet)
cable n קאַבל ז (ען)
cable v טעלעגראַפֿירן
cackle v גאָגערן; פּלוידערן
cactus n קאַקטוס ז (ן)
cadet n קאַדעט ז (ן)
café n קאַפֿע־הויז ס (־הײַזער)
cafeteria n קאַפֿעטעריע נ (ס)
cage n שטײַג נ (ן)
cage v אײַנשטײַגלען, פֿאַרשפּאַרן
cake n קוכן ז (ס), לעקעך ז (ער); שטיקל ס (עך)
calamity n אומגליק ס (ן)
calculate v רעכענען; אויסרעכענען
calculus n קאַלקולוס ז
calendar n קאַלענדאַר ז (ן); לוח ז (ות)
calf n קאַלב ס (קעלבער)
caliph n כאַליף ז (ן)
call n רוף ז (ן); קורצער באַזוך ז
call v רופֿן
callous adj פֿאַרהאַרטעוועט
calm adj רואיק
calm n רו נ
calm v באַרואיקן
calorie n קאַלאָריע נ (ס)
calumny n בילבול ז (ים)
calypso n קאַליפּסאָ ז
calyx n בלומען־בעכערל ס (עך)
camel n קעמל ז (ען)
camera n קאַמערע נ (ס), פֿאָטאָגראַפֿיר־אַפּאַראַט ז (ן); צימער ז (פֿון אַ שופֿט)
camouflage n קאַמופֿלאַזש ז

camouflage v קאַמופלירן, קאַמופלאַזשירן
camp n מחנה נ (מחנות) לאַגער ז (ן), קעמפ ז (ן)
camp v לאַגערן
campus n קאַמפוס ז (ן)
can n קאַן נ (ען), פושקע נ (ס)
can v קאָנסערווירן
can auxiliary verb קענען
Canada n קאַנאַדע [ס]
Canadian adj קאַנאַדיש
Canadian n קאַנאַדער ז
canal n קאַנאַל ז (ן)
canary n קאַנאַריק ז (עס)
cancel v אַנולירן, בטל מאַכן
cancellation n אַנולירונג נ (ען)
cancer n ראַק ז (ן)
candid adj אָפן־האַרציק
candidate n קאַנדידאַט ז (ן)
candle n ליכט ס
candlestick n לײַכטער ז (ס)
candor, candour n אָפן־האַרציקייט נ; ערלעכקייט נ
candy n צוקערל ס (עך)
cane n שטעקן ז (ס)
cannery n קאָנסערוון־פאַבריק נ (ן)
cannibal n קאַניבאַל ז (ן)
cannon n האַרמאַט ז (ן)
canon n קאַנאָן ז (ען)
canopy n חופה נ (חופות)
cantaloupe n דינקע נ (ס)
cantata n קאַנטאַטע נ (ס)
canteen n פעלדפלאַש נ (פעלדפלעשער); קאַנטינע נ (ס)
canton n קאַנטאָן ז (ען)
cantor n חזן ז (ים)
canyon n קאַניאָן ז (ען)
cap n היטל ס (עך)
capability n פעאיקייט נ (ן)
capable adj פעאיק
capacity n אַרײַננעם ז (ען); פעאיקייט נ (ן); ראָלע נ (ס)
cape n פעלערינע נ (ס) (אַ מאַנטל אָן אַרבל); קאַפ ז (ן) (אַ שפיץ לאַנד וואָס שטעקט אַרויס אין אַ וואַסער)
caper v שפרינגען, טאַנצן
caper n שפיצל ס (עך); שפרונג ז (ען)
capital n הויפטשטאָט נ (הויפטשטעט); קאַפיטאַל ז (ן)
capitalism n קאַפיטאַליזם ז
capitalist n קאַפיטאַליסט ז (ן)
capitalistic adj קאַפיטאַליסטיש
capital punishment טויטשטראָף נ
Capitol n (in Washington, D.C.) קאַפיטאָל ז
capitol n (in the U.S.) געזעצגעבערישע קאַמער נ (ן)
caprice n קאַפריז ז (ן)
capricious adj קאַפריזיק
capsule n קאַפסל ס (עך)
captain n קאַפיטאַן ז (ען)
captivate v באַצויבערן
captive adj געפאַנגען
captive n געפאַנגענער ז
captivity n געפאַנגענשאַפט נ
capture v פאַנגען; אײַננעמען, פאַרכאַפן
capture n פאַנג ז; אײַננעמונג נ, פאַרכאַפונג נ

car n אויטאָ ז (ס); וואַגאָן ז (ען)
caramel n קאַראַמעל ז (ן)
carat n קאַראַט ז (ן)
caravan n קאַראַוואַן ז (ען)
caraway n קימל ז
carbon n קוילנשטאָף ז
carbon monoxide טשאַד ז
carbon paper קאָלקע נ (ס)
carcass n פּגר ז (ים)
card n קאָרט נ (ן); קאַרטל ס (עך)
cardboard n קאַרטאָן ז
cardigan n קאַרדיגאַן ז (ען)
cardinal adj הויפּטזעכלעך, גרונטיק
cardinal n קאַרדינאַל ז (ן)
cardinal number גרונטצאָל ז (ן)
care n זאָרג נ (ן); פּאָרזיכטיקייט נ; אויפזיכט נ
care v זאָרגן, אַרן
career n קאַריערע נ (ס)
carefree adj זאָרגלאָז
careful adj פּאָרזיכטיק
careless adj אומפּאָרזיכטיק; נאַכלעסיק
caress n גלעט ז (ן)
caress v גלעטן; צערטלען
cargo n פראַכט ז
caricature n קאַריקאַטור נ (ן)
carnage n בלוטבאָד נ
carnation n (בלום) נעגעלע ס (ך)
carnival n קאַרניוואַל ז (ן)
carob n באָקסער ז (ן)
carol n קריסטמעס־ליד ס (ער)
carp n קאַרפּ ז (ן) (פיש)
carpenter n סטאָליער ז (ס), טישלער ז (ס)
carpet n טעפּעך ז (ער)
carriage n וואַגאָן ז (ען); האַלטונג נ
carrier n טרעגער ז (ס)
carrot n מייער, מער ז/נ (ן)
carry v טראָגן
cart n פור נ (ן), וואָגן ז (ס)
carve v שניצן; אויסקריצן (אין האָלץ און שטיין); שנייַדן (פלייש)
cascade n וואַסערפאַל ז (ן)
case n קאַסטן ז (ס), שיידל ס (עך); פאַל ז (ן); ענין ז (ים); בייגפאַל ז (ן) (נאָמינאַטיוו, אַקוזאַטיוו, אאַז״וו)
cash n מזומנים ר
cash v אייַנקאַסירן
cashier n קאַסיר ז (ן)
cashmere n קאַשמיר ז (ן) (וואָל)
casino n קאַסינאָ ז (ס)
cask n פעסל ס (עך)
cast v וואַרפן; אָפּגיסן
cast n גוס ז (ן); גיפּס ז (ן); (טעאַטער־) טרופּע נ (ס)
caste n קאַסטע נ (ס)
castle n שלאָס ז (שלעסער)
castor oil ריצנאייל ז
casual adj צופעליק; אומפאָרמעל
casualty n אומגליק־פאַל ז (ן); קרבן ז (ות)
cat n קאַץ נ (קעץ)
catalog (Also catalogue) n קאַטאַלאָג ז (ן)
catastrophe n קאַטאַסטראָפע נ (ס)

catch v כאַפּן, פֿאַנגען
catch n כאַפּונג נ
catching adj אָנשטעקיק; צוציִענדיק
category n קאַטעגאָריע נ (ס)
cater v צושטעלן; באַדינען
caterpillar n שלייערל ס (עך)
catfish n קאַצפֿיש ז
cathedral n קאַטעדראַל ז (ן)
catholic adj אוניווערסאַל
Catholic adj קאַטויליש
Catholic n קאַטאָליק ז (ן)
cattle n בהמות, רינדער ר; פֿיך ס
caucus n קאָקוס ז (ן)
cauliflower n קאַליפֿיאָר ז (ן)
cause n גורם ז (ים), אורזאַך נ (ן); צוועק ז (ן)
cause v גורם זײַן, פֿאַראורזאַכן
caution n פֿאָרזיכטיקייט נ; וואָרענונג נ (ען)
caution v וואָרענען
cautious adj פֿאָרזיכטיק
cavalcade n קאַוואַלקאַדע נ (ס)
cavalry n קאַוואַלעריע נ (ס)
cave n הייל נ (ן)
caveat n וואָרענונג נ (ען), אזהרה נ (אזהרות)
cave man הייל־מענטש ז (ן); פּרא־אָדם ז (ס)
cavern n גרויסע הייל נ (ן)
caviar n קאַוויאַר ז
cavity n לאָך ז/נ (לעכער), לעכל ס (עך); חלל ז (ס)
caw n קראַקונג נ (ען) (פֿון אַ קראָ)
caw v קראַקען
cease v אויפֿהערן

cedar n צעדערבוים ז (צעדערביימער)
cede v אָפּטרעטן; נאָכגעבן
ceiling n סופֿיט ז (ן)
celebrate v פֿײַערן
celebration n פֿײַערונג נ (ען)
celebrity n מפֿורסם ז (ים); באַרימטקייט נ; פּאָפּולערקייט נ
celery n כּרפּס ז, סעלעריע נ
celestial adj הימליש
cell n קאַמער נ (ן); קעמערל ס (עך)
cellar n קעלער ז (ן / ס)
cello n טשעלאָ ז (ס)
Celsius scale צעלסיוס־סקאַלע נ (ס)
cement n צעמענט ז
cement v צעמענטירן; צונויפֿקלעפּן
cemetery n בית־עולם ז (ס)
censor n צענזאָר ז (ן)
censor v צענזורירן
censorship n צענזור נ (ן)
censure n פֿאָרוווּרף ז (ן)
censure v פֿאָרוואַרפֿן, טאַדלען
census n צענזוס ז (ן)
cent n סענט ז (ן)
center, centre n צענטער ז (ס)
centimeter n צענטימעטער ז (ס)
central adj צענטראַל
centralize v צענטראַליזירן
century n יאָרהונדערט ז (ער)
ceramics n (sg. & pl.) קעראַמיק נ; פּאָרצעלײַענע כּלים ר
cereal n תּבֿואה נ (תּבֿואות); גרויפּן ר
ceremonial adj צערעמאָניאַל
ceremony n צערעמאָניע נ (ס)
certain adj זיכער; געוויס

certainly adv — אָודאי, זיכער
certificate n — בּאַשטעטיקונג נ (ען), צערטיפיקאַט ז (ן)
certify v — בּאַשטעטיקן
cessation n — אויפהער ז
chaff n — פּלעווע נ (ס); פּסולת ס
chagrin n — פאַרדראָס ז; אַנטוישונג נ
chain n — קייט נ (ן)
chain v — שליסן אין קייטן
chain store — קייטקראָם נ (ען)
chair n — שטול נ (ן); קאַטעדרע נ (ס)
chair v — זײַן אַ פאָרזיצער
chairman n — פאָרזיצער ז (ס)
chalk n — קרײַד נ
challah n — חלה נ (חלות)
(Also **hallah**)
challenge n — אַרויסרוף ז (ן), אַרויספאָדער ז (ן)
challenge v — אַרויסרופן, אַרויספאָדערן
chamber n — קאַמער נ (ן)
chamber music — קאַמער־מוזיק נ
chameleon n — כאַמעלעאָן ז (ען)
chamois n — זאַמש ז
champagne n — שאַמפּאַניער ז (ווײַן)
champion n — טשעמפּיאָן ז (ען)
champion v — שטיצן (אַ קינסטלער, אָרגאַניזאַציע, א״ע)
chance n — געלעגנהייט נ (ן); צופאַל ז (ן); ריזיקע נ (ס)
chance v — טרעפן; ריזיקירן
chancellor n — קאַנצלער ז (ס)
change n — בּײַט ז (ן), ענדערונג נ (ען); רעשט ז
change v — בּײַטן, טוישן
channel n — קאַנאַל ז (ן)
chant n — געזאַנג ס (ען) (ספּעציעל אין רעליגיעזן דינסט)
chant v — זינגען (תּפילות, מזמורים)
chaos n — כאַאָס ז
chaotic adj — כאַאָטיש
chap n — יאַט ז (ן)
chapel n — קאַפּעל נ (ן)
chapter n — קאַפּיטל ס (ען), פּרק ז (ים); פּיליע נ (ס)
character n — כאַראַקטער ז (ן), טבע נ (ס); אות ז (יות); העלד ז (ן) (אין אַ ראָמאַן, פּיעסע, א״ע); טיפּ ז (ן)
characteristic adj — כאַראַקטעריסטיש
characteristic n — אייגנשאַפט נ (ן)
characterize v — כאַראַקטעריזירן
charcoal n — האָלצקוילן ר
charge v — רעכענען; שטורעמען; בּאַשולדיקן; אָנלאָדן (אַ בּאַטעריע)
charge n — אָפּצאָל ז (ן); אָנגריף ז (ן); בּאַשולדיקונג נ (ען); לאָדונג נ (ען)
chariot n — רײַטוואָגן ז (ס)
charisma n — כאַריסמע נ (ס)
charity n — װוילטעטיקייט נ (ן); צדקה נ
charlatan n — שאַרלאַטאַן ז (ען)
charm n — חן ז (ען); קמיע נ (ות)
charm v — בּאַצויבערן; אַנטציקן
charming adj — חנעוודיק; אַנטציקנדיק
chart n — קאַרטע נ (ס); דיאַגראַם נ (ען)
chart v — דיאַגראַמירן
charter n — טשאַרטער ז (ס)

charter v דינגען (אַן אויטאָבוס, עראָפּלאַן, א״ע)

chase n געיעג ס (ן)

chase v יאָגן

Chassid n (Also Hassid) חסיד ז (ים)

chastise v שטראָפן; זאָגן מוסר

chastity n צניעות ס

chat n שמועס ז (ן)

chat v שמועסן

chateau n שאַטאָ ז (ס)

chatelaine n באַלעבאָסטע פון אַ שאַטאָ

chattels n pl מטלטלים ר

chatter n געפלאַפל ס

chatter v פלאַפלען

chatterbox n פלוידערזאַק ז (פלוידערזעק)

chatty adj באַרעדעוודיק

chauffeur n שאָפער ז (ן)

chauvinism n שאָוויניזם ז

cheap adj ביליק, וואָלוול

cheapen v פאַרביליקן

cheat v אָפּנאַרן

cheat n אָפּנאַרער ז (ס)

check n קאָנטראָל ז (ן); טשעק ז (ן), געלט־אָנווייַזונג נ (ען)

check v קאָנטראָלירן; צוריקהאַלטן

checkers n (takes sing. v.) דאַמקע נ (ס)

checkmate n מאַט ז, שאַכמאַט ז

cheek n באַק נ (ן)

cheeky adj חוצפהדיק

cheer n פרייִלעכקייט נ; הוראַ ז (ען)

cheer v שרייַען הוראַ

cheerful adj פרייִלעך, לוסטיק

cheese n קעז ז (ן)

chef n הויפּטקוכער ז (ס)

chemical adj כעמיש

chemist n כעמיקער ז (ס)

chemistry n כעמיע נ

cherish v טייַער האַלטן

cherry n קאַרש נ (ן)

cherub n כּרוב ז (ים), מלאך ז (ים)

chess n שאַך, שאָך ז (ן)

chest n קאַסטן ז (ס); ברוסט נ (בריסט)

chestnut n קאַשטאַן ז (עס)

chew v קייַען

chic adj שיק (עלעגאַנט; מאָדיש; ראַפינירט)

chick n הינדל ס (עך); קינד ס (ער); (סלענג) מיידל ס/נ (עך)

chicken n הון נ (הינער)

chicory n ציקאָריע נ

chief n ראָש ז (ים)

chief adj עיקרדיק

chiefly adv דערעיקרשט, הויפּטזעכלעך

child n קינד ס (ער)

childhood n קינדער־יאָרן ר

childish adj קינדעריש

child's play קינדערשפּיל ס/נ (ן)

chill n קעלט נ (ן)

chill v אָפּקילן

chilly adj קיל

chime n גלאָקנשפּיל נ/ס (ן)

chime v קלינגען האַרמאָניש

chimney n קוימען ז (ס)

chimneysweep n קוימען־קערער ז (ס)

chimpanzee n שימפּאַנזע נ (ס)

chin n גאָמבע נ (ס)

china n — פּאָרצעלײַ ס
chip n — שפּאָן ז (שפּענער), שפּענדל ס (עך)
chipmunk n — טשיפּמאַנק ז (ן)
chirp v — טשיריקען, צירלען
chisel n — דלאָט ז (ן)
chisel v — אויסהאַקן; (סלענג) באַשווינדלען
chit-chat n — טשיט־טשעט ז (פֿרײַנדלעך פּלוידערײַ)
chivalry n — ריטערשאַפֿט נ; העפֿלעכקייט נ
chlorine n — כלאָר ז
chloroform n — כלאָראָפֿאָרם ז
chlorophyll n — כלאָראָפֿיל ז
chocolate n — שאָקאָלאַד ז (ן)
choice n — אויסוואַל ז (ן), ברירה נ (ברירות)
choir n — כאָר ז (ן) (אין אַ קירכע)
choke v — ווערגן, שטיקן, דערשטיקן
cholera n — כאָלערע נ
choose v — אויסוויילן, קלויבן
chop n — קאָטלעט ז (ן); האַק ז, זעץ ז (ן)
chop v — האַקן
chorus n — כאָר ז (ן)
Christian n — קריסט ז (ן)
Christmas n — ניטל ז, קריסטמעס ז (דעצעמבער 25)
chromium n — כראָם ז
chromosome n — כראָמאָסאָם ז (ען)
chronic adj — כראָניש
chronicle n — כראָניק נ (עס)
chronological adj — כראָנאָלאָגיש
chronometer n — כראָנאָמעטער ז (ס)

chrysalis n — גולמל ס (עך)
chrysanthemum n — כריזאַנטעמע נ (ס)
chubby adj — דיקלעך
chuckle v — לאַכן שטיל
chum n — (שמועסדיק) גוטער־ברודער ז; חבר ז (ים)
chum v — (שמועסדיק) חברן זיך
chummy adj — (שמועסדיק) גוטברודעריש
church n — קירך נ (ן), קירכע נ (ס)
chutzpah n — חוצפּה נ
cigar n — ציגאַר ז (ן)
cigarette n — פּאַפּיראָס ז (ן)
(Also cigaret)
cinnamon n — צימרינג ז
circle n — קרײַז ז (ן); ראָד נ (רעדער)
circle v — רינגלען; אַרומרינגלען
circuit n — קרײַז ז (ן); שטראָמקרײַז ז (ן)
circular adj — קײַלעכדיק
circular n — צירקולאַר ז (ן)
circulate v — צירקולירן
circulation n — צירקולאַציע נ (ס)
circumcision n — מילה נ
circumstance n — אומשטאַנד ז (ן)
circus n — צירק ז (ן)
citadel n — ציטאַדעל ז (ן)
cite v — ציטירן
citizen n — בירגער ז (ס)
citizenship n — בירגערשאַפֿט נ
citron n — אתרוג ז (ים)
citrus n — ציטרוס ז (ן)
city n — שטאָט נ (שטעט)
civic adj — בירגערלעך
civil adj — בירגערלעך; העפֿלעך

civility n	העפלעכקייט נ
civilization n	ציוויליזאַציע נ (ס)
civilize v	ציוויליזירן
civil law	בירגער־געזעץ ס
civil war	ברידערקריג ז (ן)
claim n	תּביעה נ (תּביעות); טענה נ (טענות)
claim v	פֿאָדערן; טענהן
clamor n	ליאַרעם ז (ס), געשריי ס (ען)
clamor v	ליאַרעמען
clan n	קלאַן ז (ען)
clap v	קלאַפּן; פּאַטשן בראַוואָ
clarify v	אויפֿקלערן; קלאָר מאַכן
clarinet n	קלאַרנעט ז (ן)
clarity n	קלאָרקייט נ
clash n	צוזאַמענשטויס ז (ן)
clash v	צונויפֿשטויסן זיך
clasp n	קליאַמרע נ (ס); האַלדזונג נ (ען)
clasp v	טוליען; אַרומנעמען
class n	קלאַס ז (ן); סאָרט ז (ן)
classic n	קלאַסיש ווערק ס; קלאַסיקער ז (ס)
classic, classical adj	קלאַסיש
classification n	קלאַסיפֿיקאַציע נ (ס)
classify v	קלאַסיפֿיצירן
classmate n	קלאַס־חבֿר ז (ים)
clatter n	טראַסק ז, געקלאַפּער ס
clatter v	טראַסקען
clause n	טיילזאַץ ז (ן); פּאַראַגראַף ז (ן)
claw n	קרעל נ (ן), נאָגל ז (פֿון אַ פֿויגל אָדער אַ חיה)
claw v	קרעלן, דראַפּען (מיט נעגל)
clay n	ליים נ/ס

clean adj	ריין, זויבער
clean v	רייניקן
cleaning n	רייניקונג נ (ען)
cleanse v	רייניקן
clear adj	קלאָר
clear v	אָפּרייניקן
clearance n	אָפּראַמונג נ
cleave v	שפּאַלטן
cleft n	שפּאַלט ז (ן)
clemency n	רחמים ס; חסד ז; מילדקייט נ (פֿון וועטער)
clench v	בייַלן (אַ פֿויסט); שטשעמען (ציין)
clergyman n	גייַסטלעכער ז
clerk n	באַאַמטער ז
clever adj	קלוג
cliché	קלישע נ (ס), אויסגעדראָשענע פֿראַזע נ (ס)
click n	קנאַק ז (ן)
click v	קנאַקן; (סלענג) צופּאַסן זיך
client n	קליענט ז (ן)
cliff n	פֿעלדז ז (ן)
climate n	קלימאַט ז (ן)
climax n	קלימאַקס ז (ן)
climax v	דערגרייכן דעם קולמיניר־פּונקט
climb v	קלעטערן
climb n	קלעטערונג נ
cling v	קלאַמערן זיך; צוקלעפּן זיך
clinic n	קליניק נ (עס)
clip n	קלעמערל ס (עך)
clip v	שערן; קירצן; (סלענג) באַרייַסן, אָפּנאַרן
clipping n	אויסשניט ז (ן)

clique n קליקע נ(ס)
cloak n מאַנטל ז(ען); צודעק ז(ן)
clock n זייגער ז(ס)
clod n גרודע נ(ס); טיפּש ז(ים)
clog v פֿאַרשטאָפּן
cloister n קלויסטער ז(ס)
close adj נאָענט
cloth n שטאָף ז(ן)
clothe v באַקליידן
clothes n pl קליידער ר
clothing n קליידונג נ
cloud n וואָלקן ז(ס)
cloud v פֿאַרוואָלקענען; פֿאַרנעפּלען
cloudy adj פֿאַרוואָלקנט
clover n קאָניטשינע, קאָנישינע נ(פֿאַשע־געוויקס)
clown n פּאַיאַץ ז(ן)
clown v פּאַיאַצעווען
club n קלוב ז(ן); פּלאָקן ז(ס), שווערער שטעקן ז
club v צעשלאָגן (מיט אַ פּלאָקן)
cluck v קוואָקטשען, קוואָקען
clue n סליאַד־ווײַזער ז(ס); שליסל ז(צו אַ באַשייד)
clumsy adj אומגעלומפּערט
cluster n גרופּקע נ(ס); קנויל ז(ן); הענגל ס(עך)
cluster v גרופּירן; וואַקסן אין הענגלעך
coach n קאַרעטע נ(ס); פּאַסאַזשיר־וואַגאָן ז(ען); בוס ז(ן); מדריך ז(ים)
coach v אינסטרואירן, אײַנלערנען

coal n קוילן ר
coalition n קאָאַליציע נ(ס)
coarse adj גראָב; פּראָסט
coast n ברעג ז(ן)
coat n מאַנטל ז(ען); שיכט ז(ן)
coat v באַדעקן
coat of arms הערב ז(ן)
co-author n קאָ־אויטאָר ז(ן)
coax v צורעדן
cobble v פֿאַרריכטן (שיך); פֿאַרטאַטשעווען
cobbler n שוסטער ז(ס); פֿאַרטאַטש ז(עס)
cobblestone n ברוקשטיין ז(ער)
cobra n קאָברע נ(ס)
cobweb n שפּינוועבס ס
cock n האָן ז(הענער)
cockcrow n פֿאַרטאָג ז(ן) (צײַט פֿון האָן־קריי)
cockroach n טאַראַקאַן ז(עס)
cocksure adj צו זיכער
cocktail n קאָקטייל ז(ן)
cocky adj זיכער בײַ זיך; גרויס בײַ זיך
cocoa n קאַקאָ ז(ס)
coconut n קאָקאָסנוס ז(קאָקאָסניס)
coddle v פּיעשטשען; קאָכן לײַכט
code n קאָדעקס ז(ן); קאָד ז(ן)
coed n סטודענטקע נ(ס)
coeducation n קאָעדוקאַציע נ
coerce v צווינגען, נייטן
coercion n צוואַנג ז
coffee n קאַווע נ(ס)
coffee table קאַווע־טישל ס(עך)
coffin n אָרון ז(ות)

cog n צאָן ז (אויפֿן ראַנד פֿון אַ ראָד)
coherent adj בינדיק; לאָגיש
cohesion n האַפּטיקייט נ, צונויפֿהאַלט ז
cohort n באַנדע נ (פֿון זעלנער)
coin n מטבע נ (ות)
coin v מינצן (מטבעות); שאַפֿן (ווערטער, פּראַזעס)
coincidence n צוזאַמענפֿאַל ז (ן)
cold adj קאַלט
cold n קעלט נ (ן); פֿאַרקילונג נ (ען); קאַטער ז (ס)
cold-blooded adj קאַלטבלוטיק
cold war קאַלטע מלחמה נ
coleslaw n קרויטסאַלאַט ז (ן)
(Also cole slaw)
coliseum n קאָליסייאום ז (ס)
collaborate v מיטאַרבעטן
collage n קאָלאַזש ז (ן)
collapse n אײַנפֿאַלונג נ (ען)
collapse v אײַנפֿאַלן
collar n קאָלנער ז (ס)
colleague n קאָלעגע ז (ס)
collect v זאַמלען; אײַנמאָנען
collection n זאַמלונג נ (ען); קאָלעקציע נ (ס)
collector n זאַמלער ז (ס); קאָלעקטאָר ז (ן)
college n קאַלעדזש ז (ן)
collide v צוזאַמענשטויסן זיך; ניט מסכּים זײַן
collie n קאָלי ז (ס) (שאָפֿהונט)
collision n צוזאַמענשטויס ז (ן); קאָנפֿליקט ז (ן)

colloquialism n שמועסוואָרט ס
colloquial language שמועסשפּראַך נ
collusion n צונויפֿרעד ז
cologne n קעלניש וואַסער ס
colon n צווייפּינטל ס (עך)
colonel n קאָלאָנעל ז (ן), פּאָלקאָווניק ז (עס)
colonial adj קאָלאָניאַל
colonialism n קאָלאָניאַליזם ז
colonization n קאָלאָניזאַציע נ
colonnade n קאָלאָנאַדע נ (ס)
colony n קאָלאָניע נ (ס)
color, colour n קאָליר ז (ן), פֿאַרב נ (ן)
color v פֿאַרבן, קאָלירן
coloratura n קאָלאָראַטור נ
colored adj קאָלירט, פֿאַרביק
colorful adj קאָלירפֿול, פֿילפֿאַרביק; אינטערעסאַנט
colorless adj בלאַס, אָן קאָליר
colossal adj קאָלאָסאַל
colossus n קאָלאָסוס ז (ן)
colt n לאָשיק ז (עס)
column n זײַל ז (ן); רובריק נ (ן); קאָלאָנע נ (ס)
columnist n קאָלומניסט ז (ן)
coma n קאָמע נ (ס) (אָנהאַלטעוודיקע אומוויסיקייט)
comb n קאַם ז (ען), קעמל ס (עך)
comb v קעמען, קאַמען
combat n שלאַכט נ (ן), קאַמף ז (ן)
combat v באַקעמפֿן
combatant n קעמפֿער ז (ס)
combat fatigue שלאַכט־מידקייט נ
combination n קאָמבינאַציע נ (ס)

combine v פאַרבינדן, פאַראייניקן
combine n קאָמבײַן ז (ען)
come v קומען
comedian n קאָמיקער ז (ס)
comedy n קאָמעדיע נ (ס)
comely adj שיין; אַטראַקטיוו
comet n קאָמעט ז (ן)
comfort n באַקוועמלעכקייט נ; טרייסט נ
comfort v טרייסטן
comfortable adj באַקוועם
comic n קאָמיקער ז (ס)
comic, comical adj קאָמיש
coming adj קומענדיק
comma n קאָמע נ (ס), בײַשטראָך ז (ן)
command n באַפעל ז (ן); באַהערשונג נ
command v באַפעלן; באַהערשן
commandant n קאָמענדאַנט ז (ן)
commandment n געבאָט ס; מצווה נ (מצוות)
commando n קאָמאַנדאָ ז (ס)
commemorate v באַערן דעם אָנדענק פון
commence v אָנהייבן
commencement n אָנהייב ז (ן); סיום־צערעמאָניע נ (ס)
commend v לויבן
comment n באַמערקונג נ (ען)
comment v באַמערקן
commentary n קאָמענטאַר ז (ן), פירוש ז (ים)
commerce n האַנדל ז, מסחר ז
commercial adj קאָמערציעל

commercial n אַנאָנס ז (ן) (אויפן ראַדיאָ אָדער טעלעוויזיע)
commissar n קאָמיסאַר ז (ן)
commission n קאָמיסיע נ (ס)
commit v באַגיין; איבערגעבן;
commit oneself פאַרפליכטן זיך
commitment n התחייבות ס
committee n קאָמיטעט ז (ן)
commodity n געברויך־אַרטיקל ז (ען)
common adj געוויינלעך; שותפותדיק; פראָסט
common sense שׂכל־הישר ז
commotion n גערודער ס (ס)
commune n קאָמונע נ (ס)
communicate v לאָזן וויסן; פאַרבינדן זיך
communication n קאָמוניקאַציע נ
communism n קאָמוניזם ז
communist n קאָמוניסט ז (ן)
communist, communistic adj קאָמוניסטיש
community n ציבור ז; קהילה נ (קהילות)
compact adj קאָמפאַקט; סאָליד
companion n באַגלייטער ז (ס)
company n געזעלשאַפט נ; פירמע נ (ס)
compare v פאַרגלײַכן
comparison n פאַרגלײַך ז (ן)
compass n קאָמפאַס ז (ן)
compassion n מיטלייד נ, רחמנות ס
compatible adj אויסקומיק; אין האַרמאָניע

compel v צווינגען

compensate v פאַרגיטיקן

compensation n פאַרגיטיקונג נ (ען)

compete v קאָנקורירן

competence n קאָמפּעטענץ נ, פעאיקייט נ

competent adj קאָמפּעטענט, פעאיק

competition n קאָנקורענץ נ, פאַרמעסט ז (ן)

competitor n קאָנקורענט ז (ן)

compile v צוזאַמענשטעלן, זאַמלען

complacent adj אומפאַרזאָרגט; צופרידן מיט זיך

complain v באַקלאָגן זיך

complaint n קלאַגע נ (ס), תּרעומה נ (תּרעומות)

complete adj גאַנץ; פערפעקט

complete v דערגאַנצן, פאַרענדיקן

completely adv אין גאַנצן, אינגאַנצן

completion n פאַרענדיקונג נ

complex adj פילטייליק; קאָמפּליצירט

complex n קאָמפּלעקס ז (ן)

complexion n קאָליר ז (פון דער הויט)

complexity n קאָמפּליצירקייט נ; קאָמפּליקאַציע נ (ס)

complicate v קאָמפּליצירן

complicated adj קאָמפּליצירט

complication n קאָמפּליקאַציע נ (ס); חומרא נ (חומרות)

complicity n מיטשולד נ

compliment n קאָמפּלימענט ז (ן), שבח ז (ים)

compliment v קאָמפּלימענטירן

complimentary adj לשבח; בחינמדיק

comply v אויספאָלגן

composer n קאָמפּאָזיטאָר ז (ן)

composition n קאָמפּאָזיציע נ (ס); חיבור ז (ים)

composure n באַהערשטקייט נ

compound n געהעפט ס (ן); געמיש ס (ן)

compound v צונויפהעפטן; מישן

compound adj צונויפגעהאָפטן

compound interest פּראָצענט אויף פּראָצענט ז

comprehend v פאַרשטיין; באַנעמען

comprehensive adj אַרומנעמיק

compress v צונויפקוועטשן

comprise v אַרייַננעמען

compromise n פשרה נ (פשרות), אויסגלייַך ז (ן)

compromise v מאַכן אַ פשרה; שטעלן אונטער פאַרדאַכט

compulsion n צוואַנג

compulsive adj קאָמפּולסיוו

compulsory adj געצוווּנגען

compute v צונויפרעכענען

computer n קאָמפּיוטער ז (ס)

comrade n חבר ז (ים)

con n קעגנגרונד ז (ן); (סלענג) שווינדל ז (ען)

con v לערנען, אייַנחזרן; (סלענג) באַשווינדלען

concave adj קאָנקאַוו

conceal v באַהאַלטן

concede v מודה זייַן; געבן דאָס רעכט

conceit n פוסטע גאווה נ; אײַנרעדעניש ס (ן)
conceited adj גרויס בײַ זיך, אָנגעבלאָזן
conceive v באַנעמען, פאַרשטיין; פאַרשווענגערן
concentrate v קאָנצענטרירן
concentration n קאָנצענטראַציע נ (ס)
concentration camp (דײַטשער) קאַצעט ז (ן)
concept n באַגריף ז (ן)
conception n השגה נ (השגות); פאַשווענגערונג נ (ען)
concern n אַרונג נ; פירמע נ (ס)
concern v אַרן; זײַן שייך
concerning prep בנוגע
concert n קאָנצערט ז (ן)
concession n נאָכגעבונג נ (ען); קאָנצעסיע נ (ס)
conciliation n אויסגלײַך ז (ן)
concise adj תמציתדיק
conclude v פאַרענדיקן; שליסן (אַן אָפּמאַך); אַרויסדרינגען
conclusion n סוף ז (ן); שליסונג נ (ען); מסקנא נ (מסקנות)
conclusive adj איבערצײַגיק; ענדגילטיק
concoct v פאַרקאָכן; אויסטראַכטן
concord n האַרמאָניע ז (ס); הסכם ז (ס)
concordance n קאָנקאָרדאַנציע נ (ס)
concrete adj קאָנקרעט, ממשותדיק
concrete n בעטאָן ז
concur v מסכים זײַן
condemn v פאַרמישפטן; פאַרדאַמען
condense v געדיכט מאַכן; פאַרקירצן (אַ דערציילונג, א״ע)
condition n צושטאַנד ז (ן); באַדינג ז (ען), תנאַי ז (תנאָים)
conditional adj באַדינגיק
condole v טרייסטן
condolence n טרייסטאויסדרוק ז (ן)
condominium n קאָנדאָמיניום ז (ס)
condone v פאַרגעבן
conduct n אויפפירונג נ; אָנפירונג נ
conduct v אָנפירן מיט
conduct oneself אויפפירן זיך, פירן זיך
conductor n קאָנדוקטאָר ז (ן); דיריגענט ז (ן)
cone n שישקע נ (ס)
confederacy n קאָנפעדעראַציע נ (ס)
confer v באַראָטן זיך; באַשענקען
conference n קאָנפערענץ נ (ן)
confess v מודה זײַן זיך
confide v פאַרטרויען
confidence n צוטרוי ז; בטחון ז (ות)
confident adj זיכער בײַ זיך
confidential adj געהיים; פאַרטרויט
confine v באַגרענעצן; פאַרשפאַרן
confirm v באַשטעטיקן
confiscate v קאָנפיסקירן
conflict n קאָנפליקט ז (ן)
conflict v זײַן שטאַרק מחולק
conform v צופאַסן זיך
confound v צעמישן; ניט אונטערשיידן

confront v קאָנפראָנטירן
confuse v צעמישן; צעטומלען
confusion n צעמישונג נ; כאַאָס ז (ן)
congeal v פאַרגליווערן
congenial adj ליב; סימפאַטיש
congestion n געענג ס (ען)
conglomerate n קאָנגלאָמעראַט ז (ן)
congratulate v גראַטולירן, ווינטשעווען
congratulation n גליקווונטש ז (ן)
congratulations pl מזל־טוב!
congregate v פאַרזאַמלען זיך
congregation n קהילה נ (קהילות); פאַרזאַמלונג נ (ען)
congress n קאָנגרעס ז (ן)
conifer n נאָדלבוים ז (נאָדלביימער)
conjecture n השערה נ (השערות)
conjugation n קאָניוגאַציע נ (ס)
conjunction n קאָניונקציע נ (ס), בינדוואָרט ס (בינדווערטער)
conjure v באַשווערן; טאָן כישוף
connect v פאַרבינדן
connection n פאַרבינדונג נ (ען)
connive v מאַכן זיך נישט וויסנדיק (וועגן אַן אומרעכט); קאָאָפערירן בסוד; קאָנספירירן
connoisseur n מבין ז (ים)
connotation n קאָנאָטאַציע נ (ס)
conquer v זיגן, באַזיגן; אײַננעמען
conqueror n זיגער ז (ס)
conquest n אײַננעם ז (ען); זיג ז (ן)
conscience n געוויסן ס (ס)
conscientious adj געוויסנהאַפטיק, געוויסנדיק
conscious adj באַוווסטזיניק
consciousness n באַוווסטזײַן ס
consecrate v מחנך זײַן, מקדש זײַן
consecutive adj נאָכאַנאַנדיק
consensus n קאָנסענסוס ז, הסכם־כולם ז
consent n הסכמה נ (הסכמות), צושטימונג נ (ען)
consent v מסכים זײַן צושטימען
consequence n קאָנסעקווענץ נ (ן) (פועל־יוצא ז (ס); וויכטיקייט נ)
consequently adv דעריבער, נימצא
conservative adj קאָנסערוואַטיוו
conservatory n קאָנסערוואַטאָריע נ (ס)
consider v באַטראַכטן; נעמען אין אַכט
considerable adj היפש
considerate adj אײַנזעעוודיק, שוינעוודיק
consideration n באַטראַכטונג נ (ען); אינאַכטנעמונג נ
consist v באַשטיין
consistent adj אויסגעהאַלטן; אײַנשטימיק
consolation n טרייסט נ (ן)
console v טרייסטן
consolidate v קאָנסאָלידירן (פאַראייניקן; פעסט מאַכן; פאַרשטאַרקן)
consonant n קאָנסאָנאַנט ז (ן)
conspicuous adj אָנזעעוודיק
conspiracy n קאָנספיראַציע נ (ס), פאַרשווערונג נ (ען)

conspire v פאַרשווערן
constancy n סטאַבילקייט נ; פעסטקייט נ; לאָיאַלקייט נ
constant adj קאָנסטאַנט (שטענדיק; לאָיאַל)
constellation n קאָנסטעלאַציע נ(ס)
consternation n בהלה נ, פאַראַלאַזירנדיקער שרעק ז
constipation n עצירות ס
constitute v צונויפשטעלן; פאָרמירן; באַשטימען
constitution n קאָנסטיטוציע נ(ס); קערפּער־געבוי ז(ען)
constraint n אײַנגעהאַלטנקייט נ
construct v בויען
construction n קאָנסטרוקציע נ(ס); געביידע נ(ס)
constructive adj קאָנסטרוקטיוו
construe v אויסטײַטשן
consul n קאָנסול ז(ן)
consulate n קאָנסולאַט ז(ן)
consult v באַראָטן זיך
consultation n באַראָטונג נ(ען)
consume v פאַרניצן
consumer n געברויכער ז(ס); קונה ז(קונים)
consumerism n קאָנסומעריזם ז
consummate v פאַרענדיקן; מקיים זײַן (דעם זיווג)
contact n קאָנטאַקט ז(ן) (אָנריר ז; פאַרבינדונג נ)
contact v אָנרירן; קאָמוניקירן מיט
contagious adj אָנשטעקיק
contain v אַנטהאַלטן, האַלטן

contaminate v קאָנטאַמינירן, פאַראומרייניקן (דורך באַרירונג)
contemplate v באַטראַכטן
contemporary adj מיטצײַטיש; הײַנטצײַטיק
contemporary n בן־דור ז(בני־דור)
contempt n פאַראַכטונג נ
contemptible adj נידערטרעכטיק
contemptuous adj פאַראַכטיק
contend v טענהן; קעמפן
content adj צופרידן
content v באַפרידיקן
contention n טענה נ(טענות)
contentment n צופרידנקייט נ
contents n pl אינהאַלט ז(ן)
contest n פאַרמעסט ז(ן); קאַמף ז(ן)
contest v פאַרמעסטן זיך; באַקעמפן
context n קאָנטעקסט ז(ן)
continent n קאָנטינענט ז(ן)
contingency n מעגלעכקייט נ(ן) פאַל ז(ן)
continual adj כסדרדיק
continuation n המשך ז(ים), פאָרזעצונג נ(ען)
continue v ממשיך זײַן, פאָרזעצן
continuity n המשכדיקייט נ
contour n קאָנטור ז(ן)
contraband n קאָנטראַבאַנדע נ(ס)
contract n קאָנטראַקט ז(ן), אָפּמאַך ז(ן)
contract v מאַכן אַ קאָנטראַקט; אָנשטעקן זיך (מיט אַ קרענק); אײַנציִען
contractor n קאָנטראַקטאָר ז(ן)

contradict *v* סותר זיין, ווידערשפּרעכן
contradiction *n* ווידערשפּרוך ז (ן)
contrary *adj* היפּוכדיק, קעגנזעצלעך
contrast *n* קאָנטראַסט ז (ן), היפּוך ז (ים)
contrast *v* אַנטקעגנשטעלן; זייַן אַ קאָנטראַסט
contribute *v* בייַשטייַערן
contribution *n* בייַשטייַערונג נ (ען); צושטייַער ז (ס)
contrite *adj* נידערגעשלאָגן (דורך חרטה)
contrive *v* אויסקאָמבינירן
control *n* קאָנטראָל ז (ן)
control *v* קאָנטראָלירן
controversy *n* סכסוך ז (ים)
conundrum *n* קאָנונדרום ז (אַ רעטעניש וואָס זייַן ענטפֿער איז אַ ווערטערשפּיל)
convalesce *v* קומען צו זיך
convene *v* צונויפֿרופֿן; צוזאַמענקומען
convenience *n* באַקוועמלעכקייט נ (ן)
convenient *adj* באַקוועם
convent *n* קאָנווענט ז (ן)
convention *n* צוזאַמענפֿאָר ז (ן); אָנגענומענקייט נ (ן)
conventional *adj* אָנגענומען
converge *v* צוזאַמענקומען (צו איין פּונקט)
conversation *n* שמועס ז (ן)
converse *v* שמועסן
conversion *n* איבערבייַט ז (ן); גלויבנבייַט ז (ן)

convert *v* בייַטן (אַ רעליגיע); אויסבייַטן (געלט, א״ע); ענדערן
convex *adj* קאָנוועקס
convey *v* טראַנספּאָרטירן; איבערגעבן
convict *v* פֿאַראורטיילן
convict *n* פֿאַרמישפּטער ז; אַרעסטאַנט ז (ן)
conviction *n* פֿאַרמישפּטונג נ (ען); איבערצייַגונג נ (ען)
convince *v* איבערצייַגן
convoy *n* קאָנוווי ז (ען)
convoy *v* עסקאָרטירן (פֿאַר שוץ)
convulse *v* טרייסלען גוואַלדיק
convulsion *n* קאָנווולסיע נ (ס)
coo *v* וואָרקען (ווי אַ טויב)
cook *n* קוכער ז (ס)
cook *v* קאָכן
cookbook *n* קאָכבוך ס (קאָכביכער)
cookie *n* קיכל ס (עך)
cool *adj* קיל; גלייַכגילטיק
cool *v* אָפּקילן
coop *n* הינערשטייַג נ (ן); טויבנשטיבל ס (עך)
coop *v* אייַנשטייַגלען; אייַנשפּאַרן
cooperate *v* קאָאָפּערירן, צוזאַמענאַרבעטן
cooperation *n* קאָאָפּעראַציע נ (ס)
cooperative *adj* קאָאָפּעראַטיוו
cooperative *n* קאָאָפּעראַטיוו ז (ן)
coordinate *adj* קאָאָרדינירט
coordinate *v* קאָאָרדינירן, (האַרמאָניזירן; צופּאַסן)
coordinate *n* קאָאָרדינאַט ז (ן)
coordination *n* קאָאָרדינירונג נ
cop *n* (סלענג) פּאָליציאַנט ז (ן)

cope v — געבן זיך אַן עצה; האַנדלען דערפאָלגרײַך

copilot n — קאָפילאָט ז (ן)

copious adj — שפעדיק

copper n — קופער ס

copperhead n — קופערקאָפ ז (שלאַנג)

copse n — געוויקסן־פלאַנטער ז (ס), פלאַנצן־געדיכטעניש נ (ן)

copy n — קאָפיע נ (ס)

copy v — קאָפירן

copybook n — העפט נ (ן)

copyright n — דרוקרעכט ס, מחבר־רעכט ס

copyright v — באַקומען דאָס דרוקרעכט (אויף אַ בוך, בילד, א״ע)

copyrighted adj — באַשיצט דורך דרוקרעכט

coquette n — קאָקעטקע נ (ס)

coquettish adj — קאָקעטיש

coral n — קאָראַל ז (ן)

cord n — שנור ז (ן); שפאַגאַט ז (ן)

cordial adj — האַרציק; וואַרעם

cordillera n — בערג־קייט נ (ן)

cordon n — קאָרדאָן ז (ען)

corduroy n — קאָרדורוי ז (באַוולשטאָף)

core n — האַרץ ס (פון אַ פרוכט); תּוך ז

cork n — קאָריק ז (עס), פראָפן ז (ס)

corkscrew n — פראָפן־ציִער ז (ס)

corn n — קוקורוזע נ; הינעראויג ס (ן)

corn v — אײַנזאַלצן

corned beef — פעקלפלייש ס

corner n — ווינקל ז (ען); עק ז (ן)

corner v — שטופן צו אַ ווינקל

cornerstone n — ווינקלשטיין ז (ער)

cornflower n — קאָרנבלום נ (ען)

cornice n — גזימס ז (ן)

corolla n — קרוינבלעטלעך ר

corollary n — פועל־יוצא ז (ס); נאַטירלעכע קאָנסעקווענץ נ (ן)

coronation n — קרוינונג נ, קריינונג נ (ען)

coroner n — קאָראָנער ז (ס)

coronet n — קריינדל ס (עך)

corporal n — קאָרפאָראַל ז (ן)

corporal adj — קערפערלעך

corporation n — קאָרפאָראַציע נ (ס)

corps n — קאָרפוס ז (ן)

corpse n — בר־מינן ז (ס)

corpulent adj — קאָרפולענט, פעט

corral n — קאָראַל ז (ן) (אָפגעצוימטער פלאַץ פאַר בהמות)

correct adj — ריכטיק, קאָרעקט

correct v — פאַרריכטן

correction n — פאַרריכטונג נ (ען); תּיקון־טעות ז (ן)

correctness n — ריכטיקייט נ

correlation n — קאָרעלאַציע נ (ס)

correspond v — קאָרעספאָנדירן; שטימען

correspondence n — קאָרעספאָנדענץ נ (ן); האַרמאָניע נ (ס), מיטשטימונג נ

correspondent n — קאָרעספאָנדענט ז (ן)

corridor n — קאָרידאָר ז (ן)

corrigenda n pl — ליסטע פון תּיקון־טעותן (אין אַ בוך)

corroborate v — באַקרעפטיקן (אַנדערע עווידענץ)

corroboration n — באַשטעטיקונג נ (דורך צוגאָבלעכע באַווײַזן)

corrode v	צעעסן
corrupt adj	פֿאַרדאָרבן
corrupt v	פֿאַרדאַרבן
corruption n	קאָרופּציע נ
corsage n	קאָרסאַזש ז (ן)
corsair n	פּיראַט ז (ן); פּיראַט־שיף נ (ן)
corset n	קאָרסעט ז (ן)
cosmetic adj	קאָסמעטיש
cosmetic n	קאָסמעטיק נ
cosmic adj	קאָסמיש
cosmonaut n	קאָסמאָנויט ז (ן)
cosmopolitan adj	קאָסמאָפּאָליטיש
cosmopolitan n	קאָסמאָפּאָליט ז (ן)
cosmos n	קאָסמאָס ז
cost n	פּרײַז ז (ן); קאָסטן ר
cost v	קאָסטן
costly adj	טײַער, קאָסטבאַר
costume n	קאָסטיום ז (ען)
cot n	פֿעלדבעטל ס (עך)
cote n	שטעלכל ס (עך)
cottage n	קאַטעדזש ז (עס), הײַזקע נ (ס)
cottage cheese	קאַטעדזש־קעז ז (ן)
cotton n	באַוול ז
cotton batting	וואַטע נ
couch n	סאָפֿע נ (ס)
couch v	אויסדריקן (אין ווערטער)
cougar n	קוגואַר ז (ן)
cough n	הוסט ז
cough v	הוסטן
council n	ראַט ז (ן), באַראַטונגס־קערפּערשאַפֿט נ (ן)
councilor n (Also councillor)	ראַט־מיטגליד ז (ער)
counsel n	עצה נ (עצות); אַדוואָקאַט ז (ן)
counsel v	געבן אַן עצה, ראַטן
counsellor n	בעל־יועץ ז (בעלי־יועצים); לויער ז (ס); מדריך ז (ים) (פֿון קינדער אין אַ קעמפּ)
count n	ציילונג נ (ען); גראַף ז (ן)
count v	ציילן; רעכענען
– count on	פֿאַרלאָזן זיך אויף
countenance n	געזיכט ס (ער); מינע נ (ס)
countenance v	טאָלערירן
counter n	לאַנגער טיש ז (אין אַ קראָם, רעסטאָראַן, א״ע)
counter v	אַנטקעגנשטעלן; אָפּענטפֿערן
counteract v	אַקעגנווירקן; שטערן
counterculture n	קאָנטערקולטור נ, קעגנקולטור נ (ן)
counterfeit adj	פֿאַלש, נאָכגעמאַכט
counterfeit v	פֿעלשן (געלט, א״ע)
counter-revolution n	קאָנטעררעוואָלוציע נ (ס)
countersign v	קעגנחתמענען
countess n	גראַפֿינע נ (ס)
countless adj	אומצייליק, אָן אַ צאָל
country n	לאַנד ס (לענדער); דאָרפֿישער דיסטריקט ז
country house	דאַטשע נ (ס)
countryside n	דאָרפֿישע געגנט נ (ן)
couple n	פּאָר נ (ן)
couple v	פּאָרן; פּאַראײַניקן
coupon n	קופּאָן ז (ען)
courage n	קוראַזש ז, מוט ז, דרייסטקייט נ
courageous adj	מוטיק, דרייסט

courier n	קוריער ז (ן)
course n	קורס ז (ן); גאַנג ז, לויף ז
– in the course of	בּמשך
– of course	געוויס, אַוודאי
course v	לויפן, פליסן;
	יאָגן מיט הינט
court n	הויף ז (ן); געריכט ס (ן)
court v	בּאַמיִען זיך צו בּאַקומען;
	שדכנען זיך צו
courteous adj	העפלעך
courtesy n	העפלעכקייט נ, איידלקייט נ;
	העפלעכער זשעסט ז
courthouse n	געריכטהויז ס;
	בּית־דין ס
courtly adj	העפלעך; עלעגאַנט
court-martial n	קריגסגעריכט ס (ן)
courtyard n	הויף ז (ן)
cousin n	קוזין ז (ען); קוזינע נ (ס),
	קוזינקע נ (ס)
covenant n	אָפּמאַך ז (ן);
	בּרית ז (אין תּנך)
cover n	דעק נ (ן), דעקל ס (עך);
	טאָוול ז (ען) (פון אַ בּוך)
cover v	דעקן; פאַרדעקן, צודעקן
coverage n	דעקונג נ (ען)
covert adj	בּאַהאַלטן, געהיים
cover-up,	פאַרדעקונג נ (ען) (פון
coverup n	אַ פאַרבּרעך)
covet v	בּאַגערן, גלוסטן
covey n	קליינע טשאַטע נ (ס) (ספּעציעל
	פון קוראָפּאַטעס, וואַכטלען, א"ע)
cow n	קו נ (קי)
cow v	אָנשרעקן
coward n	פּחדן ז (ים),
	שרעקעוודיקער ז
cowardice n	פּחדנות ס,
	שרעקעוודיקייט נ
cowardly adj, adv	שרעקעוודיק
cowbird n	קופויגל ז (קופייגל)
cowboy n	קאַאובּוי ז (ס)
cower v	איַינבּייגן זיך שרעקעוודיק
cowhide n	קוהויט נ (ן); קולעדער נ/ס (ס);
	לעדערנע בּיַיטש נ (ן)
co-worker n	מיטאַרבּעטער ז (ס)
coy adj	שעמעוודיק; בּאַשיידן;
	כּלומרשט שעמעוודיק
coyote n	קאָיאָטע נ (ס)
cozy adj	היימיש; בּאַקוועם
	און וואַרעם
crab n	קראַבּ ז (ן);
	קריגערישער פאַרשוין ז
crack n	שפּאַלט ז (ן), שפּאַרע נ (ס);
	טראַסק ז (ן); קנאַל ז (ן)
crack v	שפּאַלטן
crackdown n	פלוצעמדיקע
	בּאַשטראָפונג נ (ען)
cracker n	פלעצל ס (עך)
crackpot n	עקסצענטרישער
	פאַרשוין ז
cradle n	וויג נ (ן)
cradle v	וויגן
cradlesong n	וויגליד ס (ער)
craft n	מלאָכה נ (מלאָכות);
	פיפיקייט נ
craftiness n	כיטרעקייט נ
crafty adj	כיטרע, פיפיק
crag n	ארויסשטאַרצנדיקער פעלדז ז;
	פעלדזן־וואַנט נ (־ווענט)
cram v	אָנשטאָפּן
cramp n	קראַמפּ ז (ן), קאָרטש ז (ן)

crane *n* קראַן ז (ען) (משא־הייבער; וואַסער־פויגל)
cranium *n* שאַרבן ז (ס)
crank *n* קאָרבע ז (ס); (שמועסדיק) טשודאַק ז (עס), משונהדיקער פאַרשוין ז; מאָדנע אידעע נ (ס)
cranky *adj* אויפגערעגט; טשודנע, משונהדיק
crash *n* קראַך ז (ן); טראַסק ז (ן); צונויפשטויס ז (ן)
crash *v* קראַכן; צונויפשטויסן זיך
crater *n* קראַטער ז (ס)
cravat *n* קראַוואַט ז (ן)
crave *v* לעכצן, באַגערן
craven *adj* פחדניש
craving *n* באַגער ז (ן)
crawl *v* קריכן
crawl *n* קריכונג נ
crayon *n* קרייַדל ס (עך)
crazy *adj* משוגע
creak *n* סקריפּ ז (ן)
creak *v* סקריפּען
cream *n* סמעטענע נ (ס); קרעם ז (ען)
crease *n* קנייטש ז (ן)
crease *v* צעקנייטשן
create *v* שאַפן, באַשאַפן
creation *n* שאַפונג נ (ען)
Creation יצירה נ (בריאת־העולם)
creative *adj* שעפעריש
creator *n* באַשאַפער ז (ס)
Creator בורא ז, גאָט ז
creature *n* באַשעפעניש ס (ן)
credentials *n pl* רעפערענץ־בריוו ז
credible *adj* גלויבווערדיק
credit *n* קרעדיט ז (ן) (באָרג נ; אָנאָרקענונג נ; כבוד ז)
credit *v* קרעדיטירן
credit card קרעדיט־קאַרטע נ (ס)
credulous *adj* גרינגגלייביק
creed *n* אמונה נ (אמונות), גלויבן ז (ס)
creek *n* טייַכל ס (עך)
creep *v* קריכן
creep *n* קריכונג נ; (סלענג) טשודאַק ז (עס)
cremate *v* קרעמירן, פאַרברענען
cremation *n* קרעמאַציע נ
crematorium *n* קרעמאַטאָריע נ (ס)
crescendo *adv* קרעשענדאָ
crescent *n* האַלבע לבנה נ
crest *n* קאַם ז (ען); הערב ז (ן)
crestfallen *adj* דערשלאָגן
crevasse *n* קרעוואַס ז (ן) (אַ טיפע שפּאַרע אינעם אייַז פון אַ גלעטשער)
crevice *n* שפּאַרע נ (ס)
crew *n* מאַנשאַפט נ (ן)
crib *n* וויג נ (ן); זשאָלעב ז (עס)
cricket *n* גריל נ (ן)
crime *n* פאַרברעכן ס (ס)
criminal *adj* קרימינעל
criminal *n* פאַרברעכער ז (ס)
crimson *adj* פורפּלען
crimson *n* פורפּל ז
cringe *v* צוריקציִען זיך ציטערדיק; פאַרבייגן זיך שרעקעוודיק
crinkle *n* קנייטש ז (ן); שאָרך ז (ן)
crinkle *v* אייַנקנייטשן; שאָרכן
crinoline *n* קרינאָלינע נ (ס)

cripple n קאַליקע ז/נ (ס)
cripple v פֿאַרקריפּלען
crisis n קריזיס ז (ן)
criterion n קריטעריע נ (ס)
critic n קריטיקער ז (ס)
critical adj קריטיש
criticism n קריטיציזם ז
criticize v קריטיקירן; געפינען חסרונות
critique n קריטיק נ (ן), אָפּשאַצונג נ (ען)
croak v קראַקען (ווי אַ קראָ, זשאַבע, א״ע)
crochet v שטריקן מיט אַ העקל
crocodile n קראָקאָדיל ז (ן)
crocus n קראָקוס ז (ן)
croissant n האַלבֿ־לבֿנהדיקע בולקע נ (ס)
crony n זייער נאָענטער פֿרײַנד ז
crook n האַקן ז (ס); שווינדלער ז/ס
crooked adj קרום; שווינדלעריש
croon v זינגען ווייך און עמאָציאָנעל
crop n שניט ז (ן); גערעטעניש ס (ן)
crop v ארומשנײַדן
croquet n קראָקעט ז
cross n קרייץ ז (ן), צלם ז (ים); מישלינג ז (ען), היבריד ז (ן)
cross v אַריבערגיין; קרייצן
cross adj אויפגעבראַכט, ברוגז
cross-examination n דורכפֿאַרהער ז (ן)
cross-examine v דורכפֿאַרהערן
crossing n אַריבערגאַנג ז (ען)
crossroads n pl שיידוועג ז (ן), קרייצוועג ז (ן)
crosswalk n גאַס־אַריבערגאַנג ז (באַצייכנט מיט ווײַסע ליניעס)
crouch v אײַנבייגן זיך
crow n קראָ נ (ען)
crow v קרייען
crowd n מאַסע נ (מאַסן), עולם ז; קליקע נ (ס)
crowd v ענג מאַכן; שטופּן זיך
crowded adj ענג; געפּאַקט
crown n קרוין נ (ען)
crown v קרוינען, קריינען
crown prince קרוינפּרינץ ז (ן)
crow's-nest n אָבסערוואַציע־שטאַנד ז (ן) (ספּעציעל אויף אַ שיף)
crucial adj באַשטימענדיק; זייער וויכטיק
crucify v קרייציקן
crude adj רוי; פּראָסט, ווולגאַר
cruel adj אַכזריותדיק, גרויזאַם
cruelty n אכזריות ס, גרויזאַמקייט נ (ן)
cruise n קרייס ז (ן); ים־רײַזע נ (ס) (פֿאַר פֿאַרגעניגן)
cruise v קרייסירן
crumb n קרישל ס (עך), ברעקל ס (עך)
crumble v קרישלען; צעברעקלען זיך
crumple v צעקנייטשן
crusade n קרייצפֿאָר ז (ן); פֿאַנאַטישער קאַמף ז
crush v צעקוועטשן; צעשמעטערן

crush n צעקוועטשונג נ; ענגשאַפט נ; המון ז (ען); (סלענג) פּלוצעמדיקע ליבע נ (ס)
crust n סקאָרע נ (ס); האַרטע שאָלעכץ נ (ן)
crust v באַדעקן מיט אַ הײַטל
crutch n קוליע נ (ס)
cry n געשריי ס (ען); רוף ז (ן); געוויין ס (ען)
cry v שרייען; וויינען
crybaby n וויינער ז (ס)
crypt n אונטערערדישער צימער ז
cryptic adj געהיים; עניגמאַטיש; מיסטעריעז
cryptography n קריפּטאָגראַפֿיע נ
crystal n קריסטאַל ו (ן)
crystallize v קריסטאַליזירן
cub n יונג חיהלע ס (ך) (בער, וועלפֿל, טיגערל, לייבל, פֿיקסל, א״ע)
cube n קובֿ ז (ן)
cubic adj קוביש
cuckoo n קוקאַוקע נ (ס)
cucumber n אוגערקע נ (ס)
cud n גרה נ (אויפֿגעשטויסענע שפּײַז)
cuddle v טוליען זיך
cuff n מאַנזשעט ז (ן)
cuff v פֿליאַסקען
cuff link שפּאָנקע נ (ס)
cuisine n קאָכונגס־מעטאָד ז (ן); מאכל ז (ים); קוך נ (ן)
culinary adj קולינאַריש
cull v אויסקלויבן
culminate v קולמינירן
culprit n שולדיקער ז
cult n קולט ז (ן)
cultivate v קולטיווירן
cultivation n קולטיוואַציע נ
cultural adj קולטורעל
culture n קולטור נ (ן), ציוויליזאַציע נ (ס); קולטיוואַציע נ
culture v קולטיווירן
cumbersome adj באַשווערליק
cum laude מיט שבח (לויבֿ)
cumulative adj קומולאַטיוו
cuneiform n פֿלעקל־אות ז/ס (יות)
cuneiform writing פֿלעקלשריפֿט נ
cunning adj כיטרע, פֿיפֿיק
cup n כּוס ז (ות), גלעזל ס (עך)
cup v פֿורעמען ווי אַ כּוס
cupboard n שאַפֿע נ (ס)
cupidity n זשעדנעקייט נ, גיריקייט נ
cupola n קופּאָל ז (ן)
curator n קוראַטאָר ז (ן) (דירעקטאָר פֿון אַ מוזיי, א״ע)
curb n ציימל ס (עך); טרעטאַרשוועל נ (ן)
curb v אײַנצאַמען
cure n היילונג נ (ען); רפֿואה נ (רפֿואות)
cure v היילן, אויסהיילן
curfew n באַוועגונגס־פֿאַרבאָט ז (ן)
curiosity n נײַגעריקייט נ; קוריאָז ז (ן)
curious adj נײַגעריק; טשיקאַווע
curl n גרײַזל ס (עך), לאָק ז (ן); קרויז ז (ן)
curl v גרײַזלען, קרײַזלען (זיך)
curly adj געגרײַזלט
currency n מטבע נ (געלט אין צירקולאַציע)

current adj לויפיק
current n שטראָם ז (ען)
currently adv יעצט; אין אַלגעמיין, בדרך־כּלל
curriculum n קוריקולום ז (ס)
curse n קללה נ (קללות)
curse v שעלטן
cursed adj פֿאַרשאָלטן
cursive adj קורסיוו (געשריבן אָדער געדרוקט מיט פֿאַרבונדענע בוכשטאַבן)
cursive n קורסיוו ז (אַ דרוקשריפֿט וואָס אימיטירט האַנטשריפֿט)
cursory adj אײַליק; אויבערפֿלעכלעך
curt adj גראָבלעך קורץ; קורץ און שאַרף
curtail v פֿאַרקירצן; שנײַדן
curtain n פֿאָרהאַנג ז (ען)
curtain v אָפּשיידן מיט אַ פֿאָרהאַנג
curtsey, curtsy n חן־פֿאַרנייג ז (פֿון אַ פֿרוי)
curve n אויסבייג ז (ן); קרומע נ (ס)
curve v אויסבייגן
curved adj אויסגעבויגן
cushion n קישן ז (ס)
cushion v געבן אַ קישן; אַבסאָרבירן אַ קלאַפּ
custard n קאָסטאַרד ז (ן)
custodian n משגיח ז (ים)
custody n אויפֿזיכט נ (אויף קינדער); אַרעסט ז
custom n מינהג ז (ים); פּירעכץ ס (ן)
customary adj אָנגענומען, געוויינטלעך
customer n קונה ז (קונים), קליענט ז (ן)
custom-made adj געמאַכט אויף באַשטעלונג
customs n pl צאָל ז
cut n שניט ז (ן)
cut v שנײַדן
cut adj געשניטן
cute adj ליבלעך שיין, חנעוודיק
cutlet n קאָטלעט ז (ן)
cutthroat adj מערדעריש
cutthroat n מערדער ז (ס)
cyanide n ציאַניד ז (ן)
cybernetics n (takes sing. v.) קיבערנעטיק נ
cyclamen n ציקלאַמען ז (ען) (בלום)
cycle n ציקל ז (ען); תּקופֿה נ (תּקופֿות); ביציקל ז (ען), ראָווער ז (ן)
cyclone n ציקלאָן ז (ען)
cylinder n צילינדער ז (ס)
cymbal n צימבל ז (ען), טאַץ ז (ן)
cynic n ציניקער ז (ס)
cynical adj ציניש
cynicism n ציניזם ז
cypress n ציפּרעס ז (ן)
czar n (Also tsar, tzar) צאַר ז (ן)

D d

d, D n דע ז (ען) (בוכשטאַב)

dachshund n דאַקסהונט ז (דאַקסהינט)

dad n טאַטע ז (ס)

daddy n טאַטעשי ז (ס)

daffodil n דאַפאָדיל ז (ן), געלער נאַרציס ז

daffy adj (שמועסדיק) נאַריש; צעדרייט

daft adj משוגע; נאַריש

dagger n שטילעט ז (ן), קינזשאַל ז (ן)

dahlia n דאַליע נ (ס) (בלום)

daily adv טעגלעך

daily n טאָגצײַטונג נ (ען)

dainty adj צאַרט; איבערקלײַבעריש

dairy n מילך־קראָם נ (ען)

dairy cattle מעלקעדיקע קי ר

dairy food מילכיקס ס

dairyman n מילכיקער ז (ס); מילך־הענדלער ז (ס)

dais n טריבונע נ (ס)

daisy n מאַרגעריטקע נ (ס) (בלום)

dale n טאָל ז (ן)

dally v שפילן זיך; פלירטעווען; זאַמען זיך

dam n דאַמבע נ (ס), טאַמע נ (ס)

dam v טאַמעווען, פאַרטאַמעווען

damage n שאָדן ז (ס)

damage v באַשעדיקן

dame n (בריטישער טיטל) דאַמע נ (ס); (סלענג) פרוי נ (ען)

damn v פאַרדאַמען; שעלטן

damn interj אַ רוח אין, צום טײַוול!

damned adj פאַרדאַמט; פאַרשאָלטן

damp adj פײַכט

dampen v אײַנפײַכטן

dampness n פײַכטקייט נ

damsel n מיידל ס/נ (עך)

dance n טאַנץ ז (טענץ)

dance v טאַנצן

dancer n טענצער ז (ס)

dandruff n שופן ר

dandy n פאַצעט ז (ן)

danger n געפאַר נ (ן), סכנה נ (סכנות)

dangerous adj געפערלעך

dangle v באַמבלען זיך, הענגען לויז

dank adj אומבאַקוועמלעך פײַכט; קיל און נאַס

dapper adj אויסגעפוצט

dappled adj געפינטלט, געשפרענקלט

dare v דערוועגן זיך, וואַגן; אַרויספאָדערן

dare n אַרויספאָדער ז (ן)

daredevil n מופקר ז (ים), אײַנשטעלער ז (ס)

daring adj דרייסט, העלדיש

dark adj טונקל; פינסטער, פינצטער

dark n פינצטער נ, חושך ז

darken v פאַרטונקלען

darkness n פינצטערניש ס

darling n ליבלינג ז (ען), ליובע נ (ס)

darling adj געליבט

darn v צירעווען

darn n צירע נ (ס)

dash v אַ לאָף טאָן; צעשמעטערן; פליושקען, באַשפריצן

dash n לאָף ז (ן); פיצל ס (עך); פליושק ז (ן); פאַרבינדונגס־שטריך ז (ן)

data n pl דאַטן, געגעבענע ר

date n דאַטע נ (ס); טייטל ז/נ (ען) (פרוכט); (שמועסדיק) אָפשמועס ז (ן), ראַנדקע נ (ס)

date v דאַטירן; (שמועסדיק) ראַנדקעווען זיך מיט

dated adj דאַטירט

date palm טייטל־פאַלמע נ (ס)

dative n דאַטיוו ז (ן)

daub v פאַטשקען; פאַרשמירן

daughter n טאָכטער נ (טעכטער)

daughter-in-law n שנור נ (שניר)

daunt v אָנשרעקן; אַנטמוטיקן

dauntless adj אומדערשראָקן

dawdle v אַרומגיין לײדיק, ארומדרייען זיך

dawn n פאַרטאָג ז (ן)

dawn v טאָגן

day n טאָג ז (טעג)

daybreak n טאָגבראָך ז (ן), פאַרטאָג ז (ן)

daydream n טאָגטרוים ז (ען), פאַנטאַזיע נ (ס)

daydream v חלומען בײַ טאָג, פאַנטאַזירן

daylight n טאָגליכט ז

daytime n טאָגצײַט נ

daze v פאַרטויבן; צעטומלען

daze n פאַרטויבונג נ; צעטומלונג נ

dazzle n בלענד ז

dazzle v בלענדן, פאַרבלענדן

dead adj טויט

deaden v אָפטעמפן

deadline n טערמין ז (ען) (צײַט־באַגרענעצונג פאַר ענדיקן אַן אויפגאַבע)

deadlock n פאַרהאַק ז (ן), שטילשטאַנד ז (ן)

deadwood n טויטהאָלץ ס (איבעריקע זאַכן)

deaf adj טויב

deafen v פאַרטויבן

deal n אָפמאַך ז (ן); געשעפט ס (ן); מציאה נ (מציאות)

deal v האַנדלען; באַהאַנדלען

dealer n הענדלער ז (ס)

dealing n (Often dealings) האַנדלונג נ; משׂא ומתּן ז (ס)

dean n דעקאַן ז (ען)

dear adj ליב; טײַער

dear n ליבלינג ז (ען)

dearth n מאַנגל ז (ען)

death n טויט ז (ן)

deathblow n טויטקלאַפ ז (טויטקלעפ)

deathless adj אומשטאַרביק

death penalty טויטשטראָף נ

death rate שטאַרביקייט נ

debate n דעבאַטע נ (ס), וויכּוח ז (ים)

debate v דעבאַטירן

debauch v פאַרדאַרבן

debauchery n אויסגעלאַסנקייט נ

debilitate v אָפשוואַכן

debility n שוואַכקייט נ (ן)

debit n דעבעט ז (ן)

debit v דעבעטירן
debonair adj פֿרײלעך; העפֿלעך
debris n בױבֿרעך ס, בראָכשטיקער ר; מיסט ס
debt n חובֿ ז (ות)
debtor n לווה ז (לווים)
debunk v אַנטפּלעקן די פֿאַלשקייט (פֿון אַ קולט, אינסטיטוציע, א״ע)
debut n דעביוט ז (ן)
decade n יאָרצענדלינג ז (ער)
decadence n דעקאַדענץ נ (צעפֿאַלנקייט נ; פֿאַרערגערונג נ)
decay n צעפֿוילונג נ; צעפֿאַל ז
decay v פֿאַרפֿוילן; צעפֿאַלן זיך
decease n פּטירה נ (פּטירות)
deceased adj פֿאַרשטאָרבן
– the deceased n נפֿטר ז (ים)
deceit n אָפּנאַרערײַ ס
deceive v נאַרן, אָפּנאַרן
decency n אָרנטלעכקייט נ, אָנשטענדיקייט נ
decent adj אָרנטלעך, אָנשטענדיק
decentralize v דעצענטראַליזירן
deception n גענאַרערײַ ס
deceptive adj אָפּנאַרעריש
decide v באַשליסן
decimal n דעצימאַל ז (ן)
decimate v אומברענגען (אַ סך; אַ צענטל)
decimeter n דעצימעטער ז (ס)
decipher v דעשיפֿרירן
decision n באַשלוס ז (ן)
decisive adj באַשטימיק, אַנטשלאָסן
deck n דעק ז (ן) (פֿון אַ שיף); פּעשל ס (עך) (קאָרטן)
deck v באַפּוצן, באַקליידן; באַדעקן
declaim v דעקלאַמירן
declaration n דעקלאַראַציע נ (ס)
declare v דערקלערן, מעלדן
declassify v דעקלאַסיפֿיצירן
declension n דעקלינאַציע נ (ס)
decline n באַרג־אַראָפּגאַנג ז (ען); אָפּשוואַכונג נ
decline v אָפּזאָגן זיך; ווערן שוואַך; גיין באַרג־אַראָפּ; דעקלינירן
decode v דעשיפֿרירן
decontrol v דעקאָנטראָלירן
decor n דעקאָר ז
decorate v דעקאָרירן
decoration n דעקאָראַציע נ (ס); מעדאַל ז (ן)
decorative adj דעקאָראַטיוו
decorator n דעקאָראַטאָר ז (ן)
decorum n דעקאָרום ז, נימוס ז
decoy n ציפֿויגל ז (ציפֿייגל); צישפּײַז נ (ן)
decoy v אַרײַננאַרן (אין אַ פּאַסטקע)
decrease v פֿאַרמינערן; פֿאַרקלענערן
decrease n פֿאַרמינערונג נ (ען); פֿאַרקלענערונג נ (ען)
decree n דעקרעט ז (ן), פֿאַראָרדענונג נ (ען)
decree v פֿאַראָרדענען
decrement n שטופּנווײַזיקע פֿאַרמינערונג נ (ען); פּאַמעלעכער פֿאַרלוסט ז
decrepit adj אָפּגעניצט; שוואַך; אַלט
decrescendo adv דעקרעשענדאָ
decry v טאַדלען; מבֿטל מאַכן עפֿנטלעך

dedicate v ווידמען
dedication n דעדיקאַציע נ(ס), ווידמונג נ(ען)
deduce v אַרויסדרינגען
deduct v אַראָפּרעכענען
deduction n אַראָפּרעכענונג נ(ען); דעדוקציע נ(ס) (דענקונג פונעם כלל צום פרט)
deed n אַקט ז(ן), טואונג נ(ען); פאַרקויפס־אַקט ז(ן)
deem v האַלטן פאַר, דענקען
deep adj טיף
deep n טיף נ; טיפעניש ס
deepen v פאַרטיפן
deer n הירש ז(ן)
de facto דע־פאַקטאָ, בדיעבד, אין פאַקט
defame v באַשמוצן (דעם נאָמען פון)
default n אָפּוועזנהייט נ(אינעם געריכט); פאַרנאַכלעסיקייט נ
default v ניט מעלדן זיך; פאַרנאַכלעסיקן
defeat v באַזיגן
defeat n מפּלה נ(מפּלות)
defect n דעפעקט ז(ן); פּגם ז(ים)
defect v אַריבערגיין (צום שׂונא)
defective adj דעפעקטיוו
defend v פאַרטיידיקן
defendant n נתבע ז(ים)
defense n פאַרטיידיקונג נ
(Also defence)
defer v אָפּלייגן; נאָכגעבן
deference n נאָכגעבונג נ; רעספּעקט ז, אָפּשײַ ז

defiance n ווידערשפּעניקייט נ קעגנשטעל ז
deficient adj פעליק
deficit n דעפיציט ז(ן)
defile v מטמא זײַן; באַשמוצן
define v דעפינירן
definite adj באַשטימט; באַגרענעצט
definite article באַשטימטער אַרטיקל ז
definition n דעפיניציע נ(ס)
definitive adj דעפיניטיוו (איבערצײַגיק; לעצטגילטיק)
deflate v, אַרויסלאָזן לופט (פון אַ באַלאָן, באַלעם א"ע); רעדוצירן
deflation n דעפלאַציע נ
deform v דעפאָרמירן
defraud v באַשווינדלען
defrost v צעלאָזן, לאָזן אָפּגיין
deft adj פלינק
defunct adj אויסגעשטאָרבן
defy v שטיין אַנטקעגן; ניט פאָלגן
degenerate v דעגענערירן
degenerate n דעגענעראַט ז(ן)
degeneration n דעגענעראַציע נ
degenerative adj דעגענעראַטיוו
degrade v דעגראַדירן, דערנידעריקן
degree n גראַד ז(ן); שטופע נ(ס); אַקאַדעמישער טיטל ז
deity n גאָט ז(געטער), גאָטהייט נ(ן)
dejection n דערשלאָגנקייט נ; אומעט ז
de jure דע־יורע, להלכה
delay n אָפּלייג ז(ן), אָפּהאַלט ז(ן)
delay v אָפּלייגן, פאַרציִען
delegate n דעלעגאַט ז(ן)
delegate v דעלעגירן
delegation n דעלעגאַציע נ(ס)

delete v אויסמעקן
deliberate adj אינטענציאָנעל
deliberate v באַטראַכטן, נאָכדענקען
deliberately adv במזיד
deliberation n באַטראַכטונג נ (ען)
delicacy n דעליקאַטעס ז (ן); פֿײַנקייט נ
delicate adj דעליקאַט, צאַרט
delicatessen n (קראָם) דעליקאַטעסן ז (ס); (מאכלים) דעליקאַטעסן ר
delicious adj געשמאַק
delight n דערקוויקעניש נ (ן); פֿאַרגעניגן ס (ס); פֿרייד נ (ן)
delight v דערקוויקן; דערפֿרייען
delinquency n פֿאַרברעכערישקייט נ
delirium n דעלירױם ז
deliver v צושטעלן; אויסלייזן
deliverance n אויסלייזונג נ
delivery n צושטעלונג נ (ען)
dell n טאָלכל ס (עך)
delta n דעלטע נ (ס)
delude v פֿאַרפֿירן; אָפּנאַרן
deluge n מבול ז (ס), פֿליייצרעגן ז (ס)
deluge v פֿאַרפֿלייצן
delusion n אײַנרעדעניש ס (ן); פֿאַרפֿירונג נ (ען)
delusive adj פֿאַרפֿירעריש; פֿאַלש
de luxe adj לוקסוסדיק; עלעגאַנט
delve v פֿאָרשן טיף און גרינטלעך
demagogic adj דעמאַגאָגיש
demagogue n דעמאַגאָג ז (ן)
(Also demagog)
demagogy n דעמאַגאָגיע נ
demand n פֿאָדערונג נ (ען); נאָכפֿרעג ז
demand v פֿאָדערן; מאָנען
demeanor n אויפֿפֿירונג נ

demented adj משוגע
demigod n דעמיגאָט ז, האַלבגאָט ז (האַלבגעטער)
demise n פּטירה נ (פּטירות)
demobilize v דעמאָביליזירן
democracy n דעמאָקראַטיע נ
democrat n דעמאָקראַט ז (ן)
democratic adj דעמאָקראַטיש
demography n דעמאָגראַפֿיע נ
demolish v צעשטערן; אַראָפּרײַסן
demolition n צעשטערונג נ; רואין ז/נ
demon n דעמאָן ז (ען), שד ז (ים)
demonic adj דעמאָניש
demonstrate v דעמאָנסטרירן; באַווײַזן
demonstration n דעמאָנסטראַציע נ (ס); באַווײַז ז (ן)
demoralization n דעמאָראַליזאַציע נ
demoralize v דעמאָראַליזירן
demote v אַראָפּנידערן אין ראַנג
den n נאָרע נ (ס); צימערל ס (פֿאַר לערנען אָדער אָפּרו)
denial n אָפּלייקענונג נ (ען)
denigrate v פֿאַרשוואַרצן ס׳פּנים
denizen n אײַנוווינער ז (ס); רעזידענט ז (ן)
denomination n דענאָמינאַציע נ (ס)
denominator n דענאָמינאַטאָר ז (ן)
denote v באַטײַטן
denounce v פֿאַרדאַמען; מסרן
dense adj געדיכט
density n געדיכטקייט נ
dent n אײַנשניט ז (ן), קאַרב ז (ן)
dentist n דענטיסט ז (ן)
denture n געצייין ס (ען)
denude v מאַכן נאַקעט

deny v לייקענען

deodorant n דעאָדאָראַנט ז (ן)

depart v אַוועקגיין; אַרויספאָרן; אָפּוויַיכן

department n דעפּאַרטעמענט ז (ן), אָפּטיילונג נ (ען)

departure n אָפּשייד ז; אַוועקפאָר ז (ן); אָפּוויַיך ז (ן)

depend v זיַין אָפּהענגיק; פאַרלאָזן זיך אויף

dependable adj גלייבּווערדיק; סאָליד

dependence n אָפּהענגיקייט נ

depict v אויסמאָלן; באַשריַיבן

deplete v אויסשעפּן

deplorable adj באַדויערלעך

deplore v באַדויערן; באַקלאָגן

deploy v צעשטעלן סיסטעמאַטיש

depone v דעפּאָנירן, מעיד זיַין שריפטלעך

deponent n עדות ז (ספּעציעל אין שריפט)

deport v דעפּאָרטירן, פאַרטריַיבן; אויפפירן זיך

deportation n דעפּאָרטירונג נ (ען)

deportment n אויפפירונג נ; גראַציעזע האַלטונג נ

depose v אַראָפּזעצן (פון אַמט); מעיד זיַין (ספּעציעל אין שריפט)

deposit n איַינצאָלונג נ (ען); איַינצאָל ז (ן); פּקדון ז (ות/ס); מינעראַל־שיכט ז (ן)

deposit v אַריַינלייגן (געלט אין דער באַנק), איַינצאָלן; אַוועקלייגן (אַ שיכט דורך אַ נאַטירלעכן פּראָצעס)

depot n בוס־סטאַציע נ (ס); וואָקזאַל ז (ן); סקלאַד ז (ן), דעפּאָ ז (ס); פּראָוויאַנט־מאַגאַזין ז (ען)

deprave v פאַרדאַרבן

depraved adj פאַרדאָרבן; אויסגעלאַסן

depravity n פאַרדאָרבנקייט נ

deprecate v טענהן קעגן; נעגירן

depreciate v פאַרמינערן די ווערט

depreciation n אָפּווערטונג נ

depress v אַראָפּדריקן; דערשלאָגן; פאַראומערן

depression n אַראָפּדריקונג נ; איַינדריק ז (ן); אומעט ז (ן); (עקאָנאָמישע) דעפּרעסיע נ (ס)

deprive v צונעמען ביַי; ניט דערמעגלעכן

depth n טיף נ, טיפקייט נ (ען); טיפעניש ס (ן)

depth bomb טיפבאָמבע נ (ס)

deputy n פאַרטרעטער ז (ס)

derail v אַראָפּלאָזן (פון די באַן־שינעס)

derange v צעמישן; מאַכן משוגע

derelict adj פאַרלאָזן, הפקרדיק

derelict n הפקר־שיף נ (ן); סאָציאַלער אויסוואורף ז

deride v אָפּשפּעטן, אָפּלאַכן, חוזקן

derision n געשפּעט ס, שפּאָט ז, חוזק ז

derisive adj שפּאָטיש, חוזקדיק

derive v אַרויסדרינגען;

derogate v אַוועקנעמען; מינערן; פאַרערגערן זיך

derogatory adj גרינגשעציק; אומכבֿודיק
derrick n דעריק ז (עס) (משׂא־הייבער ז; בוירערונג־טורעם ז)
dervish n דערוויש ז (ן)
descend v אַראָפּגיין; אָנגרײַפֿן פּלוצעם; שטאַמען פֿון
descendant n אָפּשטאַמלינג ז (ען)
descent n אַראָפּגאַנג ז (ען); אָפּשטאַם ז
describe v באַשרײַבן; שילדערן
description n באַשרײַבונג נ (ען); שילדערונג נ (ען)
descry v באַמערקן, דערזען
desecrate v פֿאַרשוועכן, מחלל זײַן
desecration n פֿאַרשוועכונג נ (ען), חילול ז
desegregate v דעסעגרעגירן
desegregation n דעסעגרעגאַציע נ (ס)
desert n מדבר ז/נ (יות)
desert v פֿאַרלאָזן; דעזערטירן (אַנטלויפֿן פֿון מיליטער־דינסט)
deserter n דעזערטיר ז (ן)
desertion n פֿאַרלאָזונג נ (ען); דעזערטירונג נ (ען)
deserve v זײַן ווערט, פֿאַרדינען
deserving adj ווערטיק, פֿאַרדינסטפֿול, ראוי
design n צייכענונג נ (ען); פּלאַן ז (פּלענער)
design v אָנצייכענען; אויספּלאַנעווען
designate v באַצייכענען; באַשטימען, נאָמינירן
designation n באַצייכענונג נ (ען); באַשטימונג נ (ען)

desirable adj געוווּנטשן
desire v באַגערן; פֿאַרלאַנגען
desire n באַגער ז (ן), חשק ז; פֿאַרלאַנג ז (ען)
desist v אויפֿהערן; אָפּלאָזן פֿון
desk n שרײַבטיש ז (ן)
desolate adj וויסט; פֿאַראומערט; עלנט
desolate v פֿאַרוויסטן, חרובֿ מאַכן
desolation n וויסטקייט נ; אומעט ז; עלנט נ
despair n פֿאַרצווייפֿלונג נ (ען), ייִאוש
despair v זײַן פֿאַרצווייפֿלט, אויפֿגעבן האָפֿענונג
despairing adj פֿאַרצווייפֿלט
desperado n דעספּעראַדאָ ז (ס), געפֿערלעכער פֿאַרברעכער ז
desperate adj ייִאושדיק; מופקרדיק
despicable adj נבֿזהדיק
despise v פֿאַראַכטן; אַראָפּקוקן (אויף)
despite prep טראָץ, ניט געקוקט אויף
despoil v אויסראַבעווען, באַרויבן
despondency n דערשלאָגנקייט נ, געפֿאַלנקייט נ; אַנטמוטיקונג נ
despondent adj דערשלאָגן; אַנטמוטיקט
despot n דעספּאָט ז (ן); טיראַן ז (ען); באַדריקער ז (ס)
despotic adj דעספּאָטיש
dessert n דעסערט ז (ן), נאָכשפּײַז נ (ן)
destination n פֿאַרציל ז (ן); באַשטימטער ציל ז
destined adj באַשערט

destiny n גורל ז (ות), שיקזאַל ז (ן)
destitute adj פאַראָרעמט
destroy v צעשטערן; חרוב מאַכן; פאַרניכטן
destroyer n פאַרניכטער ז (ס); (קריגשיף) דעסטרויער ז (ס)
destruction n צעשטערונג נ (ען); חורבן ז (ות); פאַרניכטונג נ
destructive adj שעדלעך
desultory adj שפרינגעוודיק; אומפאַרבונדן; אָן אַ ציל אָדער מעטאָד
detach v אָפטיילן; אָפטשעפען; אָפשיידן
detachment n אָפשיידונג נ; אָפטייל ז (ן), גרופע נ (ס); גלײַכגילט ז
detail n פרט ז (ים), פיטשעווקע נ (ס), דעטאַל ז (ן); קליינע גרופע נ (ס)
detail v דעטאַלירן, צעטיילן אויף פרטים; באַשטימען (פאַר אַ ספעציעלער אויפגאַבע)
detain v פאַרהאַלטן
detect v אָפשפירן; אויסגעפינען
detection n אָפשפיר ז
detective n דעטעקטיוו ז (ן), געהיים־אַגענט ז (ן)
detention n אַרעסט ז
deter v צוריקהאַלטן; אַנטמוטיקן
deteriorate v פאַרערגערן זיך; מאַכן ערגער
determination n אַנטשלאָסנקייט נ; באַשלוס ז (ן)
determine v באַשליסן, דעצידירן; פעסטשטעלן; באַשטימען

determinism n דעטערמיניזם ז
deterrent adj צוריקהאַלטנדיק; אָפשרעקנדיק
deterrent n צוריקהאַלט ז (ן); אָפשרעק ז (ן)
detest v פײַנט האָבן, האַסן
dethrone v אַראָפזעצן פון טראָן
detonate v אויפרײַסן
detonator n דעטאָנאַטאָר ז (ן)
detour n דעטור ז (ן), אַרומוועג ז (ן)
detour v דעטורירן
detract v מינערן
detriment n רעה נ (רעות); שאָדן ז (ס)
detrimental adj שעדלעך
Deuteronomy n ספר דברים ז
devaluate v דעוואַלואירן; אָפווערטיקן
devaluation n געלט־דעוואַלואַציע נ (ס); אָפווערטיקונג נ
devastate v פאַרוויסטן, חרוב מאַכן
devastation n פאַרוויסטונג נ, חורבן ז
develop v אַנטוויקלען
development n אַנטוויקלונג נ (ען)
deviate v אָפנייגן זיך; אָפווײַכן
device n מעכאַניש מיטל ס (מעכאַנישע מיטלען); פלאַן ז (פלענער); אײַנפאַל ז (ן)
devil n טײַוול ז (טײַוואָלים/ טײַוולאָנים)
devilish adj טײַוולאָניש
devious adj שלענגלדיק; אַרומוועגיק; אָפגענייגט
devise v אויסקלערן; אויסגעפינען
devoid adj אָן; פרײַ פון; ליידיק
devote v אָפגעבן זיך; ווידמען

devoted adj איבערגעגעבֿן, געטרײַ; לאָיאַל
devotion n איבערגעגעבֿנקייט נ; ווידמונג נ; רעליגיעזער קולט ז
devour v פֿרעסן; שלינגען; פֿאַרצוקן
devout adj פֿרום; ערנסט
dew n טוי ז (ען), ראָסע נ (ס)
dew point טויפּונקט ז (ן)
dew-worm n טוי־וואָרעם ז (טוי־ווערעם)
dexterity n פֿלינקייט ס
dexterous adj פֿלינק
diabetes n דיאַבעט ז, צוקערקרענק נ
diabolic adj טײַוולאָניש
diacritical adj דיאַקריטיש
diadem n דיאַדעם ז (ס) (קרוין; קעניגלעכע קאָפּבאַנד)
diagnosis n דיאַגנאָז ז (ן)
diagonal n דיאַגאָנאַל ז (ן)
diagram n דיאַגראַם ז (ען)
dial n טעלעפֿאָן־רעדל ס (עך); ציפֿערבלאַט ז (ציפֿערבלעטער)
dial v אָנדרייען (דעם טעלעפֿאָן־נומער)
dialect n דיאַלעקט ז (ן)
dialectic n דיאַלעקטיק נ
(Also dialectics)
dialogue n דיאַלאָג ז (ן)
(Also dialog)
diameter n דיאַמעטער ז (ס)
diamond n דימענט ז (ן)
diaper n ווינדל ס (עך), וויקעלע ס (ך)
diarrhea n שילשול ז
diary n טאָגבוך ס (טאָגביכער)
diaspora n גלות ז/ס (ן), תּפֿוצות ר
dice n pl טאָפּלשטיינער ר,
(sing. die) ווערפֿל ז
dictate v דיקטירן
dictation n דיקטאַט ז (ן)
dictator n דיקטאַטאָר ז (ן)
dictatorial adj דיקטאַטאָריש
dictatorship n דיקטאַטור נ (ן)
diction n דיקציע נ (שרײַבמאַניר ז; ריידמאַניר ז; חיתוך־הדיבור ז)
dictionary n ווערטערבוך ס (ווערטערביכער)
didactic adj דידאַקטיש
diddle v אָפּנאַרן; פּוסטעפּאַסעווען
die v שטאַרבן
diet n דיעטע נ (ס)
differ v אונטערשיידן זיך
difference n אונטערשיד, אונטערשייד ז (ן)
different adj אַנדער; פֿאַרשידענע ר
differentiate v פֿונאַנדערשיידן, מאַכן אַן אונטערשייד
differently adv אַנדערש, אַנדערשט
difficult adj שווער
difficulty n שוועריקייט נ (ן)
diffidence n אומזיכערקייט בײַ זיך נ; שעמעוודיקייט נ
diffident adj אומזיכער בײַ זיך; שעמעוודיק
diffuse v צעשפּרייטן; צעגיסן
dig v גראָבן
dig n (שמועסדיק) שטאָך ז (שטעך); סאַרקאַסטישע באַמערקונג נ (ען); אַרכעאָלאָגישע אויסגראָבונג נ (ען)
digest n קיצור ז (ים); ילקוט ז (ים)

digest v פאַרדײַען

digestion n פאַרדײַיאונג נ

digit n ציפער ז/נ; פינגער ז

dignified adj ווערדיק

dignify v געבן כּבוד, הויכאַכטן

dignitary n מכובד ז (ים), נכבד ז (ים), שׂר ז (ים)

dignity n ווערדע נ, כּבוד ז

digress v אָפּטרעטן (פון דער טעמע)

dike n (Also dyke) דאַמבע נ (ס)

dilapidated adj צעפאַלן; צעפוילט

dilapidation n צעפאַלונג נ; צעפוילונג נ

dilate v פאַרגרעסערן; אויסברייטערן; רעדן אָדער שרײַבן אין איינצלהייטן

dilemma n דילעמע נ (ס)

dilettante n דילעטאַנט ז (ן)

dilettantism n דילעטאַנטיזם ז

diligence n פלײַס ז, התמדה נ

diligent adj פלײַסיק

dilly-dally v פאַרלירן צײַט; באַלעמוטשען

dilute v פאַרוואַסערן; אָפּשוואַכן

diluted adj געמישט (מיט וואַסער); אָפּגעשוואַכט

dim adj אומקלאָר; טונקל

dime n דײַם ז (ען) (10 סענטן)

dimension n דימענסיע נ (ס)

diminish v פאַרמינערן

diminutive adj קליינטשיק, פּיצינק

diminutive n דימינוטיוו ז (ן)

dimple n חן־גריבעלע ס (ך)

din n ליאַרעם ז, געפּילדער ס

din v ליאַרעמען; קלינגען אין די אויערן; איבערחזרן ווידער און ווידער

dine v עסן וואַרמעס

dinette n קליינער עסצימער ז

ding v קלינגען; (שמועסדיק) זאָגן אָבער און אָבער (=ווידער)

ding n גלאָקנקלונג ז (ען)

dining room עסצימער ז (ן)

dining table עסטיש ז (ן)

dinner n וואַרמעס ס (ן); מיטיק ז, מיטאָג ז (ן)

dinosaur n דינאָזאַווער ז (ס)

dip v טונקען, אײַנטונקען

dip n טונק ז (ען)

diphthong n דיפטאָנג ז (ען)

diploma n דיפּלאָם ז (ען)

diplomacy n דיפּלאָמאַטיע נ (ס)

diplomat n דיפּלאָמאַט ז (ן)

diplomatic adj דיפּלאָמאַטיש

dipper n אײַנטונקער ז (ס); קאָכלעפל ז, שעפּ־קענדל ס (עך)

dippy adj (סלענג) נאַריש; פאַרשיכּורט

dire adj שרעקלעך; ביטער; קאַטאַסטראָפאַל

direct adj דירעקט (גלײַך; אומפאַרמיטלט; אַבסאָלוט)

direct v אָנפירן; הייסן; ווײַזן (דעם וועג); דיריגירן

direction n אָנפירונג נ (ען); ריכטונג נ (ען)

director n דירעקטאָר ז (ן)

directory n אַדרעסן־בוך ס (אַדרעסן־ביכער)

dirge n — קלאָגליד ס (ער)
dirt n — שמוץ ס; ערד נ
dirty adj — שמוציק, ברודיק
disability n — אומפעאיקייט נ (ן); מום ז (ים)
disable v — מאַכן אומפעאיק; פאַרקריפלען; דיסקוואַליפיצירן געזעצלעך
disadvantage n — חסרון ז (ים); מינוס ז (ן); עיכּוב ז (ים); שטער ז (ן); שאָדן ז
disaffection n — אומצופרידנקייט נ; אומגעטרײַשאַפט נ
disagree v — ניט מסכּים זײַן; זײַן שעדלעך
disagreeable adj — אומאײַנגענעם
disagreement n — אומהסכּם ז (ס)
disallow v — ניט דערלויבן; אָפוואַרפן, פסלען
disappear v — פאַרשווינדן ווערן
disappearance n — פאַרשווינדונג נ
disappoint v — אַנטוישן
disappointment n — אַנטוישונג נ (ען)
disapprove v — זײַן קעגן
disarm v — אַנטוואָפענען
disarmament n — אַנטוואָפענונג נ (ען)
disarray n — אומאָרדענונג נ (ען)
disarray v — צעוואַרפן
disaster n — אומגליק ס (ן)
disastrous adj — קאַטאַסטראָפאַל
disbelieve v — ניט גלויבן
disburse v — אויסצאָלן
discard v — אַוועקוואַרפן; פטור ווערן
discern v — דערזען; דערקענען; אונטערשיידן

discharge v — אויסשיסן; אויסלאָדן; אָפזאָגן; מקיים זײַן; אויסגיסן; באַפרײַען, אויסשרײַבן
discharge n — שאָס ז (ן); אויסלאָדונג נ; אָפזאָג ז (ן) (פון אַרבעט); אויספירונג נ; אויסגאָס ז (ן) באַפרײַאונג נ (פון אַן אינסטיטוציע)
disciple n — תּלמיד ז (ים)
discipline n — דיסציפלין נ (ען)
discipline v — דיסציפלינירן
disclaim v — לייקענען; מוותּר זײַן
disclose v — אויפדעקן; אויסזאָגן
discomfort n — אומבאַקוועמקייט נ (ן)
disconcert v — אַרײַנפירן אין פאַרלעגנהייט; שטערן; באַאומרואיקן
disconnect v — אָפבינדן; איבעררײַסן
discontent n — אומצופרידנקייט נ
discontented adj — אומצופרידן
discontinue v — אויפהערן; אָפשטעלן
discothèque n — דיסקאָטעק ז (ן)
discount v — אַראָפרעכענען; געבן אַ הנחה
discount n — הנחה נ (הנחות), דיסקאָנט ז (ן)
discount store — הנחה־קראָם נ (ען)
discourage v — אַנטמוטיקן
discouraged adj — אַנטמוטיקט
discouragement n — אָפמוטיקונג נ
discourse n — אָפהאַנדלונג נ (ען); שמועס ז (ן)
discourse — אָפהאַנדלען; געבן אַ לעקציע; דרשענען; שמועסן
discourteous adj — אומהעפלעך

discover v אַנטדעקן
discovery n אַנטדעקונג נ (ען)
discredit v דיסקרעדיטירן
discredit n שאַנד נ
discreet adj דיסקרעט
discrepancy n סתּירה נ (סתּירות)
discrepant adj ניט־אויסגעשטימט
discretion n דיסקרעציע נ, אײַנזען ס
discriminate v אונטערשיידן; דיסקרימינירן קעגן
discrimination n דיסקרימינאַציע נ
discrown v אַנטקרוינען, אַראָפּזעצן אַ מלך
discuss v דיסקוטירן
discussion n דיסקוסיע נ (ס)
disdain v פאַראַכטן
disdain n פאַראַכטונג נ
disease n קראַנקייט נ (ן), קרענק נ (ען)
disembark v לאַנדן (פון אַ שיף אָדער עראָפּלאַן)
disembarkation n לאַנדונג נ
disenchant v באַפרײַען פון אַן אילוזיע
disentangle v אויפפּלאָנטערן
disesteem n גרינגשעצונג נ
disfavor n אומחן ז (ען)
disgrace n בזיון ז (ות), חרפּה נ (חרפּות), שאַנדע נ (ס)
disgrace v מבייש זײַן
disgraceful adj שענדלעך
disguise v פאַרשטעלן
disguise n פאַרשטעלונג נ (ען)
disgust n עקל ז
disgust v עקלען
disgusting adj עקלדיק

dish n שיסל נ (ען); מאכל ז (ים); געריכטס ס (ן)
dishes n pl געפעס ס (קאָלעקטיוו)
dishevel v צעשויבערן (האָר); צעוואַרפן (קליידער)
dishonest adj אומערלעך
dishonor n אומכּבוד ז
dishonor v שענדן
dishwasher n געפעס־וואַשער ז (ס)
disinclined adj אומווילִיק
disinfection n דיסאינפעקציע נ (ס)
disintegrate v צעפאַלן זיך
disintegration n צעפאַלונג נ
disinterested adj אומצדדימדיק, אָן אַ פּניה
dislike n אומחן ז (ען)
dislike v פײַנט האָבן
disloyal adj אומלאָיאַל
dismal adj פינצטער; אומעטיק; קלאָגעדיק
dismantle v צענעמען (אויף שטיקער)
dismay n אָפּהענטיקייט נ; פאַרדראָס ז
dismay v אָפּהענטיק מאַכן; אַלאַרמירן
dismember v צעגלידערן
dismiss v אָפּזאָגן, אָפּשאַפן (פון אַרבעט); אַוועקשיקן; אָפּוואַרפן
dismissal n אָפּזאָג ז (ן), אָפּשאַף ז (ן)
disobedient adj אומפאָלגעוודיק
disobey v ניט פאָלגן
disorder n אומאָרדענונג נ (ען); מהומה נ (מהומות); קראַנקייט נ (ן)
disorder v צעמישן; גורם זײַן אַ קרענק

disorderly adj צעוואָרפן; צעיושעט

disorganize v דיסאָרגאַניזירן

disorient v דיסאָריענטירן

disparage v מבטל מאַכן; דיסקרעדיטירן

disparagement n ביטול ז, גרינגשעצונג נ

disparity n אונטערשייד ז (ן)

dispatch v אַרויסשיקן; מיטטיילן; דורכפירן שנעל

dispatch n אַרויסשיקונג נ; מיטטיילונג נ (ען); גיכקייט נ

dispel v אַוועקטרײַבן, צעטרײַבן

dispense v אויסטיילן; צוגרייטן און געבן (מעדי־צינען); אַדמיניסטרירן (דאָס געזעץ)

– dispense with אויסקומען אָן

dispeople v אויסראָטן די באַפעלקערונג

disperse v צעטרײַבן; צעשפּרייטן

dispirit v אַנטמוטיקן; דערשלאָגן

displace v פאַרנעמען (דאָס אָרט פון); פאַררוקן; פאַרטרײַבן

display v אויסשטעלן

display n אויסשטעל ז (ן)

displease v מאַכן אומצופרידן; ניט געפעלן

disposal n באַזײַטיקונג נ (ען); אַוועקגעבונג נ; אײַנריכטונג נ (ען), אײַנאָרדענונג נ (ען)

dispose v באַזײַטיקן; אַוועקגעבן; פטור ווערן פון; אײַנריכטן; נוטה זײַן

disposed adj ווייליק; נוטה

disposition n געמיט ס (ער); טענדענץ נ (ן)

dispossess v פאַרטרײַבן; צונעמען בײַ

dispute n וויכּוח ז (ים); סיכסוך ז (ים)

dispute v האָבן אַ פלוגתא; טענהן קעגן

disregard v איגנאָרירן; ניט נעמען אין אַכט; באַהאַנדלען אָן רעספּעקט

disrepute n שאַנד נ; שם־רע ז, שלעכטער נאָמען ז

disrespect n אומרעספּעקט ז, אומהעפלעכקייט נ, אומדרך־ארץ ז

disrespectful adj אומהעפלעך

disrobe v אויסטאָן

disrupt v צעשטערן

dissatisfaction n אומצופרידנקייט נ

dissatisfied adj אומבאַפרידיקט

dissatisfy v מאַכן אומצופרידן; ניט באַפרידיקן

dissect v צעגלידערן; אַנאַליזירן

dissection n צעגלידערונג נ (ען); אַנאַליז ז (ן)

dissemble v פאַרמאַסקירן (די געפילן, געדאַנקען, פלענער, א״ע); פּרעטענדירן

disseminate v פאַרשפּרייטן

dissension n בייזער אומהסכּם ז; קריגעניש ס (ן)

dissent v האָבן אַן אַנדער מיינונג; אָפּשיידן זיך (פון דעם עסטאַבלישמענט)

dissent n ניינזאָגונג נ; (רעליגיעז אָדער פּאָליטיש) התנגדות ס (ן)

dissenter n ניינזאָגער ז (ס); מתנגד ז (ים); פּורש ז (ים)

dissertation *n* דיסערטאַציע נ (ס)
disservice *n* בערישע טובה; רעה נ; שאָדן ז (ס)
dissidence *n* ניט־איַינשטימיקייט נ; התנגדות ס
dissident *n* דיסידענט ז (ן), פּורש ז (ים)
dissimilar *adj* ניט־ענלעך
dissipate *v* צעשפּרייטן; צעטריַיבן; פֿאַרתּכלעווען, פֿאַרשווענדן; פֿאַרהוליען
dissociate *v* אָפּשיידן
dissolution *n* אויפֿלייזונג נ, פֿונאַנדערלאָזונג נ; צעלאָזונג נ (ען)
dissolve *v* אויפֿלייזן (פֿאַרלאַמענט); צעגיין, צעלאָזן (צוקער, זאַלץ, א״ע)
dissuade *v* אָפּרעדן
distance *n* וויַיטקייט נ (ן), מרחק ז (ים); שטרעקע נ (ס); דיסטאַנץ נ, (מאַניר) קילקייט נ
distant *adj* וויַיט
distaste *n* אומטעם ז (ען), דערווידער ז (ס)
distasteful *adj* דערווידערדיק
distend *v* אויפֿבלאָזן; אויסציִען
distil *v* דיסטילירן
distinct *adj* דיַיטלעך; קלאָר; באַזונדער
distinction *n* אונטערשיידונג נ; אונטערשייד ז (ן); אויסצייכענונג נ (ען)
distinguish *v* אונטערשיידן; אויסצייכענען זיך
distinguished *adj* אָנגעזעען
distortion *n* פֿאַרדרייאונג נ (ען); פֿאַרקרים ז (ען)
distract *v* אָפּווענדן (די אויפֿמערקזאַמקייט); צעטומלען
distraction *n* אָפּווענדונג נ (ען); צעטראָגנקייט נ
distress *n* נויט נ; צרה נ
distress *v* מצער זיַין; אָנטאָן יסורים
distressed area אָפּגעשטאַנענער ראַיאָן ז
distribute *v* פֿאַרשפּרייטן; אויסטיילן
distribution *n* פֿאַרשפּרייטונג נ (ען); אויסטיילונג נ (ען)
distributor *n* פֿאַרשפּרייטער ז (ס)
district *n* דיסטריקט ז (ן)
distrust *v* ניט געטרויען
distrust *n* אומצוטרוי ז
distrustful *adj* אומצוטרוילעך; חשדימדיק
disturb *v* שטערן; צעמישן; באַאומרויִקן
disturbance *n* שטערונג נ (ען); גערודער ס (ס); מהומה נ (מהומות)
disunite *v* צעשיידן; אָפּטיילן; צעברעכן (דאָס אחדות פֿון)
disunity *n* אומאַחדות ס
disuse *n* אומבאַניץ ז
disuse *v* אויפֿהערן צו באַניצן
ditch *n* גראָבן ז (ס); אָפּפֿלוס־קאַנאַל ז (ן)
ditch *v* (סלענג) פֿאַרלאָזן, פּטור ווערן פֿון
ditty *n* לידל ס (עך)

diurnal adj טאָגיק (טעטיק בײַ טאָג); טאָגלעך
diva n דיוואַ נ(ס) (פּרימאַדאָנע נ; באַרימטע אָפּערע־זינגערין נ)
dive v טויכן, אונטערטוקן זיך
dive n טויכונג נ(ען), טוקונג נ(ען)
diver n טויכער ז(ס), טוקער ז(ס)
diverge v פונאַנדערגיין זיך; צעצווײַגן זיך
diverse adj פאַרשיידנאַרטיק
diversify v מאַכן פאַרשיידנאַרטיק
divert v אָפּווענדן; אָפּקערן זיך; אָפּציִען (די אויפמערקזאַמקייט)
divest v אויסטאָן, צונעמען (קליידער, געווער, א״ע); אַוועקנעמען (רעכט, ראַנג, א״ע)
divide v טיילן; צעטיילן
divided highway צעטיילטער שאָסיי ז (אַן אויטאָסטראַד וואָס האָט אַ מיטלפּאַס צווישן זײַנע שפּאַלירן)
divided usage צעטיילטער באַניץ ז (למשל: די צוויי אַרויסרעדן פון either — אײַדזער און אידזער — א״ע; די צוויי אויסלייגן פון honor און honour, א״ע)
dividend n דיווידענד ז(ן)
divine adj געטלעך; הימליש; (שמועסדיק) אויסגעצייכנט
divinity n גאָטהייט נ(ן); געטלעכקייט נ; טעאָלאָגיע נ
division n צעטיילונג נ(ען); אָפּטייל ז(ן); דיוויזיע נ(ס); (אַריטמעטיק) חילוק ז
divisive adj שפּאַלטעריש
divorce n גט ז(ן)
divorce v געבן אַ גט; גטן זיך
divorced adj געגטט
divulge v מגלה זײַן, אויסזאָגן
dizziness n שווינדלעניש ס(ן), קאָפּ־שווינדל ז(ען)
dizzy adj קאָפּ־שווינדלענדיק, שווינדלדיק
do v טאָן, מאַכן
docent n דאָצענט ז(ן)
docile adj געהאָרכזאַם, פאָלגעוודיק
docility n געהאָרכזאַמקייט נ
dock n דאָק ז(ן) (מאָל ז; ווערף נ); באַשולדיקטערס־קעמערל ס(עך) (אין אַ קרימינאַל־געריכט)
dockyard n שיפּבוי־ווערקשטאַט ז(ן)
doctor n (מעדיצין) דאָקטער ז (דאָקטוירים); (הויך־געבילדעטער) דאָקטאָר ז(ן)
doctor v דאָקטערן (פּראַקטיצירן מעדיצין, היילן; פעלשן)
doctorate n דאָקטאָראַט ז(ן)
doctrinaire n דאָקטרינער ז(ס)
doctrine n דאָקטרין נ(ען)
document n דאָקומענט ז(ן)
document v דאָקומענטירן
dodder v טרייסלען; וואַקלען זיך
dodge v אויסמײַדן; אַרויסדרייען זיך
dodge n פלוצעמדיקע אָפּקערונג נ(ען); אַרויסדריי ז(ען)
doe n הינד נ(ן)
doer n טוער ז(ס)
doff v אַראָפּנעמען; אויסטאָן
dog n הונט ז(הינט)

dogged adj אײַנגעשפּאַרט; פֿאַרביסן
doggerel n שוואַכע פּאָעזיע
doggie n הינטל ס (עך)
doghouse n בודע נ (ס)
dogma n דאָגמע נ (ס)
dogmatic, dogmatical adj דאָגמאַטיש
dog-tired adj זייער מיד
doings n pl מעשׂים ר; אויפפירונג נ
dolce adj (מוזיק) זיס; ווייך
dole n קיצבה נ
dole v אויסטיילן קיצבה
doll n ליאַלקע נ (ס); (סלענג) שיין מיידל ס
dollar n דאָלאַר ז (ן)
dolmen n דאָלמען ז (ען)
dolor, dolour n (פּאָעטיש) טרויער ז
doloroso adj (מוזיק) וויינענדיק
dolphin n דעלפין ז (ען)
domain n הערשאַפט־תּחום ז (ען); גוט ס (גיטער); געביט ס (ן)
dome n קופּאָל ז (ן)
domestic adj היימיש; היג; שטוביק
domestic n דינסט נ (ן); משרת ז/ס (ים)
domesticate v אײַנשטוביקן; צוגעווינען (צו אַ היים)
domicile n וווינאָרט ז (וווינערטער)
dominate v באַהערשן
domineering adj הערשעריש; גדלותדיק
dominion n דאָמיניע נ (ס); הערשאַפט נ
don v אָנטאָן (אַ מלבוש)
donate v מנדב זײַן, בײַשטײַערן
donation n נדבה נ (נדבות), בײַשטײַער ז (ן)
donkey n אייזל ז (ען)
donor n מנדב ז (ים)
do-nothing n ליידיק־גייער ז (ס)
Don Quixote דאָן־קיכאָט ז (ן), אומפּראַקטישער טרוימער ז
doom n שיקזאַל ז (ן); אונטערגאַנג ז (ען)
doom v באַשטימען (צו אַ שרעקלעכן גורל)
door n טיר נ (ן)
doorknob n קליאַמקע נ (ס)
doorstep n שוועל נ (ן)
dope n (סלענג) נאַרקאָטיק נ (ן); נאַרקאָטיקער ז (ס); טיפּש ז (ים)
dope v (סלענג) געבן אַ נאַרקאָטיק צו; פֿאַרטויבן
dopey, dopy adj (סלענג) פֿאַרטויבט; זייער נאַריש
dormant adj שלאָפנדיק; אומטעטיק
dormitory n גרויסע שלאָפשטוב נ; (קאַלעדזש) אינטערנאַט ז (ן)
dose n דאָזע נ (ס)
dose v געבן אַ מעדיצין; אויסמישן
dossier n אַקטן־טאַש ז (ן)
dot n פּונקט ז (ן); פּינטעלע ס (ך)
dot v פּינטלען
dotted adj געפּינטלט
double adj טאָפּל
double n טאָפּלער ז (ס)
double v טאָפּלען
double-cross v (שמועסדיק) פֿאַרראַטן; אָפּנאַרן
double talk טאָפּלרייד ה, פֿאַלשע ווערטער ר
doubt v צווייפלען, זײַן מסופּק
doubt n צווייפל ז (ען), ספֿק ז (ות)

doubtful *adj* צווייפלהאַפט, מסופקדיק
doubtless *adj, adv* זיכער; אָן צווייפל
douche *n* דוש ז(ן), טוש ז(ן); וואַסערשפריץ ז(ן)
douche *v* דושירן; נעמען אַ דוש
dough *n* טייג ס
doughy *adj* טייגיק; ווייכלעך
dour *adj* אומעטיק; אָנגעכמורעט; שטרענג; פאַרביסן
douse *v* באַגיסן; (שמועסדיק) פאַרלעשן
dove *n* טויב נ(ן); רודף־שלום ז(רודפי־שלום)
dovecot, dovecote *n* טויבנשלאַק ז(ן), טויבנהײַזל ס(עך)
dowdy *adj* שלומפערדיק
down *adv, prep, interj* אונטן; אַראָפ; אַראָפ מיט; נידער (מיט...)!
downcast *adj* אַראָפגעפאַלן, הכנעהדיק
downhill *adv* אַראָפ־באַרג
downhill *adj* אַראָפ־באַרגיק; ערגער
down payment האַנטגעלט ס
downstairs *adv* אַראָפ די טרעפ
downstairs *n* אונטערשטער שטאָק ז
down-to-earth *adj* פראַקטיש, זאַכלעך
downtown *n* אונטערשטאָט נ
dowry *n* נדן ז(ס)
doze *v* דרעמלען
dozen *n* טוץ ז(ן)
drab *adj* גרוילעך; מאָנאָטאָניק
draft *n* (לופט) צוג ז(ן); פלאַן ז(פלענער); סקיצע נ(ס); (באַנק) דרעפט ז(ן); מאָביליזורונג נ(צום מיליטער)
draft *v* סקיצירן; נעמען (אין מיליטער)
drag *v* שלעפן
drag *n* שלעפונג נ; נאָכשלעפ ז; שלעפקראַפט נ; שטער ז(ן)
dragnet *n* שלעפנעץ נ(ן)
dragon *n* דראַקאָן ז(ען)
drain *v* טריקענען; אָפצאַפן; אָפרינען
drain *n* אָפרין ז(ען); לאַסט נ(ן)
drainage *n* דרענאַזש ז
drake *n* קאָטשער ז(ס)
drama *n* דראַמע נ(ס)
dramatic *adj* דראַמאַטיש
dramatist *n* דראַמאַטורג ז(ן)
dramatize *v* דראַמאַטיזירן
dramaturgy *n* דראַמאַטורגיע נ
drape *n* גאַרדין ז(ען)
drastic *adj* דראַסטיש
draw *v* ציִען; שעפן; צייכענען
draw *n* צי ז(ען); רעמי ז
drawback *n* חסרון ז(ים/ות); אָפהאַלט ז(ן)
drawer *n* שופלאָד ז(ן)
drawing *n* צייכענונג נ(ען); ציִונג נ(ען)
drawl *v* רעדן מיט אויסגעצויגענע וואָקאַלן
drawl *n* פאַמעלעך און אויסגעצויגן רעדעניש ס(ן)
dread *v* מורא האָבן, שרעקן זיך
dread *n* שרעק ז, אימה נ
dreadful *adj* שרעקלעך, אימהדיק
dream *n* חלום ז(ות); טרוים ז(ען)
dream *v* חלומען; טרוימען
dreamy *adj* פאַרחלומט; אומקלאָר

dreary adj נודנע; אומעטיק

dredge n דרעדזש ז (עס) (אַ גראָבמאַשין וואָס שעפט ערד פונעם גרונט פון אַ טײַך, פאָרט, א״ע)

dredge v פאַרטיפערן, שעפן (מיט אַ דרעדזש)

dregs n pl אָפזעץ ז (ן) (פון מאַטעריע); אָפפאַל ז

drench v דורכווייקן

Dresden n דרעזדען ס (פאָרצעלײַ)

dress n קלייד ס (ער)

dress v אָנטאָן; פאַרבאַנדאַזשירן

dress coat פראַק ז (ן)

dressmaker n נייטאָרין נ (ס)

dressy adj אויסגעפוצט; לעצטמאָדיש

dribble v טריפן, קאַפען; פאַרסלינען זיך; באַוועגן אַ באַלעם מיט שוואַכע קלעפ

dribble n טריפונג נ (ען); רעגנדל ס (עך); טראָפן ז (ס); קליינע סומע נ (ס)

driblet n קליינע סומע נ (ס)

drift v טראָגן; געטראָגן ווערן; וואַנדערן; אָנהויפענען

drift n לויף ז; טענדענץ נ (ן); הויפן ז (ס) (אָנגעשיט דורכן ווינט)

drill n בויער ז (ס); מושטיר ז (ן)

drill v בויערן; מושטירן

drink v טרינקען; שיכּורן

drink n טרונק ז (ן); געטראַנק ס (ען)

drinker n טרינקער ז (ס); שיכּור ז (ים)

drip v טריפן, קאַפען

drip n טריפונג נ (ען); (סלענג) נודניק ז (ס)

drive v טרײַבן; שאָפירן, פירן

drive n שפאַציר־פאָר ז (ן); אימפעט ז; ענערגיע נ

drivel v פאַרסלינען זיך; רעדן נאַרישקייטן

drivel n רינענדיק שפײַעכץ ס; פלאַפלערײַ ס

driver n שאָפער ז (ן)

drizzle v שפרייען

drizzle n שפריירעגן ז (ס)

dromedary n דראָמעדער ז (ן) (איינהויקערדיקער קעמל)

drone n דראָן ז (ען) (זכר פון אַ בין); ליידיק־גייער ז (ס); זשום ז (ען)

drone v זשומען; רעדן אין אַ מאָנאָטאָנישן טאָן

drool v פאַרסלינען זיך; (שמועסדיק) פלאַפלען

drool n רינענדיק שפײַעכץ

droop v אַראָפהענגען; זײַן טרויעריק

droop n אַראָפהענגונג נ; (סלענג) אַנטיסאָציאַלער פאַרשוין ז

drop n טראָפן ז (ס); אַראָפהאַנג ז; פאַלן ס

drop v פאַלן; לאָזן פאַלן

– drop out אַרויספאַלן (פון אַ שולע)

droshky n דראָשקע נ (ס)

drought n טריקעניש נ (ן)

drove n סטאַדע נ (ס); המון ז (ען)

drover n טרײַבער ז (פון בהמות צום מאַרק); בהמות־הענדלער ז (ס)

drown v דערטרינקען; דערטרונקען ווערן

drowse v שלעפערן; דרימלען

drowse n שלעפעריקייט נ

drowsy adj שלעפעריק
drub v שלאָגן (מיט אַ שטעקן); דרעשן; באַזיגן
drudge n האָרעפּאַשניק ז (עס)
drudge v האָרעווען
drudgery n האָרעוואַניע נ
drug n מעדיצין נ (ען); נאַרקאָטיק ז (ן)
drug v געבן אַ נאַרקאָטיק, נאַרקאָטיזירן
drugstore n אַפּטייקקראָם נ (ען)
drum n פּויק נ (ן)
drum v פּויקן
drummer n פּויקער ז (ס); (שמועסדיק) האַנדל־רײַזנדער ז (ס)
drunk n (סלענג) שיכּור ז (ים)
drunkard n שיכּור ז (ים)
dry adj טרוקן
dry v טריקענען, אויסטריקענען
dry cleaning כעמישע רייניקונג נ (פון מלבושים אָדער געוועבן)
dry-farm v באַאַרבעטן אַ פאַרם וואָס האָט ווייניק רעגן און קיין באַוואַסערונג.
dual adj צווייאיק
dualism n דואַליזם ז
dub n (סלענג) ליימענער גולם
dubious adj מסופקדיק; פּראָבלעמאַטיש
ducat n דוקאַט ז (ן)
duchess n הערצאָגין נ (ס), פירשטין נ (ס)
duchy n הערצאָגשאַפט נ (ן)
duck n קאַטשקע נ (ס)
duck v אונטערטונקען זיך; (שמועסדיק) אויסמײַדן; (סלענג) מאַכן פּליטה
dud adj אָן אַ נוצן; ווערטלאָז
dud n פּושטשאַק ז (עס)
due adj געהעריק; פעליק
due adv גענוי, פּונקט
due n רעכט ס, חוב ז
– dues pl מיטגליד־אָפּצאָל ז (ן)
duel n דועל ז (ן)
duet n דועט ז (ן)
duffel bag דופעל־זאַק ז (־זעק)
duffel coat דופעל־מאַנטל ז (ען)
duffer n (שמועסדיק) לײַדאַק ז (עס)
dugout n אויסגראָב ז (ן)
duke n פירשט ז (ן), הערצאָג ז (ן)
dull adj טעמפּ; מאַט; נודנע
dullard n טיפּש ז (ים), פאַרשטאָפּטער קאָפּ ז
duly adv ווי געהעריק
dumb adj שטום; (שמועסדיק) נאַריש; נודנע
dumb-bell n (ספּאָרט) באַלעמס־געוויכט ס (ן); (סלענג) טיפּש ז (ים), טעמבעל ז (ס)
dumb show פּאַנטאָמימע נ
dumdum bullet דומדום־קויל ז (ן)
dummy n גולם ז (ס/ים)
dump v אָנוואַרפן; וואַרפן אויפן מאַרק; (סלענג) אַוועקוואַרפן; פּטור ווערן פון
dump n מיסטהויפן ז (ס); לאַגער ז (ס/ן) (מיט קלעצער בײַ אַ טײַך); (סלענג) שמוציק אָרט ס
dumpling n קניידל ס (עך)

dumps n pl	(שמועסדיק) אומעט ז (ן)
dumpy adj	קורץ און דיק
dun v	מאָנען, פּאָדערן אַ חוב ווידער און ווידער
dun n	מאָנונג נ; מאָנער ז (ס)
dunce n	שוטה ז (ים)
dune n	דיונע נ (ס)
dung n	מיסט ס
dung v	באַמיסטיקן
dungeon n	קאַרצער ז (ס)
dungeon v	פֿאַרשפּאַרן (אין אַ קאַרצער)
dunghill	מיסטבערגל ס (עך); מנוול ז (ים)
dunk v	אײַנטונקען
dupe n	יאָלד ז (ן), לעמעשקע ז/נ (ס)
dupe v	אָפּנאַרן; פֿאַרפֿירן
duplex adj	טאָפּל
duplex n	דופּלעקס ז (ן)
duplicate v	דופּליקירן
duplicate n	דופּליקאַט ז (ן)
duplicity n	צוויי־פּנימדיקייט נ
durable adj	דויערהאַפֿטיק; אויסהאַלטעוודיק
duration n	מֶשֶך ז; געדויער ז (ס)
during prep	בשעת, אין משך פֿון
dusk n	פֿאַרנאַכט ז
dusky adj	האַלב־טונקל
dust n	שטויב ז
dust v	אָפּשטויבן
dustup n	(סלענג) היציק קריגערײַ ס
dusty adj	שטויביק
Dutch uncle	(שמועסדיק) קפּדן ז (ים)
duty n	פֿליכט נ (ן); צאָל ז
dwarf n	קאַרליק ז (עס)
dwell v	וווינען
dwelling n	וווינונג נ (ען)
dwindle v	ווערן ווייניקער
dye n	פֿאַרב נ (ן)
dye v	פֿאַרבן
dying adj	שטאַרבנדיק
dynamic adj	דינאַמיש
dynamics n (takes sing. v.)	דינאַמיק נ
dynamite n	דינאַמיט ז
dynamite v	אויפֿרײַסן מיט דינאַמיט
dynast n	(ירושהדיקער) הערשער ז (ס)
dynasty n	דינאַסטיע נ (ס)

E e

e, E n	ע ז (ען) (בוכשטאַב)
each pron, adj	איטלעך, יעדער
eager adj	לָהוט, גיריק
eagerness n	חשק ז, גיריקייט נ
eagle n	אָדלער ז (ס)
eaglet n	אָדלערל ס (עך)
ear n	אויער ז (ן); זאַנג ז (ען)
earl n	גראַף ז (ן)
early adv	פֿרי
early adj	פֿריצײַטיק
earmuff n	אויער־דעקל ס (עך)
earn v	פֿאַרדינען
earnest adj	ערנסט, ערנצט
earnest n	האַנטגעלט ס; ערבון ז

earnings n pl — פאַרדינסט ס (ן)
earring n — אוירינגל ס (עך)
earth n — ערד נ
earthly adj — ערדיש; די־וועלטיק
earthquake n — ערד־ציטערניש ס (ן)
earthy adj — ערדיש; פּראָסט, גראָבֿ
ease n — געמיטלעכקייט נ; לײַכטקייט נ
ease v — מאַכן לײַכט, פאַרגרינגערן
east n — מזרח ז
eastern adj — מזרחדיק
eastward adv — צום מזרח
easy adj — לײַכט, גרינג
easygoing adj — געלאַסן
eat v — עסן
eatable adj — עסבֿאַר, עסעוודיק
eatables n pl — עסנוואַרג ס
eatery n — (שמועסדיק) רעסטאָראַן נ (ען)
eaves n pl — ראַנד ז (ן) (פון אַ דאַך)
eavesdrop v — אונטערהערן
eavesdropper n — אונטערהערער ז (ס)
ebb n — ים־אָפּפלוס ז (ן), ים־אָפּפלייץ ז (ן); זינקונג נ
ebb v — אָפּפליסן, אָפּפלייצן; זינקען, פאַלן
ebony n — עבֿנהאָלץ ס
ebullient adj — שפרודלדיק
eccentric adj — עקסצענטריש, אויסטערליש
eccentric — טשודאַק ז (עס)
echelon n — עשעלאָן ז (ען)
echo n — עכאָ ז (ס), אָפּהילך ז (ן)
echo v — אָפּהילכן; נאָכזאָגן
eclipse n — עקליפּס ז (ן) (ליקוי־לבנה ז; ליקוי־חמה ז; פאַרטונקלונג נ)
eclipse v — פאַרטונקלען

ecology n — עקאָלאָגיע נ
economic adj — עקאָנאָמיש
economical adj — שפּאָרעוודיק
economics n (takes sing. v.) — עקאָנאָמיק נ
economist n — עקאָנאָמיסט ז (ן)
economize v — אײַנשפּאָרן
economy n — עקאָנאָמיע נ
ecstasy n — עקסטאַז ז
ecumenism n — עקומעניזם ז
Eden n — גן־עדן ז/ס
edge n — קאַנט ז (ן), ראַנד ז (ן); שאַרף נ (ן) (פון אַ שווערד, מעסער, א״ע); (שמועסדיק) פּאָרהאַנט נ
edgy adj — נערוועז; שאַרף
edible adj — עסבֿאַר
edict n — עדיקט ז (ן), פאַראָרדענונג נ (ן)
edifice n — געבײַדע נ (ס)
edit v — רעדאַקטירן
edition n — אויפלאַגע נ (ס)
editor n — רעדאַקטאָר ז (ן)
editorial n — לייט־אַרטיקל ז (ען)
educate v — בילדן, דערציִען
education n — בילדונג נ, דערציאונג נ
educational adj — דערציִעריש
educator n — דערציִער ז (ס)
eel n — וועגער ז (ס), שלאַנגען־פיש ז
eerie, eery adj — טשודנע, אומהיימלעך; איבערגעשראָקן
efface v — אָפּמעקן, אויסמעקן; פאַרווישן; מאַכן אומאָנזעעוודיק
effect n — עפעקט ז (ן), ווירקונג נ (ען)
effect v — ווירקן; גורם זײַן
effective adj — ווירקעוודיק; גילטיק
effectual adj — ווירקזאַם

effectuate v	גורם זײַן; אויספירן
effeminate adj	פֿאַרצערטלט, ווײַבעריש
effendi n	עפֿענדי ז (ס), (טורקישער) נכבד ז
efficiency n	עפֿעקטיווקייט נ
efficient adj	עפֿעקטיוו
effigy n	געשטאַלט ס/נ (ן)
effort n	מי נ; אָנשטרענגונג נ (ען)
effrontery n	חוצפּה נ
effusion n	אויסגאָס ז (ן); געפֿיל־אויסגוס ז (ן)
effusive adj	זייער עמאָציאָנעל
egg n	איי ס (ער)
egg v	אונטערטרײַבן, צואײַלן; אָנמוטיקן
ego n	איך ז (ן)
egocentric adj	עגאָצענטריש
egoism n	עגאָאיזם ז
egoist n	עגאָאיסט ז (ן)
egoistic adj	עגאָאיסטיש
egotism n	עגאָטיזם ז
egregious adj	זייער שלעכט; נידערטרעכטיק
egress n	אַרויסגאַנג ז (ען)
eh interj	איי! הע!
eight adj	אַכט
eighteen adj	אַכצן
eighth adj	אַכט
eighth n	אַכטל ס (עך)
eightieth adj	אַכציקסט
eightieth n	אַכציקסטל ס (עך)
eighty adj	אַכציק
either adj, pron, adv, conj	איינער אָדער דער אַנדערער (פֿון צוויי); יעדער; אויך ניט; אָדער... אָדער
eject v	אַרויסוואַרפֿן
ejection n	אַרויסוואַרף ז (ן)
elaborate adj	פּרָטימדיק
elaborate v	באַאַרבעטן אין איינצלהייטן
elapse v	פֿאַרבײַגיין
elastic adj	עלאַסטיש
elasticity n	עלאַסטישקייט נ
elate v	מאַכן פֿריילעך אָדער שטאָלץ
elbow n	עלנבויגן ז (ס)
elbow v	שטויסן (מיט די עלנבויגנס); שטופּן
elbow grease	(שמועסדיק) שווערע אַרבעט נ
elbowroom n	רחבֿותדיק אָרט ס
elder adj	עלטער
elder n	עלטערער מענטש ז; אָב ז (ות); מכובד ז (ים)
elderly adj	אַלטער,
elect v	אויסוויילן
elected adj	אויסגעווײלט
election n	וואַלן ר
electric adj	עלעקטריש
electrician n	עלעקטריקער ז (ס)
electricity n	עלעקטריע נ
electronics n (takes sing. v.)	עלעקטראָניק נ
elegance n	עלעגאַנץ נ
elegant adj	עלעגאַנט
elegy n	עלעגיע נ (ס), קלאָג־ליד ס (ער)
element n	עלעמענט ז (ן)
elementary adj	עלעמענטאַר
elementary school	פֿאָלקשול נ (ן)
elephant n	העלפֿאַנד ז (ן), עלפֿאַנט ז (ן)

elevate v אויפֿהייבן; דערהייבן
elevation n דערהייבונג נ (ען); הייך נ (ן)
elevator n ליפֿט ז (ן); שפּײַכלער ז (ס)
eleven adj עלף
eleventh adj עלפֿט
eleventh n עלפֿטל ס (עך)
elf n עלף ז (ן), שרעטל ס (עך)
elfish adj עלפֿיש; שטיפֿעריש
eligible adj פּאַסיק
eliminate v באַזײַטיקן, אויסשליסן
elimination n באַזײַטיקונג נ
elite, élite n (takes pl. v.) עליט ז (ן), עליטע נ (ס)
elitism n עליטיזם ז
elixir n עליקסיר ז (אוניווערסאַלע תּרופֿה נ; אַלקאָהאָליש הייל־געטראַנק ס; תּמצית ז/ס)
ellipse n עליפּס ז (ן), אָוואַל ז (ן)
ellipsis n עליפּסיס ז (ן) (פֿאַרפֿעלונג פֿון אַ וואָרט אָדער ווערטער אין אַ זאַץ)
elliptic adj עליפּטיש
elm n אולם ז, עלם ז (ען) (בוים)
elocution n עלאָקוציע נ, ריידקונסט נ
elope v אַוועקלויפֿן מיט אַ געליבטן
eloquence n עלאָקווענץ נ, כּוח־הדיבור ז
else adj, adv אַנדערש; אַניט; נאָך
elsewhere adv אַנדערש ווו
elucidate v באַלײַכטן; דערקלערן
elude v אַרויסדרייען זיך; אויסמײַדן
emaciate v אויסמאָגערן
emaciated adj אויסגעמאָגערט
emaciation n אויסמאָגערונג נ
emanate v שטאַמען, אַרויסקומען; אַרויספֿליסן
emancipate v עמאַנציפּירן, באַפֿרײַען (פֿון רעכט־באַגרענעצונג, קנעכטשאַפֿט, א״ע)
emancipation n עמאַנציפּאַציע נ
embalm v אײַנבאַלזאַמירן; אויפֿהיטן
embankment n שוץ־וואַנט נ (־ווענט)
embargo n עמבאַרגאָ ז (ס)
embark v אַרויפֿגיין (אויף אַ שיף, בוס, א״ע) אַלס פּאַסאַזשיר; אַוועקזעצן אויף אַ שיף; אָנהייבן
embarrass v אַרײַנפֿירן אין אַ פֿאַרלעגנהייט
embarrassment n פֿאַרלעגנהייט נ (ן)
embassy n אַמבאַסאַדע נ (ס)
embattle v אויסשטעלן אין שלאַכט־אָרדענונג; פּאַרטיציפּירן
embed v אײַנפּאַסן
embellish v באַצירן; פֿאַרשענערן
ember n האָלאָוועשקע נ (ס)
embers pl הייס אַש ס
embezzle v פֿאַרשווינדלען
embitter v פֿאַרביטערן
emblem n עמבלעם נ (ען)
embodiment n פֿאַרקערפּערונג נ (ען)
embolden v געבן מוט
embrace v אַרומאָרעמען, אַרומנעמען זיך; אַרײַננעמען, כּולל זײַן
embrace n אַרומאָרעמונג נ (ען)
embroider v העפֿטן, שטיקן; צוגעבן דמיונדיקע דעטאַלן; מגזם זײַן

embroidery n העפטונג נ, שטיקעכץ ס; געהאַפּט ס (ן)

embroil v אַרײַנציִען אין אַ קריגערײַ; פאַרוויקלען; צעמישן (ענינים, א״ע)

embryo n עובר ז (ס / ים)

emend v אויסבעסערן, פֿאַרריכטן

emerald n שמאָראַק ז (ן) (איידלשטיין)

emerge v אַרויסקומען; אַרויפשווימען; אַנטפּלעקן זיך

emergency n נויטפאַל ז (ן)

emeritus adj עמעריטוס

emigrant n עמיגראַנט ז (ן)

emigrate v עמיגרירן

emigration n עמיגראַציע נ (ס)

eminence n עמינענץ נ

eminent adj עמינענט (פון זייער הויכן ראַנג; דערהויבן; אָנגעזען)

emit v אַרויסלאָזן

emotion n עמאָציע נ (ס)

emotional adj עמאָציאָנעל

emperor n קייסער ז (קייסאָרים)

emphasis n הדגשה נ, אונטערשטרײַכונג נ

emphasize v אונטערשטרײַכן, אַרויסהייבן

emphatic adj עמפאַטיש, אונטערגעשטראָכן

empire n אימפעריע נ (ס)

empirical adj עמפּיריש (באַזירט אויף אָבסערוואַציע און פראַקטיק)

emplane v אַרויפגיין אויף אַן עראָפּלאַן

employ v אָנשטעלן; באַשעפטיקן; באַניצן

employee n אָנגעשטעלטער ז

employer n אַרבעט־געבער ז (ס)

employment n אַרבעט־באַשעפטיקונג נ

empower v באַפולמאַכטיקן; דערמעגלעכן

empress n קייסערינע נ (ס)

empty adj ליידיק

empty v אויסליידיקן; אויסגיסן

emulate v נאָכטאָן (כּדי צו זײַן גלײַך מיט עמעצן)

enable v דערמעגלעכן

enact v פאַראָרדענען; שפּילן (אַ טעאַטער־אַקט)

enamel n עמאַל ז (ן)

enamored adj פאַרליבט

enchain v שמידן אין קייטן; האַלטן פעסט

enchant v באַצויבערן

enchantment n באַצויבערונג נ

encircle v אַרומרינגלען

encirclement n אַרומרינגלונג נ

enclose v אַרומצוימען; בײַלייגן

enclosed adj בײַגעלייגט

encomium n גרויסער שבח ז; לויב־געזאַנג ס (ען)

encompass v אַרומרינגלען; אײַנשליסן

encore interj ביס! נאָך אַ מאָל!

encore n ביס ז (ן), הדרן ז (ס)

encore v שרײַען ״ביס!״

encounter v באַגעגענען; קאָנפראָנטירן אין קאַמף

encounter n באַגעגעניש ס (ן); פײַנדלעכע קאָנפראָנטאַציע נ (ס)

encourage v דערמוטיקן, צוגעבן מוט
encouragement n דערמוטיקונג נ (ען)
encroach v מסיג גבול זײַן
encumber v באַלאַסטן, באַשווערן
encyclopedia n ענציקלאָפּעדיע נ (ס)
end n ענד נ (ן), סוף ז (ן); עק ז (ן); צוועק ז (ן); רעזולטאַט ז (ן)
end v ענדיקן
endanger v שטעלן אין געפֿאַר
endear v מאַכן באַליבט
endeavor v באַמיִען זיך
endeavor n באַמיאונג נ (ען)
ending n סוף ז (ן); (גראַמאַטיק) ענדונג נ (ען) (צו שאַפֿן די מערצאָל פֿון סובסטאַנטיוון, א״ז)
endless adj אומענדלעך
endorse v אינדאָרסירן
endorsement n אינדאָרסירונג נ (ען)
endow v באַשענקען; באַגאָבן
endurable adj דערטרעגלעך, צו דערלײַדן
endurance n אויסהאַלט ז; אויסדויער ז
endure v אויסהאַלטן, סובל זײַן; אָנהאַלטן, ממשיך זײַן
enduring adj אָנהאַלטעוודיק, לאַנגדויערדיק
enemy n שׂונא ז (ים), פֿײַנד ז
energetic adj ענערגיש
energy n ענערגיע נ (ס)
enervate v אָפּשוואַכן
enfeeble v מאַכן שוואַך
enfold v אײַנוויקלען; אַרומנעמען
enforce v אויפֿצווינגען; נייטן
enforcement n אויפֿצווינגונג נ
enfranchise v געבן וואַל־רעכט; באַפֿרײַען
engage v באַשעפֿטיקן; אָנשטעלן, דינגען; פֿאַרפּליכטן זיך
engaged adj פֿאַרקנסט (חתן אָדער כלה נאָך די תּנאָים); באַשעפֿטיקט, פֿאַרנומען
engagement n פֿאַרקנסונג נ (ען), תּנאָים־אַקט ז (ן); אָפּרעד ז (ן)
engaging adj זייער אַטראַקטיוו; חנעוודיק
engender v גורם זײַן; שאַפֿן, פֿראָדוצירן
engine n מאָטאָר ז (ן); מאַשין נ (ען)
engineer n אינזשעניר ז (ן)
engineer v פּלאַנירן
England n ענגלאַנד [ס]
English adj ענגליש
English n (language) ענגליש ס
Englishman n ענגלענדער ז
engraft v צושטשעפּען, גרעפּטן, מרכּיב זײַן; פֿאַרפֿונדעווען
engrave v אויסגראַווירן; אויסקריצן
engrossed adj פֿאַרטיפֿט; פֿאַרטאָן
engulf v פֿאַרשלינגען
enhance v הייבן; פֿאַרבעסערן
enigma n עניגמע נ (ס) (רעטעניש ס (ן); געהיימניש ס (ן))
enjoin v פֿאַראָרדענען
enjoy v הנאה האָבן, געניסן; ווײַלן זיך
enjoyment n הנאה נ (הנאות)
enkindle v צעפֿײַערן; צעהיצן
enlarge v פֿאַרגרעסערן
enlargement n פֿאַרגרעסערונג נ (ען)
enlighten v באַלײַכטן, אויפֿקלערן

enlist v פאַרשרײַבן זיך (אין דער אַרמיי, א״ע); אײַנשאַפּן (פאַר אַ צוועק) די הילף און שטיצונג פון

enliven v מאַכן לעבעדיק; אויפהײַטערן; דערפרייען

enmesh v פאַנגען אין אַ נעץ; פאַרפּלאָנטערן

enmity n פײַנדשאַפט נ

ennoble v מאַכן פאַר אַן אַדלמאַן; פאַראיידלען; דערהייבן

enormous adj אומגעהײַער; זייער גרויס

enough adj גענוגיק, גענוגנדיק

enough adv גענוג

enough interj גענוג! ניט מער!

enplane v אַרויפגיין אויף אַן עראָפּלאַן

enrage v דערצערענען

enrapture v אַנטציקן

enrich v רײַך מאַכן, באַרײַכערן

enroll v פאַרשרײַבן

enshroud v פאַרדעקן; פאַרשלייערן

ensign n פאָן ז(פענער); פאָנע נ(ס); ראַנג־צייכן ז(ס)

enslave v פאַרשקלאַפן, פאַרקנעכטיקן

enslavement n פאַרקנעכטונג נ

ensnare v כאַפּן אין אַ סילצע

ensue v קומען נאָך; אַרויסקומען (אַלס אַ רעזולטאַט)

entail v פאַראורזאַכן; פאַרלאַנגען; באַשטימען אַ ירושה

entangle v פאַרפּלאָנטערן

entanglement n פאַרפּלאָנטערונג נ(ען)

enter v אַרײַנגיין, אַרײַנקומען, אַרײַנטרעטן; אַרײַנשרײַבן

enterprise n אונטערנעמונג נ(ען); איניציאַטיוו נ(ן)

entertain v פאַרווײַלן; אויפנעמען (אַ גאַסט)

entertainment n פאַרווײַלונג נ(ען)

enthrall v באַצויבערן; פאַרשקלאַפן (Also enthral)

enthrone v אַרויפזעצן אויפן טראָן; דערהייבן

enthusiasm n ענטוזיאַזם ז, התלהבות ס

entice v צורעדן; אַרײַננאַרן

entire adj גאַנץ

entirely adv אין גאַנצן, אינגאַנצן

entitle v געבן אַ טיטל; באַרעכטיקן

entitlement n באַרעכטיקונג נ

entomb v באַערדיקן

entomology n ענטאָמאָלאָגיע נ

entrain v אַרויפגיין אויף אַ באַן

entrance n אַרײַנגאַנג ז(ען)

entrap v כאַפּן אין אַ פאַסטקע

entreat v שטאַרק בעטן

entrench v באַפעסטיקן מיט שאַנצן; מסיג־גבול זײַן

entrust v אָנגעטרויען

entry n אַרײַנקום ז(ען); פאַרשרײַבונג נ(ען)

envelop v אײַנהילן

envelope n קאָנווערט ז(ן)

envenom v פאַרסמען; פאַרביטערן

environment n סביבה נ(סביבות)

envisage v פאָראויסזען

envy n קינאָה נ(קינאות); ניט־פאַרגינערישקייט נ

envy v מקנא זײַן, ניט פאַרגינען

enzyme n ענזים ז (ען)
epaulet, **epaulette** n עפּאָלעט ז (ן), שליפע נ (ס)
ephemera n עפעמערע נ (ס) (קיקיון־דיונה ז; איינטאָגפליג נ)
ephemeral adj עפעמעריש (איינטאָגיק; קורצדויערדיק; קורצלעביק)
ephemerid n עפעמעריד ז (ן), מײַ־פליג נ (ן)
epic n עפּאָס ז (ן), עפּאָפּעע נ (ס)
epic, epical adj עפּיש
epicure n עפּיקור ז (ן), פײַנשמעקער ז (ס), מפונק ז (ים)
epidemic n עפּידעמיע נ (ס)
epidemic, epidemical adj עפּידעמיש
epigram n עפּיגראַם ז (ען)
epigraph n עפּיגראַף ז (ן)
epilepsy n עפּילעפּסיע נ (ס)
epilog, epilogue n עפּילאָג ז (ן)
episode n עפּיזאָד ז (ן)
episodic adj עפּיזאָדיש
epitaph n עפּיטאַף ז (ן)
epithet n עפּיטעט ז (ן)
epoch n עפּאָכע נ (ס), תּקופֿה נ (תּקופֿות)
eponym n עפּאָנים ז (ען)
equal adj גלײַך
equal n גלײַכער ז; גלײַכן ס
equality n גלײַכקייט נ; גלײַכהייט נ
equalization n אויסגלײַכונג נ
equalize v אויסגלײַכן
equator n עקוואַטאָר ז
equilibrium n עקוויליבריום ז, גלײַכוואָג נ
equinox n עקווינאָקס ז, גלײַכנאַכט נ
equip v אויסשטאַטן; אויסריכטן
equipment n אויסשטאַטונג נ; אויסריכט ז (ן)
equitable adj אָרנטלעך; גערעכט; יושרדיק
equity n יושר ז
equivalence n גלײַכווערט נ
equivalent adj גלײַכווערטיק
equivalent n עקוויוואַלענט ז (ן)
equivocal adj צווייטײַטיק; אומבאַשלאָסן; ספֿקדיק
equivocation *n* צווייטײַטשיקייט נ; טאָפּלטײַטשיקער אויסדרוק ז
era n תּקופֿה נ (תּקופֿות), ערע נ (ס)
eradicate v אויסוואָרצלען
eradication n אויסוואָרצלונג נ
erase v אויסמעקן
eraser n מעקער ז (ס)
erect adj שטייענדיק; אויפֿגעשטעלט
erect v אויפֿשטעלן; אויפֿבויען
ermine n האַרמל ז (ען), (וויזעלע); שטעלע, ראַנג, אָדער פֿליכטן פֿון אַ שופֿט.
erode v אָפּשווענקען
erosion n אָפּשווענקונג נ
erosive adj אָפּשווענקענדיק
erotic adj עראָטיש
err v האָבן אַ טעות, טועה זײַן זיך; באַגיין אַ פֿעלער
errand n גאַנג ז (גענג)
errand boy שיקייִנגל ס/ז (עך)
errata n pl תּיקון־טעותן ר
erratic adj עראַטיש (ניט־פֿעסט; אומרעגולער; משונהדיק)
erroneous adj טעותדיק; אומקאָרעקט

error n — טעות ז(ן), גרייַז ז(ן)
erudite adj — געלערנט
erudition n — געלערנטקייט נ
erupt v — אויסברעכן
escalate v — אַרויפלייטערן
escalation n — עסקאַלירונג נ
escalator n — עסקאַלאַטאָר ז(ן)
escape v — אַנטרונען ווערן, ניצול ווערן; אַוועקלויפן
escape n — אַנטרינונג נ(ען); אַוועקלויף ז(ן)
eschatology n — עסכאַטאָלאָגיע נ
escort n — בּאַגלייטער ז(ס); בּאַגלייטונג נ
escort v — בּאַגלייטן, בּאַלייטן
esculent adj — עסבּאַר
esophagus n — וֵושט ז(ן)
espalier n — בּיימער־גראַטע נ(ס)
especial adj — ספּעציעל; בּאַזונדער
especially adv — ספּעציעל; בּאַזונדערש
Esperanto n — עספּעראַנטאָ ס (שפּראַך)
espionage n — שפּיאָנאַזש ז
espouse v — חתונה האָבּן; אָננעמען (אַן אידעע, רעליגיע, א״ע)
Esquire (Esq.) n — הער ז (געשריבּן נאָכן משפּחה־נאָמען)
essay n — עסיי ז(ען)
essence n — מהות ז(ן); תּמצית ז/ס(ן); סענץ ז(ן) (פון טיי, א״ע)
essential adj — פונדאַמענטאַל; עיקרדיק; נייטיק; מהותיק; תּמציתדיק
essential n — אַבּסאָלוט־נייטיקער עלעמענט ז; מוז־זאַך נ(ן)
essentially adv — אין תּוך; הויפּטזעכלעך

establish v — אויפשטעלן, גרינדן; פעסטשטעלן
establishment n — גרינדונג נ; אינסטיטוציע נ(ס); פירמע נ(ס)
– the Establishment — פירערשאַפט נ; מאה־דעה נ
estate n — גוט ס (גיטער); פאַרמעגן ס(ס); שטאַנד ז(ן)
esteem v — אַכטן, שעצן; מיינען, האַלטן
esteem n — אַכטונג נ; אָנזען ז
esthetic adj — עסטעטיש
esthetics n (takes sing. v.) — עסטעטיק נ
estimate n — אָפּשאַץ ז(ן), שאַצונג נ(ען)
estimate v — שאַצן, אָפּשאַצן
estimation n — אָפּשאַצונג נ(ען)
estrange v — אָפּפרעמדן
etch v — אײַנגראַווירן (מיט דער הילף פון זויערס)
eternal adj — אייבּיק
eternity n — אייבּיקייט נ
eternize v — פאַראייבּיקן
ether n — עטער ז
ethereal adj — לײַכט; לופטיק; דעליקאַט; הימליש
ethical adj — עטיש
ethics n (takes sing. v.) — עטיק נ
ethnic, ethnical adj — עטניש
ethnography n — עטנאָגראַפיע נ
ethnology n — עטנאָלאָגיע נ
etiquette n — עטיקעט ז
etymological adj — עטימאָלאָגיש
etymologist n — עטימאָלאָג ז(ן)
etymology n — עטימאָלאָגיע נ(ס)
etymon n — עטימאָן ז(ען)

eucalyptus n — אייקאַליפּטוס ז(ן)
eulogize v — לויבן; מספּיד זײַן
eulogy n — הויכע לויב נ(ן); הספּד ז(ים)
eunuch n — סריס ז(ים)
euphemism n — אייפעמיזם ז(ען), לשון־נקיה ס
euphemistic adj — אייפעמיסטיש
euphony n — האַרמאָנישער קלאַנג ז
euphoria n — אייפאָריע נ (אַ געפיל פון ווילזײַן)
euphuism n — מליצה נ(מליצות)
evacuate v — עוואַקואירן
evacuation n — עוואַקואירונג נ(ען)
evade v — אויסמײַדן
evaluate v — אָפּשאַצן
evaluation n — אָפּשאַצונג נ(ען)
evanesce v — פאַרשווינדן ווערן שטופנווײַז
evangelism n — עוואַנגעליזם ז
evaporate v — אויסוועפן זיך
evasion n — אויסמײַדונג נ(ען)
evasive adv — אויסמײַדנדיק
eve n — ערבֿ ז
even adj, adv — גלײַך; גלאַט; גראָד; אפילו
even v — אויסגלײַכן
even-handed adj — אומצדדימדיק
evening n — אָוונט ז(ן)
event n — געשעעניש ס(ן)
eventual adj — סוף־כּל־סופיק; מעגלעך
eventuality n — מעגלעכע פּאַסירונג נ(ען)
eventually adv — סוף־כּל־סוף; ענדלעך
ever adv — שטענדיק; אַ מאָל; יעדנפאַלס
everglade n — זומפּ־שטח ז(ים)
evergreen adj — אימער־גרין
evergreen n — אימער־גרינער בוים אָדער קשאַק ז
everlasting adj — אייביק
every adj — יעדער, איטלעכער; אַלע
everybody pron — יעדער פּערזאָן; יעדער איינער
everyday adj — טאָג־טעגלעך; וואָכעדיק; געוויינטלעך
everyone pron — יעדער איינער
everyplace adv — אומעטום
everything pron — אַלץ, אַלצדינג
everywhere adv — אומעטום
evict v — אַרויסוואַרפן (אַ לאָקאַטאָר); פאַרטרײַבן
evidence n — עדות־זאָגונג נ; באַווײַזן ר, ראיות ר
evident adj — דײַטלעך; קלאָר
evil adj — שלעכט; בייז
evil n — שלעכטס ס, רשעות ס; בייזס ס
evil eye — עין־הרע ז(ס), בייז־אויג ס
evil-eyed adj — בייז־אויגיק
evil talk — לשון־הרע ס
evince v — אַרויסווײַזן, באַווײַזן
evoke v — אַרויסרופן, אַרויסברענגען
evolution n — עוואָלוציע נ(ס)
evolve v — אַנטוויקלען שטופנווײַז
exacerbate v — פאַרערגערן; דערצערענען
exact adj — גענוי, פּינקטלעך
exact v — אַרויסקריגן; פאָדערן
exactly adv — פונקט, עקזאַקט, [illegible]
exaggerate v — מגזם זײַן, איבערטרײַבן
exaggeration n — גוזמא נ(ות)

exalt v דערהייבן; לויבן; גלאָריפיצירן
examination n אויספאָרשונג נ(ען); אונטערזוכונג נ(ען); עקזאַמען ז(ס)
examine v דורכקוקן, אונטערזוכן; עקזאַמינירן
example n משל ז(ים), בײַשפּיל ז(ן); מאָדעל ז(ן)
– for example למשל, צום בײַשפּיל
exasperate v צערייצן, דערצערענען
ex cathedra עקס קאַטעדרע, מיט אויטאָריטעט
excavate v אויסגראָבן
excavation n אויסגראָבונג נ(ען)
exceed v זײַן גרעסער; איבערשטײַגן
exceeding adj איבערשטײַגנדיק; זייער גרויס
excel v אויסצייכענען זיך
excellence n אויסגעצייכנטקייט נ
excellent adj אויסגעצייכנט
except prep אויסער, אַחוץ
except v אַרויסנעמען; אויסשליסן
exception n אויסנאַם ז(ען)
exceptional adj אויסנאַמיק
excerpt n אויסצוג ז(ן); ציטאַט ז(ן)
excess n אוממאָסיקייט נ; אומאײַנגעהאַלטנקייט נ; איבערמאָס נ(ן), עודף ז(ים)
excess adj עקסטרע; עודפדיק
excessive adj צו פיל; איבערמאָסיק
exchange v אויסטוישן, אויסבײַטן
exchange n אויסטויש ז(ן), אויסבײַט ז(ן); בערזע נ(ס); (טעלעפאָן) צענטראַלע נ(ס)
exchangeable adj אויסבײַטעוודיק

exchequer n אוצר ז(ות) (פון אַ מדינה)
excitable adj היציק
excite v צעהיצן; אויפרעגן; אויפברויזן; אַנטוועקן; סטימולירן
excitement n געמיט־אויפברויז ז(ן); אויפרעגונג נ(ען)
exciting adj אויפברויזיק; שפּאַנענדיק
exclaim v אויסרופן
exclamation n אויסרוף ז(ן)
exclamation mark אויסרופצייכן ז(ס)
exclude v אויסשליסן
exclusion n אויסשליסונג נ(ען)
exclusive adj עקסקלוזיוו (אויסשליסיק; איינציק, ניט־צעטיילט; איבערקלײַבעריש)
excommunicate v אַרײַנלייגן אין חרם
excommunication n חרם ז(ס/ים)
excoriate v אָפּשינדן; פאַרדאַמען
excrement n צואה נ, דרעק ס
excrescence n אָנוווקס ז(ן)
excruciating adj זייער ווייטיקדיק; שמערצלעך
excursion n שפּאַציר ז(ן)
excuse v מוחל זײַן, אַנטשולדיקן
excuse n תּירוץ ז(ים), אויסרייד ז(ן); אַנטשולדיקונג נ(ען)
execute v דורכפירן; הינריכטן, אויספירן אַ טויט־אורטייל
execution n דורכפירונג נ(ען); הינריכטונג נ(ען), עקזעקוציע נ(ס)
executioner n הענקער ז(ס)

executive n עקזעקוטיוו ז (ן); עקזעקוטיווע נ (ס)
executor n עקזעקוטאָר ז (ן)
exegesis n פרשנות ס (פון תּנך); אויסטײַטשונג נ (ען); טײַטש ז/נ (ן)
exemplar n מאָדעל ז (ן); דוגמא נ (ות)
exemplary adj מוסטערדיק
exemplify v זײַן אַ מוסטער
exempt v באַפרײַען (פון אַ פליכט, א״ע)
exemption n באַפרײַאונג נ (ען)
exercise n איבונג נ (ען)
exercise v איבן; טרענירן; דורכפירן
exert v אָנווענדן
– **exert oneself** אָנשטרענגען זיך
exertion n אָנשטרענגונג נ (ען); באַמיאונג נ (ען); אָנווענדונג נ
exhale v אויסאָטעמען; אויסוועפן זיך
exhaust v אויסשעפן; אויסמאַטערן
exhaust n אַרויסשטויס ז (ן)
exhausted adj זייער מיד, פאַרמאַטערט
exhausting adj אויסמאַטערנדיק
exhaustion n אויסגעמאַטערקייט נ; אויסשעפונג נ
exhaustive adj אויסשעפיק; כּוללדיק
exhibit v אויסשטעלן; ווײַזן
exhibit n אויסשטעלונג נ (ען); עקספּאָנאַט ז (ן)
exhibition n אויסשטעלונג נ (ען); פאָרשטעלונג נ (ען)
exhilarate v אויפהײַטערן, פריילעך מאַכן
exhort v דוחק זײַן, צורעדן שטאַרק

exigency n נויטפאַל ז (ן)
exile v אַרויסשיקן אין גלות
exile n גלות ס (ן); פאַרשיקונג נ (ען); פאַרשיקטער ז
exist v עקזיסטירן, זײַן
existence n עקזיסטענץ נ, קיום ז
exit n אַרויסגאַנג ז (ען)
exit v אַרויסגיין
exodus n אויסוואַנדערונג נ (ען)
Exodus n ספר שמות ז
ex officio עקס אָפיציאָ (אויפן סמך פונעם אַמט)
exonerate v ריינוואַשן (פון שולד); באַפרײַען (פון פליכט)
exorbitant adj איבערמאָסיק; באַרײַסעריש
exorcise v משביע זײַן, אַרויסטרײַבן (אַ רוח, שד, א״ע)
exotic adj עקזאָטיש, פרעמד
expand v אויסשפרייטן; אויסברייטערן
expanse n אויסשפרייט ז (ן)
expansion n אויסברייטערונג נ (ען)
expansionism n עקספאַנסיאָניזם ז
expatiate v רעדן (אָדער שרײַבן) באריכות
expatriate v מגרש זיין; פאַרלאָזן דאָס פאָטערלאַנד
expect v דערוואַרטן; ריכטן זיך
expectation n דערוואַרטונג נ (ען)
expediency n נוצלעכקייט נ; לוינבאַרקייט נ
expedite v צואײַלן
expedition n עקספעדיציע נ (ס)
expel v אַרויסטרײַבן

expenditure n הוצאה נ (הוצאות); פאַרניץ ז

expense n הוצאה נ (הוצאות), קאָסטן ר

expensive adj קאָסטבאַר, טײַער

experience n איבערלעבונג נ (ען); דערפאַרונג נ (ען)

experience v איבערלעבן, דורכמאַכן

experienced adj דערפאַרן

experiment n עקספערימענט ז (ן), אויספרוּוו ז (ן)

experiment v עקספערימענטירן, אויספרוּוון

expert n עקספערט ז (ן), מומחה ז (מומחים)

expertise n עקספערטיז ז, פאַכמאַנשאַפט נ

expiate v תּשובה טאָן

expiation n תּשובה נ

expire v אויסגיין, ענדיקן זיך; שטאַרבן

explain v דערקלערן; אויסטײַטשן

explanation n דערקלערונג נ (ען); אויסטײַטשונג נ (ען)

expletive n עקספלעטיוו ז (ן), אויספילונגס־וואָרט ס (־ווערטער)

explicit adj דײַטלעך, קלאָר

explode v אויפרײַסן

exploit n העלדנטאַט ז (ן), גבורה נ (גבורות)

exploit v אויסניצן; עקספלואַטירן

exploitation n אויסנוץ ז; עקספלואַטאַציע נ

exploration n אויספאָרשונג נ (ען)

explore v אויספאָרשן

explorer n אויספאָרשער ז (ס)

explosion n אויפרײַס ז (ן)

explosive adj אויפרײַסיק

explosive n אויפרײַס־מאַטעריאַל ז (ן)

exponent n עקספאָנענט ז (ן) (פאַרטײַטשער ז; פאָרשטייער ז; טיפּ ז; [אַלגעברע] פּאָטענץ־ווײַזער ז)

export v עקספאָרטירן

export n עקספאָרט ז; עקספאָרט־אַרטיקל ז (ען)

exporter n עקספאָרטער ז (ס)

expose v אויסשטעלן (אין געפאַר); אויפדעקן; אַנטפלעקן

exposition n אויסשטעלונג נ (ען); אויסטײַטשונג נ (ען)

exposure n אויסשטעלן ס; אויסגעשטעלטקייט נ; אויפדעקונג נ

expound v קלאָר מאַכן; אויסטײַטשן, מבאר זײַן

express v אויסדריקן, אַרויסרעדן

express n עקספרעס ז (ן)

exprcss adj, adv קלאָר; בפירוש

expression n אויסדריק ז (ן); מינע נ (ס)

expressionism n עקספרעסיאָניזם ז

expressive adj אויסדריקלעך

expressly adv בפירוש; ספעציעל

expressway n אויטאָסטראַד ז (ן)

expulsion n פאַרטרײַבונג נ

expunge v אויסמעקן

expurgate v — אַרויסנעמען גראָבע ווערטער פון (אַ בוך, בריוו, א״ע); רייניקן

exquisite adj — זייער שיין; שאַרף; צאַצקעדיק

extemporize v — עקסטעמפּאָרירן

extend v — אויסשטרעקן; פאַרלענגערן; פאַרברייטערן

extension n — פאַרלענגערונג נ (ען); געשפּרייט ס

extensive adj — ברייט; אַרומנעמענדיק

extent n — גרייס נ; מאָס נ

extenuate v — פאַרקלענערן (די שולד, א״ע); לינדערן

exterior adj — דרויסנדיק

exterior n — דרויסן ז (ס)

exterminate v — אויסראָטן

extermination n — אויסראָטונג נ

external adj — אויסנדיק, אויסערלעך

extinct adj — אויסגעשטאָרבן; אויסגעלאָשן

extinguish v — אויסלעשן; פאַרניכטן

extirpate v — אויסוואָרצלען; אויסראָטן

extol, extoll v — שטאַרק לויבן

extort v — שאַנטאַזשירן, אַרויספּרעסן

extortion n — שאַנטאַזש ז

extra adj — עקסטרע

extract v — אַרויסציִען

extract n — עקסטראַקט ז (ן) (אויסצוג ז; קאָנצענטראַט ז)

extraction n — אויסרײַסונג נ (ען); אָפּשטאַם ז (ען)

extradite v — אויסליפערן

extraneous adj — אויסערלעך; זײַטיק; פרעמד

extraordinary adj — אויסערגעוויינלעך

extravagance n — פאַרשווענדערישקייט נ; פזרנות ס

extravagant adj — פאַרשווענדעריש, אויסברענגעריש

extreme adj — עקסטרעם

extreme n — עקסטרעם נ (ען)

extremity n — עקסטרעמקייט נ; ערגסטער מצב ז

– the extremities pl — ענדגלידער ר (הענט אָדער פיס)

extricate v — אויספּלאָנטערן; באַפרײַען

extrovert n — עקסטראָווערט ז (ן)

exuberant adj — זייער שפּעדיק; איבערפליסיק

exude v — אויסשוויצן; אַרויסטריפן; אַרויסגעבן, אַרויסלאָזן

exult v — זײַן פריילעך; שפּרינגען פון פרייד; שטאָלצירן

eye n — אויג ס (ן)

eye v — אָנקוקן

eyebrow n — ברעם נ (ען)

eye-catching adj — צוציִענדיק, (שמועסדיק) אַטראַקטיוו; אָנזעעוודיק

eyeglasses n pl — ברילן ר

eyelash n — וויִע נ (ס)

eyelid n — אויגן־דעקל ס (עך)

eyesight n — ראִיה נ

eyrie, eyry n — נעסט נ (פון אַן אָדלער, א״ע)

F f

f, F n — עף ז(ען) (בוכשטאַב)

fable n — פאַבל נ(ען) (אַ משל, לעגענדע אָדער מעשׂהלע וואָס זייערע כאַראַקטערן זײַנען רעדנדיקע חיות אָדער דוממים.)

fabled adj — דערציילט אין פאַבלען אָדער לעגענדעס; פיקטיוו

fabric n — שטאָף ז(ן)

fabricate v — אויסאַרבעטן; אויסטראַכטן; פעלשן

fabrication n — אויסאַרבעטונג נ; שקר ז(ים)

fabulous adj — דערשטוינענדיק; פאַנטאַסטיש

face n — פנים ס (ער)

face v — קוקן אין פנים; באַגעגענען; קעגנשטעלן זיך

facet n — שליף ז(ן) (פון איידלשטיינער); אַספּעקט ז(ן)

facetious adj — וויציק, שפּאַסיק

facile adj — לײַכט

facilitate v — פאַרלײַכטערן

facility n — לײַכטקייט נ; אויסהעלף ז(ן)

– facilities pl — באַקוועמלעכקייטן ר

facsimile n — פאַקסימילע נ(ס), גענויע קאָפּיע נ(ס)

fact n — פאַקט ז(ן)

faction n — פראַקציע נ(ס); עגאָאיסטישע גרופּע נ(ס); אינערלעכע מחלוקה נ(מחלוקות)

factor n — פאַקטאָר ז(ן) (גורם ז; כּפלער ז; אַגענט ז)

factorize v — (מאַטעמאַטיק) באַשטימען די כּפלערס פון

factory n — פאַבריק נ(ן)

faculty n — פעאיקייט נ(ן); פאַקולטעט ז(ן)

fad n — פאַרבײַגייענדיקע מאָדע נ(ס); האָבי ז (ס) (אַקטיוויטעט פון אַ חובב)

fade v — אָפּגעבליאַקעוועט ווערן; וועלקן; נעלם ווערן; אַוועקשטאַרבן; אָפּבליאַקעווען

fag v — האָרעווען; אויסמאַטערן

fag n — האָרעוואַניע נ(ס); האָרעפּאַשניק ז(עס)

fail v — דורכפאַלן; פאַרפעלן

failure n — דורכפאַל ז(ן)

faint adj — אומקלאָר; שוואַך

faint v — חלשן

faint n — חלשות ס

faint-hearted adj — פּחדנותדיק, שרעקעוודיק

fair adj — יושרדיק, גערעכטיק; נישקשהדיק; גינציק; העל; שיין; זוניק

fair n — יריד ז(ים)

fair play — קאָרעקטע שפּיל נ(ן); אָנשטענדיקער פאַרמעסט ז; פײַנע האַנדלונג נ(ען)

fair-weather adj גוט פאַר אַ שיינעם ווועטער; פעלנדיק אין נויטצײַט
fairy n פעע נ(ס)
fairy tale באָבע־מעשׂה נ(־מעשׂיות)
faith n אמונה נ(אמונות), גלויבן ז(ס); נאמנות ס; צוטרוי ז
faithful adj געטרײַ
faithfulness n געטרײַשאַפט נ
fake adj פאַלש; נאָכגעמאַכט
fake v מאַכן אַן אָנשטעל; פעלשן
fake n אָנשטעל ז(ן); שווינדל ז(ען)
fakir n פאַקיר ז(ן)
falcon n פאַלקאָן ז(ען)
fall v פאַלן; חל זײַן; אויספאַלן
fall n פאַל ז(ן); פאַלן ס; האַרבסט ז(ן)
fallacious adj טעותדיק; פאַלש
fallacy n פאַלשע אידעע נ(ס); טעותדיקע סברה נ(סברות)
fallible adj עלול צו האָבן אַ טעות
fallout n אָפּשטויב ז (פון אַן אַטאָמישן אויפרײַס)
fallow adj איבערגעאַקערט און אומפאַרזײַעט במשך אַ סעזאָן
false adj פאַלש
falsehood n פאַלשקייט נ; שקר ז(ים)
falsify v פעלשן
falsity n פאַלשקייט נ
falter v וואַקלען זיך
fame n באַרימטקייט נ
famed adj באַרימט
familiar adj באַקאַנט; היימיש; באַפרײַנדט
familiarity n באַקאַנטשאַפט נ; היימישקייט נ; אומפאָרמאַליטעט נ(ן)

family n פאַמיליע נ(ס), משפחה נ(משפחות)
family name פאַמיליע־נאָמען ז(־נעמען)
family tree גענעאַלאָגישער בוים ז
famine n הונגער ז
famish v אויסהונגערן
famous adj באַרימט
fan n פאָכער ז(ס); (שמועסדיק) חובב ז(ים)
fan v פאָכן
fanatic n פאַנאַטיקער ז(ס)
fanatical adj פאַנאַטיש
fanaticism n פאַנאַטיזם ז
fanciful adj משונהדיק; פאַנטאַזיעדיק; אומרעאַל
fancy adj געצאַצקעט
fancy n פאַנטאַזיע נ(ס); קאַפּריז ז(ן); ליבשאַפט נ(צו); פרעפערענץ נ(ן)
fancy v פאָרשטעלן זיך; ליב האָבן
fanfare n פאַנפאַר ז(ן)
fang n שפּיציקער צאָן ז (פון אַ שלאַנג, הונט, וואָלף, א״ע)
fantail n פאָכערוויידל ז(ען) (פון אַ טויב, א״ע)
fantastic adj פאַנטאַסטיש
fantasy n פאַנטאַזיע נ(ס)
far adj, adv ווײַט; ווײַטער; אַ סך; העט
faraway adj ווײַט; פאַרחלומט
farce n פאַרס ז(ן)
fare v גיין, אײַנאָרדענען זיך; אויסלאָזן זיך; געשען

fare n פּאָרגעלט ס; שפּײַז נ(ן)
farewell interj זײַ (זײַט) געזונט, שלום!
farewell n געזעגענונג נ(ען)
far-fetched adj שוואַך־פֿאַרבונדן; אומלאָגיש
far-flung adj פֿאַרשפּרייט
farm n פֿאַרם נ(ען)
farm v באַאַרבעטן (לאַנד)
farmer n פֿאַרמער ז(ס)
far-reaching adj ווײַטגרייכיק
far-sighted adj ווײַטזעאיק
farther adj, adv ווײַטערדיק; ווײַטער
farthing n (פֿאַרצײַטנס) קלענסטע בריטישע מטבע נ; (פֿיגוראַטיוו) גראָשן ז(ס); פּרוטה נ(פּרוטות)
fascinate v באַצויבערן
fascism n פֿאַשיזם ז
fascist adj פֿאַשיסטיש
fascist n פֿאַשיסט ז(ן)
fashion n מאָדע נ(ס); אופֿן ז(ים), שטייגער ז(ס)
fashion v פֿורעמען, פֿאָרמירן, געשטאַלטן
fashionable adj מאָדיש
fast adj, adv גיך, שנעל; געשווינד
fast v פֿאַסטן
fast n תּענית ז(ים)
fasten v צופֿעסטיקן; צוטשעפּען
fastidious adj איבערקלײַבעריש
fastidiousness n איבערקלײַבערישקייט נ
fastness n פֿעסטונג נ/ס(ען); גיכקייט נ
fat adj פֿעט; שמאַלציק; פֿרוכטבאַר; רײַך; נאַריש
fat n פֿעטס ס; שמאַלץ ס
fatal adj פֿאַטאַל
fatalism n פֿאַטאַליזם ז
fatalist n פֿאַטאַליסט ז(ן)
fatality n טויטפֿאַל ז(ן); באַשטימונג נ(פֿון גורל)
fate n גורל ז/ס(ות), שיקזאַל ז/ס(ן)
fated adj באַשטימט פֿון גורל; באַשערט
fateful adj גורלדיק
fathead n (סלענג) פֿאַרשטאָפּטער קאָפּ
father n פֿאָטער ז(ס), טאַטע ז(ס)
father v מוליד זײַן; פֿאַרנעמען זיך מיט עמעצן ווי אַ פֿאָטער
fatherhood n פֿאָטערלעכקייט נ
father-in-law n שווער ז(ן)
fatherland n פֿאָטערלאַנד ס (פֿאָטערלענדער)
fatherly adj פֿאָטערלעך
fathom n קלאַפֿטער ז(לענגמאָס)
fathom v מעסטן די טיף; דערגרונטעווען; פֿאַרשטיין אינגאַנצן
fatigue n מידקייט נ
fatigue v מיד מאַכן, פֿאַרמאַטערן
fatling n געשטאָפּטע בהמה נ
fatten v שטאָפּן, אויספּאַשען; פֿעט מאַכן; באַמיסטיקן (ערד)
faucet n קראַן ז(ען), קראַנט ז(ן)
fault n פֿעלער ז(ס), חסרון ז(ים); שולד נ(ן)
fault v באַשולדיקן
faulty adj פֿעלערדיק

fauna n פאַונע נ, בעלי־חיים־קעניגרײַך ס

favor, favour n טובה נ (טובות); צושטימונג נ (ען); גנאָד נ (ן), געפעליקייט נ (ן)

favor v זײַן גוטגינציק צו; צושטימען; זײַן ענלעך צו

favorable adj גוטגינציק; גינסטיק, גינציק

favored adj באַהאַנדלט מיט גנאָד; טאַלאַנטירט

favorite adj באַליבט

favorite n ליבלינג ז (ען)

favoritism n פאַוואָריטיזם ז (איבערהאַנט־געבונג נ; גינציקייט נ)

fawn adj געלבלעך־ברוין

fawn n הירשעלע ס (ך)

fawn v ווײַזן ליבשאַפט; אונטערלעקן זיך

faze v (שמועסדיק) שטערן; אַרויסלאָזן

fear n שרעק ז (ן), מורא נ (ס); זאָרג נ (ן)

fear v שרעקן זיך, מורא האָבן; זײַן באַזאָרגט

fearful adj שרעקעדיק; (שמועסדיק) זייער שלעכט

feasible adj דורכפירלעך

feast n פײַערלעכע סעודה נ

feast v האָבן אַ סעודה; משמח זײַן

feat n העלדנטאַט ז (ן)

feather n פעדער נ (ן)

feather v באַדעקן מיט פעדערן; באַפּוצן

featherbrained adj לײַכטזיניק; נאַריש

feature v אויסשטעלן; אונטערשטרײַכן

feature n פנים־טייל ז (ן); שטריך ז (ן)

features pl פנים ס; כאַראַקטער־אייגנשאַפֿט נ

February n פעברואַר ז (ן)

federal adj פעדעראַל

federalism n פעדעראַליזם ז

federalist n פעדעראַליסט ז (ן)

federation n פעדעראַציע נ (ס)

fee n אָפּצאָל ז (ן)

feeble adj שוואַך

feed v שפּײַזן, דערנערן; עסן

feel v טאַפּן; פילן

feel n געטאַפּ ס (ן); אָנריר ז (ן); חוש־המישוש ז

feeling n געפיל ס (ן); עמאָציע נ (ס)

feign v מאַכן אַן אָנשטעל, פּרעטענדירן

feigned adj אויסגעטראַכט; אומרעאַל

felicitate v ווינטשן (מזל־טוב); גראַטולירן

felicity n גליק ס (ן); גליקזעליקייט נ

feline adj וואָס געהערט צו קעץ; קעציש; כיטרע; גנביש

feline n אַ בעל־חיים פון דער משפחה קעץ

fell adj גרויזאַם; געפערלעך

fell v אומוואַרפן; אַראָפּהאַקן

fell n פעל נ (ן)

fella n (סלענג) חברה־מאַן ז (־לײַט)

fellah n פעלאַך ז (ן) (אַ פויער אין אַראַבישע לענדער)

fellow n יונג ז (ען); חבר ז (ים)
fellowship n חברשאַפט נ (ן)
felon n קרימינעלער פאַרברעכער ז
felonious adj קרימינעל; בײַזוויליק
felony n קרימינעלער פאַרברעכן ז
felt adj פילצן
felt n פילץ ס
female adj ווײַבלעך
female n נקבה נ (נקבות)
feminine adj ווײַבלעך; פרויאיש; מיידלש; צאַרט
feminine gender לשון־נקבה ס
feminism n פעמיניזם ז
fence n פלויט ז (ן); צוים ז (ען) פאַרצאַמונג נ; שווערדן־פעכט ז
fence v פאַרצאַמען, אַרומצוימען; פעכטן (מיט אַ שווערד)
fencing n פעכטערײַ ס
fend v אָפּשטויסן; באַשיצן; (שמועסדיק) אײַנאָרדענען זיך
ferment v פערמענטירן, יוירן, יערן
ferment n פערמענט ז (ן)
fermentation n יוירונג נ
fern n פעדערגראָז ס (ן)
ferocious adj גרויזאַם
ferret n געלבלעך־ווײַס וויזעלע ס (ך)
ferret v יאָגן מיט וויזעלעך; אויסשפּירן
ferry n טײַך־דורכגאַנג ז (ען); איבערפיר־שיפל ס (עך)
ferry v אַריבערשיפן
fertile adj פרוכטבאַר, פרוכפערדיק
fertility n פרוכטבאַרקייט נ
fertilize v (ערד) באַמיסטיקן; (ביאָלאָגיע) באַפרוכפערן
fertilizer n באַמיסטעכץ ס (ן)
fervent adj זייער הייס; התלהבותדיק
fervor, fervour n הייסקייט נ; ברען ז; התלהבות ס
fester v אייטערן; פאַרפוילן; זײַן אויפגעבראַכט
fester n אייטערדיקע וווּנד נ (ן)
festival n יום־טוב ז (ים); פעסטיוואַל ז (ן)
festive adj יום־טובדיק; פײַערלעך
festivity n פײַערונג נ (ען); שימחה נ (שימחות)
fetch v ברענגען; פאַרקויפט ווערן; (שמועסדיק) צוציִען, אַנטציקן; געבן אַ קלאַפּ
fetching adj (שמועסדיק) אַטראַקטיוו
fetid adj שטינקענדיק
fetish n פעטיש ז (ן)
fetishism n פעטישיזם ז
fetor n געשטאַנק ס (ען)
fetter n פיס־קייט נ (ן)
fetter צוקייטלען די פיס פון; שליסן אין קייטן; בינדן; צוריקהאַלטן
fettle n מצב ז; באַפוץ ז (ן)
fetus n עובר ז (ים) (אין די שפעטערע סטאַדיעס פון זײַן אַנטוויקלונג)
feud n בלוט־סכסוך ז (צווישן משפחות, שבטים, א"ע)
feud v עוסק זײַן אין אַ בלוט־סכסוך
feudal adj פעאָדאַל
feudalism n פעאָדאַליזם ז
fever n פיבער ז (ס), היץ נ

feverish adj פיבֿעריש, היציק

few adj ווייניק; עטלעכע

fiancé n חתן ז (ים)

fiancée n כּלה נ (כּלות)

fiasco n דורכפאַל ז (ן)

fiat n אַרבֿיטראַרישער באַפעל ז, גזרה נ (גזרות)

fib n קינדערישער שקר ז

fib v זאָגן קינדערישע ליגנס

fibber n קינדערישער ליגנער ז

fiber, fibre n פיבֿרע נ (ס), געוועבֿ־פאָדעם ז (פון פלאַנץ, בעל־חי, אָדער סינטעטישן שטאָף); געוועבֿ ס (ן); כאַראַקטער ז (ן)

fickle adj בײַטעוודיק; קאַפּריזיק

fiction n פיקציע נ (ס); בעלעטריסטיק נ

fictional adj בעלעטריסטיש; דמיונדיק

fictious adj אומרעאַל; פאַלש

fiddle n (שמועסדיק) פידל ז (ען); (סלענג) גענאַרערײַ

fiddle v (שמועסדיק) פידלען; שפּילן זיך, פאַרנעמען זיך מיט שטותים; (סלענג) אָפּנאַרן

fiddle-faddle n (שמועסדיק) גאָרנישט זאָגנדיקע רעדע נ; טריוויאַלער טאַט ז

fiddle-faddle v (שמועסדיק) עוסק זײַן אין נאַרישקייטן

fiddle-faddle interj נאַרישקייט! בלאָטע!

fiddler n פידלער ז (ס)

fidelity n געטרײַשאַפט נ

fidget v ניט קענען אײַנזיצן; זײַן אומרואיק

fidgety adj אומרואיק

fie interj פוי!

fief n פעאָדאַלישע נחלה נ (נחלות)

field n פעלד ס (ער); געביט ס (ן)

field marshal פעלדמאַרשאַל ז (ן)

field mouse פעלדמויז נ (פעלדמײַז)

fieldstone n פעלדשטיין ז (ער)

fiend n טײַוול ז (טײַוואָלים); (שמועסדיק) אַדיקט ז (ן)

fierce adj ווילד; שטורמיש

fiery adj פײַערדיק

fiesta n יום־טוב ז (ים); פײַערונג נ (ען)

fifteen adj פופצן

fifteenth adj פופצעט

fifth adj פינפט

fifth n פינפטל ס (עך)

fifth column פינפטע קאָלאָנע נ (ס)

fifty adj פופציק

fig n פײַג נ (ן)

fight n קאַמף ז (ן); געשלעג ס (ן)

fight v קעמפן; שלאָגן זיך

fighter n קעמפער ז (ס); פּראָפעסיאָנעלער באָקסער ז

figurative adj פיגוראַטיוו

figure n ציפער ז (ן); געשטאַלט ס (ן); כאַראַקטער ז (ס)

figure v רעכענען; פיגורירן; אָנזעען זיך; (שמועסדיק) לייגן זיך אויפן שׂכל

filch v צולקחנען

file n פײַל נ (ן), טעקע נ (ס); קאַרטאָטעק נ (ן); שערענגע נ (ס), ריי נ (ען); (מכשיר) פײַל נ (ן), רײַבפײַל נ (ן)

file v אַרײַנלייגן דאָקומענטן אין פּײַלן, אײַנסדרן אין טעקעס; מאַרשירן אין שערענגעס; פּײַלן, אויסגלעטן אָדער פּאַררײַבן מיט אַ פּײַל.
filial adj פּאַסיק פּאַר אַ זון אָדער טאָכטער
filibuster n פיליבוסטער ז (ס); פיליבוסטערער ז (ס)
filibuster v פיליבוסטערן
filigree n פיליגראַן ז (ען)
fill v אָנפּילן; אויספּילן
fill n גענוגקייט נ; פולע באַשפּײַזונג נ; אָנפּילונג נ; אָנשיט ז (ן)
fillet n שמאָלע באַנד נ (בענדער); פּילע ז (ען)
fillet v פּאַרבינדן אָדער באַפּוצן מיט אַ באַנד
filling n געפּילעכץ ס (ן); פּילונג נ (ען); (צאָן) פּלאָמבע נ (ס)
fillip n שנעל ז (ן); סטימול ז (ן)
fillip v שנעלן; סטימולירן
filly n יונגע קליאַטשע נ (ס)
film n הײַטל ס (עך); פילם ז (ען)
filter n פילטער ז (ס)
filter v פילטרירן
filth n שמוץ ס
filthy adj שמוציק
fin n פלוספעדער נ (ן) (פון פיש)
finagle v (שמועסדיק) אַרײַנדרייען זיך; אָפּנאַרן
final adj לעצט; ענדגילטיק
finale n (מוזיק) פינאַל ז (ן); סוף ז (ן)
finality n ענדלעכקייט נ; לעצטגילטיקייט נ
finalize v פאַרענדיקן, מסיים זײַן
finally adv לסוף
finance n פינאַנצן ר
finance v פינאַנצירן
financial adj פינאַנציעל
financier n פינאַנציסט ז (ן)
find v געפינען; דערוויסן זיך; (געזעץ) דעצידירן און דערקלערן
find n געפינס ס (ן)
finding n דערגרייאונג נ; באַשלוס ז (ן)
fine adj פײַן (אויסגעצייכנט; זייער דין; שאַרף; צאַרט; עלעגאַנט; שיין; קלאָר; ריין)
fine adv (שמועסדיק) זייער גוט
fine n געלטשטראָף נ (ן), קנס ז (ים)
fine v באַשטראָפן מיט געלט, קנסענען
fine arts שיינע קונסטן ר (ליטעראַטור, מוזיק, טאַנץ, א״ע)
finesse n פײַנקייט נ; געניטשאַפט נ; טאַקט ז
finger n פינגער ז
finger v פינגערן (אָנרירן מיט פינגער; צולקחנען; [סלענג] טײַטלען אויף)
fingerprint n פינגערדרוק ז (ן)
fingerprint v נעמען די פינגערדרוקן פון
fingertip n שפּיץ פינגער ז
finicky adj איבערקלײַבעריש
finish v ענדיקן; אויסאַרבעטן
finish n סוף ז; אויסאַרבעטונג נ (ען)
finished adj געענדיקט; פאַרטיק

fir n יאָדלע נ (ס)

fire n פֿײַער ז/ס (ן); שׂרפֿה נ (שׂרפֿות)

fire v אָנצינדן; אויסשיסן; (שמועסדיק) אָפּזאָגן (פֿון אַרבעט)

firefighter n פֿײַער־לעשער ז (ס)

firefly n גליווערמל ס (עך)

fireplace n קאַמין ז (ען)

fireside n היימפֿײַער ז (ן); היים נ (ען)

firm adj פֿעסט

firm v מאַכן אָדער ווערן פֿעסט

firm n פֿירמע נ (ס)

firmament הימל־געוועלבונג נ (ען); הימל ז (ען)

first adj ערשט

first adv ערשטנס

first aid גיכע הילף נ

first-class adj ערשטקלאַסיק; אויסגעצייכנט

firstling n ערשטלינג ז (ען)

first name פֿערזענלעכער נאָמען ז

fiscal adj פֿינאַנציעל

fish n פֿיש ז

fish v פֿאַנגען פֿיש

fisherman n פֿישער ז (ס)

fish story (שמועסדיק) גוזמאדיקע מעשׂה נ (מעשׂיות)

fishy adj ענלעך צו אַ פֿיש; (שמועסדיק) מסופּקדיק; ניט גלאַטיק

fission n שפּאַלטונג נ (ען)

fissure n שפּאַלט ז (ן)

fissure v שפּאַלטן; געשפּאָלטן ווערן

fist n פֿויסט נ (ן)

fisticuffs n pl פֿויסטן־קאַמף ז (ן)

fit adj פּאַסיק; געזונט

fit v פּאַסן

fit n צופּאַסונג נ (ען); (קרענק) אַטאַקע נ (עס); (כּעס) אויסבּרוך ז (ן); קורצער צײַט־אָפּשניט ז (ן)

fitful adj איבּעררײַסיק; אומרעגולער

fitness n טויגיקייט נ; פּאַסיקייט נ

fitting adj פּאַסיק

five adj פֿינף

fix v פֿאַרפֿעסטיקן; פֿאַרריכטן

fix n (שמועסדיק) קלעם נ

fixture n אײַנריכטונג נ (ען)

fjord, fiord n פֿיאָרד ז (ן)

flabbergast v (שמועסדיק) מאַכן געפּלעפּט; דערשטוינען

flabby adj שלאַף; שלאַבּעריק; ווייכלעך

flaccid adj שלאַף; שוואַך

flag n פֿאָן נ (ען / פֿענער)

flag v דעקאָרירן מיט פֿענער; סיגנאַליזירן מיט אַ פֿאָן; שלאַף ווערן; מיד ווערן

flagellate v שמײַסן

flagrant adj רײַסיק; סקאַנדאַליעז

flair n חוש ז (ים); נאַטירלעכער טאַלאַנט ז

flake n שטיקל ס (עך); שנייעלע ס (עך)

flake v אָפּשיילן זיך אין שטיקלעך

flamboyant adj פֿלאַמענדיק; אויסגעפּוצט; אויסשטעלעריש; פּילפֿאַרבּיק

flame n פֿלאַם ז (ען)

flame v פלאַמען; פונאַנדערבּרענען זיך; צעפֿלאַמען זיך; רויטלען זיך
flame adj רויטלעך־אָראַנזש
flamenco n פלאַמענקאָ ז (ס) (שפּאַנישער טאַנץ)
flaming adj פלאַם־פײַערדיק
flammable adj בּרענעוודיק
flannel n פלאַנעל ז
flare n אָנצינדונג נ; שײַנסיגנאַל ז (ן)
flare v אויפפלאַמען; שײַנען
flaring adj פלאַמענדיק
flash n פינקל ז; בּליץ ז (ן)
flash v פינקלען; בּליצן
flashback n צוריקקוק ז (ן) (אין אַ דערציילונג, נאָוועלע, א״ע)
flashlight n לאַמטערל ס (עך)
flashy adj בּליציק
flask n פלאַקאָן ז (ען)
flat adj פלאַטשיק; פלאַך; אַבּסאָלוט
flat n דירה נ (דירות); פלאַכער חלק ז; פלאַך לאַנד ס; (שמועסדיק) פּאַנטשער ז
flatfish n משה־רבּנוס פיש ז
flatten v פלאַטשיק מאַכן
flatter v חנפענען
flatterer n חונף ז (ים)
flattery n חניפה נ (חניפות)
flavor, flavour n טעם ז (ען); אַראָמאַט ז (ן)
flavor v צוריכטן, בּאַווירצן
flaw n פּגם ז (ים)
flaw v בּאַשעדיקן; קאַליע ווערן
flawless adj פּערפעקט; אָן אַ פּגם
flax n פלאַקס ז
flaxen adj פלאַקסן
flay v שינדן די הויט; זידלען; בּאַרויבן
flea n פלוי ז (פליי)
flea market פליימאַרק ז (פליימערק)
fleck n פלעק ז (ן); שפּרענקל ס (עך)
fleck v בּאַפלעקן; בּאַשפּרענקלען
flecked adj בּאַשפּרענקלט (מיט פלעקן)
flection, flexion n בּייגונג נ (ען); פלעקסיע נ (ס)
fledgling, fledgeling n אפרוח ז (ים), עופעלע ס (עך); אָנפאַנגער ז (ס), אומדערפאַרענער ז
flee v אַנטלויפן
fleece n שאָף־וואָל נ
fleece v שערן, שנײַדן (וואָל); שינדן; בּאַראַבּעווען; בּאַשווינדלען
fleecy adj וואָל־האָריק; ווייך און ווײַס
fleer v שפּעטן; אָפּחוזקן
fleet n פלאָט ז (ן)
fleet adj שנעל, גיך
fleeting adj פאַרגייענדיק
flesh n פלייש ס (ן); קערפּער ז (ס); גשמיות ס
flesh and blood בּשׂר־ודם ז; מענטשלעכע נאַטור נ; לײַבּלעכער קרוב ז
flexibility n בּייגיקייט נ
flexible adj בּייגעוודיק
flick n לײַכטער קלאַפּ ז
flicker v צאַנקען; בּרענען מיט אַ וואַקלדיק פײַערל
flicker n צאַנק ז (ען); פונק ז (ען)

flier, flyer n פּילאָט ז (ן); (שמועסדיק) פֿליבלעטל ס (עך)

flight n פֿלי ז (ען); גאָרן ז (ס); אַנטלויפֿונג נ; אַנטלויף ז (ן)

flighty adj קאַפּריזיק; לײַכטזיניק

flimflam n (שמועסדיק) שטות ז; גענאַרערײַ ס

flimflam v באַשווינדלען

flimsy adj לײַכט און דין; נישטיק

flimsy n דין פּאַפּיר ס

flinch v צוריקציִען זיך (פֿון אַ שוועריקייט, א״ע)

flinch n צוריקצי ז (ען)

fling v שלײַדערן; וואַרפֿן

fling n וואָרף ז (ן); הוליאַנקע נ (ס); פֿלינג ז (ן) (סקאָטישער טאַנץ)

flint n פֿלינט ז (ן), פֿײַערשטיין ז (ער)

flinty adj פֿלינטיק; האַרט ווי אַ פֿלינט; זייער האַרט; אומדערטרעגלעך

flirt v פֿלירטעווען

float v שווימען; האַלטן זיך אויפֿן אויבערפֿלאַך פֿון וואַסער

flock n (בעלי־חיים) סטאַדע נ (ס), טשערעדע נ (ס); טשאַטע נ (ס); (מענטשן) המון ז (ען); עדה נ (עדות)

flock v גיין אָדער זאַמלען זיך אין סטאַדעס, א״ע; פֿליִען אין טשאַטעס; צונויפֿזאַמלען זיך

floe n שווימענדיק שטיק אײַז ס

flog v שמײַסן; האַקן

Flood n מבול ז, נחס וואַסער (אין תּנך)

flood n פֿאַרפֿלייצונג נ (ען); מבול ז (ען)

flood v פֿאַרפֿלייצן

floor n פּאָדלאָגע נ (ס), דיל ז (ן); שטאָק ז; (פּאַרלאַמענט) וואָרט ס

floor v באַדעקן מיט אַ פּאָדלאָגע; אַנידערוואַרפֿן; (שמועסדיק) צעטומלען

flop v פּאָכען, קלאַפּן מיט; פֿאַלן אומגעלומפּערט; (שמועסדיק) דורכפֿאַלן

flop n קלאַפּונג נ; (שמועסדיק) דורכפֿאַל ז (ן)

flophouse n ביליקער האָטעל ז

flora n פֿלאָרע נ (ס), געוויקסן־וועלט נ (ן)

floral adj בלומיק

florid adj רויטלעך; ראָזיק; פֿאַרפּוצט

florist n פֿלאָריסט ז (ן) (בלומען־גערטנער; בלומען־פֿאַרקויפֿער)

flounder v צאַפּלען; זײַן אומבאַהאָלפֿן אָדער צעטומלט און באַגיין פֿעלערס.

flounder n (פֿיש) פֿלאָנדערקע נ (ס)

flour n מעל נ

flour v שפּרענקלען מיט מעל; מאַכן מעל

flourish v בליִען, האָבן דערפֿאָלג; פּאָכען (אַ שווערד, שטעקן, א״ע)

flourish n פּאָכע נ (ס); דראַמאַטישער זשעסט ז; פּוץ ז; מליצה נ (מליצות)

flout v אָפּשפּעטן, חוזקן

flout n שפּאָט ז; באַליידיקונג נ (ען)

flow v שטראָמען, פֿליסן

flow n שטראָם ז (ען); גאָס ז (ן)

flower n בלום נ (ען)

flower v בליִען

flowergirl n בלומען־פאַרקויפערין נ (ס)

flowerpot n וואַזאָן ז (ען), בלומען־טאָפּ ז (־טעפּ)

flowery adj באַבלומט; בלומיק; מליצהדיק

flu n (שמועסדיק) אינפלוענציע נ

flub v פאַרפּושערן; פאַרפּאַרטאַטשעווען

flub n דורכפאַל ז (ן); טעות ז/ס (ן/ים)

fluctuate v וואַקלען זיך

fluctuation n וואַקלעניש ס (ן)

fluency n פליסיקייט נ; שנעלקייט נ (אין שפּראַך־באַנוץ)

fluent adj פליסיק; שנעל

fluff n פוך ז

fluffy adj פוכיק

fluid n פליסיקייט נ (ן)

fluid adj פליסיק, גיסיק

flunk v (שמועסדיק) דורכפאַלן (אין אַן עקזאַמען)

flunkey, flunky n משרת ז (ים); חונף ז (ים)

fluorescence n פלואָרעסצענץ נ

fluoridate v פלואָרידירן

fluoride n פלואָריד ז

flurry n ווייע ז (ען); לײַכטער שניי־פאַל ז; אויפרודער ז (ן)

flurry v אויפרודערן; צעטומלען

flush adj פאַררויטלט; שפּעדיק; גלײַך, גלאַט

flush v רויט ווערן; גליִען; צעהיצן; דורכשווענקען

flush n פאַררויטלונג נ; גלי ז; שווענקונג נ (ען);

fluster n אויפרעגונג נ (ען); צעמישעניש ס (ן)

fluster v אויפרעגן; צעטומלען

flute n פלייט נ (ן)

flute v שפּילן אויף אַ פלייט

flutter v פלאַטערן; פאָכען

flutter n פלאַטער ז, פאָך ז

flux n פליסונג נ; המשכדיקע ענדערונג נ (ען)

fly n פליג נ (ן)

fly v פליִען

fly-by-night adj, n אומבאַגלייבט; (שמועסדיק) אומפאַראַנטוואָרטלעכער פערזאָן ז

fly-in camp (קאַנאַדישער) יעגערס־לאַגער וואָס איז צוטריטלעך נאָר מיטן עראָפּלאַן

flying colors הצלחה נ (הצלחות); נצחון ז (ות)

flyleaf n ליידיקער בלאַט (אינעם אָנהייב אָדער ענד פון אַ בוך)

foal n לאָשיק ז (עס) (יונג פערד ס; יונגער אייזל ז)

foam n שוים ז (ען)

foam v שוימען

foamy adj שוימיק

fob n (אין הויזן) זייגערל־קעשענע נ; קייטעלע ס (ך) (פון אַ קעשענע־זייגערל); דריי ז (ען)

fob v אָפּטאָן אַ שפּיצל; אָפּנאַרן

focus n פאָקוס ז (ן)

focus v	פאָקוסירן; קאָנצענטרירן
fodder n	געפיטער ס, קאָרמע נ
foe n	פײַנד ז, שונא ז (ים)
foehn n	הייסער ווינט (אין די אַלפּן)
fog n	נעפּל ז (ען); אומקלאָרקייט נ
fog v	פאַרנעפּלען; מאַכן אומקלאָר
foggy adj	נעפּלדיק, פאַרנעפּלט
foghorn n	נעפּל־האָרן ז (־הערנער) (אַ האָרן וואָס וואָרנט שיפן אין נעפּלדיקן וועטער); הויך־גרילציקע שטים נ (ען)
foible n	שוואַכקייט נ (ן) (אין כאַראַקטער)
foil v	פאַרשטערן; פאַרמײַדן; באַדעקן מיט אַ דינער פּלאַטע
foil n	שטער ז (ן); דינער מעטאַל־טאָוול ז
fold v	פאַלדעווען; אײַנקנייטשן; (שמועסדיק) פאַרמאַכן (אַ געשעפט מיט פאַרלוסט)
fold n	פאַלד ז (ן); קנייטש ז (ן); אָפּגעצוימטער פּלאַץ ז (פאַר שעפּסן); עדה נ (עדות)
foliage n	געבלעטער ס
folio n	פאָליאָ ז (ס)
folk n	פאָלק ס
– folks pl	(שמועסדיק) אייגענע, קרובים ר
folk dance	פאָלקסטאַנץ ז (פאָלקסטענץ)
folklore n	פאָלקלאָר ז
folk music	פאָלקסמוזיק נ
folk song	פאָלקסליד ס (ער)
folkway n	פאָלק־מינהג ז (ים)
follow v	נאָכפאָלגן, נאָכגיין; אַרויסדרינגען

follower n	אָנהענגער ז (ס), נאָכפאָלגער ז (ס)
following adj	פאָלגנדיק
following n	אָנהענגערשאַפט נ
folly n	נאַרישקייט נ (ן), שטות ז (ים)
foment v	אויפרודערן; קורירן מיט וואַרעמקייט און פײַכטקייט
fond adj	ליב
fondle v	צערטלען, פּיעשטשען
food n	שפּײַז נ (ן)
food store	שפּײַזקראָם נ (ען)
fool n	נאַר ז (נאַראָנים), שוטה ז (שוטים)
fool v	נאַרן; אַרײַננאַרן; שפּאַסן
fool around	פּוסטעפּאַסעווען
foolhardy adj	נאַריש דרייסט; היציק
foolish adj	נאַריש
foot n	פוס ז (פיס); צופוסנס ז (פון אַ באַרג)
foot v	גיין; באַצאָלן דעם חשבון
football n	פוטבאָל ז (ן)
foothill n	צופוסנס־בערגל ס (עך)
foothold n	פוס־אָנהאַלט ז (ן)
footing n	אָנשפּאַר ז (ן); באַציאונג נ (ען)
footpath n	סטעשקע נ (ס)
footprint n	פוסדרוק ז (ן), שפּור נ (ן)
footstep n	טריט ז
footstool n	פוסבענקל ס (עך)
fop n	פאַצעט ז (ן)
foppish adj	פאַצעטיש; פּוסט
for prep, conj	פאַר; אויף; צו; נאָך; ווײַל, וואָרעם
forbid v	פאַרווערן

forbidden adj פאַרבאָטן
forbidding adj אָפּשרעקנדיק
force n כוח ז (ות), קראַפט נ (ן)
force v צווינגען
forced adj געצוווּנגען
forceful adj עפעקטיוו; שטאַרק
forcible adj זייער קרעפטיק; געצוווּנגען
forcibly adv מיט גוואַלד
ford n פאָרד ז (ן), טײַך־דורכגאַנג ז (ען)
ford v אַריבערגיין אַ טײַך
forecast v פאָראויסזאָגן
forecast n פאָראויסזאָג ז (ן)
forefather n אָב ז (ות)
forefinger n טײַטפינגער ז
forehead n שטערן ז (ס)
foreign adj פרעמד
foreigner n אויסלענדער ז; פרעמדער ז
forelock n טשופרינע נ (ס)
foreman n אויפזעער ז (ס) (אין אַ פאַבריק); פאָרזיצער ז (ס) (פון אַ זשורי)
foremost adj פאָדערשט, ערשט
forename n ערשטער נאָמען ז
forenoon n פאַרמיטאָג ז (ן)
forerunner n פאָראויסגייער ז (ס); העראַלד ז (ן); אָנזאָג ז (ן)
foresee v פאָראויסזען
foreskin n ערלה נ (ערלות)
forest n וואַלד ז (וועלדער)
forest v באַוואַלדן
foretell v פאָראויסזאָגן
forever adv אויף אייביק
foreword n פאָרוואָרט ס (פאָרווערטער), הקדמה נ (הקדמות)
forge n שמעלץ־אויוון ז (ס); שמידערײַ נ (ען), קוזניע נ (ס)
forge v שמידן; פעלשן
forgery n פעלשונג נ (ען)
forget v פאַרגעסן
forget-me-not n פאַרגעס־מיך־ניט ס (פעלד־בלימעלע)
forgive v מוחל זײַן, פאַרגעבן
fork n גאָפל ז (ען); שיידוועג ז (ן)
forlorn adj פאַרלאָזן; עלנט; אומגליקלעך; פאַרצווייפלט
form n פאָרעם נ (פאָרמען)
form v פאָרמירן, פורעמען
formal adj פאָרמאַל
formalism n פאָרמאַליזם ז
formality n פאָרמאַליטעט נ (ן)
format n פאָרמאַט ז (ן)
formation n פאָרמירונג נ (ען); פאָרמאַציע נ (ס)
formative adj פאָרמאַטיוו
former adj פריִערדיק; אַמאָליק
formerly adv פריִער; פאַר צײַטנס
formidable adj אימהדיק; זייער שטאַרק
formula n פאָרמולע נ (ס)
formulate v פאָרמולירן
forsake v פאַרלאָזן
forsaken adj פאַרלאָזט
fort n פאָרט ז (ן)
forte n שטאַרקער פונקט ז
forte adj, adv (מוזיק) הילכיק; פאָרטע
forthcoming adj אָנקומענדיק

forthright adj ערלעך; דירעקט
forthwith adv תּיכּף־ומיד, באַלד
fortification n באַפעסטיקונג נ (ען)
fortify v באַפעסטיקן
fortissimo adj, adv (מוזיק) זייער הילכיק; פאָרטיסימאָ
fortitude n מוט ז, דרייסטקייט נ; תּקיפות ס
fortnight n צוויי וואָכן ר
fortress n פעסטונג נ (ען)
fortuitous adj צופעליק
fortunate adj מזלדיק
fortunately adv צום גליק
fortune n פאַרמעגן ס (ס); עשירות ס; מזל ז/ס (ות); הצלחה נ (הצלחות)
forty adj פערציק
forum n פאָרום ז (ס)
forward adv, adj פאָראויס; פאָדערשט; געוואַגט; פראָגרעסיוו
forward v איבערשיקן; פראָטעזשירן
forwards adv פאָראויס
fossil n פאָסיל ז (ן)
foster v האָדעווען; שטיצן
foul adj שמוציק, ברודיק
foul v באַשמוצן; פאַרפּלאָנטערן זיך
found v מיסד זײַן; באַזירן; גיסן, שמעלצן
foundation n יסוד ז (ות), פונדאַמענט ז (ן); פונדאַציע נ (ס)
founder v זינקען; צוזאַמענברעכן זיך; געשטרויכלט ווערן
founder n מיסד ז (ים), גרינדער ז (ס)
foundling n געפונען קינד ס, אונטערגעוואָרפן קינד ס
foundry n גיסאַרניע נ (ס)
fountain n פאָנטאַן ז (ען); קוואַל ז (ן)
fountain pen n קוואַלפען נ (ען), פילפעדער נ (ס)
four adj פיר
fourteen adj פערצן
fourth adj פערט
fourth n פערטל ס (עך)
fowl n עוף ס (ות)
fowler n עופות־פאַנגער ז (ס)
fox n פוקס ז (ן)
fox v (שמועסדיק) איבערכיטרעווען
foxy adj כיטרע
foyer n אַרײַנגאַנג־זאַל ז (ן), פאָיע ז (ען)
fracas n געשלעג ס (ן); קריגערײַ ס (ען)
fraction n פראַגמענט ז (ן), ברוכטייל ז (ן); (מאַטעמאַטיק) ברוכצאָל נ (ן)
fracture v צעברעכן
fracture n ברוך ז (ן)
fragile adj ברעכעוודיק; שוואַך
fragment n פראַגמענט ז (ן)
fragmentary adj פראַגמענטאַריש
fragrance n אָנגענעמער אַראָמאַט ז
fragrant adj שמעקעדיק, אַראָמאַטיש
frail adj ברעכיק; שוואַך
frailty n שוואַכקייט נ (ן); מאָראַלישער מום ז
frame n ראַם נ (ען), רעם נ (ען)
frame v אײַנראַמען, אײַנרעמלען; פאָרמירן; (סלענג) אויסקלערן אַ בילבול

frame-up n — בילבול ז (ים)

franc n — פראַנק ז (ען) (פראַנצויזישע מטבע)

franchise n — שטימרעכט ס; קאָנצעסיע נ (ס)

frank adj — אָפן; אָפנהאַרציק

frankness n — אָפנקייט נ

frantic adj — טירופדיק; ווילד (מיט צאָרן, שרעק, ווייטאָג, א"ע)

fraternal adj — ברודעריש

fraternity n — ברודערשאַפט נ (ן); סטודענטן־פאַרבאַנד ז (ן)

fraud n — שווינדל ז (ען); (שמועסדיק) שווינדלער ז (ס)

fraudulent adj — שווינדלעריש

Fräulein n — פרײַלין נ (ס)

fray n — געשלעג ס (ן)

fray v — אָפניצן; אָפרײַבן

frazzle v — אָפרײַבן; אויסמאַטערן

freak n — פאַרזעעניש ס (ן); קאַפריז ז (ן)

freakish adj — זייער משונהדיק, מחוץ־לדרך־הטבע

freckle n — זומער־שפרענקעלע ס (ך)

freckle v — באַשפרענקלען; באַשפרענקלט ווערן (מיט זומער־שפרענקעלעך)

freckly adj — זון־געשפרענקלט

free adj — פרײַ, אומאָפהענגיק; אומזיסט; ריין פון; פטור; דערלויבט; ניט־געצאַמט; גוטוויליק

free v — באַפרײַען

freebooter n — פיראַט ז (ן)

freedom n — פרײַהייט נ (ן)

free port — פרײַער פאָרט ז

freeze v — פרירן; פאַרפרירן; פאַרפרוירן ווערן

freeze n — פאַרפרירונג נ (ען); פראָסט ז (פרעסט)

freezing adj — פאַרפרוירנדיק; פראָסטיק

freight n — פראַכט ז, משׂא נ (ות); פראַכט־געלט ס

freighter n — פראַכט־שיף נ (ן)

freight train — פראַכט־באַן נ (ען)

frenzy n — טירוף ז; געמיט־אויפברויז ז (ן)

frequency n — פרעקווענץ נ (ן); אָפטקייט נ (ן)

frequent adj — אָפט

frequently adv — אָפט, אָפט מאָל, אַ סך מאָל

fresco n — פרעסקאָ ז (ס)

fresh adj — פריש; (וואַסער) ניט־זאַלציק, זיס; (סלענג) חוצפהדיק

fret v — זײַן קאַפריזנע, פאַרדאגהט, אָדער אומצופרידן; ברוגזן זיך; ערגערן

fret n — קאַפריזנע תרעומה נ (תרעומות)

friar n — אָרדן־ברודער ז (־ברידער)

friction n — רײַבונג נ; מחלוקת ס (ן)

Friday n — פרײַטאָג ז, פרײַטיק ז (ן)

fridge n — (שמועסדיק) פרידזשידער ז (ן)

fried adj — געפרעגלט

friend n — פרײַנד ז

friendless adj — אָן פרײַנד

friendly adj — פרײַנדלעך

friendship n — פרײַנדשאַפט נ (ן)

frigate n — פרעגאַט ז (ן), פרעגאַטע נ (ס)

frigate bird פרעגאַט־פויגל ז (אַ טראָפּישער ים־פויגל וואָס גנבעט די שפּײַז פון אַנדערע פייגל.)

fright n שרעק ז (ן), פּלוצעמדיקע מורא נ (ס)

frighten v שרעקן; דערשרעקן, אָנשרעקן

frightened adj דערשראָקן

frightening adj אָנשרעקנדיק, מוראדיק

frightful adj שרעקלעך

frigid adj זייער קאַלט; פריריק

frill n פרענזל ס (עך); (שמועסדיק) אומניצלעכע צאַצקע נ (ס)

fringe n פראַנג נ (ען), פראַנדז נ (פרענדז); ראַנד ז (ן)

fringe benefit ראַנדן־בענעפיט ז (ן)

frisk v שפּרינגען פריילעך; (סלענג) באַזוכן (אַ פּערזאָן) פאַר באַהאַלטן געווער

frisky adj שפּילעוודיק

fritter v צעטרענצלען ביסלעכווײַז, פאַרתּכלעווען צו ביסלעך; צעברעכן אויף ברעקלעך, צעפּיצלען

fritter n פראַגמענט ז (ן), ברעקל ס (עך); פריטער ז (ס) (אַ געפּרעגלט טייג־קיכל מיט געפילעכץ)

frivolous adj לײַכטזיניק; נאַריש; קליינלעך, טריוויאַל

frizzle v גרײַזלען, מאַכן קליינע לאָקן

frizzle n גרײַזל ס (עך)

frizzly, frizzy adj גרײַזלדיק

fro adv צוריק

– to and fro אַהין און צוריק

frock n ראָק ז (רעק); כאַלאַט ז (ן)

frog n זשאַבע נ (ס), פראָש נ (פרעש)

frogman n (מיליטער) טונקער ז (ס), זשאַבעניק ז (עס)

frolic n שטיפערײַ ס (ען)

frolic v שטיפן

frolicsome adj שטיפעריש

from prep פון

front n פאָרנט ז (ן); פראָנט ז (ן)

front v זײַן אין פראָנט פון; שטיין אַקעגן

frontal adj פאָרנטיק; פראָנטיק

frontier n גרענעץ ז/נ (ן); גרענעץ־ראַיאָן ז (ען)

front-page adj (נײַעס) וויכטיק

frost n פראָסט ז (פרעסט)

frost v באַדעקן (אָן אויבערפלאַך) מיט פראָסט; באַדעקן מיט אַ באַצוקערונג

frosting n באַצוקערונג נ (ען)

frosty adj פראָסטיק

froth n ברויזעכץ ס; שוים ז (ען)

froth v ברויזן; שוימען

frou-frou n שאָרך ז (ן) (ספּעציעל פון קליידער); (שמועסדיק) געצאַצקעטע באַפּוצונגען ר

frown n שטערן־קנייטשונג נ (ען); בייזער פּנים־אויסדרוק ז

frown v קנייטשן דעם שטערן; קרימען זיך

frozen adj געפרוירן, פאַרפרוירן; זייער קאַלט

frugal adj שפּאָרעוודיק; קוים גענוגיק

fruit n — פרוכט נ (ן), פּרי נ (פּירות); אויפּס ס; פּראָדוקט ז (ן); רעזולטאַט ז (ן)
fruit v — טראָגן פרוכטן
fruitful adj — פרוכטיק, פרוכט־טראָגנדיק; רווחדיק
fruition n — פרוכט־אַרויסגעבונג נ; דערגרייכונג נ (ען)
fruitless adj — פרוכטלאָז, אומפרוכטיק
fruit store — פרוכטן־קראָם נ (ען)
fruity adj — באַטעמט, שמעקעדיק (ווי אַ פרוכט); (שמועסדיק) זייער אינטערעסאַנט
frustrate v — צונישט מאַכן; מעכּב זײַן
frustration n — צונישט־מאַכונג נ (ען); פאַרשטערונג נ (ען)
fry v — פּרעגלען
fry n — געפּרעגלטע שפּײַז נ (ן); פּיקניק ז (ן) (ווו געפּרעגלטע שפּײַזן ווערן סערווירט)
fry n pl — יונגע פישעלעך ר; קינדער ר; קלייניקייטן ר
frying pan — פאַטעלניע נ (ס), פאַן נ (ען)
fuel n — ברענשטאָף ז, ברענוואַרג ס
fuel v — באַזאָרגן מיט ברען־מאַטעריאַלן
fugitive adj — אַנטלאָפן; פאַרגייענדיק; קורץ־דויערנדיק
fugitive n — אַנטלאָפענער ז, בורח ז (ים)
fulcrum n — אָנשפּאַר ז (ן), אָנשפּאַר־פּונקט ז (ן) (פאַר אַ הייבער)
fulfill v — דערפילן, אויספירן, מקיים זײַן
fulfillment n — דערפילונג נ, אויספירונג נ (ען)
full adj — פול; גאַנץ
full moon — פולע לבנה נ
fullness n — פולקייט נ
fully adv — אין גאַנצן, אינגאַנצן, גאָר
fumble v — טאַפּן אומגעלומפּערט; באַבּרען זיך
fumbler n — אומגעשיקטער מענטש ז
fume n — רויך ז (ן); גאַז ז (ן); כּעס ז (Usually **fumes** pl)
fume v — רייכערן; כּעסן זיך
fumigate v — אויסרייכערן, דיסאינפיצירן מיט רויך
fun n — הנאה נ; פאַרווײַלונג נ; שפּאַס ז (ן)
function n — פונקציע נ (ס)
function v — פונקציאָנירן
fund v — אַוועקלייגן געלט פאַר אַ ספּעציעלן צוועק
fund n — פאָנד ז (ן)
– **funds** pl — געלט ס, געלטער ר
fundamental adj — פונדאַמענטאַל, יסודותדיק, עיקרדיק
fundamental n — יסוד ז (ות), עיקר ז (ים)
fundamentally adv — אין גרונט
fundamentalism n — פונדאַמענטאַליזם ז
funeral n — לוויה נ (לוויות)
funereal adj — לוויהדיק; טרויעריק
fungus n — שוואָם ז (ען); (הויט־קרענק) לישײַ ז (ען)
funicular n — קאַבּלבאַן נ, הענגבאַן נ (ען)
funk n — (שמועסדיק) מורא נ (ס); פּאַניק נ (עס)
funnel n — לייקע נ (ס)

funnel v — גיסן דורך אַ לייקע

funny adj — וויציק, שפּאַסיק; (שמועסדיק) מאָדנע

fur n — פעלץ ז (ן)

fur coat — פוטער ז (ס)

furious adj — צאָרנדיק, מלא־כּעס; ווילד, שטורמיש

furlough n — אורלויב ז (ן)

furnace n — אויוון ז (ס); שמעלץ־אויוון ז (ס)

furnish v — פאַרזאָרגן מיט, צושטעלן, געבן; אויסמעבלירן; אויסשטאַטן

furnishings n pl — מעבל ס; אויסשטאַטונג נ (ען)

furniture n — מעבל ס

furor — אויפשטורמונג נ (ען); מאַניע נ (ס); שגעון ז (ות)

furrier n — קירזשנער ז (ס)

furrow n — אַקער־ראָוו ז (ן), אַקער־שניט ז (ן); לאַנגע גאַרע נ (ס); טיפער קנייטש ז

furrow v — מאַכן אַקער־ראָוון; אַקערן; קנייטשן

further adj — ווייַטערדיק

further adv — ווייַטער

further v — פּראָטעזשירן, שטיצן

furthermore adv — מער פון דעם, אַחוץ דעם, דערצו

furtive adj — גנביש

furuncle n — פורונקול ז (ן)

fury n — צאָרן ז; ירגזון ז

fuse n — צינדשנור ז (ן); (עלעקטריע) זיכערהייט־קאָריק ז (עס)

fuse v — צונויפשמעלצן

fusion n — צונויפשמעלצונג נ (ען)

fuss n — טאַראַראַם ז (ען); קאָפּ־דרייעניש ס (ן)

fuss v — טאַראַראַמעווען; אַרומטאַנצן; פּאָרען זיך; צאַצקען זיך

fussy adj — איבערקלייַבעריש

futile adj — ווערטלאָז; נישטיק; טריוויאַל; אומנוצלעך

futility n — אומוויכטיקייט נ; אומנוציקייט נ

future n — צוקונפט נ עתיד ז

future adj — צוקונפטיק

futurism n — פוטוריזם ז

fuzz n — פוך ז; (סלענג) פּאָליציי נ; פּאָליציאַנט ז (ן)

fuzz v — מאַכן פוכיק; ווערן פוכיק

fuzzy adj — פוכיק; פאַרווישט, אומקלאָר

G g

g, G n — גע ז (ען) (בוכשטאַב)

gab n — (שמועסדיק) פּלאַפּלערייַ ס

gab v — פּלאַפּלען, פּלוידערן

gabardine n — גאַבאַרדין ז (ען)

gabble v — רעדן שנעל און אומפאַרשטענדלעך; בעבען; גאָגערן (ווי אַ גאַנדז אָדער אַ קאַטשקע)

gabby adj — זייער באַרעדעוודיק
gaberdine n — קאַפּאָטע נ (ס)
gad v — אַרומגיין אָן אָפּרו; אַרומשלעפן זיך
gadfly n — בהמות־פליג נ (ן); חטאים־זוכער ז (ס)
gadget n — (קליינע מעכאַנישע) המצאה נ (המצאות)
gag n — שפּרײַזל ס (עך); (סלענג) שפּאַס ז (ן)
gag v — פֿאַרשפּרײַזלען
gaga adj — (סלענג) נאַריש; לעכערלעך ענטוזיאַסטיש
gaggle v — גאָגערן, גאָנערן, גאָגאָטשען (ווי אַ גאַנדז)
gaggle n — גאָגערונג נ (ען)
gaiety n — פריילעכקייט נ, אויפגעלייגטקייט נ, שׂימחה נ
gaily adv — פריילעך, בשׂימחה
gain v — געווינען; צונעמען (וואָג); מרוויח זײַן
gain n — געווינס ס (ן); ריווח ז (רווחים)
gainful adj — ריווחדיק
gainsay v — ווידערשפרעכן, רעדן אַנטקעגן; אָפּלייקענען
gait n — גאַנג ז (גענג), הילוך ז; גייאונגס־אופן ז (ים)
gal n — (שמועסדיק) מיידל ס/נ (עך)
gala n — פֿײַערונג נ (ען)
gala adj — פֿײַערלעך, יום־טובדיק
galaxy n — גאַלאַקסיע נ (ס); פּראַכטפולע גרופּע נ (ס)
gale n — שטורעם־ווינט ז (ן)
gall n — גאַל נ; ביטערקייט נ; (שמועסדיק) חוצפּה נ

gallant adj — גאַלאַנט (איידל; דרייסט; מהודר; העפלעך צו פרויען)
gallery n — גאַלעריע נ (ס)
gallon n — גאַלאָן ז (ען)
gallop n — גאַלאָפּ ז (ן)
gallop v — גאַלאָפּירן
galore adv — בשפע
galoshes n pl — קאַלאָשן ר
gambit n — (שאַך) גאַמביט ז (ן); עפענונג־מאַנעווער ז (ס)
gamble v — שפּילן אויף געלט; וועטן זיך; אײַנשטעלן, ריזיקירן
gamble n — אײַנשטעלעניש ס (ן); געוועט ס (ן); אַזאַרטשפּיל נ (ן); ריזיקע נ (ס)
gambler n — אַזאַרטשפּילער ז (ס)
game n — שפּיל נ (ן); (יעגערײַ) געווילד ס
gander n — גאָנער ז (ס)
gang n — באַנדע נ (ס), כנופיא נ (כנופיות)
gang v — (שמועסדיק) גרופּירן זיך אין אַ באַנדע; אַטאַקירן אין אַ באַנדע
gangster n — גענגסטער ז (ס)
gap n — אײַנרײַס ז (ן); בלייז ז (ן), בלאַנק ז (ען)
gape v — גאַפן (עפענען דאָס מויל ברייט; גענעצן; גלאָצן מיט אַן אָפן מויל)
garage n — גאַראַזש ז (ן)
garage v — האַלטן אין אַ גאַראַזש
garb n — לבוש ז (ים), קליידונג נ (ען)
garb v — באַקליידן
garbage n — מיסט ס; אָפּפאַל ז (ן)

garble v צעדרייען, פֿאַלש פֿאַרשטעלן; צעמישן (פֿאַקטן, דערקלערונגען, כּתבים, א״ע)
garden n גאָרטן ז (גערטנער)
garden v גערטנערן
gardener n גערטנער ז (ס)
gardenia n גאַרדעניע נ (ס) (בלום; קשאַק)
gardening n גערטנערײַ ס
gargle v גאָרגלען, שווענקען (דעם גאָרגל)
gargle n שווענקעכץ ס (ן)
garland n קראַנץ ז (קרענץ); אַנטאָלאָגיע נ (ס)
garland v דעקאָרירן מיט קרענץ
garlic n קנאָבל ז
garment n מלבוש ז/ס (ים)
garment v באַקליידן
garner v אײַנשפּײַכלערן
garner n תּבֿואה־שפּײַכלער ז (ס); סקלאַד ז (ן)
garnish v גאַרנירן (צוגעבן געווירצן אָדער באַפּוצונגען צו שפּײַז; באַצירן)
garrct n בוידעם ז (ס); דאַכשטיבל ס (עך)
garrison n גאַרניזאָן ז (ען)
garrison v אײַנלאָקירן, באַזעצן (סאָלדאַטן)
garrulity n באַרעדעוודיקייט נ
garrulous adj באַרעדעוודיק
garter n זאָקנבענדל ס (עך)
gas n גאַז ז (ן); גאַזאָלין ז
gas mask גאַז־מאַסקע נ (ס)
gasoline n גאַזאָלין ז, בענזין ז

gasp v סאָפּען
gastronomy n גאַסטראָנאָמיע נ
gate n טויער ז (ן)
gather v זאַמלען
gathering n אײַנזאַמלונג נ; פֿאַרזאַמלונג נ (ען)
gauche adj אומגעלומפּערט; אָן טאַקט
gaudy adj (קאָליר) רײַסיק, שרײַיִק
gauge n סטאַנדאַרד־מאָס נ (ן); מעסטונג־סקאַלע נ (ס)
gauge v מעסטן גענוי; אָפּשאַצן
gaunt adj זייער דאַר און ביינערדיק
gauze n גאַזע נ
gavel n העמערל ס (עך) (פֿון אַ שופֿט, פֿאָרזיצער, א״ע)
gawk n אומגעלומפּערטער נאַר ז
gawk v גלאָצן נאַריש
gay adj פֿריילעך; לעבעדיק
gaze v אָנקוקן (מיט וווּנדער, פֿאַרגעניגן, אָדער אינטערעס)
gaze n שטאַרקער בליק ז (מיט כּוונה)
gazebo n גאַזיבאָ ז (ס) (אַ זומער־הויז, באַלקאָן, א״ע וואָס הערשן איבער אַ ווײַטער פּאַנאָראַמע)
gazelle n גאַזעל ז (ן)
gazette n צײַטונג נ (ען); אָפֿיציעלער זשורנאַל ז
gear n ציינראָד נ (ציינרעדער); (אויטאָמאָביל) גאַנג ז (גענג); אויסשטאַטונג נ (ען), כּלים ר (פֿאַר אַ ספּעציעלן צוועק)
gear v צופּאַסן; אויסשטאַטן

gee *interj* אַיַי!
geezer *n* (סלענג) אַלטער תּרח ז
Gehenna *n* גיהנום ז/ס (ס)
gelatin *n* זשעלאַטין ז
gem *n* איידלשטיין ז (ער)
Gemara *n* גמרא נ
gender *n* (גראַמאַטיק) מין ז (ים)
gene *n* (בּיאָלאָגיע) גענע נ (ס)
genealogy *n* גענעאַלאָגיע נ (ס)
general *adj* אַלגעמיין
general *n* (אַרמיי) גענעראַל ז (ן)
generality *n* אַלגעמיינקייט נ (ן)
generalize *v* גענעראַליזירן
generally *adv* בדרך־כּלל
generate *v* פּראָדוצירן; שאַפן
generation *n* דור ז (ות);
פּראָדוצירונג נ
generator *n* גענעראַטאָר ז (ן),
דינאַמאָ ז (ס)
generosity *n* בּרייטהאַרציקייט נ
generous *adj* בּרייטהאַרציק
genesis *n* מקור ז (ות);
געבּורט נ (ן)
Genesis *n* ספר בּראשית ז/ס
genetics *n* (takes sing. v.) גענעטיק נ
genial *adj* פריילעך און פרײַנדלעך;
ליבּהאַרציק
genitive *n* (גראַמאַטיק) געניטיוו ז (ן)
genius *n* זשעני ז (ען), גאון ז (גאונים)
genocide *n* גענאָציד ז (ן)
genteel *adj* איידל; העפלעך;
עלעגאַנט;
כּלומרשט אַריסטאָקראַטיש
gentile *n* גוי ז (ים), ערל ז (ים)
gentle *adj* צאַרט; מילד; ווויל־געבּוירן

gentleman *n* דזשענטלמען,
דזשענטעלמען ז (ער)
(בּעל־מידות ז, איידעלער מענטש ז;
הער ז)
gentleness *n* איידלקייט נ;
צאַרטקייט נ; מילדקייט נ
genuine *adj* עכט
genuineness *n* עכטקייט נ
genus *n* גענוס ז (ן)
geography *n* געאָגראַפיע נ (ערד־
בּאַשרײַבונג; טאָפּאָגראַפישע
שטריכן פון אַ שטח)
geology *n* געאָלאָגיע נ
geometry *n* געאָמעטריע נ
geophysics *n* געאָפיזיק נ
(takes sing. v.)
geopolitics *n* געאָפּאָליטיק נ
(takes sing. v.)
geranium *n* געראַניום ז (ס)
(פלאַנץ)
germ *n* גערמע נ (ס)
germane *adj* שייכדיק, שייכותדיק,
שייך צו
German shepherd dog דײַטשישער שאָפהונט ז
germinate *v* שפּראָצן
gerund *n* גערונד ז (ן),
גערונדיום ז (ס)
(אַ ווערבּאַלע פאָרעם וואָס ווערט
גענוצט ווי אַ זאַכוואָרט. בּײַשפּיל:
She taught dancing.)
gesticulate *v* זשעסטיקולירן,
מאַכן אימפּעטיקע תּנועות
gesture *n* זשעסט ז (ן)
gesture *v* מאַכן זשעסטן

get v קריגן, באַקומען; ווערן; פֿאַרשטיין
– get about גיין פֿון אָרט צו אָרט; פֿאַרשפּרייטן זיך
– get across (שמועסדיק) איבערצייַגן
– get after אָנשרייַען; דוחק זייַן
– get ahead מצליח זייַן, אַרויפֿאַרבעטן זיך
– get along אויסקומען מיט; עלטער ווערן
– get around אַרומפֿאָרן; אָפּנאַרן
– get at אויסגעפֿינען; צוקומען צו
– get away אַוועקגיין; אַנטלויפֿן
– get away with (שמועסדיק) אויסמייַדן אַ שטראָף
– get back צוריקקומען; צוריקקריגן; (סלענג) נעמען נקמה
– get behind שטיצן; זייַן הינטערשטעליק
– get by דורכקומען; האָבן פּרנסה בצימצום
– get down to קאָנצענטרירן זיך אויף
– get in אַרייַנגיין; באַקאַנט ווערן
– get it פֿאַרשטיין; (שמועסדיק) ווערן באַשטראָפֿט אָדער אויסגעזידלט
– get nowhere ניט פּראָגרעסירן; ניט האָבן דערפֿאָלג
– get off אַראָפּגיין; אַרויסגיין; אָפּקומען מיט
– get on אַרויפֿגיין, אויפֿזעצן זיך; אויסקומען מיט; מצליח זייַן; עלטער ווערן
– get out interj אַרויס!
– get out of אַרויסקריגן; אַרויסדרייען זיך
– get over קומען צו זיך; געזונט ווערן; (סלענג) קלאָר מאַכן, איבערצייַגן
– get there (שמועסדיק) צוקומען צום ציל
– get through to פֿאַרבינדן זיך מיט; מאַכן זיך פֿאַרשטענדלעך
– get to קענען, זייַן אין שטאַנד; דערגרייכן
– get up אויפֿשטיין
getaway n אַנטלויף ז(ן); (פֿאַרמעסט) סטאַרט ז(ן)
get-up-and-go n (שמועסדיק) ענערגיע נ(ס); איניציאַטיוו נ(ן)
gewgaw n (אומניצלעך) שפּילכל ס(עך); צאַצקע נ(ס)
geyser n גייזער ז(ס)
ghastly adj גרויליק; שוידערלעך; טויט־בלאַס
ghetto n געטאָ נ(ס)
ghost n רוח ז(ות) (פֿון אַ מת)
ghost writer פֿאַרבאָרגענער שרייַבער ז
ghoul n גרויזאַמער דעמאָן ז; קבֿרים־רויבער ז(ס)
ghoulish adj דעמאָניש; ברוטאַל און אָפּשטויסנדיק

giant n ריז ז (ן)
gibber v פּלאַפּלען אָן אַ זינען
gibberish n אומזיניק פּלאַפּלערײַ ס
giddy adj שווינדלדיק; לײַכטזיניק
gift n מתּנה נ (מתּנות), געשאַנק ס (ען); טאַלאַנט ז (ן)
gifted adj טאַלאַנטירט
gigantic adj גיגאַנטיש, ריזיק
giggle v כיכען, כיכיקען
giggle n כיך ז (ן), נאַריש געלעכטערל ס
gild v באַגילדן, פֿאַרגילטן
– gild the lily באַפּוצן אומנויטיק
gill n זשאַבּרע נ (ס) (אָטעם־אָרגאַן בײַ פֿיש)
gimlet n עקבער ז (ס)
gimmick n דזשימדזשיק ז (עס), המצאה נ (המצאות); שפּיצל ס (עך)
giraffe n זשיראַף ז (ן)
gird v אָנגורטן; אַרומפֿאַסעווען
girl n מיידל ס/נ (עך)
girlish adj מיידלש
gist n תּמצית ז, עיקר ז
give v געבן
give-and-take n יושרדיקער אויסבײַט ז; קעגנזײַטיקע נאָכגעבונג נ
given adj געגעבן; באַשטימט
gizzard n פּופּיק ז (עס)
glacier n גלעטשער ז (ס)
glad adj צופֿרידן
gladden v דערפֿרייען
gladiator n גלאַדיאַטאָר ז (ן)
gladiolus n גלאַדיאָלוס ז (ן), שווערדן־בלום נ (ען)
gladly adv גערן; מיט פֿרייד
gladsome adj צופֿרידן; פֿריילעך
glamor, glamour n רייצנדיקער בלישטש ז; צויבער ז
glamorous adj בלישטשיק און רייצנדיק; באַצויבערנדיק
glance n בליק ז (ן), קוק ז (ן)
glance v וואַרפֿן אַ בליק
gland n דריז נ (ן)
glare n שטאַרקער אָפּשײַן ז; בייזער קוק ז
glare v אָפּשײַנען שטאַרק; גלאָצן בייז
glaring adj בלענדנדיק; גלאָצנדיק בייז; אויגן־רײַסיק
glass adj גלעזערן
glass n גלאָז ס; שויב נ (ן); (טרינקונג) גלאָז נ/ס (גלעזער); גלעזל ס (עך)
glasses n pl ברילן ר
glassware n גלאָזוואַרג ס
glassy adj גלעזערן; גלאַטיק; גלאָצנדיק
glaze v אַרײַנשטעלן שויבן; גלאַזירן
glaze n גלאַזור נ (ן)
glazier n גלעזער ז (ס)
gleam n קורצער ליכט־שטראַל ז; טונקעלע ליכט נ
gleam v גליִען; אויפֿבליצן; שײַנען קורץ אָדער שוואַך
glee n פֿרייד נ (ן); פֿריילעכקייט נ
glee club געזאַנג־קלוב ז (ן)
gleeful adj פֿריידיק; פֿריילעך
glen n שמאָלער טאָל ז

glib adj שנעל־רעדנדיק (און אָפט ניט־אמת)

glide v גליטשן זיך; שוועבן; פאַרגיין שטיל אָדער שטופנוויַיז

glider n (עראָפלאַן) לופט־שוועבער ז (ס)

glimmer v גלימערן, צאַנקען

glimpse n בליק ז (ן), קוק ז (ן)

glimpse v כאַפן אַ בליק

glisten v שימערירן, שעמערירן

glitter v גלאַנצן; בלישטשען

glitter n גלאַנץ ז; בלישטש ז

gloat v אַרויסווייַזן רשעותדיקע באַפרידיקונג; גלאָצן

global adj גלאָבאַל

globe n קיַילעך ז (ער); ערד־קיַילעך ז; גלאָבוס ז (ן)

globetrotter n וועלט־רייַזנדער ז (ס)

gloom n פינצטערניש ס; אומעט ז

gloomy adj פינצטער; אומעטיק

glorify v גלאָריפיצירן (פאַרהערלעכן; הויך האַלטן)

glorious adj גלאָריעדיק

glory n גלאָריע נ (ס) (גרויסער כבוד אָדער שבח ז; באַרימטקייט נ; פראַכט נ; שטראַלנדיקע שיינקייט נ; גליקזעליקייט נ; ליכטקראַנץ ז)

gloss n גלאָסע נ (ס), אָפטיַיטש ז (ן); גלאַנץ ז; אָנשטעל ז (ן)

gloss v פאַרטיַיטשן בקיצור; צוגעבן אַ גלאַנץ

– gloss over פאַרגלעטן (טעותים, פגמים, א"ע)

glossary n גלאָסאַר ז (ן)

glossy adj גלאַטיק און גלאַנציק

glove n הענטשקע נ (ס)

glove v אָנטאָן הענטשקעס

glover n הענטשקער ז (ס), הענטשקעס־מאַכער ז (ס)

glow n גלי ז, שיַין נ

glow v גליִען, שיַינען

glower v קוקן בייז; אָנכמורען דאָס פנים

glower n בייזער קוק ז

glowing adj שיַינענדיק

glow-worm n גלי־וואָרעם ז (־ווערעם)

gloze v פאַרגלעטן (זינד, חסרונים, א"ע); רעדן חניפה

glue n קליי ז (ען)

glue v קלעפן; אָנקלעפן

gluey adj קלעפיק

glum adj אָנגעכמורעט

glut v פאַרפלייצן (דעם מאַרק מיט סחורה); איבערפילן; פרעסן

glut n פאַרפלייצונג נ (ען) (פונעם מאַרק מיט סחורות); איבערזעטיקונג נ

glutton n פרעסער ז (ס)

gluttony n פרעסעריַי ס

gnarl n סוק ז (עס), סענק ז (עס)

gnarled adj סוקעוואַטע, סענקעוואַטע

gnash v קריצן מיט די ציין

gnat n מוק ז/נ (ן)

gnaw v גריזשען, נאָגן

gnome n שרעטל ס (עך)

Gnosticism n גנאָסטיציזם ז

go v גיין; פאָרן

– go about פאַרנעמען זיך מיט; אַרומגיין

- go ahead גייִן פֿאָראויס
- go along מסכּים זײַן
- go astray בלאָנדזשען
- go at אַטאַקירן
- go away אַוועקגייִן, אַוועקפֿאָרן
- go back צוריקגייִן
- go by פֿאַרבײַגייִן; פֿירן זיך לויט
- go down אַראָפּגייִן; אונטערגייִן
- go for (שמועסדיק) פּרובירן צו באַקומען; זײַן ענטוזיאַסטיש וועגן
- go in אַרײַנגייִן
- go off אויסשיסן
- go on אָנגייִן, טאָן זיך
- go out אַרויסגייִן; אויסגייִן
- go over אַריבערגייִן; איבערגייִן
- go through דורכגייִן; דורכמאַכן, איבערלעבן
- go through with דערענדיקן
- go together גייִן צוזאַמען; זײַן באַפֿרײַנדט
- go under אונטערגייִן
- go up אַרויפֿגייִן
- go with גייִן מיט; זײַן פּאַסיק

goad n טרײַב־שטעקן ז (ס) (פֿאַר בהמות); סטימול ז (ן)

goad v סטימולירן, שטויסן (אין אַ געוויסער ריכטונג)

goal n ציל ז (ן)

goat, she-goat n ציג נ (ן), קאָזע נ (ס)

he-goat n ציגנבאָק ז, באָק ז (בעק), צאַפּ ז (עס)

goatee n צאַפּנבערדל ס, קמץ־בערדל ס (עך)

gobble v פֿרעסן; אײַנשלינגען; האָלדערן (ווי אַן אינדיק)

go-between n פֿאַרמיטלער ז (ס)

goblet n בעכער ז (ס)

god n גאָט ז (געטער), אָפּגאָט ז (אָפּגעטער)

God n גאָט ז, באַשעפֿער ז, איבערשטער ז

goddess n געטין נ (ס)

goggles n pl שוץ־ברילן ר

gold n גאָלד ס

golden adj גאָלדן

goldfish n גאָלדפֿיש ז

goldsmith n גאָלדשמיד ז (ן)

golf n גאָלף ז

Goliath n גלית ז (פּרט־נאָמען פֿון אַ פּלישתּישן גיגאַנט); ריז ז (ן)

Gomorrah, Gomorrha n עמורה, עמרה (ס) (פּרט־נאָמען פֿון אַ כּנענישער שטאָט); עקסטרעמלעך רשעותדיק אָרט ס

gondola n גאָנדאָלע נ (ס)

good adj גוט

good n גוטס ס; טובה נ

good-bye interj אַ גוטן טאָג; אַ גוטע נאַכט; אַ גוט יאָר; זײַ (זײַט) געזונט

good day interj אַ גוטן טאָג; -אַ גוט יאָר

good evening interj אַ גוטן אָוונט; -אַ גוט יאָר

good morning interj גוט מאָרגן; -אַ גוט יאָר

good night interj אַ גוטע נאַכט; -אַ גוט יאָר

goods n pl — סחורה נ (סחורות)

goof n — (סלענג) טיפּש ז (ים); גראָבער פעלער ז

goof v — באַנאַרישן זיך; אָפּטאָן אַ פעלער

– goof off — פוסטעפּאַסעווען; אַרויסדרייען זיך פון

goose n — גאַנדז נ (גענדז)

gooseberry n — אַגרעס ז (ן)

goose flesh, goose pimples — גענדזענע הויט נ (פון קעלט אָדער שרעק)

goose step — גענדזנטריט ז

gorge n — באַרגשפּאַלט ז (ן); פרעסערישקייט נ

gorge oneself — פרעסן; אָנשטאָפּן זיך

gorgeous adj — זייער שיין, פּרעכטיק

gorilla n — גאָרילע נ (ס); (סלענג) בעל־כּוח ז, שטאַרקער ז

gormandize v — פרעסן

gory adj — בלוטיק

gosh interj — אָוואַ!

Goshen n — גושן, גשן (ס) (פּרט־נאָמען פון אַ מיצרישן דיסטריקט אין תּנך); שפּע־לאַנד ס

gosling n — גענדזל ס (עך)

gospel n — עוואַנגעליע נ (ס)

gossamer n — ארץ־ישׂראל־פּעדעם ר

gossamer adj — זייער דין און לײַכט

gossip n — רכילות ס (ן), באַרעדונג נ (ען); באַרעדער ז, הולך־רכיל ז

gossipmonger n — הולך־רכיל ז (הולכי־)

goulash n — גולאַש ז (ן)

gourmand n — שפּײַז־ליבהאָבער ז (ס)

govern v — רעגירן, הערשן

governess n — ניאַניע נ (ס)

government n — רעגירונג נ (ען)

governor n — הערשער ז (ס)

gown n — באַלקלייד ס (ער); בגד־כּבוד ז/ס (בגדי־); אוניווערסיטעט־מיטגלידער ר

gown v — אָנטאָן אַ באַלקלייד, אאַז״וו

goy n — גוי ז (ים) (ניט־ייִד ז; אומרעליגיעזער ייִד ז)

grab v — אָנכאַפּן

grab n — כאַפּונג נ (ען)

grabber n — כאַפּער ז (ס)

grace n — גראַציעזקייט נ, גראַציע נ (ס), חן ז (ען); גנאָד נ (ן), חסד ז (ים); ברכּת־המזון נ

grace v — צוגעבן חן; טאָן אַ חסד; מכבד זײַן

graceful adj — גראַציעז

graceless adj — ניט־גראַציעז, אומבאַהאָנט

gracious adj — גנעדיק, חסדימדיק

gradation n — גראַדאַציע נ (ס)

grade n — גראַד ז (ן); קלאַס ז (ן); (שאַצונג) צייכן ז (ס)

grade v — גראַדירן; מאַרקירן, שטעלן צייכנס

gradual adj — בהדרגהדיק

gradually adv — שטופּנווײַז, בהדרגה

graduate v — גראַדואירן

graduate n — גראַדואַנט ז (ן)

graduation n — גראַדואירונג נ (ען)

graffito n — גראַפיטאָ ז (ס)

graft v — שטשעפּען, גרעפּטן, מרכּיב זײַן
graft n — שטשעפּ ז (ן), אײַנגעגרײַפּט צווײַגל ס; גרעפּטונג נ (ען), גרײַפּונג נ (ען), הרכּבה נ (הרכּבות); שוחד ז
grain n — קערן ז (ער), קערנדל ס (עך); תּבֿואה נ (תּבֿואות)
grainfield n — תּבֿואה־פֿעלד ס (ער)
gram, gramme n — גראַם ז (ען)
grammar n — גראַמאַטיק נ (עס); (לשון־קודש) חכמת־הדקדוק נ
grammarian n — גראַמאַטיקער ז (ס); בעל־דקדוק (בעלי־)
grammatical adj — גראַמאַטיש
gramophone n — גראַמאָפֿאָן ז (ען)
granary n — שפּײַכלער ז (ס)
grand adj — גרויס; גראַנדיעז
grandchild n — אייניקל ס (עך) (נכד ז; נכדה נ)
granddaughter n — אייניקל נ/ס (עך), נכדה נ (נכדות)
grandfather n — זיידע ז (ס)
grandma n — (שמועסדיק) באָבעשי נ (ס)
grandmother n — באָבע נ (ס)
grandpa n — (שמועסדיק) זיידעשי ז (ס)
grandson n — אייניקל ז/ס (עך), נכד ז (ים)
granite n — גראַניט ז
grannie, granny n — (שמועסדיק) באָבעשי נ (ס); אַלטעטשקע נ (ס)
grant v — שענקען; באַוויליקן; נאָכגעבן
grant n — שטיץ ז (ן); באַוויליקונג נ (ען)
granule n — קערענדל ס (עך); גרײַפּל ס (עך)

grape n — ווײַנטרויב נ (ן)
grapefruit n — גרייפּפֿרוכט ז (ן)
grapevine n — ווײַנשטאָק ז (ן); (שמועסדיק) רכילות־פּאָסט נ
graph n — קרומע נ (ס); דיאַגראַם נ (ען)
graphic adj — גראַפֿיש; בילדלעך
grapple v — האַלטן פֿעסט; קעמפֿן
grasp v — אָנכאַפּן; תּופֿס זײַן, פֿאַרשטיין
grasp n — אָנכאַפּ ז (ן); באַנעם ז, פֿאַרשטאַנד ז
grass n — גראָז ס (ן)
grasshopper n — (אינסעקט) שפּרינגער ז (ס)
grateful adj — דאַנקבאַר
gratify v — באַפֿרידיקן
gratis adv — אומזיסט, בחינם
gratitude n — דאַנקבאַרקייט נ
gratuitous adj — בחינמדיק; אָן אַ סיבה; אומנייטיק
gratuity n — באַדינונגס־מתּנה נ (מתּנות)
grave adj — ערנסט, ערנצט
grave n — קבֿר ז (ים)
gravedigger n — קבֿרן ז (ים)
gravel n — זשוויר ז
graven image — געץ ז (ן), אָפּגאָט ז (אָפּגעטער)
gravestone n — מצבֿה נ (מצבֿות)
graveyard n — בית־עולם ז (ס)
gravitate v — גראַוויטירן, ציִען זיך
gravitation n — גראַוויטאַציע נ, צוציאונג נ
gravity n — כּוח־המושך ז, צוצי־כּוח ז; ערנסטקייט נ

gravy n פלייש־זאַפט ז (ן); בראָטיויך נ; (סלענג) לײַכטער רווח ז

gray, grey adj גראָ, גרוי

graze v פּאַשען זיך; פיטערן; אָנרירן לײַכט

grease v שמירן; (סלענג) געבן שוחד

grease n שמירעכץ ס (ן)

great adj גרויס

greatness n גרויסקייט נ

greed n גיריקייט נ, זשעדנעקייט נ

greedy adj גיריק, זשעדנע

green adj גרין

green n גרינער קאָליר ז

greenhorn n אָנפאַנגער ז (ס) (אָן פּראַקטיק), גרינער ז

greenhouse n אָראַנזשעריע נ (ס)

greet v באַגריסן

greeting n באַגריסונג נ (ען), גרוס ז (ן)

gregarious adj סטאַדעדיק

grenade n גראַנאַט ז (ן)

grief n צער ז, טרויער ז; ערגעניש ס (ן)

grievance n קריוודע נ (ס); תּרעומה נ (תּרעומות)

grieve v מצער זײַן; ערגערן זיך

grim adj פאַרביסן; צאָרנדיק

grimace n העוויה נ (העוויות), גרימאַסע נ (ס)

grimace v מאַכן העוויות

grimalkin n אַלטע קאַץ נ (קעץ); אַלטע יענטע נ (ס)

grin v שמייכלען ברייט

grin n ברייטער שמייכל ז

grind v מאָלן; שאַרפן; שלײַפן

grindstone n שאַרפשטיין ז (ער); שלײַפשטיין ז (ער)

grip n פעסטהאַלטונג נ; כאַפּ ז

grip v האַלטן פעסט; אָנכאַפּן זיך אין; אָנהאַלטן די אויפמערקזאַמקייט פון

grippe n (קרענק) גריפּע נ (ס)

grizzly adj גרוילעך; גרוי; גרוי־האָריק

grizzly bear גריזליבער ז (ן), גרויער בער ז

groan n קרעכץ ז (ן)

groan v קרעכצן

grocery n שפּײַזקראָם נ (ען)

groom n פערד־ציכטער ז (ס); חתן ז (ים)

groom v ציכטן פערד; מאַכן שיין און ציכטיק

grope v טאַפּן; זוכן אין דער פינצטער

groschen n גראָשן ז (ס)

gross adj ברוטאָ, גראָב, וווּלגאַר

gross n גראָס ז (ברוטאָ ז; 12 טוצן ר)

gross v פאַרדינען ברוטאָ

grotesque adj גראָטעסק

grotto n גראָטע נ (ס)

grouch v (שמועסדיק) זײַן בייז; קלאָגן זיך

grouch n בייזער ז

grouchy adj פאַרבייזט; אָנגעכמורעט

ground n גרונט ז (ן), באָדן ז (ס); גרונד ז (ן), סיבה נ (סיבות)

ground v לייגן אויפן באָדן; פאַרגרונטיקן

groundhog n (צפון־אַמעריקאַנער) מורמלטיִער ז
Groundhog Day 2 פעברואַר
groundless adj אָן אַ גרונד
groundwork n פונדאַמענט ז(ן); באַזיס ז(ן)
group n גרופּע נ(ס)
group v גרופּירן, שטעלן אין גרופּעס
grove n וועלדל ס(עך); סעדל ס(עך)
grovel v פאַלן צו די פּיס; דערנידעריקן זיך
grow v וואַקסן; קולטיווירן
growl v וואָרטשען
growl n וואָרטש ז(ן)
grown-up adj דערוואַקסן
grown-up n דערוואַקסענער ז
growth n וווּקס ז(ן); וואַקסונג נ; אָנוווּקס ז(ן)
grudge n פאַראיבל ז(ען)
grudge v האָבן פאַראיבל אויף; ניט פאַרגינען
gruel n שיטערע קאַשע נ(ס)
gruel v (שמועסדיק) אויסמאַטערן, אויסמוטשען
grueling, gruelling adj אויסמאַטערנדיק
gruesome adj שוידערלעך
gruff adj רוגזדיק; גרילצנדיק
grumble v וואָרטשען, מרוקען, בורטשען
grumble n וואָרטש ז(ן)
grumbler n מרוק ז(עס), בורטשער ז(ס)
grumpy adj פאַרמרוקעט; פאַרכּעסט

grunt n כרוקע נ(ס)
grunt v קוויטשען, יוטשען, כרוקען, גרונצן (ווי אַ חזיר)
guarantee n גאַראַנטיע נ(ס)
guarantee v גאַראַנטירן, ערב זײַן
guarantor n גאַראַנטיעגעבער ז(ס), ערב ז(ים)
guard v היטן, באַוואַכן
guard n היטער ז(ס), וועכטער ז(ס), שומר ז(ים)
guardian n אַפּוטרופּס ז(ים); שומר ז(ים)
guardianship n אַפּוטרופּסות נ/ס
guava n גויאַווע נ(ס)
guerilla, guerrilla n גערילע ז/נ(ס) (פּאַרטיזאַן ז; פּאַרטיזאַנען־קריג נ)
guess v טרעפן; משער זײַן
guess n טרעפונג נ(ען); השערה נ(השערות)
guesstimate n טרעף־שאַצונג נ(ען), השערהדיקע אָפּשאַצונג נ(ען)
guesswork n טרעפערײַ ס
guest n גאַסט ז(געסט), אורח ז(ים)
guff n (שמועסדיק) נאַרישע רייד ר
guffaw n הילכיק און גראָב געלעכטער ס
guffaw v לאַכן הילכיק
guidance n הדרכה נ; פירשאַפט נ
guide n מדריך ז(ים); פירער ז(ס)
guide v מדריך זײַן; פירן; קערעווען
guided missile געקערעוועטער מיסל ז

guidon n — פּאָנעלע ס (עך); פּאָנעלע־טרעגער נ (ס) (פאַר סיגנאַלן)
guild n — גילדיע נ (ס); צעך ז (ן)
guile n — כיטרעקייט נ; דריי ז (ען)
guilt n — שולד נ (ן)
guiltless adj — אומשולדיק
guilty adj — שולדיק
guinea pig — ים־חזירל ס (ים־חזיריאלעך)
guise n — קליידונג נ; אָנשטעל ז (ן)
guitar n — גיטאַר נ (ן)
gulch n — יאַר ז (ן)
gulf n — ים־אויסגוס ז (ן)
gull n — (ים־פויגל) מעווע נ (ס); יאָלד ז (ן)
gull v — אָפּנאַרן
gullet n — וַשט ז (ן); גאָרגל ז (ען)
gullible adj — לײַכטגלייביק
gulp v — זשליאָקען; שלינגען
gulp n — זשליאָק ז (ן); שלונג ז (ען)
gum n — גומע נ (ס); קײַגומע נ (ס); יאַסלע נ (ס), ציינפלייש ס
gun n — כּלי־זין (ביקס נ; פּיסטויל ז; רעוואָלווער ז; האַרמאַט ז)
gun v — שיסן (מיט אַ ביקס, א״ע)

guru n — גורו ז (ס) (אין הינדויִזם, אַ רעליגיעזער לערער אָדער מדריך)
gush v — אויסגיסן זיך; פּלייצן
gush n — שטורמישע אויסגיסונג נ (ן); פלוצעמדיקער אויסבּרוך ז
gust n — שטורמישער בּלאָז ז; אויסבּרוך ז (ן)
gusto n — גוסט ז (ן), געשמאַק ז (ן)
gusty adj — שטורעמדיק
gut n — קישקע נ (ס)
– guts pl — קישקעס ר; (סלענג) קוראַזש ז
gutter n — רינשטאָק ז (ן)
guttersnipe n — גאַסניונג ז (ען)
guttural adj — געגאָרגלט; גרילציק
guy n — (שמועסדיק) בּחור ז (ים), יאַט ז (ן)
guzzle v — זויפן
gymnasium n — ספּאָרטזאַל ז (ן); (אייראָפּעאישע מיטלשול) גימנאַזיע נ (ס)
gymnastics n pl — גימנאַסטיק נ
gypsum n — גיפּס ז
Gypsy adj — ציגײַנעריש
Gypsy n — ציגײַנער ז
gyrate v — אַרומקרײַזן; דרייען זיך

H h

h, H n — האַ ז (ען) (בּוכשטאַב)
ha interj — האַ!
haberdashery n — גאַלאַנטעריע־קראָם נ (ען); גאַלאַנטעריע נ

habit n — געוווינהייט נ (ן), הרגל ז (ים); בּגד־כּהונה ז/ס (בּגדי־
habitat n — האַביטאַט ז (ן), וווין־שטח ז (ים); וווינאָרט ז (וווינערטער)

habitual adj געוווינטלעך

habituate v צוגעוווינען, אײַנגעוווינען

hack v האַקן; אײַנשנײַדן אומגלײַך

hack n אומגלײַכער אײַנשניט ז; האַק ז (העק); טרוקענער הוסט ז; אַלט אָדער אויסגעמאַטערט פערד ס

hackneyed adj אויסגעדראָשן, באַנאַל

haft n הענטל ס (עך) (פון אַ מעסער, שווערד, א״ע)

hag n באָבעצע נ (ס); מכשפה נ (מכשפות)

Haggadah, Haggada n הגדה נ (הגדות)

haggard adj אויסגעמאַטערט; אויסגעדאַרט

haggle v דינגען זיך

hail v באַגריסן; שרײַען ברוך־הבא; האָגלען

hail n באַגריסונג נ (ען); ברוך־הבא ז (ס); האָגל ז (ען)

hailstorm n האָגל־שטורעם ז (ס)

hair n האָר נ

haircut האָר־אָפשערונג נ (ען)

hairdo n (פרויען) פריזור נ (ן)

hairdresser n פריזירער ז (ס)

hairpin n האָרשפילקע נ (ס)

hair-raising adj (שמועסדיק) האָר־אויפשטעלנדיק; שרעק־אָנוואַרפנדיק

hairsplitting adj פילפולדיק; זייער פאַרשפיצט

hairsplitting n פילפול ז (ים)

hairy adj האָריק

hakim n (מאָסלעמישער) חכם ז (ים); הערשער ז (ס); שופט ז (ים)

Halakah n הלכה נ (הלכות)

halcyon adj רואיק; פרידלעך; גליקלעך

hale adj קרעפטיק; געזונט

hale v שלעפן מיט כוח; צווינגען צו קומען

half adj האַלב

half n העלפט נ (ן), האַלב נ (ן)

half moon האַלבע לבנה נ

half-witted adj תמעוואַטע; זייער נאַריש

hall n זאַל ז (ן); פאָרצימער ז (ן)

hallah, challah n חלה נ (חלות)

hallelujah, halleluiah interj, n לויבט דעם אייבערשטן! לויב־געזאַנג ס (צו גאָט)

hallmark n קוואַליטעט־שטעמפל ז (ען)

hallow v מקדש זײַן

hallowed adj געהייליקט

hallucination n האַלוצינאַציע נ (ס)

halt interj האַלט! בלײַב שטיין! סטאָפ!

halt v אָפהאַלטן; אָפשטעלן זיך; מסופק זײַן; וואַקלען זיך; זײַן פעלערדיק; הינקען

halt n אָפשטעל ז (ן)

halve v צעהאַלבן

ham n שינקע נ (ס)

hamburger n האַמבורגער ז (ס) (קאָטלעט)

hamlet n דערפל ס (עך)

hammer n האַמער ז (ס)
hammer v האַמערן
hammer and sickle האַמער און סערפּ ז (סאָוויעטישער עמבלעם)
hammock n האַמאַק ז (ן), הענגבעטל ס (עך)
hamper v שטערן
hamper n גרויסער קאָרב ז (געוויינטלעך מיט אַ דעק)
hand n האַנט נ (הענט); (זייגער־) ווײַזער ז (ס); אַרבעטער ז (ס); פיזישע הילף נ
hand v דערלאַנגען
hand grenade האַנט־גראַנאַט ז (ן)
handicap n האַנדיקאַפּ ז (ן), פּאָר ז (אין אַ פאַרמעסט); שטער ז (ן); מניעה נ (מניעות)
handicap v געבן פּאָר; בּאַגרענעצן; שטערן
handicapped adj בּאַגרענעצט; געהאַמעוועט
handicraft n האַנטאַרבעט נ (ן)
handkerchief n נאָזטיכל ס (עך); טיכל ס (עך)
handle n הענטל ס (עך)
handle v אָנרירן; בּאַהאַנדלען
handout n נדבה נ (נדבות)
handsome adj שיין
handwriting n האַנטשריפט נ (ן)
handy adj האַנטיק; געשיקט
hang v הענגען
– hang around ארומדרייען זיך
– hang on אָנהאַלטן זיך שטאַרק
hanger n (קליידער) הענגער ז (ס)
hangman n הענקער ז (ס), תּלין ז (ים)
hangover n אויסניכטערונג־עפעקט ז (ן) (דערשלאָגנקייט נאָך שיכּרות); איבערבלײַבּס ס (ן)
hang-up n (שמועסדיק) עמאָציאָנעלע שווערקייט נ (ן); עיכּוב ז (ים)
hanker v בּאַגערן
hankering n בּאַגער ז (ן)
Hanukkah, Hanukah n חנוכּה ז/נ
(Also Chanukah)
haphazard n טראַף ז (ן), שאַנס ז (ן)
haphazardly adv אויף טראַף
hapless adj שלימזלדיק
happen v געשען, פּאַסירן, פאָרקומען, טרעפן זיך
happening n געשעעניש ס (ן), פּאַסירונג נ (ען)
happily adv גליקלעך; אין פריידן
happiness n גליק ס (ן)
happy adj גליקלעך; צופרידן
harakiri n האַראַקירי ז
harangue n בּאָמבאַסטישע רעדע נ (ס)
harangue v האַלטן אַ פּרעטענסיאָנעלע רעדע
harass v פּלאָגן; אָפּמאַטערן; דערגיין די יאָרן
harbinger n אָנזאָגער ז (ס), מבשׂר ז (ים)
harbinger v מודיע זײַן פריִער; אָנזאָגן
harbor, harbour n האַוון ז (ס), האַפן ז (ס); שוץ־בּאַהעלטעניש ס (ן)
harbor v געבן שוץ; האַלטן אַ געדאַנק אָדער געפיל וועגן
hard adj האַרט; שווער

hard-core adj האַרט־קערנדיק

hard core האַרטער קערן ז; חיותדיקער און אומבײַטעוודיקער עלעמענט ז (פון אַ גרופּע)

hard-cover adj באַטאָוולט

harden v האַרט מאַכן; פאַרהאַרטעוועט ווערן

hard-headed adj פּראַקטיש; עקשנותדיק

hardly adv קוים, כּמעט ניט; שווער; שטרענג

hardship n נויט נ; מאַטערניש ס (ן)

hardware n אײַזנוואַרג ס

hardy adj פאַרהאַרטעוועט; שטאַרק; דרייסט

hare n האָז ז (ן)

harebrained adj לײַכטזיניק; אומסטאַביל

harem n האַרעם ז (ס)

hark v הערן, צוהערן

– hark back צוריקגיין צו אַ פריערדיקער טעמע

harlequin n לץ ז (ים)

harlot n גאַסנפרוי נ (ען), זונה נ (זונות)

harm n שאָדן ז (ס)

harm v באַשעדיקן, טאָן שאָדן, שאַטן

harmful adj שעדלעך, שאַטיק

harmless adj אומשעדלעך

harmonica n האַרמאָניקע נ (ס)

harmonious adj האַרמאָניש

harmonize v האַרמאָניזירן

harmony n האַרמאָניע נ (ס)

harness n געשפּאַן ס (ען)

harness v אײַנשפּאַנען

harp n האַרף נ (ן), האַרפּע נ (ס)

harp v שפּילן אויף דער האַרף

– harp on איבערחזרן אָן אויפהער

harridan n אַלטע מרשעת ז (ן)

harrow n בּראָנע נ (ס)

harrow v בּראָנעווען; צעשעדיקן; פאַרווונדיקן; מצער זײַן

harry v באַפאַלן; פּלאָגן

harsh adj האַרב, שטרענג; גראָב, רוי; גרילציק

harvest n שניט ז (ן); פּירות־אײַנזאַמלונג נ (ען); גערעטעניש ס (ן)

harvest v שנײַדן (תּבואה, היי); אײַנזאַמלען (פּירות)

harvest moon פולע לבנה נ (אין שניטצײַט, אַרום דעם 23סטן סעפּטעמבער)

hashish n חאַשיש ז

Hassid, Chassid n חסיד ז (ים)

hassle n אַמפּערניש ס (ן); טירחה נ (טירחות)

hassock n קני־קישל ס (עך)

haste n אײַלעניש ס

hasten v אײַלן, צואײַלן

hasty adj אײַליק

hat n הוט ז (היט)

hatch v אויסבריִען, אויסוואַרעמען (הינדעלעך); אויספּיקן זיך

hatchet n העקל ס (עך)

hate v האַסן, פײַנט האָבן

hate n האַס ז; פײַנטשאַפט נ

hateful adj פאַרהאַסט

hatred n שׂינאָה נ (שׂינאות), פײַנטשאַפט נ (ן)

hatter n קירזשנער ז (ס)
היטל־מאַכער ז (ס)
haughty adj פֿאַרריסן, זייער גאווהדיק
haul v שלעפּן
haul n שלעפּ ז (ן)
haunt v באַזוכן אָפֿט; נאָגן
haunted adj באַזוכט בײַ רוחות
have v האָבן
haven n האַוון ז (ס); מיקלט ז (ים)
have-not n (שמועסדיק) אָרעמאַן ז (אָרעמעלײַט); אָרעם לאַנד ס (אָרעמע לענדער)
havoc n חורבן ז, פֿאַרוויסטונג נ
hawk n פֿאַלק ז (ן)
hawk-eyed adj שאַרף־אויגיק
hay n היי ס
hay fever הייפֿיבער ז/ס
haystack n היי־סטויג ז (ן)
haywire n היי־דראָט ז/ס
haywire adj פֿאַרפּלאָנטערט; עמאָציאָנעל געשטערט אָדער צערודערט
hazard n ריזיקע נ (ס); סכּנה נ (סכּנות)
hazard v ריזיקירן
hazardous adj ריזיקאַליש; מסוכּן
haze n נעפּל־שלייער ז (ס)
hazy adj פֿאַרנעפּלט; אומקלאָר
H-bomb n הידראָגען־באָמבע נ (ס)
he pron ער
he n ער ז (ן), זכר ז (ים)
head n קאָפּ ז (קעפּ); ראש ז (ים); פּירער ז (ס); שעף ז (ן)
head adj הויפּט, העכסט, אויבער, אייבער

headache n קאָפּווייטיק ז (ן)
headline n קאָפּן־שורה נ (־שורות)
headmaster n פּרינציפּאַל ז (ן) (פֿון אַ פּריוואַטער שולע)
headquarters n pl הויפּטקוואַרטיר נ (ן), שטאַב ז (ן) (often takes sing. v.)
headstone n מצבה נ (מצבות); ווינקלשטיין ז (ער)
headstrong adj פֿאַרעקשנט
headwaiter n אויבערקעלנער ז (ס)
headway n פֿאָרשריט ז; פּראָגרעס ז
heal v היילן
health n געזונט ס, געזונטהייט נ
healthy adj געזונט
heap n הויפֿן ז (ס), קופּע נ (ס)
heap v אָנהויפֿענען, אָנשיטן אין אַ קופּע
hear v הערן
hearing n חוש־השמיעה ז; פֿאַרהער ז (ן)
hearken v (פּאָעטיש) אײַנהערן זיך
hearsay n שמועה נ; רכילות ס
heart n האַרץ ס (הערצער)
– by heart בעל־פּה, אויף אויסנווייניק
– with heart and soul בלב־ונפש
– heart of gold גאָלדן האַרץ ס (זייער פֿרײַנדלעכע טבע)
heartache n עגמת־נפש ס
heart attack האַרץ־אַטאַקע נ (ס)
heartbreak n האַרץ־רײַסעניש ס
hearten v צוגעבן מוט
hearth n היימפֿײַער ז (ן)
hearty adj האַרציק; אמתדיק; געשמאַק
heat n הייסקייט נ; היץ נ (ן)

heat v וואַרעמען; באַהייצן

heathen n געצן־דינער ז (ס)

heave v הייבן; וואַרפן; שלעפּן (מיט כּוח); אַרויסלאָזן (אַ זיפץ)

heaven n הימל ז (ען)

heavenly adj הימליש

heavy adj שווער

heavy-handed adj אומגעלומפּערט; אָן טאַקט; דריקנדיק

Hebrew adj העברעאיש

Hebrew n (לשון) העברעאיש ס, עבֿרית ס; (פּערזאָן) עבֿרי ז (ים)

Hebrew Scriptures תּנך ז

heck interj העק! (אייפעמיזם פאַר גיהנום — hell)

heckle v שטערן מיט צווישנרופן

heckler n צווישנרופער ז (ס)

hectic adj פיבערהאַפטיק

hedge n לעבעדיקער פלויט ז; איינצאַם ז (ען), צוים ז (ען)

hedge v אַרומצוימען; אַרויסדרייען זיך פון (אַ דירעקטן ענטפער)

hedgehog n שטעכלער ז (ס)

hedonism n העדאָניזם ז

heed v לייגן אַכט אויף, רעכענען זיך מיט; איינהערן זיך

heed n אינאַכטנעמונג נ; איינהער ז

heedful adj פאָרזיכטיק; איינהעריק

heehaw n ריטש ז (פון אַן אייזל)

heehaw v ריטשען

heel n פּיאַטע נ (ס); אַפּצאַס ז (ן)

hefty adj (שמועסדיק) שווער; היפּש; גרויס און שטאַרק

hegemony n העגעמאָניע נ (ס) (פּאָליטישע הערשונג נ; פירערשאַפט נ)

heifer n טעליצע נ (ס)

height n הייך נ (ן); וווּקס ז (ן)

heighten v פאַרגרעסערן; פאַרשטאַרקן; העכערן

heinous adj נידערטרעכטיק; העסלעך; עקלהאַפט

heir n יורש ז (ים)

heiress n יורשטע נ (ס)

heist v (סלענג) באַגזלען; באַגנבֿענען

heist n (סלענג) גזלה נ (גזלות); גנבֿה נ (גנבֿות)

helicopter n העליקאָפּטער ז (ס)

heliotropism n העליאָטראָפּיזם ז

hell n גיהנום ז/ס (ס)

Hellenism n העלעניזם ז

hellery n (סלענג) ווילדע אויפפירונג נ (ען); שטיפעריי ס (ען)

hellish adj גיהנומדיק; טייוולאָניש

hello interj האַלאָ!

helm n רודער ז (ס)

helmet n קאַסקע נ (ס)

help v העלפן

help n הילף נ

helper n העלפער ז (ס)

helpful adj העלפיק; נוציק

helpless adj אומבאַהאָלפן

helplessness n אומבאַהאָלפנקייט נ

helpmate n העלפער ז (ספעציעל אַ בן־זוג); העלפערין נ (בת־זוג)

hem n זוים ז (ען) ז

hem v זיימען; זאָגן הם, האַ, א״ע

– hem and haw רעדן קווענקלדיק

hemisphere n העמיספער ז (ן), האַלבקיילעך ז (ער)

hemoglobin n העמאָגלאָבין ז

hemophilia n העמאָפיליע נ
hemorrhage n בלוטאויסגאָס ז (ן)
hen n הון נ (הינער)
hence adv דעריבער; פון דאַנעט
hencoop n הינער־שטײַג נ (ען)
hep adj (סלענג) אינפאָרמירט
heptagon n העפטאַגאָן ז (ען)
herald n העראַלד ז (ן), מבשׂר ז (ים)
herald v מבשׂר זײַן
herb n קרײַטעכץ ס (ער)
herbarium n הערבאַריום ז (ס)
herd n סטאַדע נ (ס)
here adv דאָ; אַהער; אָט
hereby adv דערמיט
hereditary adj ירושהדיק
herein adv דערין
heresy n אפיקורסות ס, פרײַזיניקייט נ (ן)
herewith adv דערמיט
heritage n ירושה נ (ירושות)
hermaphrodite n הערמאַפראָדיט ז (ן), אנדרוגינוס ז (ן)
hermetic adj הערמעטיש
hermit n נזיר ז (ים)
hero n העלד ז (ן)
heroic adj העלדיש
heroine n העלדין נ (ס)
herring n הערינג ז (ען)
hesitant adj קווענקלדיק
hesitate v קווענקלען זיך, וואַקלען זיך
hesitation n קווענקלעניש ס (ן), וואַקלעניש ס (ן)
hetman n העטמאַן ז (ען)
hew v האַקן
hex v (שמועסדיק) פאַרכּישופן; שעלטן
hex n כּישוף ז (ים); קללה נ (קללות)
hexagon n העקסאַגאָן ז (ען)
hexagram n העקסאַגראַם ז (ען)
hey interj היי!
heyday n בלי־יאָרן ר, בליצײַט נ
hibernate v ווינטערן, איבערווינטערן
hiccup n שלוקעכץ ז (ן)
hiccup v שלוקעכצן
hick n (שמועסדיק) זשלאָב ז (עס); יאָקל ז (ען)
hide v באַהאַלטן
hide n פעל נ (ן)
hide-and-seek n באַהעלטענישן־שפיל נ/ס (ן)
hideous adj זייער מיאוס; שרעקלעך; עקלדיק
hiding n באַהאַלטונג נ (ען); באַהעלטעניש ס (ן)
hierarchy n היעראַרכיע נ (ס)
hieroglyphic n היעראָגליף ז (ן)
higgledy-piggledy adv, adj אין אומאָרדענונג; אָנגעוואָרפן, צעמישט
high adj הויך
highborn adj יחוסדיק
highbrow n (שמועסדיק) משׂכּיל ז (ים)
highbrow adj משׂכּיליש, געבילדעט
highfalutin, hifalutin adj (שמועסדיק) פּאָמפּעז, באָמבאַסטיש; פּרעטענציעז
high-priced adj טײַער

high priest	כּוהן גדול ז
high school	מיטלשול נ (ן)
highstrung adj	אָנגעשפּאַנט; נערוועז
high treason	מלוכה־פֿאַרראַט ז (ן), בגידה־במלכות נ
highway n	שאָסיי ז (ען)
hijack v	צוראַבעווען (ספּעציעל אומלעגאַלע סחורות אין טראַנסיט); כאַפּן אַן עראָפּלאַן, באַן, א״ע.
hike v	גיין אויף אַ לאַנגן שפּאַציר; העכערן (לוין, פּרײַז)
hike n	אַרויסשפּאַציר ז (ן), וואַנדערונג נ (ען); העכערונג נ (ען)
hilarious adj	הילולאדיק; שאַלנדיק־פֿריילעך
hill n	בערגל ס (עך)
hilly adj	בערגלדיק
hilt n	הענטל ס (עך) (פֿון אַ שווערד, שטילעט, א״ע)
himself pron	זיך (אַליין)
–he himself	ער אַליין
hind adj	הינטערשט
hind n	הירשין נ (ס), אינדין נ (ס)
hinder v	אָפּהאַלטן; שטערן
hindrance n	אָפּהאַלט ז (ן), עיכּוב ז (ים); שטערונג נ (ען)
hindsight n	חכמה נאָכן טאַט נ
hinge n	זאַוויעסע נ (ס); פּרינציפּ ז (ן)
hint n	אָנדײַט ז (ן), ווונק ז (ען), רמז ז (ים)
hint v	אָנדײַטן, מרמז זײַן
hip n	לענד נ (ן)
hip adj	(סלענג) נײַמאָדיש; קלוג
hire v	דינגען
his pron, adj	זײַן; זײַנער
hiss v	צישען, סיקען
historian n	היסטאָריקער ז (ס)
historical adj	היסטאָריש
historical present	היסטאָרישער הווה ז
history n	היסטאָריע נ (ס)
histrionic adj	טעאַטראַליש; קינסטלעך, ניט־אויפֿריכטיק
hit v	שלאָגן; טרעפֿן
hit n	קלאַפּ ז (קלעפּ); הצלחהדיקע אונטערנעמונג נ (ען); שלאָגער ז (ס)
hitch v	צוטשעפּען; אײַנשפּאַנען
hitchhike v	בעטן (אויפֿן וועג) אַ נסיעה; מיטפֿאָרן בחינם
hither adv	אַהער
hitherto adv	ביז איצט
hive n	בינשטאָק ז (ן)
hoard n	אוצר ז (ות), זאַפּאַס ז (ן)
hoard v	אָנזאַמלען און אײַנשפּײַכלערן
hoarse adj	הייזעריק
hoary adj	גראָ; אַלט
hoax n	ווילערישער טריק ז; בלאָף ז (ן)
hoax v	אָפּטאָן אַ ווילערישן טריק; אָפּנאַרן
hobble v	אונטערהינקען
hobble n	אונטערהינקונג נ (ען); פֿאַרלעגנהייט נ (ן)
hobby n	האָבי ז (ס) (באַליבטער צײַטפֿאַרברענג)
hobo n	שלעפּער ז (ס)
hockey n	האָקי ז (ס)
hockshop n	(שמועסדיק) לאָמבאַרד ז (ן)
hocus v	אָפּטאָן אַ שפּיצל

hocus-pocus n	האָקוס־פּאָקוס ז(ן) (כּישוף ז; אָפּנאַר ז; שפּיצל ס)
hodgepodge n	מיש־מאַש ז(ן), אָנגעוואָרף ס(ן)
hoe n	סאַפּע נ(ס)
hoe v	סאַפּעווען
hog n	חזיר ז(ים); פּאַסקודניאַק ז(עס)
hoggish adj	חזירש; געמיין
hogwash n	אָפּפאַל ז; (סלענג) שמאָכטע נ(ס); שטות ז/ס(ים)
hoist v	אויפהייבן הויך; אַרויפציִען
hold v	האַלטן
hold n	אָנהאַלט ז(ן); איַינפלוס ז(ן)
holdup n	(שמועסדיק) רויב־אָנפאַל ז(ן); אָפּהאַלט ז(ן)
hole n	לאָך (לעכער)
holiday n	יום־טוב ז(ים)
holidays pl	וואַקאַציע נ(ס)
holier-than-thou adj	צביעותדיק
holler v	שריַיען
hollow adj	הויל, פּוסט, לער
holocaust n	שואה נ; חורבן ז(ות); (קרבן) עולה נ(עולות)
holster n	לעדערן שיידל ס (פאַר אַ פּיסטויל)
holy adj	הייליק
homage n	כּבוד ז, רעספּעקט ז
home n	היים נ(ען), שטוב נ(שטיבער)
home adj	היימיש; הויפּט
home-owner n	בעל־בּית ז (בעלי־בּתּים)
homesick adj	פאַרבענקט
homicide n	מאָרד ז(ן)
homogeneous adj	האָמאָגעניש
homonym n	האָמאָנים ז(ען)
homophone n	האָמאָפאָן ז(ען)
honest adj	ערלעך
honesty n	ערלעכקייט נ
honey n	האָניק ז
honeybee n	האָניקבין נ(ען)
honeymoon n	האָניק־חודש ז
honor, honour n	כּבוד ז
honor v	אָפּגעבן כּבוד, באַערן
hood n	קאַפּטער ז ס, קאַפּישאָן ז(ען)
hoodlum n	כוליגאַן ז(עס)
hoof n	קאָפּיטע נ(ס)
hook n	האָק ז(ן); העקל ס(עך)
hoop n	רייף נ(ן)
hoop skirt	רייפקליידל ס(עך)
hop v	האָפּקען, אונטערשפּרינגען
hope n	האָפענונג נ(ען)
hope v	האָפן
hopeful adj	פול מיט האָפענונג
hopeless adj	אָן אַ האָפענונג
hora n	האָרע נ(ס) (ישׂראלדיקער פאָלקסטאַנץ)
horde n	האָרדע נ(ס)
horizon n	האָריזאָנט ז(ן)
hormone n	האָרמאָן ז(ען)
horn n	האָרן ז(הערנער)
hornet n	פערדבין נ(ען)
hornet's nest	נעסט פון פערדבינען; וואַרטנדיקע צרה נ
horoscope n	האָראָסקאָפּ ז(ן)
horrible adj	שרעקלעך; שוידערלעך
horrify	אָנוואַרפן אַ שרעק אויף
horror n	שרעק נ(ן); שוידער ז(ס)
horse n	פערד ס

horse and buggy פערד און וואָגן
horse-and-buggy adj אַלטמאָדיש
horsefly n פערדפליג נ(ן)
horsepower n פערדנקראַפט נ
horseradish n כריין ז
horseshoe n פּאָדקאָווע נ(ס)
horticulture n האָרטיקולטור נ, גערטנערײַ ס
hosanna interj הושענא!
hospitable adj גאַסטפרײַנדלעך
hospital n שפּיטאָל ז(ן)
hospitality n גאַסטפרײַנדלעכקייט נ
host n מכניס־אורח ז(ים), גאַסטגעבער ז(ס); מאַסע נ (מאַסן); אַרמיי נ(ען)
hostage n ערבניק ז(עס)
hostess n גאַסטגעבערין נ(ס)
hostile adj פײַנדלעך
hostility n פײַנדלעכקייט נ
hostilities pl מלחמה־אַקציעס ר
hot adj הייס
hot air (סלענג) פּוסטע דיבורים ר
hotbed n ספּעקטע נ(ס)
hotel n האָטעל ז(ן)
hotfoot adv (שמועסדיק) בחיפּזון
hothead n היצקאָפּ ז(היצקעפּ)
hothouse n אָראַנזשעריע נ(ס)
hotspur n מופקר ז(ים)
hot water הייס וואַסער ס; קלעם נ
hound n שפּירהונט ז(שפּירהינט)
hour n שעה נ(ען), שטונדע נ(ס)
house n הויז ס (הײַזער), שטוב נ(שטיבער)
housewife n הויזפרוי נ(ען), באַלעבאָסטע נ(ס)

hovel n אָפּגעלאָזן בײַדל ס
hover v שוועבן
how adv ווי, ווי אַזוי
however conj, adv פונדעסטוועגן, אָבער; יעדנפאַלס
howl v וויען; גוואַלדעווען
howl n ווי ז(ען); געוואַלד ז(ן)
hub n אַקס־בוקשע נ(ס); מיטלפּונקט ז(ן), צענטער ז(ס)
hubbub n הור־האַ ז
huckleberry n טשערניצע נ(ס)
huckster n פּעדלער ז(ס)
huckster v פּעדלען; דינגען זיך
huddle v טוליען זיך; אָנפּאַקן
hue n באַפאַרבונג נ(ען), שאַטירונג נ(ען); געוואַלד ז(ן)
hug v אַרומנעמען
hug n אַרומנעם ז(ען)
hum v ברומען, זשומען
hum n ברום ז(ען)
human adj מענטשלעך
humane adj הומאַניש
humanity n מענטשהייט נ
– the humanities הומאַניסטיק נ
humble adj באַשיידן
humble v דערנידעריקן, מזלזל זײַן
humbug n צבוע ז(ים); בליאַגער ז(ס); בליאַגע נ; שקרנות ס
humbug v זײַן פאַלש; אָפּנאַרן
humdrum adj לאַנגווײַליק
humid adj פײַכט
humidity n פײַכטקייט נ
humiliate v דערנידעריקן, מבייש זײַן
humiliation n דערנידעריקונג נ(ען)
humility n עניוות ס

hummock n — בערגעלע ס (ך)
humor, humour n — הומאָר ז
humorist n — הומאָריסט ז (ן)
humorous adj — הומאָריסטיש
hump n — הויקער ז (ס); בערגל ס (עך)
hunchback n — הויקער ז (ס)
hundred adj — הונדערט
hunger n — הונגער ז
hungry adj — הונגעריק
hunt v — גיין אויף געיעג
hunt n — געיעג ס (ן)
hunter n — יעגער ז (ס)
hurdle n — שטרויכלונג נ (ען) (ביים לויף־פּאַרמעסט)
hurdle v — אַריבערשפּרינגען; גובר זײַן
hurl v — שלײַדערן
hurly-burly n — גערודער ס
hurrah interj — הוראַ!
hurricane n — הוריקאַן ז (ען)
hurry v — אײַלן; יאָגן זיך
hurry n — אײַלעניש ס
hurt v — באַשעדיקן; וויי טאָן
hurt n — ווייטיק ז (ן); ווונד נ (ן)
hurtful adj — שעדלעך; ווייטיקדיק
husband n — מאַן ז (ען/מענער)
hush v — אײַנשטילן; באַרויִקן
hush n — שטילקייט נ
hush interj — שאַ!
hush-hush adj — (שמועסדיק) געהיים; פאַרטרוילעך
husk n — שאָלעכץ ס/נ (ן)
husky adj — הייזעריק; גרויס און שטאַרק
hustle v — אונטעריאָגן; שטורכען
hustle n — געאײַל ס; ווולגאַר שטופּעניש ס
hut n — כאַטע נ (ס)
huzza interj — הוראַ!
hyacinth n — היאַצינט ז (ן)
hybrid n — מישלינג ז (ען)
hydrogen n — וואַסערשטאָף ז
hydrology n — הידראָלאָגיע נ
hydrophobia n — וואַסערשרעק נ, הינטיש משוגעת ס
hyena n — היענע נ (ס)
hygiene n — היגיענע נ
hygienic adj — היגיעניש
hymn n — לויב־געזאַנג ס (ען), לויב־ליד ס (ער)
hyphen n — בינדשטריך ז (ן), מקף ז (ים)
hypnosis n — היפּנאָז ז
hypnotize v — היפּנאָטיזירן
hypocrisy n — צביעות ס
hypocrite n — היפּאָקריט ז (ן), צבֿועק ז (עס)
hypothesis n — היפּאָטעז ז (ן), סבֿרא נ (סבֿרות)
hyssop n — היזאָפּ ז (ן) (געווירץ־געוויקס; אין תּהלים נ"א, ט: אזוב)
hysteria n — היסטעריע נ; אומזיניקע אויפֿרעגונג נ
hysterical adj — היסטעריש

I i

i, I *n* — אי ז (ען) (בוכשטאַב)
I *pron* — איך
ibid., ibidem *adv* — ד״ג=דאָרטן גופא
ice *n* — אײַז ס
iceberg *n* — אײַזבאַרג ז (אײַזבערג)
icebox *n* — אײַזקאַסטן ז (ס)
ice cream — אײַזקרעם ז (ען)
icing *n* — באַצוקערונג נ (ען)
idea *n* — אידעע נ (ס)
ideal *n* — אידעאַל ז (ן)
ideal *adj* — אידעאַל; פּערפעקט
idealism *n* — אידעאַליזם ז
idealist *n* — אידעאַליסט ז (ן)
idealistic *adj* — אידעאַליסטיש
idealize *v* — אידעאַליזירן
identical *adj* — אידענטיש
identification *n* — אידענטיפיצירונג נ (ען)
identify *v* — אידענטיפיצירן
identity *n* — אידענטיטעט נ (ן)
ideology *n* — אידעאָלאָגיע נ (ס)
idiom *n* — אידיאָם ז (ען)
idiomatic *adj* — אידיאָמאַטיש
idiot *n* — אידיאָט ז (ן)
idiotic *adj* — אידיאָטיש
idle *adj* — לײדיק; אומבאַשעפטיק
idler *n* — לײדיקגײער ז (ס)
idol *n* — געץ ז (ן), אָפּגאָט ז (אָפּגעטער)
idolize *v* — דינען געצן; פאַרגעטערן
idyll, idyl *n* — אידיליע נ (ס)
idyllic *adj* — אידיליש
i.e., id est — ד״ה=דאָס הייסט

if *conj* — אויב, טאָמער
igloo *n* — איגלו ז (ס)
ignite *v* — אָנצינדן
ignoble *adj* — געמיין, אומכּבֿודיק
ignominy *n* — חרפּה נ (חרפּות)
ignoramus *n* — עם־האָרץ ז (עם־הארצים)
ignorance *n* — עם־הארצות ס
ignore *v* — איגנאָרירן, מאַכן זיך נישט װיסנדיק
ill *adj* — קראַנק
illegal *adj* — אומלעגאַל
illegality *n* — אומגעזעצלעכקייט נ (ן)
illegible *adj* — אומלײנעװדיק
illiteracy *n* — אַנאַלפֿאַבעטיזם ז
illiterate *adj* — אַנאַלפֿאַבעטיש
illiterate *n* — אַנאַלפֿאַבעט ז (ן)
ill-mannered *adj* — אומהעפלעך, גראָב
ill-natured *adj* — שלעכטהאַרציק; להכעיסדיק
illness *n* — קראַנקייט נ (ן)
illogical *adj* — אומלאָגיש
ill-tempered *adj* — שלעכט־געשטימט; ברוגזדיק
illuminate *v* — אילומינירן
ill-use *v* — שלעכט באַהאַנדלען
illusion *n* — אילוזיע נ (ס)
illustrate *v* — אילוסטרירן
illustration *n* — אילוסטראַציע נ (ס)
illustrious *adj* — זייער באַרימט

ill will שׂינאה נ (שׂינאות)
image n געשטאַלט ס (ן)
imaginary adj פֿאַנטאַזירט, ניט־רעאַל
imagination n פֿאַנטאַזיע נ (ס)
imagine v פֿאָרשטעלן זיך
imbecile n דומקאָפּ ז (דומקעפּ), שוטה גמור ז
imbecile adj שוואַכקעפּיק
imbibe v טרינקען; אַבסאָרבירן, אײַנזאַפּן
imbue v אָנפּילן; אינספּירירן
imitate v אימיטירן, נאָכמאַכן
imitation n אימיטאַציע נ (ס), נאָכמאַכונג נ (ען)
imitator n נאָכמאַכער ז (ס)
immaculate adj אומבאַפֿלעקט
immaterial adj ניט־וויכטיק
immature adj אומרײַף; ניט־דערוואַקסן
immediate adj באַלדיק; דירעקט
immediately adv באַלד, תּיכּף
immense adj ריזיק
immerse v אײַנטונקען
immigrant n אימיגראַנט ז (ן)
immigrate v אימיגרירן
immigration n אימיגראַציע נ (ס)
imminent adj אָט־אָטיק, נאָענט צו פּאַסירן
immoderate adj אָן אַ מאָס; איבערגעטריבן
immodest adj אומבאַשיידן
immoral adj אוממאָראַליש
immortal adj אומשטערבלעך
immortality n אומשטערבלעכקייט נ
immortalize v פֿאַראייביקן
immunity n אימוניטעט נ; פֿרײַהייט נ; שיץ ז
immunize v מאַכן ווידערשטאַנדפֿעיִק
imp n קליינער שד ז, שדל ס (שדימלעך)
impact n פּראַל ז (ן); שטאַרקע השפּעה נ
impair v פֿאַרערגערן; באַשעדיקן
impartial adj אומצדדימדיק, אָביעקטיוו
impasse n פֿאַרהאַק ז (ן); בלינד געסל ס
impatience n אומגעדולד ס/נ
impatient adj אומגעדולדיק
impeach v אײַנשולדיקן (אין קאָנגרעס)
impeccable adj אָן אַ פֿעלער
impede v שטערן
impel v טרײַבן; צווינגען
impend v דערנענטערן זיך; הענגען דראָענדיק
imperative n אימפּעראַטיוו ז (ן)
imperfect adj אומפּערפֿעקט, פֿעלערדיק
imperial adj קייסעריש; מאַיעסטעטיש
imperialism n אימפּעריאַליזם ז
imperialist n אימפּעריאַליסט ז (ן)
imperialistic adj אימפּעריאַליסטיש
imperil v שטעלן אין געפֿאַר
impersonal adj אומפּערזענלעך
impersonate v נאָכמאַכן; פּרעטענדירן; פּערזאָניפֿיצירן
impertinence n חוצפּה נ
impertinent adj חוצפּהדיק
impetuous adj האַסטיק, אײַליק

impetus n אימפּעט ז (ן)
impious adj ניט־פֿרום
impish adj לצניש; קונדסיש
implant v אײַנפּלאַנצן
implement n מכשיר ז (ים)
implement v מקיים זײַן, אויספֿירן
implicate v אַרײַנציִען; פֿאַרפּלאָנטערן; אָנדײַטן
implicit adj אַבסאָלוט; ניט־בפֿירוש
implore v שטאַרק בעטן
imply v געבן אָנצוהערן; באַטײַטן
impolite adj אומהעפֿלעך
import v אימפּאָרטירן
import n אימפּאָרט ז (ן); באַטײַט ז (ן); חשיבֿות ס
importance n וויכטיקייט נ
important adj וויכטיק
importer n אימפּאָרטירער ז (ס)
impose v אַרויפֿלייגן (אַ שטראָף, לאַסט, א״ע); מטריח זײַן
imposition n אַרויפֿלייגונג נ (ען) (שטײַערן, שטראָף, א״ע); טירחה נ (טירחות); אָפּנאַרערײַ ס
impossibility n אוממעגלעכקייט נ (ן)
impossible adj אוממעגלעך
impostor n שאַרלאַטאַן ז (ען)
impotent adj אימפּאָטענט; שוואַך
impound v פֿאַרהאַלטן (אין אַ לאַגער, שטאַל, א״ע); אײַנצאַמען
impoverish v פֿאַראָרעמען
impractical adj אומפּראַקטיש
impresario n אימפּרעסאַריאָ ז (ס)
impress v מאַכן אַ רושם, באַאײַנדרוקן
impression n רושם ז (ס), אײַנדרוק ז (ן)
impressive adj רושמדיק
imprison v אײַנזעצן (אין תּפֿיסה)
improper adj אומפּאַסיק
improve v פֿאַרבעסערן
improvement n פֿאַרבעסערונג נ (ען)
improvise v אימפּראָוויזירן
imprudent adj לײַכטזיניק
impudent adj חוצפּהדיק, פֿרעך
impulse n אימפּולס ז (ן)
impulsive adj אימפּולסיוו
in prep, adv אין; אַרײַן
inaccessible adj אומדערגרייכלעך
inaccuracy n אומפּינקטלעכקייט נ (ן); טעות ז/ס (ן/ים)
inactive adj ניט־טעטיק
inactivity n אומטעטיקייט נ
inadequate adj ניט־גענוגיק; ניט־טויגעוודיק
inanimate adj אומבאַלעבט
inappropriate adj אומפּאַסיק
inapt adj אומטויגלעך; אומפֿעאיק
inarticulate adj אומדײַטלעך; ניט־קלאָררײדיק
inaudible adj ניט־הערעוודיק
inaugurate v מחנך זײַן
inborn adj אײַנגעבוירן; אינסטינקטיוו
incapable adj אומפֿעאיק
incarnate v פֿאַרקערפּערן
incense n ווײַרויך ז (ן)
inch n צאָל ז (ן), אינטש ז (ן)
incident n אינצידענט ז (ן), פֿאַל ז (ן)
incidental adj צופֿעליק
incidentally adv דרך־אגבֿ

incise v אײַנשנײַדן
incision n אײַנשניט ז (ן)
incisive adj אײַנשנײַדיק; שאַרף
incite v אויפרייצן, העצן
incitement אויפרייצונג נ
incivility n אומהעפלעכקייט נ
inclination n נייגונג נ (ען), נטיה נ (נטיות)
incline v נייגן זיך
include v אַרײַננעמען; מצרף זײַן
inclusive adj אײַנשליסיק; כּוללדיק
income n הכנסה נ (הכנסות), אײַנקונפט נ (ן)
incompatible adj ניט־אויסקומיק
incompetent adj אומפעאיק; ניט־בּאַרעכטיקט
incomplete adj ניט־דערענדיקט; ניט־גאַנץ
incomprehensible adj אומפאַרשטענדלעך
inconceivable adj אומבּאַגרײַפלעך
inconclusive adj ניט־איבערצײַגיק
inconsequent adj אומקאָנסעקווענט
inconsistent adj ניט־אײַנשטימיק; בּײַטעוודיק
inconspicuous adj ניט־אָנזעעוודיק
inconvenience n אומבּאַקוועמקייט נ (ן)
inconvenient adj אומבּאַקוועם
incorrect adj ניט־ריכטיק
incorrupt adj אומפאַרדאָרבּן; ניט־פאַרגרײַזט
increase v פאַרגרעסערן; פאַרמערן זיך
increase n אָנוווּקס ז (ן); פאַרמערונג נ
incredible adj אומגלייבּלעך
incriminate v אינקרימינירן
incubator n אינקובּאַטאָר ז (ן)
incur v בּרענגען אויף זיך
indecent adj ניט־אָרנטלעך
indecision n אומבּאַשלאָסנקייט נ
indeed adv בּאמת, טאַקע
indefinite adj אומבּאַשטימט
indemnify v פאַרגיטיקן, צוריקצאָלן
independence n אומאָפּהענגיקייט נ
independent adj אומאָפּהענגיק
indescribable adj אומבּאַשרײַבּלעך
index n אינדעקס ז (ן)
indicate v אָנווײַזן
indication n אָנווײַז ז (ן)
indict v אײַנקלאָגן
indifference n גלײַכגילטיקייט נ
indifferent adj גלײַכגילטיק
indigence n אָרעמקייט נ
indigenous adj אײַנגעבּוירן
indigent adj אָרעם
indigestion n ניט־פאַרדײַאונג נ
indignation n אויפגעבּראַכטקייט נ
indignity n אומווערדיקייט נ (ן); בּאַליידיקונג נ (ען)
indirect adj אומדירעקט
indiscreet adj אומדיסקרעט
indiscriminate adj מבולבּל, ניט־איבּערקלײַבּנדיק
indispensable adj אַבּסאָלוט נייטיק
indistinct adj אומקלאָר
individual n יחיד ז (ים); פּערזאָן נ (ען)
individual adj אינדיווידועל; פּערזענלעך
indoctrinate v אינדאָקטרינירן
indolence n פוילקייט נ

indoors adv אינעווייניק

induce v פועלן בײַ; פירן צו

indulge v נאָכגעבן; באַפרידיקן (אַ באַגער)

indulgent adj נאָכגיביק; ניט־קריטיש

industrial adj אינדוסטריעל

industrious adj פלײַסיק

industry n אינדוסטריע נ (ס)

inefficient adj אומעפעקטיוו

ineligible adj אומפּאַסיק; ניט־קוואַליפיצירט

inept adj אומפּאַסיק; אומזיניק

inertia n אינערציע נ

inevitable adj אומפאַרמײַדלעך

inexact adj אומפּינקטלעך

inexpensive adj ניט־טײַער

infallible adj אומטעותדיק

infamy n שאַנדע נ (ס)

infant n זייגקינד ס (ער)

infantile adj קינדיש

infantry n אינפאַנטעריע נ (ס)

infect v אָנשטעקן

infection n אינפעקציע נ (ס)

infer v אַרויסדרינגען

inference n אויספיר ז (ן)

inferior adj נידעריקער; ערגער

inferiority n מינדערווערטיקייט נ

inferiority complex שיפלות־קאָמפּלעקס ז (ן)

infernal adj גיהנומדיק

inferno n גיהנום ז/ס (ס)

infertile adj אומפּרוכטבאַר

infest v פאַרשרצן; ראָיען זיך

infidel n כופר ז (ים)

infiltrate v אַרײַנדרינגען

infinite adj אומענדלעך

infinitive n אינפיניטיוו ז (ן)

infirm adj שוואַך; אומפעסט

inflame v אָנצינדן; צעפלאַמט ווערן

inflammation n אָנצינדונג נ (ען) (קראַנקהייט)

inflate v אָנבלאָזן, אויפבלאָזן

inflation n אינפלאַציע נ (ס); אָנבלאָזונג נ (ען)

inflection n בייגונג נ (ען)

inflexible adj אומבייגעוודיק

inflict v דערלאַנגען (אַ קלאַפּ); אַרויפלייגן (אַ לאַסט, יסורים, א״ע)

influence n השפּעה נ (השפּעות), אײַנפלוס ז (ן)

influence v משפּיע זײַן, באַאײַנפלוסן

influential adj השפּעהדיק

influenza n אינפלוענציע נ (קראַנקהייט)

inform v אינפאָרמירן, מודיע זײַן; מסרן

informal adj אומפאָרמעל

information n אינפאָרמאַציע נ (ס)

informer n מסור ז (מוסרים)

infraction n (געזעץ־) ברעכונג נ (ען)

infringe v ברעכן (אַ געזעץ) מסיג־גבול זײַן

infuriate v דערצערענען

infuse v אַרײַנגיסן; אינספּירירן; ווייקן

ingenious adj המצאהדיק; טאַלאַנטפול

ingenuous adj אָפן־האַרציק; פשוט

ingrained adj פאַרוואָרצלט

ingratitude n אומדאַנק ז

ingredient n אינגרעדיענט ז (ן)

inhabit v באַוווינען

inhabitant n אײַנוווינער ז (ס), תּושב ז (ים)

inhale v אײַנאָטעמען

inharmonious adj אומהאַרמאָניש

inhere v געהערן צו (אַלס אַן אייגנשאַפט)

inherent adj תּוכיק

inherit v ירשענען

inheritance n ירושה נ (ירושות)

inhibit v מעכּב זײַן

inhibition n עיכּוב ז (ים), אײַנהאַלט ז (ן)

inhumanity n אוממענטשלעכקייט נ

inimical adj אומפרײַנדלעך; שעדלעך

iniquity n רישעות ס; עוולה נ (עוולות)

initial adj אָנפאַנגלעך; ערשט

initial n איניציאַל ז (ן)

initial v אונטערשרײַבן זיך מיט ראָשי־תּיבות

initially adv פון אָנהייב

initiate v אָנהייבן; אַרײַנפירן (אין אַ חברה מיט צערעמאָניעס)

initiative n איניציאַטיוו ז (ן)

inject v אײַנשפּריצן (אַ פליסיקייט); אַרײַנוואַרפן (אַ באַמערקונג)

injection n אײַנשפּריצונג נ (ען)

injunction n באַפעל ז (ן); געריכט־פאַרווער ז (ן)

injure v באַשעדיקן; פאַרווונדן; באַעוולען

injury n שאָדן ז (ס); ווונד נ (ן); עוולה נ (עוולות)

injustice n אומגערעכטיקייט נ (ן); עוולה נ (עוולות)

ink n טינט נ (ן)

inkspot n קלעק ז (ן)

inkwell n טינטער ז (ס)

in-law n מחותּן ז (ים)

in memoriam צום אָנדענק

inn n קרעטשמע נ (ס)

innkeeper n קרעטשמער ז (ס)

innocence n אומשולד נ

innocent adj אומשולדיק

innovate v באַנײַען, מחדש זײַן

innovation n באַנײַאונג נ (ען)

innovator n באַנײַער ז (ס)

innuendo n אומדירעקטער ווונק ז; פאַרפירערישע רעפערענץ נ

inoculate v אינאָקולירן

inoffensive adj ניט־באַליידיקנדיק; אומשעדלעך

inorganic adj אומאָרגאַניש

inquest n (יורידישע) אויספאָרשונג נ (ען)

inquire v נאָכפרעגן; אויספאָרשן

inquiry n אָנפראַגע נ (ס); אויספאָרשונג נ (ען)

inquisition n גרונטיקער אויספאָרש ז; אָפיציעלע אויספאָרשונג נ (ען)

Inquisition n אינקוויזיציע נ

inquisitive adj זייער נײַגעריק

inroad n אַרײַנדרונג ז (ען); אינוואַזיע נ (ס)

insane adj משוגע; עקסטרעמלעך נאַריש
insanitary adj אומהיגיעניש
insanity n משוגעת ס (ן)
inscribe v אײַנשרײַבן
inscription n אויפשריפט נ (ן)
insect n אינסעקט ז (ן)
insecure adj אומזיכער
insecurity n אומזיכערקייט נ
insensitive adj ניט־סענסיטיוו, אומפילבאַר
inseparable adj אומצעשיידלעך
insert v אַרײַנשטעלן
inside n אינעווייניק ז
inside adv, prep אינעווייניק; אין
insidious adj כיטרע; פאַררעטעריש
insight n אַרײַנבליק ז (ן); טיף פאַרשטענדעניש ס
insignia n pl כבוד־אָפּצייכנס ר
insignificant adj אומוויכטיק
insinuate n מרמז זײַן קעגן עמעצן
insinuation n אָנצוהערעניש ס (ן)
insipid adj אומבאַטעמט; נודנע; שוואַך
insist v באַשטיין אויף; אײַנשפּאַרן זיך
insolence n חוצפה נ (חוצפות), עזות ס
insolent adj חוצפהדיק
insolvency n באַנקראָט ז (ן)
insomnia n שלאָפלאָזיקייט נ
inspect v דורכקוקן
inspection n דורכקוק ז (ן); אינספּעקציע נ (ס)
inspector n אינספּעקטאָר ז (ן)
inspiration n אינספּיראַציע נ (ס), באַגײַסטערונג נ (ען)
inspire v באַגײַסטערן
instability n אומפעסטקייט נ
install v אינסטאַלירן
installment n ראַטע נ (ס)
installment plan אויסצאָלפּלאַן ז
instance n בײַשפּיל ז (ן); פאַל ז (ן)
– for instance למשל, צום בײַשפּיל
instant n רגע נ (ס), מאָמענט ז (ן)
instant adj תיכּפדיק, מאָמענטאַל
instantaneous adj תיכּפדיק
instantly adv תיכּף־ומיד, אויף דער רגע
instead adv אָנשטאָט
instigate v אָנרייצן
instil, instill v אײַנטריפן; איבערגעבן שטופנווײַז
instinct n אינסטינקט ז (ן)
instinctive adj אינסטינקטיוו
institute v אײַנשטעלן
institute n אינסטיטוט ז (ן)
institution n אינסטיטוציע נ (ס)
institutional adj אינסטיטוציאָנעל
instruct v אויסלערנען; באַפעלן
instruction n לימוד ז
instructions pl אינסטרוקציעס ר (אָנווײַזונגען; באַפעלן)
instructive adj אינסטרוקטיוו, באַלערנדיק
instructor n אינסטרוקטאָר ז (ן)
instrument n אינסטרומענט ז (ן)
insubordinate adj ווידערשפּעניק

insubstantial adj — ניט־ממשותדיק; נישטיק
insufficient adj — ניט־גענוגיק
insulin n — אינסולין ז
insult v — באַליידיקן
insult n — באַליידיקונג נ (ען)
insurance n — פֿאַרזיכערונג נ (ען)
insure v — פֿאַרזיכערן
insurgence n — אויפֿשטאַנד ז (ן), בונט ז (ן)
insurrection n — אויפֿשטאַנד ז (ן)
intact adj — גאַנץ; אומבאַרירט
integrate v — אינטעגרירן
integrity n — אָרנטלעכקייט נ
intellect n — אינטעלעקט ז (ן)
intellectual adj — אינטעלעקטועל
intellectual n — אינטעלעקטואַל ז (ן)
intelligence n — אינטעליגענץ נ, חכמה נ; אויסשפּיר ז
intelligent adj — אינטעליגענט
intelligible adj — פֿאַרשטענדלעך
intemperate adj — אוממעסיק; אָנגעטרונקען
intend v — האָבן בדעה
intense adj — זייער שטאַרק; זייער גרויס; טיף פֿילעוודיק
intensify v — פֿאַרשטאַרקן
intensity n — שטאַרקייט נ (ן)
intensive adj — אינטענסיוו
intent n — כּוונה נ (כּוונות); צוועק ז (ן)
intention n — כּוונה נ (כּוונות)
intentional adj — אינטענציאָנעל (ווילנדיק; געפּלאַנעוועט)
intercede v — מיִען זיך פֿאַר
intercept v — איבערכאַפּן

intercession n — באַמיאונג נ (ען) (פֿאַר עמעצן)
intercessor n — שתּדלן ז (ים) אינטערווענירער ז (ס)
interchange v — אויסבײַטן, איבערבײַטן
interchange n — אויסבײַט ז (ן)
interdict v — פֿאַרווערן, אסרן
interdiction n — פֿאַרווער ז (ן), איסור ז (ים)
interest n — אינטערעס ז (ן); פּראָצענט ז (ער)
interest v — פֿאַראינטערעסירן זיך
interesting adj — אינטערעסאַנט
interfere v — אַרײַנמישן זיך
interference n — אַרײַנמישונג נ (ען)
interim n — צווישנצײַט נ
interim adj — דערווײַליק
interior adj — אינעווייניקסט
interject v — אַרײַנוואַרפֿן
interjection n — צווישנרוף ז (ן); (גראַמאַטיק) אויסרופֿוואָרט ס (אויסרופֿווערטער), אינטעריעקציע נ (ס)
interline v — שרײַבן אָדער צייכענען צווישן ליניעס
interlocutor n — מיטשמועסער ז (ס)
interlope v — אַרײַנדרינגען; אַרײַנמישן זיך
interlude n — אינטערלוד ז (ן) (צווישנשפּיל נ; צווישנצײַט נ)
intermediary n — פֿאַרמיטלער ז (ס)
intermission n — הפסקה נ (הפסקות)
intermit v — מפסיק זײַן, אויפֿהערן צײַטנווײַז

intern v	פֿאַרהאַלטן, פֿאַרשפּאַרן
intern n (also interne)	אינטערן ז (אַסיסטענט־דאָקטער אין אַ שפּיטאָל)
internal adj	אינערלעך
internally adv	אינעווייניק
international adj	אינטערנאַציאָנאַל
interpose v	אַרײַנלייגן צווישן; אַרײַנוואַרפֿן (אַ וואָרט, פֿראַגע, א״ע); אינטערווענירן
interpret v	טײַטשן, אויסטײַטשן, פֿאַרטײַטשן, מבֿאר זײַן, מפֿרש זײַן
interpretation n	אויסטײַטשונג נ (ען), ביאור ז (ים), פּירוש ז (ים)
interpreter n	אויסטײַטשער ז (ס); איבערזעצער ז (ס)
interrogate v	אויספֿרעגן
interrogation n	אויספֿרעגונג נ (ען)
interrupt v	איבעררײַסן
interruption n	איבעררײַס ז (ן)
intersect v	דורכשנײַדן; דורכקרייצן זיך
intersection n	שנײַדפּונקט ז (ן); דורכקרייצונג נ (ען)
intersperse v	צעשפּרענקלען, צעשפּרייטן (צווישן אַנדערע זאַכן)
interurban adj	צווישנשטאָטיש
interval n	אינטערוואַל ז (ן)
intervene	קומען צווישן; אינטערווענירן
intervention n	אינטערווענץ נ (ן)
interview n	אינטערוויו ז (ען)
interview v	אינטערוויואירן
intestine n	קישקע נ (ס)
intimate adj	אינטים
intimate n	מקורב ז (ים)
intimate v	געבן אָנצוהערן; מודיע זײַן
intimidate v	אָנשרעקן
into prep	אַרײַן
intolerable adj	ניט צו פֿאַרטראָגן
intolerance n	אומטאָלעראַנץ נ
intolerant adj	אומטאָלעראַנט
intonation n	אינטאָנאַציע נ (ס)
intone v	אינטאָנירן
intoxicate v	פֿאַרשיכּורן
intransigent adj	אומבייגיק; פֿאַרבּיסן; פֿאַרשטײַפֿט
intransitive adj	אומטראַנסיטיוו
intrepid adj	אומפֿאַרכטיק; דרייסט
intricate adj	פֿאַרפּלאָנטן; קאָמפּליצירט
intrigue n	אינטריגע נ (ס)
intrigue v	אינטריגירן
intrinsic adj	תּוכיק; מהותדיק
introduce v	אַרײַנפֿירן; אײַנפֿירן; פֿאָרשטעלן
introduction n	אײַנפֿירן ס; פֿאָרשטעלן ס; אַרײַנפֿיר ז (ן)
introspection n	חשבון־הנפש ז
introspective adj	אינטראָספּעקטיוו
introvert n	אינטראָווערט ז (ן)
intrude v	אַרײַנדרינגען; קומען אומגעבעטן
intuition n	אינטואיציע נ (ס)
inundate	פֿאַרפֿלייצן
inundation n	איבערפֿלייץ ז (ן)
inure v	פֿאַרהאַרטעווען; צוגעווינען; ווירקן

invade v דורכפירן אַן אינוואַזיע; אַרײַנרײַסן זיך
invalid adj אומגילטיק
invalid n אינוואַליד ז (ן)
invalidate v מאַכן אומגילטיק
invasion n אינוואַזיע נ (ס); אַרײַנדרינגונג נ (ען)
invective n זידלערײַ ס (ען)
inveigh v אָנזידלען; פּיסקעווען
inveigle v צורעדן; אָפּנאַרן
invent v דערפינדן; אויסטראַכטן
invention n דערפינדונג נ (ען); אויסטראַכטעניש ס (ן)
inventor n דערפינדער ז (ס)
inventory n אינווענטאַר ז (ן)
invert v איבערקערן
invertebrate adj אָנשדרההדיק; אָן כאַראַקטער אָדער איבערצײַגונג
invest v אינוועסטירן (געלט); באַקליידן; געבן אַ כּוח־הרשאה; אינסטאַלירן מיט אַ צערעמאָניע
investigate v פאָרשן; אויספאָרשן
investigation n אויספאָרשונג נ (ען)
invigorate v קרעפטיקן; געבן וויטאַליטעט
inviolable adj אומבאַרירלעך; הייליק
invisible adj אומזיכטבאַר
invitation n אײַנלאַדונג נ (ען)
invite v אײַנלאַדן, פאַרבעטן
invocation n תּחינה נ (תּחינות)
invoice n פאַקטור נ (ן) (חשבון פאַר סחורה)
invoke v רופן צו הילף; מתפלל זײַן; בעטן רחמים
involuntary adj ניט־ווילנדיק; שוגגדיק
involve v אײַנוויקלען; פאַרפלאָנטערן; אײַנשליסן; נוגע זײַן
invulnerable adj אומפאַרוווּנדלעך
inward adj אינערלעך; תּוכיק; גײַסטיק
inwardly adv אין זיך
inwardness n פּנימיות ס; רוחניות ס; ערנסטקייט נ
iodine n יאָד ז
ion n יאָן ז (ען)
iota n יאָטע נ (ס) (קלענסטער בוכשטאַב אין גריכישן אַלפאַבעט); קוצו־של־יוד ז; פּיצל ס (עך)
irascible adj צעכּעסט, אויפגעבראַכט
irate adj בייז, אויפגערעגט
iridescence n רעגנבויגנדיקע קאָלירקייט נ
irk v פאַרדריסן; מאַטערן
irksome adj פאַרדראָסיק
iron n אײַזן ס; פּרעסאײַזן ס (ס)
iron adj אײַזערן
ironfisted adj ניט־נאָכגיביק; אכזריותדיק; דעספּאָטיש
ironhanded adj שטרענג
ironic, ironical adj איראָניש
irony n איראָניע נ (ס)
irradiate v באַשטראַלן
irradiation n באַשטראַלונג נ (ען); אויפקלערונג נ

irrational adj אומראַציאָנעל
irregular adj אומרעגולער
irrelevant adj ניט־שײַכותדיק
irreligious adj אומרעליגיעז
irrespective adj ניט־געקוקט אויף, אומאָפּהענגיק פֿון
irresponsibility n אומפֿאַראַנטוואָרטלעכקייט נ
irresponsible adj אומפֿאַראַנטוואָרטלעך
irrigate v באַוואַסערן
irrigation n באַוואַסערונג נ
irritable adj רייצבאַר
irritant adj רייצנדיק, בײַסנדיק
irritate v רייצן; דערצאָרנען
irritation n רייצונג נ (ען)
irruption n אײַנבּרוך ז (ן)
Ishmael n ישמעאל, הגרס זון (בראשית ט״ז); נע־ונדניק ז (עס)
Islam n איסלאַם ז
Islamic adj איסלאַמיש. מאָסלעמיש
island n אינדזל ז (ען)
isolate v איזאָלירן, אָפּזונדערן
Israel n ישׂראל (בראשית ל״ב, כט); פֿאָלק ישׂראל ס
– State of Israel מדינת־ישׂראל [נ]
Israeli n ישׂראלי ז (ים) (אײַנוווינער פֿון מדינת־ישׂראל)
Israeli adj ישׂראליש
Israelite n ייִד ז (ן)
issue v אַרויסגעבן; אַרויסשפּליסן; אַרויסגיין; אָפּשטאַמען פֿון
issue n אויסגאַבע נ (ס); אַרויסשפּליסונג נ (ען); רעזולטאַט ז (ן); אַמפּערפּונקט ז (ן); אָפּשטאַמלינג ז (ען)
isthmus n איסטמאָס ז (ן)
it pron עס
italic n (Often italics pl) איטאַליק ז (אַ דרוקשריפֿט וואָס בייגט זיך אויף רעכטס)
itch n בײַסעניש ס (ן); אומרואיקער חשק ז
itch v גענדזלען זיך; בײַסן; לעכצן
item n פּרט ז (ים), איינצלהייט נ (ן); שטיקל נײַעס ס
itemize v צעענצלען; אָנשרײַבן אין איינצלהייטן
iterate v איבערחזרן
itinerant adj וואַנדערנדיק
itinerary n רײַזע־פּלאַן ז (־פּלענער)
itself pron זיך אַליין
ivory n העלפֿאַנטבײן ז (ער)

J j

j, J n יאָט ז (ן) (בוכשטאַב)
jabber v פּלוידערן
jack n יונג ז (ען); אונטערהייבער ז (ס); (קאָרטן) פּויער ז (ים)
jackal n שאַקאַל ז (ן)
jacket n זשאַקעט ז (ן); (בוך) הילע נ (ס)
jade n גרינשטיין ז (ער); שקאַפּע נ (ס)

jade v אויסמאַטערן

jaded adj אויסגעמאַטערט

Jaffa n יפו־מאַראַנץ ז (ן)

jaguar n יאַגואַר ז (ן)

jail n טורמע נ (ס), תּפיסה נ (תּפיסות)

jail v אײַנזעצן

jailbird n (סלענג) תּפיסה־פויגל ז (ען), תּפיסהניק ז (עס)

jam v קוועטשן; פאַרהאַקן; פאַרשטאָפּן

jam n געדראַנג ס (ען); קלעם נ

jamboree n סקויטן־צוזאַמענפאָר ז (ן); (סלענג) טומלדיקע שׂימחה נ

janitor n הויז־וועכטער ז (ס); טירהיטער ז (ס)

January n יאַנואַר ז (ן)

jar n סלוי ז (עס); גרילץ ז (ן); אויפטרייסלונג נ (ען)

jar v גרילצן; אויפטרייסלען

jargon n זשאַרגאָן ז (ען)

jasmine n יאַסמין ז (ען)

jasper n יאַספּיס ז (ן) (אידלשטיין)

jaunt n קורצע עקסקורסיע נ (ס)

javelin n וואַרפשפּיז נ (ן)

jaw n קין ז (ען), קינביין ז (ער)

jazz n דזשעז ז (מוזיק)

jealous adj קינאהדיק; אייפערזיכטיק

jealousy n קינאה נ (קינאות)

jeans n pl דזשינס ר

jeep n דזשיפּ ז (ן)

jeer v שפּאָטן, חוזקן

jeer n סאַרקאַסטישע באַמערקונג נ (ען); אומאײַנגענעמער שרײַ ז

jehu n שנעלער שאָפער ז (זען מלכים ב ט׳, כ)

jell פאַרגליווערן (זיך)

jelly n גליווער ז (ס)

jeopardize שטעלן אין געפאַר

jeopardy n געפאַר נ (ן), סכּנה נ (סכּנות)

jeremiad n קינה נ (קינות); קלאָגליד ס (ער); וויגעשריי ס (ען)

jerk n פּלוצעמער שלעפּ ז; צאַפּל ז (ען); (סלענג) טיפּש ז (ים)

jerk v אַ שלעפּ טאָן

Jerusalem n ירושלים [ס]; הייליקע שטאָט נ

jest n וויץ ז (ן); שפּאַס ז (ן)

jest v וויצלען זיך; שפּאָטן

jet n שפּריץ ז (ן); דזשעט־עראָפּלאַן ז (ען)

Jew n ייִד ז (ן)

jewel n אידלשטיין ז (ער), אבן־טוב ז (אבנים־טובות)

jewelry n צירונג ס

Jewish adj ייִדיש

Jewish n ייִדיש ס (שפּראַך)

Jewish calendar (ייִדישער) לוח ז

Jewry n ייִדנטום ס; ייִדן ר; (פאַרעלטערט) ייִדישע געטאָ נ (ס)

Jezebel n איזבל פּנ (זען מלכים ב ט׳); מרשעת נ (ן)

jiffy n (שמועסדיק) רגע נ (ס), מאָמענט ז (ן)

jig n דזשיג ז (ן) (פריילעך טענצל)

jilt v אָפּשטויסן (אַ געליבטן) אומגעריכט

jingle n געקלינגל ס (עך)

jingle v קלינגלען

jitter v (שמועסדיק) זײַן אויפגערעגט

jitters n pl (סלענג) גוואַלדיקע נערוועזקייט נ

jittery adj (שמועסדיק) נערוועז

job n אַרבעט נ(ן); שטעלע נ(ס)

Job n איוב פּנ (אין תּנך); לײַדנדיקער מענטש ז

jockey n זשאָקיי ז(ען)

jockey v רײַטן אין אַ וועטלויף; אַרײַננאַרן

jocose adj וויציק; הומאָריסטיש

jocular adj שפּאַסיק

jocund adj פריילעך; מונטער

jog v שטויסן לײַכט; דזשאָגן (לויפן לאַנגזאַם און ריטמיש)

join v פאַרבינדן

joint n געלענק ס(ען)

joint adj בשותּפותדיק; פאַראייניקט

jointly adv בשותּפות

joke n וויץ ז(ן)

joke v וויצלען זיך

joker n וויצלער ז(ס); לץ ז(ים)

jolly adj פריילעך

jolt v שטויסן; אויפטרייסלען

jolt n שטויס ז(ן)

Jonah n יונה פּנ (אין תּנך); ברענגער פון מזל־רע ז

Jordan n (טײַך) ירדן ז; (לאַנד) ירדן [ס]

jostle v שטורכען, שטויסן

jostle n שטורך ז(ן), שטויס ז(ן)

jot n פּיצל ס (עך) ז

jot v פאַרנאָטירן, פאַרצייכענען שנעל אָדער בקיצור

journal n זשורנאַל ז(ן)

journalist n זשורנאַליסט ז(ן)

journey n רײַזע נ(ס)

jovial adj גוטהאַרציק און פריילעך

joy n פרייד נ(ן), שׂימחה נ(שׂימחות)

joyful adj פריילעך; גליקלעך

joyless adj אָן פרייד; טרויעריק

joyous adj פריילעך, פריידיק

jubilance n שׂשׂון־ושׂימחה ז (־ושׂימחות)

jubilant adj שאַלנדיק; זייער פריידיק

jubilee n יובּיליי ז(ען), יובל ז(ען)

Judaism n יהדות ס

judge n שופט ז(ים), ריכטער ז(ס)

judge v מישפּטן; פּסקענען; דענקען

judgment n פּסק ז(ים); צופּסקענונג נ(ען); אָפּשאַצונג נ(ען)

judicious adj באַקלעריק, באַרעכנט

jug n קרוג ז(קריג)

juice n זאַפט ז(ן)

juicy adj זאַפטיק

juke box שפּילקאַסטן ז(ס)

July n יולי ז(ס)

jumble v פאַרפּלאָנטערן; אויסמישן

jumble n פּלאָנטער ז(ס); צעמישעניש ס(ן)

jumbo n דזשאַמבאָ ז(ס) (אַ ריזיקער מענטש, חיה, אָדער זאַך)

jumbo adj ריזיק, גרויספאַרנעמיק

jump v שפּרינגען

jump n שפּרונג ז(ען)

jumpy adj שפּרינגעוודיק; נערוועז

junction n פאַרבינדונג נ(ען); באַן־קנופּ ז(ן)

juncture n העפטפונקט ז(ן); ווענדונגס־פונקט ז(ן); קריזיס ז(ן)

June n יוני ז(ס)

jungle n דזשאָנגל ז(ען)

junior adj ייִנגער

junk n בראָכוואַרג ס; (סלענג) אָפּפאַל ז; נאַרקאָטיק ז(ן)

junta n דזשונטע נ(ס)

jurisdiction n יוריסדיקציע נ(ס)

juror n זשוראָר ז(ן), געשווירענער ז

jury n זשורי נ(ען), געשווירענע ר

just adj גערעכט, יושרדיק

just adv פונקט; גראָד, אָט; נאָר, בלויז

justice n גערעכטיקייט נ, יושר ז

justice of the peace פרידנס־ריכטער ז(ס)

justification n באַרעכטיקונג נ(ען)

justify v באַרעכטיקן

jut v אַרויסשטעקן

juvenile adj יוגנטלעך

juxtapose v שטעלן זײַט בײַ זײַט

K k

k, K n קאָ ז(ען) (בוכשטאַב)

kaddish n קדיש ז/ס(ים)

Kaiser, kaiser n קייסער ז (קייסאָרים)

kamikaze n קאַמיקאַזע־פּליִער ז(ס)

kangaroo n קענגורו ז(ען)

kangaroo court קענגורו־געריכט ס(ן)

keen adj שאַרף; שאַרפזיניק; (סלענג) ווּונדערבאַר

keenness n שאַרפקייט נ; חשק ז

keep v האַלטן; פאַרהאַלטן; פאַרזאָרגן

keep n קעסט נ, מחיה נ; פאַרזאָרגונג נ

keeper n היטער ז(ס)

keepsake n אָנדענק־צייכן ז(ס)

keg n פעסל ס(עך)

kennel n בודע נ(ס) (פאַר הינט)

kerchief n טיכל ס(עך); פאַטשיילע נ(ס)

kernel n קערן ז(ער); קערנדל ס(עך)

kerosene n קעראָסין ז, נאַפט ז

kettle n קעסל ז(ען)

ketubah, Ketubah n כתובה נ (כתובות)

key n שליסל ז(ען); פלאַכער אינדזל ז(אין פלאָרידאַ)

key adj קאָנטראָלירנדיק; זייער וויכטיק

khaki adj כאַקי, געלבלעך־ברוין

khaki n כאַקי ז(ס) (געלבלעך־ברוינער שטאָף ז; מונדיר ז)

kibbutz n קיבוץ ז(ים)

kibitz n (Slang) קיבעצן

kibitzer n (Slang) קיבעצער ז(ס)

kick v קאָפּען

kick n קאָפּע ז(ס); (סלענג) שפּאַנענדיקער תענוג ז

kid n ציגעלע ס(ך); (שמועסדיק) קינד ס(ער)

kid v (סלענג) חכמהן זיך; נאַרן

kidnap v קידנעפן (אַוועקכאַפן
אַ קינד אָדער אַ פערזאָן)
kidney n ניר נ (ן)
kill v הרגענען
kill n טויטונג נ; געהרגעטע חיה נ
killer n רוצח ז (ים); (סלענג) עפעס
וואָס איז זייער שווער
killing adj סכּנת־נפשותדיק; פאַטאַל
killing n הריגה נ (הריגות);
(שמועסדיק) פלוצעמדיקע
עקאָנאָמישע הצלחה נ
kiln n בּרענאויוון ז (ס)
kilo n קילאָגראַם ז (ען);
קילאָמעטער ז (ס)
kilogram n קילאָגראַם ז (ען)
kilometer, kilometre n קילאָמעטער ז (ס)
kilowatt n קילאָוואַט ז (ן)
kilt n סקאָטיש קליידל ס
kin n משפחה נ
kind adj ליב; האַרציק;
פרײַנדלעך; צאַרט
kind n מין ז (ים); סאָרט ז (ן);
שטייגער ז (ס)
kindergarten n קינדער־גאָרטן ז
(־גערטנער)
kindhearted adj גוטהאַרציק
kindle v צינדן; אָנצינדן זיך
kindly adj, adv ליב; פרײַנדלעך;
אָנגענעם
kindness n ליבהאַרציקייט נ
kine n pl (אַרכײַאיש אָדער דיאַלעקטיש)
קי ר; רינדער ר
king n קעניג ז (ן),
מלך ז (ים)
kingdom n קעניגרײַך ס (ן),
מלכות ס (ן)
kingly adj קעניגלעך
kiosk n קיאָסק ז (ן)
kipper n גערויכערטער
הערינג אָדער לאַקס ז
kirk n (סקאָטיש) קירכע נ (ס)
kismet n גורל ז/ס
kiss v קושן
kiss n קוש ז (ן)
kit n געצײַג ס
kitchen n קיך נ (ן)
kith n חברים און שכנים ר
kitten n קעצל ס (עך)
kleptomania n קלעפטאָמאַניע נ
knack n ספעציפישער טאַלאַנט ז
knapsack n רוקזאַק ז (רוקזעק)
knave n שווינדלער ז (ס); זשוליק ז (עס)
knead v קנעטן
knee n קני ז/נ (קניִען, קני)
kneel v קניִען
knell n פאַמעלעכער גלאָקנקלונג ז
(נאָך אַ ניפטר); בּיטערער סימן ז
knell v קלינגען פאַמעלעך; געבן
אַ וואָרענונג, סכּנה־סיגנאַל, א״ע.
knickknack n צאַצקע נ (ס)
knife n מעסער ז (ס)
knife v שנײַדן אָדער שטעכן
(מיט אַ מעסער)
knight n ריטער ז (ס)
knighthood n ריטערשאַפט נ
knightly adj, adv ריטעריש; מוטיק,
בּראַוו; בּרייטהאַרציק; העפלעך
knit v שטריקן
knitting n שטריקערײַ ס

knob n קנאָפּ ז (קנעפּ); קליאַמקע נ (ס); קײַלעכדיק בערגל ס
knock n קלאַפּ ז (קלעפּ), זעץ ז (ן)
knock v קלאַפּן; (סלענג) קריטיקירן
knoll n קײַלעכדיק בערגל ס
knot n קנופּ ז (ן), קניפּל ס (עך); סוק ז (עס)
knotty adj סוקעוואַטע; קניפּלדיק; פּלעפּנדיק
know v וויסן; קענען
know-how n (שמועסדיק) ידענות ס
knowing adj וויסנדיק; קלוג; קליגעריש
knowingly adv ביודעים
know-it-all n (סלענג) אַלצווייסער ז (ס)
knowledge n וויסן ס; קענטשאַפט נ (ן)
know-nothing n אומוויסנדיקער ז, אינו־יודע ז, עם־הארץ ז
knuckle n קנעכל ס (עך)
kohlrabi n קאָלראַבי ז (ס) (גרינס)
kook n (סלענג) משונהדיקער פּאַרשוין ז, בריה משונה נ, טשודאַק ז (עס)
kooky adj (סלענג) משונהדיק, מאָדנע, טשודנע
kopeck, kopek n קאָפּיקע נ (ס)
Koran n קאָראַן ז, אַלקאָראַן ז
kosher adj כשר; (סלענג) לעגיטים; אָלרײַט
kosher v כשרן
Kremlin n קרעמלין ז
kudos n (שמועסדיק) פּרעסטיזש ז; שם ז; גלאָריע נ

L l

l, L n על ז (ן) (בוכשטאַב)
label n קלעפּצעטל ז (ען); באַצייכענונג נ (ען)
label v באַצייכענען
labor, labour n אַרבעט נ (ן); האָרעוואַניע נ
labor v אַרבעטן; האָרעווען
laboratory n לאַבאָראַטאָריע נ (ס)
laborer n אַרבעטער ז
labyrinth n לאַבירינט ז (ן)
lace n שפּיצן ר (פּאַרפּוץ); שנירל ס (עך)
lace v פּאַרפּוצן מיט שפּיצן; פּאַרשנורעווען; (שמועסדיק) שמײַסן
lack v פעלן
lack n פעלן ס, מאַנגל ז
lacking adj פעלנדיק
lackluster, lacklustre adj ניט־גלאַנציק, מאַט
laconic adj לאַקאָניש, קורץ און שאַרף
lacuna n לער אָרט ס; בלאַנק ז (ען)
lad n ייִנגל ס/ז (עך), בחור ז (ים)
ladder n לייטער ז (ס)
lady n דאַמע נ (ס)
lag v בלײַבן הינטערשטעליק
laggard n אָפּגעשטאַנענער ז
lagoon n לאַגונע נ (ס)

lair n נאָרע נ (ס)

lake n אָזיערע, אָזערע נ (ס)

lamb n לעמל ס (עך), שעפּעלע ס (ך); שעפּסנס ס, שעפּסנפלייש ס (ן)

lame adj לאָם, הינקעדיק

lament v קלאָגן, יאָמערן; באַוויינען

lament n קלאָג נ, יאָמער ז (ן); קלאָגליד ס (ער)

lamentable adj יאָמערלעך; קלאָגעדיק; טרויעריק

lamentation n יאָמער ז (ן); באַוויינונג נ (ען)

Lamentations n ספר־איכה ז

lamp n לאָמפּ ז (ן/לעמפּ)

lampoon n פּאַשקוויל ז (ן)

lampshade n אַבאַזשור ז (ן)

lance n פּיקע נ (ס)

land n לאַנד ס (לענדער); יבשה נ (יבשות); ערד נ

land v לאַנדן

landing n לאַנדונג נ (ען)

landlady n בעל־הביתטע נ (ס)

landlord n בעל־הבית ז (בעלי־בתים)

landmark n לאַנדצייכן ז (ס)

landowner n ערד־אייגנטימער ז (ס)

landscape n לאַנדשאַפט נ (ן)

lane n שטעג ז (ן), סטעזשקע נ (ס); שפּאַליר ז (ן)

language n שפּראַך נ (ן), לשון ס (ות)

languish v שמאַכטן; שוואַך ווערן

languor n שמאַכט נ; מידקייט נ; גלײַכגילט ז; שטילקייט נ

lank adj לאַנג און דין; דאַר

lanky adj הויך און דאַר

lantern n לאַמטערן ז (ס), לאַנטערנע נ (ס)

lap n שויס ז (ן)

lap v איבערשלאָגן, איבערדעקן; אײַנוויקלען; לעקן

lapel n לאַץ ז (ן)

lapse n לײַכטער פעלער ז; אויסגליטש ז (ן)

lapse v באַגיין אַ לײַכטן פעלער; אויסגליטשן זיך; אויסלויפן

larcenous adj גנביש

larceny n גנבה נ (גנבות)

lard n חזיר־שמאַלץ ס

larder n שפּײַזאַרניע נ (ס)

lares and penates הויז־געטשקעס ר (אין אַלטצײַטישן רוים)

large adj גרויס

largely adv אין אַ גרויסער מאָס

largesse n נדבנות ס, ווילטעטיקייט נ; ברייטהאַרציקע מתּנה (מתּנות)

lark n טרילערל ס (עך)

larrup v (שמועסדיק) שמײַסן; פּיצקען

larva n לאַרווע נ ס

larynx n גאַרגל ז (ען)

laser n לאַזער ז (ס)

lash n בײַטש נ (ן); שמיץ ז

lash v שמײַסן; אויסזידלען

lass n מיידל ס/נ (עך), בחורטע נ (ס); געליבטע נ

lassitude n מידקייט נ; שוואַכקייט נ

last adj לעצט

last v דויערן, געדויערן, אָנהאַלטן

lastly adv צו לעצט, צום סוף, לסוף

latch n	רוקער ז (ס)
latch v	פאַרמאַכן מיט אַ רוקער
late adj	שפּעט; פאַרשטאָרבן
lately adv	לעצטנס
latent adj	לאַטענט (פאַרבאַהאַלטן; אָנוועזנדיק אָבער ניט אַקטיוו)
later adj	שפּעטערדיק
later adv	שפּעטער
lateral adj	זײַטנדיק
latest adj	לעצט
Latin n	לאַטײַן ס
Latin adj	לאַטײַניש
latitude n	געאָגראַפישע ברייט נ; פרײַהייט נ (פון ענגע כּללים)
latter adj	צווייט; שפּעטערדיק
laud v	לויבן
laud n	שבח ז (ים), לויב נ
laudable adj	לויבווערדיק
laugh v	לאַכן
laugh n	לאַכן ס; געלעכטער ס (ס)
laughable adj	לעכערלעך
laughter n	לאַכן ס; געלעכטער ס (ס)
launch v	לאָזן אין גאַנג; וואַרפן
laundry n	וועשערײַ נ (ען); וועש ס
laurel n	לאָרבער־בוים ז (־ביימער)
laurels pl	לאָרבערקראַנץ ז (ן); כּבוד ז; באַרימטקייט נ; זיג ז (ן)
lava n	לאַווע נ
lavatory n	וואַשצימער ז/ס
lave v	(פּאָעטיש) וואַשן
lavish adj	פזרניש; אויסברענגעריש
lavish v	באַשיטן מיט
law n	געזעץ ס (ן)
law-abiding adj	געזעץ־אָפּהיטנדיק
lawbreaker n	געזעץ־ברעכער ז (ס)
lawful adj	געזעצלעך
lawless adj	אומגעזעצלעך; הפקרדיק
lawn n	באַגראָזטער שטח ז גראָז־בייט נ (ן)
law of Moses	תּורת־משה נ
law of the Medes and Persians	ניט־בײַטעוודיק געזעץ ס
lawsuit n	פּראָצעס ז (ן), משפּט ז (ים)
lawyer n	אַדוואָקאַט ז (ן)
lax adj	אָפּגעלאָזן; אומבאַשטימט
lay v	לייגן
–lay off	אָפּלייגן; אַראָפּנעמען (פון אַרבעט)
–lay out	צעלייגן; אויסשטעלן; אויסלייגן
layer n	שיכט ז (ן)
layman n	געוויינטלעכער פּערזאָן ז
layoff n	דערווײַליקער אַראָפּנעם ז (פון אַרבעט)
laze v	פויל זײַן, פוילעצן
laziness n	פוילקייט נ
lazy adj	פויל
lead v	אָנפירן, פירן
lead n	אָנפירונג נ (ען); פּאָרהאַנט נ (פּאָרהענט)
lead n	בלײַ ס
lead, leaden adj	בלײַען
leader n	אָנפירער ז (ס), פירער ז (ס)
leadership n	פירערשאַפט נ
leading strings	פירנדיקע שטריקלעך ר; שטרענגע הדרכה נ
leaf n	בלאַט ז/ס (בלעטער)
leaf v	אַרויסגעבן בלעטער (בוים); בלעטערן, דורכבלעטערן (בוך)

leaflet n	בלעטל ס (עך)
leafy adj	באַדעקט מיט בלעטער
league n	ליגע נ (ס), בונד ז (ן)
leak n	רין ז (ען)
leak v	רינען
leal adj	(אַרכײַאיש אָדער סקאָטיש) לאָיאַל
lean adj	דאַר; מאָגער
lean v	אָנלענען זיך; נוטה זײַן
leaning n	טענדענץ נ (ן), נייגונג נ (ען)
leap n	שפּרונג ז (ען)
leap v	שפּרינגען
leap year	עיבור־יאָר ס (ן)
learn v	לערנען; דערוויסן זיך
learned adj	געלערנט
learning n	וויסנשאַפט נ; לומדות ס
lease n	דינגונג נ; דינג־אָפּמאַך ז (ן)
lease v	דינגען; פֿאַרדינגען
leash n	שטריקל ס (עך) (צו האַלטן אַ הינטל)
least adj, adv	מינדסט, קלענסט; צום ווייניקסטן
– at least	לכל־הפּחות
leather n	לעדער נ/ס
leather, leathern adj	לעדערן
leave v	פֿאַרלאָזן; אַוועקגיין, אַוועקפֿאָרן
leave n	דערלויבעניש ס (ן); אורלויב ז (ן)
leaven n	זויערטייג ס
leaven v	זײַערן
leave-taking n	געזעגענונג נ (ען)
lechery n	אויסגעלאַסנקייט נ
lectern n	שטענדער ז (ס)
lecture n	לעקציע נ (ס)

lecture v	האַלטן אַ לעקציע
lecturer n	לעקטאָר ז (ן)
ledger n	חשבונות־בוך ס (־ביכער)
leech n	פּיאַווקע נ (ס)
leer n	שיקל ז; בייזער קוק ז
leer v	שיקלען; קוקן בייז
leeway n	אויסקערברייט נ (ן)
left adj	לינק
left adv	לינקס
left-handed adj	לינקהאַנטיק; אומגעלומפּערט
leg n	פֿוס ז (פֿיס)
legacy n	עיזבון ז (ות)
legal adj	לעגאַל
legend n	לעגענדע נ (ס)
legendary adj	לעגענדאַריש
legibility n	לייענעוודיקייט נ
legible adj	לייענעוודיק, לייענבאַר
legion n	לעגיאָן ז (ען)
legionary n	לעגיאָנער ז (ן)
legislate v	מאַכן געזעצן
legislature n	לעגיסלאַטור נ (ן)
legitimate adj	געזעצלעך, לעגיטים
legitimize v	לעגיטימירן
leisure n	פֿרײַע צײַט נ
lemon n	ציטרין ז (ען), לימענע נ (ס); (סלענג) פֿעלערהאַפֿטער פּראָדוקט ז; לא־יוצלח ז (ס/ים)
lemonade n	לימאָנאַדע נ (ס)
lend v	לײַען, באָרגן
length n	לענג נ (ען)
lengthen v	לענגער מאַכן; פֿאַרלענגערן זיך
lengthy adj	לאַנג; צו לאַנג

lenient adj מילד; איידל; באַרעמהאַרציק
lens n לינז נ(ן) (אָפטיש גלאָז)
lentil n לינז נ(ן) (געוויקס)
leopard n לעמפערט ז(ן)
leper n מצורע ז(ים)
leprosy n צרעת נ
less adj, adv, prep קלענער; ווייניקער; מינוס
lessee n דינגער ז(ס)
lessen v ווערן ווייניקער; פאַרקלענערן
lesser adj קלענער
lesson n לעקציע נ(ס)
lessor n פאַרדינגער ז(ס)
lest conj כדי ניט; טאָמער
let v לאָזן; פאַרדינגען
lethal adj טויטלעך
lethargic adj לעטאַרגיש
lethargy n לעטאַרגיע נ
letter n אות ז/ס (יות), בוכשטאַב ז(ן); בריוו ז
letter box בריווקעסטל ס(עך)
letter carrier בריוטרעגער ז(ס)
lettuce n בלעטער־סאַלאַט ז(ן), שאַלאַטן ר
leukemia n לייקעמיע נ
levee n שיצוואַל ז(ן); פאָרמעלע אויפנאַמע נ(ס)
level adj גלײַך; פלאַך; (שמועסדיק) בר־דעתיק, באַרעכנט
level n ראַנג ז(ען); הייך נ(ן); וואַסערוואָג נ(ן)
level v אויסגלײַכן
lever n הייבער ז(ס)

leviathan n לוויתן ז(ען) (בבא בתרא עה, ע"א); ריז ז(ן); גרויסע זאַך נ(ן)
Levite n לווי ז(ים)
Leviticus n ספר ויקרא ז
levy v אַרויפלייגן (אַ שטײַער); נעמען (אין מיליטער)
lewd adj אויסגעלאַסן
lexicographer n לעקסיקאָגראַף ז(ן)
lexicon n לעקסיקאָן ז(ען)
liable adj אויסגעשטעלט אויף; פאַראַנטוואָרטלעך
liaison n פאַרבינדונג נ(ען)
liar n ליגנער ז(ס)
libel n באַנבלונג נ(ען) (אין שריפט); דעפאַמאַציע נ(ס)
libel v באַנבלען; מאַכן פאַלשע אָדער באַשמוצנדיקע דערקלערונגען וועגן
liberal adj ליבעראַל
liberate v באַפרײַען
liberation n באַפרײַאונג נ
liberty n פרײַהייט נ(ן)
librarian n ביבליאָטעקער ז(ס)
library n ביבליאָטעק נ(ן)
licence, license n דערלויב ז(ן)
licence, license v געבן אַ דערלויבעניש
lichen n לישײַ ז(ען)
lick v לעקן; (שמועסדיק) צעשלאָגן; באַזיגן
lick n לעק ז(ן); (שמועסדיק) קלאַפ ז(קלעפ)
lickspittle n שפײַעכץ־לעקער ז(ס), אונטערלעקער ז(ס); פאַראַזיט ז(ן)

lid n דעקל ס (עך); שטערצל ס (עך) (פון אַ טאָפּ); (שמועסדיק) אײַנהאַלט ז, צאַמונג נ

lie n ליגן ז (ס), שֶׁקֶר ז (שְׁקָרים)

lie v (lied, lying) זאָגן אַ ליגן, זאָגן ליגנט, משקר זײַן

lie v (lay, lain, lying) ליגן (זײַן אין אַ האָריזאָנטאַלער פּאָזיציע; געפינען זיך אין אַ געוויסן אָרט)

lie of the land די נאַטירלעכע שטריכן פון אַ לאַנדשאַפט.

lieu n (אַרכײַאיש) אָרט ס

– **in lieu of** אָנשטאָט, במקום

lieutenant n לייטענאַנט ז (ן)

life n לעבן ס (ס)

lifeless adj אָן לעבן

lift v הייבן; (שמועסדיק) לקחענען, גנבענען

lift n הייבונג נ; הייבמאַשין נ (ען)

light adj ליכטיק; העל; לײַכט, גרינג

light n ליכט נ/ס

light v באַלײַכטן; אָנצינדן

lighten v פאַרגרינגערן, פאַרלײַכטערן; באַלײַכטן; ליכטיק ווערן

light-fingered adj לײַכט־פינגערדיק, גנביש

light-hearted adj אומבאַזאָרגט; פריילעך

lighthouse n לײַכט־טורעם ז (ס)

light-minded adj לײַכטזיניק

lightness n גרינגקייט נ; ליכטיקייט נ; העלקייט

lightning n בליץ ז (ן)

likable adj ליב; פּאָפּולער

like adj, prep, conj, adv גלײַך; ענלעך צו; (שמועסדיק) ווי, אַזוי ווי; וואָרשײַנלעך

like n גלײַכן ס; ענלעכער ז

like v ליב האָבן; געפעלן

likely adj, adv וואָרשײַנלעך, מסתּמא

liken v צוגלײַכן

likeness n ענלעכקייט נ (ן); בילד ס (ער); קאָפּיע נ (ס)

likewise adv פּונקט אַזוי; אויך

liking n גוסט ז; ליבשאַפט נ

lilac n בעז ז (ן), מײַ ז (ען)

Liliputian n ליליפּוט ז (ן), קאַרליק ז (עס)

lily n ליליע נ (ס)

limb n אֵבר ז (ים)

limber adj בייגעוודיק

limb of the law אַ פּאָליציאַנט, שופט, אָדער אַדוואָקאַט.

lime n קאַלך ז

limit n גרענעץ ז/נ (ן); שיעור ז

limit v באַגרענעצן

limitation n באַגרענעצונג נ (ען)

limp n הינקעדיקער טראָט ז

limp v הינקען

limpid adj קלאָר; דורכזיכטיק

linden n ליפּע נ (ס)

line n ליניע נ (ס); שורה נ (שורות); שנור ז (ן)

line v לינירן

lineage n ייִחוס ז

linen n לײַוונט נ/ס; וועש ס

linen adj לײַוונטן

line-up, lineup n ריי נ (ען)

linger v	זוימען זיך
linguistics n (takes sing. v.)	שפראַך־וויסנשאַפט נ
link n	קייטן־רינג ז (ען); פאַרבינד ז (ן)
link v	קייטלען; פאַרבינדן
lion n	לייב ז (ן)
lioness n	לייביכע נ (ס)
lion-hearted adj	זייער דרייסט
lip n	ליפ נ (ן)
lip v	אָנרירן מיט די ליפן; מורמלען
lip-service n	ליפ־שטייער ז, מויל־מלאָכה נ; אומאָמתדיקייט נ
lipstick n	ליפסטיק ז (ן)
liquid n	פליסיקייט נ (ן)
liquid adj	פליסיק
liquidate v	ליקווידירן
liquor n	בראָנפן ז (ס); משקה נ (משקאות)
list n	ליסטע נ (ס)
list v	מאַכן אַ ליסטע; צעענצלען
listen v	צוהערן זיך
listless adj	גלייכגילטיק
literal	בוכשטעבלעך
literary adj	ליטעראַריש
literature n	ליטעראַטור נ (ן)
litigation n	געריכטס־אָנקלאָג ז (ן); לאָדעניש ס (ן)
litter n	מיסט ס (ן); אומאָרדענונג נ (ען); פליד ז (ן)
litter v	אָנמיסטיקן; אָנוואַרפן
little adj	קליין; קורץ; געמיין
little adv	ווייניק
little n	ביסל ס

liturgy n	ליטורגיע נ ס
live v	לעבן; וווינען
livelihood n	פרנסה נ (פרנסות)
lively adj	לעבעדיק; מונטער
liver n	לעבער נ (ס)
living adj	לעבעדיק
living n	חיונה נ
living room	געסטצימער ז (ן), סאַלאָן ז (ען)
living wage	חיונה־לוין ז
lizard n	יאַשטשערקע נ (ס)
lo interj	זע, קוק!
load n	משׂא נ (משׂאות)
load v	לאָדן; אָנלאָדן
loaded adj	אָנגעלאָדן; (סלענג) שיכּור; רייך
loaf n	לעבל ס (עך)
loaf v	פוסטעפאַסעווען
loan n	הלוואה נ (הלוואות)
loan v	אויסלייַען
loath adj	אומוויליק
loathe v	מיאוסן זיך, עקלען
loathsome adj	מיאוס, עקלדיק
lobby n	לאָבי ז (ס)
lobe (of ear) n	(אויער־) לעפל ס (עך)
local adj	לאָקאַל
locality n	אָרט ס (ערטער); ראַיאָן ז (ען)
localize v	לאָקאַליזירן
location n	פלאַץ ז (פלעצער)
loch n	(סקאָטיש) אָזערע נ (ס)
lock n	שלאָס ז (שלעסער)
lock v	פאַרשליסן
locksmith n	שלאָסער ז (ס)
lockup n	(שמועסדיק) טורמע נ (ס)
locomotive n	לאָקאָמאָטיוו ז (ן)

locust n היישעריק ז (ן)
lodge v אײַנשטיין; וווינען צײַטווײַליק
lodge n לוקסוסדיקער מאָטעל ז; וואָלדשטיבל ס (עך); פיליע נ (פון אַ געזעלשאַפט)
lodging n דערווייליקע וווינונג נ (ען)
loft n בוידעמשטוב נ
lofty adj זייער הויך; געהויבן; שטאָלץ
log n קלאָץ ז (קלעצער); שיף־זשורנאַל ז (ן)
logarithm n לאָגאַריטם ז (ען)
loge n לאָזשע נ (אין אַ טעאַטער)
loggerhead n טיפש ז (ים), פאַרשטאָפטער קאָפ ז
logic n לאָגיק נ
logical adj לאָגיש
logistics n (takes sing. v.) לאָגיסטיק נ
loin n לענד נ (ן)
loiter v אַרומדרייען זיך
loneliness n עלנטקייט נ
lonely adj איינזאַם, עלנט; אָפגעזונדערט
long adj לאַנג
long v בענקען
long-distance adj ווײַט־מהלכדיק
longing n בענקשאַפט נ (ן)
longitude n געאָגראַפישע לענג נ
long-tongued adj מיט אַ לאַנגער צונג; באַריידעוודיק
look v קוקן
look n קוק ז (ן), בליק ז (ן)
loom n וועבשטול נ (ן)

loon n טיפש ז (ים)
loony adj (סלענג) משוגע
loony n (סלענג) משוגענער ז
loop n פעטליע נ (ס), שלייף ז (ן)
loose adj לויז
loosen v לויז מאַכן
loot n רויב ס
loot v באַראַבעווען; רויבן
loquacious adj באַריידעוודיק
lord n לאָרד ז (ן); האַר ז (ן)
Lord n גאָט ז
lore n קענטעניש ס (ן); וויסן ס, לערע נ
lorn adj פאַרלאָזן, עלנט
lose v פאַרלירן; פאַרשפילן
loss n אבדה נ (אבדות), פאַרלוסט ז (ן); שאָדן ז (ס)
lost adj פאַרלוירן
lot n גורל ז (ות); שטיק לאַנד ס
lottery n לאָטעריע נ (ס)
loud adj הילכיק
louse n לויז נ (לײַז)
lousy adj לויזיק, לײַזיק, פאַרלײַזיק; געמיין; (סלענג) שמוציק; אָנגעשטאָפט (מיט)
love n ליבע ז (ס)
love v ליב האָבן, ליבן
loveliness n שיינקייט נ; חן ז
lovely adj שיין; ליב
lover n געליבטער ז; אוהב ז, מוקיר ז (ים)
low adj נידעריק
lower adj נידעריקער
lowest adj נידעריקסט

low-keyed adj צוריקגעהאַלטן
lox n לאַקס ז (ן)
loyal adj לאָיאַל, געטרײַ
loyalty n לאָיאַלקייט נ, געטרײַשאַפֿט נ
lubricant n שמירעכץ ס (ן)
lubricate v שמירן
lucid adj לײַכט (צו פֿאַרשטיין); קלאָר; דורכזיכטיק
luck n מזל ס/ז (ות); גליק ס (ן)
luckily adv צום גליק
lucky adj מזלדיק
lucrative adj רווחדיק
ludicrous adj חוזקדיק; לעכערלעך
luggage n באַגאַזש ז (ן)
lukewarm adj לעבלעך; גלײַכגילטיק
lull v אײַנוויגן; אײַנשלעפֿערן
lullaby n וויגליד ס (ער)
lumber n געהילץ ס
lunacy n טירוף ז
lunatic n מטורף ז (ים)

lunch n לאָנטש ז (ן) (מיטאָג־עסן ס; איבערבײַסן ס)
luncheon n פֿאָרמעלער לאָנטש ז
lung n לונג נ (ען)
lure n צי־כּוח ז (ות); פֿאַרנאַרעכץ ס (ן)
lure v צוציִען; אַרײַננאַרן
lurk v לויערן, לאָקערן
luscious adj זייער געשמאַק, מלא־טעם
lush adj ווייך און זאַפֿטיק; בשפֿעדיק
lust n באַגער ז (ן), תּאווה נ (תּאוות)
lust v באַגערן
luster, lustre n בלאַסק ז, גלאַנץ ז (ן); באַרימטקייט נ
lustrous adj גלאַנציק
lusty adj געזונט און שטאַרק
luxurious adj לוקסוסדיק
luxury n לוקסוס ז (ן)
lynch v לינטשן
lyre n לירע נ (ס)
lyrical adj ליריש

M m

m, M n עם ז (ען) (בוכשטאַב)
ma n (שמועסדיק) מאַמע נ (ס)
macabre adj מאַקאַבריש, גרויליק, שוידערלעך
macaroni n pl מאַקאַראָנען ר
machine n מאַשין נ (ען)
machine gun קוילן־וואַרפֿער ז (ס)
macrocosm n מאַקראָקאָסמאָס ז, אוניווערס ז

mad adj משוגע; ווילד; נאַריש; (שמועסדיק) להוט; ברוגז
madam n מאַדאַם נ (ען)
madden v משוגע מאַכן; שטאַרק דערצערענען
madhouse n משוגעים־הויז ס (־הײַזער)
madness n משוגעת ס
magazine n זשורנאַל ז (ן); מאַגאַזין ז (ען) (פֿאַר קוילן אין אַ געווער)

magic n כּישוף ז, מאַגיע נ; צויבער ז
magic, magical adj מאַגיש
magician n כּישוף־מאַכער ז (ס)
magistrate n פרידנס־ריכטער ז (ס)
magnanimity n גרויסהאַרציקייט נ
magnet n מאַגנעט ז (ן)
magnetic adj מאַגנעטיש
magnetize v מאַגנעטיזירן
magnificent adj פּראַכטיק
magnify v פאַרגרעסערן
maid n מויד נ (ן)
maiden n מיידל נ/ס (עך); בתולה נ (בתולות)
mail n פּאָסט נ
mail v אַרויסשיקן (מיט דער פּאָסט)
mailbox n פּאָסטקעסטל ס (עך)
mailman n בריוון־טרעגער ז (ס)
maim v פאַרקריפּלען; צעמזיקן
main adj הויפּט־, עיקרדיק
mainly adv איבערהויפּט, דערעיקרשט
maintain v האַלטן; אויסהאַלטן
maintenance n אויפהאַלטונג נ; אויסהאַלטונג נ
maize n קוקורוזע נ
majestic adj מאַיעסטעטיש
majesty n מאַיעסטעט ז/נ (ן)
major adj גרעסער; וויכטיקסט
major n מאַיאָר ז (ן)
majority n מערהייט נ (ן), רוב ס
make v מאַכן
make n מאָדעל ז (ן); מאַרקע נ (ס)
maladjustment n שלעכטע צופּאַסונג נ (ען)
malady n קראַנקייט נ (ן)
malaria n מאַלאַריע נ
male n זכר ז (ים)
male adj מענלעך
malice n רישעות ס, בייזוויליקייט נ
malicious adj רישעותדיק, בייזוויליק
malign v באַרעדן, מוציא־שם־רע זײַן
malignant adj בייזוואוקסיק
mall n פּראָמענאַדע נ (ס); אײַנקויף־צענטער ז (ס)
malt n מאַלץ ס
maltreat v שלעכט באַהאַנדלען
mammal n זויג־באַשעפעניש ס (ן)
man n מאַנצביל ז (ן); מענטש ז (ן); מאַן ז (מענער)
manage v פאַרוואַלטן
management n פאַרוואַלטונג נ (ען)
manager n פאַרוואַלטער ז (ס)
mandate n מאַנדאַט ז (ן)
mandolin n מאַנדאָלין נ (ען)
mane n גריווע נ (ס)
maneuver n מאַנעוורע נ (ס)
manger n זשאָלעב ז (עס)
manhood n זכרות ס; מענערשאַפט נ
mania n מאַניע נ (ס)
maniac n מאַניאַק ז (ן), מטורף ז (ים)
maniacal adj מאַניש
manicure v מאַניקורירן
manicure n מאַניקור ז (ן)
manifesto n מאַניפעסט ז (ן)
manifold adj פילפאַכיק
manipulate v מאַניפּולירן
mankind n מענטשהייט נ
manna n מן ז (שמות ט״ז, טו)
manner n אופן ז (ים), שטייגער ז (ס)
manners pl מידות ר; דרך־ארץ ז
manor n גוט ס (גיטער)

manslaughter n טייטונג נ (אָן פּלאַנירונג, בשוגג)

mantle n מאַנטל ז (ען)

manual adj האַנט־

manual n האַנטבוך ס (האַנטביכער)

manually מיט די הענט

manufacture v פאַבריצירן, אויסאַרבעטן; אויסטראַכטן

manufacture n פאַבריקאַציע נ

manure n מיסט ס

manuscript n מאַנוסקריפּט ז (ן) כתב־יד ז (ן)

many adj פיל, אַ סך

map n מאַפּע נ (ס)

maple n נעזבוים ז (נעזביימער)

mar v פאַרשטערן; קאַליע מאַכן

marathon n מאַראַטאָן ז (ען)

marble n מאַרמאָר ז, מירמלשטיין ז

march n מאַרש ז (ן)

march v מאַרשירן

March n מאַרץ ז (ן)

mare n קליאַטשע נ (ס), שקאַפּע נ (ס)

margarine n מאַרגאַרין ז

margin n ראַנד ז (ן); קערברייט נ (ן); עודף ז (ים)

marital adj זיווג־

maritime adj ים־; בײַ דעם ים

mark n צייכן ז (ס); סימן ז (ים); מאַרק ז (ן) (דײַטשע מטבע)

mark v באַצייכענען; שטעלן צייכנס

marked adj באַצייכנט; קענטיק

market n מאַרק ז (מערק)

market v פאַרשפּרייטן אויפן מאַרק

marmalade n מאַרמעלאַד ז (ן)

marrano n מאַראַן ז (ען)

marriage n חתונה נ (חתונות)

marrow n מאַרך ז

marry v חתונה האָבן; חתונה מאַכן

marsh n זומפּ ז (ן)

marshy adj זומפּיק

martial adj קריגס־

martial law קריגסגעזעץ ס

martyr n מאַרטירער ז (ס)

marvel n וווּנדער ז (ס)

marvellous, marvelous adj וווּנדערלעך

masculine adj מענלעך

mash v צעקוועטשן

mask n מאַסקע נ (ס)

mask v פאַרמאַסקירן

Masora n מסורה נ (מסורות)

mass n מאַסע נ (ס/מאַסן)

massacre n הריגה נ (הריגות)

massacre v אויסהרגענען

massage n מאַסאַזש ז (ן)

massage v מאַסאַזשירן

massive adj מאַסיוו, פאַרנעמיק

mast n מאַסטבוים ז (מאַסטביימער)

master n מײַסטער ז (ס)

master v באַהערשן; ווערן בקי אין

masterpiece n מײַסטערווערק ס

mastership n מײַסטערשאַפט נ

mat n ראָגאָזשע נ (ס), מאַטע נ (ס)

mat v באַדעקן מיט ראָגאָזשעס

match n שוועבעלע ס (ך); שידוך ז (ים); פאַרמעסט ז (ן)

match v צוזאַמענפּאַסן

matchmaker n שדכן ז (ים)

mate n בן־זוג ז (בני־)

mate v פּאָרן זיך

material n מאַטעריאַל ז (ן); שטאָף ז (ן)
material adj מאַטעריעל; גשמיותדיק
materialism n מאַטעריאַליזם ז
materialize v מאַטעריאַליזירן (פאַרווירקלעכן; מקוים ווערן)
maternal adj מוטערלעך
mathematical adj מאַטעמאַטיש
mathematician n מאַטעמאַטיקער ז (ס)
mathematics n (takes sing. v.) מאַטעמאַטיק נ
matriarch n מאַטריאַרך נ (ן)
matriculation n מאַטורע נ (ס)
matron n מאַטראָנע נ (ס)
matter n חומר ז; שטאָף ז (ן); ענין ז (ים); וויכטיקייט נ
matter v זײַן וויכטיק, אויסמאַכן
mattress n מאַטראַץ ז (ן)
mature adj צײַטיק, רײַף; דערוואַקסן
mature v צײַטיק ווערן
matzo n מצה נ (מצות)
maximum n מאַקסימום ז (ס)
maximum adj מאַקסימאַל
may v מעגן
May n מײַ ז (ען)
maybe adv מעגלעך, עס קען זײַן
mayor n בירגערמײַסטער ז (ס), שטאָט־פּרעזידענט ז (ן)
meadow n לאָנקע נ (ס)
meager, meagre adj קנאַפּ; מאָגער, דאַר
meal n סעודה נ (סעודות); מעל נ
mean v מיינען, באַדײַטן
mean adj געמיין; נידערטרעכטיק; דורכשניטלעך
meaning n באַדײַטונג נ (ען)

means n pl מיטל ס (ען); עשירות ס
meantime, meanwhile adv אין צווישן, דערווײַל
measles n (takes sing. v.) מאָזלען ר
measure v מעסטן
measure n מאָס נ (ן)
measurement n מעסטונג נ (ען); מאָס נ (ן)
meat n פלייש ס (ן)
mechanic n מעכאַניקער ז (ס)
mechanical adj מעכאַניש
mechanics n (takes sing. v.) מעכאַניק נ
machanism n געווערק ס (ן), מעכאַניזם ז (ען)
mechanize v מעכאַניזירן
medal n מעדאַל ז (ן)
medallion n מעדאַליאָן ז (ען)
meddle v אַרײַנמישן זיך
mediate v פאַרמיטלען
mediator n פאַרמיטלער ז (ס)
medicine n מעדיצין נ (ען)
medieval adj מיטל־אַלטערלעך
mediocre adj מיטלמעסיק; געוויינטלעך
meditation n קלערן ס; התבוננות ס
Mediterranean adj מיטל־לענדיש, מיטלענדיש
Mediterranean Sea מיטל־לענדישער ים ז
medley n געמיש ס (ן)
meek adj עניוותדיק
meekness n עניוות ס
meet v טרעפן; באַגעגענען
meeting n באַגעגעניש ס (ן); זיצונג נ (ען)

melancholy n — מעלאַנכאָליע נ (ס), מרה־שחורה נ
melancholy adj — מעלאַנכאָליש, מרה־שחורהדיק
meliorate v — פֿאַרבעסערן
mellifluous adj — פֿליסנדיק מיט האָניק; זיס־קלינגעוודיק
mellow adj — ווייך און זאַפֿטיק; צײַטיק; קלוג און מעסיק (דורך עלטער)
melodious adj — מעלאָדיש
melody n — מעלאָדיע נ (ס), ניגון ז (ים)
melon n — מעלאָן ז (ען)
melt v — שמעלצן
member n — מיטגליד ז (ער); גליד ס (ער)
membrane n — הײַטל ס (עך)
memoirs n pl — זכרונות ר, מעמואַרן ר
memorial n — דענקמאָל ז (ן); אזכּרה נ (אזכּרות)
memorize v — אײַנחזרן, אויסלערנען זיך אויף אויסנווייניק
memory n — זכּרון ז (ס); אָנדענק ז (ען)
menace n — דראָאונג נ (ען); אָנשיקעניש ס (ן)
menace v — דראָען, סטראַשען
mend v — צו רעכט מאַכן
menorah n — מנורה נ (מנורות)
mental adj — גײַסטיק
mentality n — מענטאַליטעט נ (ן) (דענקפֿעאיקייט נ; אויסבליק ז)
mention v — דערמאָנען
mention n — דערמאָנונג נ (ען)
mentor n — מענטאָר ז (ן) (קלוגער און בּאַגלייבטער יועץ ז)
menu n — מעניו ז (ען), שפּײַז־קאַרטע נ (ס)
mercenary n — געדונגענער סאָלדאַט ז
merchandise n — סחורה נ (סחורות)
merchandise v — האַנדלען, קויפֿן און פֿאַרקויפֿן
merchant n — סוחר ז (ים)
merciful adj — בּאַרעמהאַרציק
mercurial adj — קוועקזילבערדיק; בּײַטעוודיק
mercury n — קוועקזילבער ס
mercy n — רחמנות ס
mere adj — בּלויז; פּשוט
merely adv — נאָר
merge v — צונויפֿגיסן; פֿאַראייניקן
merger n — צונויפֿגאָס ז (ן); פֿאַראייניקונג נ (ען)
merit n — ווערט ז/נ (ן); זכות ז (ן/ים)
merit v — ווערט זײַן; קומען
merry adj — לעבעדיק, לוסטיק
mesmeric adj — היפּנאָטיש
mesmerize v — היפּנאָטיזירן
mess n — בּאַלאַגאַן ז (ען); פּאַטשקערײַ ס (ען)
mess v — בּאַפּאַטשקען
message n — מיטטיילונג נ (ען); שליחות ס (ן)
messenger n — שליח ז (ים)
mess hall — עסזאַל ז (ן) (אין דער אַרמיי)
messy adj — אָנגעוואָרפֿן; בּרודיק
metal n — מעטאַל ז (ן)
metaphor n — מעטאַפֿאָר ז (ן)
metaphysics n (takes sing. v.) — מעטאַפֿיזיק נ
mete v — צוטיילן

meteor n	מעטעאָר ז (ן)
meteorology n	מעטעאָראָלאָגיע נ
meter, metre n	מעטער ז (ס)
method n	מעטאָדע נ (ס)
methodical adj	מעטאָדיש
Methuselah n	מתושלח פֿנ (בראשית ה', כז); אַלטעטשקער ז
meticulous adj	קפּדניש
metropolis n	מעטראָפּאָליע נ (ס)
metropolitan adj	גרױסשטאָטיש
mettle n	געמיט ס (ער), טעמפּעראַמענט ז (ן); קוראַזש ז
mew v	מיאַוען, מיאַוקען (װי אַ קאַץ)
mezuzah n	מזוזה נ (מזוזות)
mezzanine n	מעזאַנין נ (ען)
miasma n	גיפֿטיקע אַטמאָספֿער נ (ן); שלעכטע השפּעה נ (השפּעות)
microbe n	מיקראָב ז (ן)
microcosm n	מיקראָקאָסמאָס ז (אוניװערס אין מיניאַטור)
microfilm n	מיקראָפֿילם ז (ען)
microscope n	מיקראָסקאָפּ ז (ן)
mid adj	מיטל; צענטראַל
midday n	מיטן-טאָג ז (-טעג), מיטאָגצײַט נ (ען)
middle adj, n	מיטל; מיטן ז (ס)
middleman n	פֿאַרמיטלער ז (ס)
midget n	קאַרליק ז (עס)
midnight n	מיטן-נאַכט נ (-נעכט)
midwife n	אַקושערקע נ (ס)
miff n	(שמועסדיק) נישטיק קריגערײַ ס
might n	מאַכט נ (ן)
mighty adj	מעכטיק
migrant n	װאַנדערער ז (ס) (װאָס זוכט אַרבעט)
migration n	װאַנדערונג נ (ען)
mild adj	מילד
mile n	מײַל נ (ן)
milestone n	מײַלשטײן ז (ער)
milieu n	סביבה נ (סביבות)
militancy n	קעמפֿערישער אױפֿפֿיר ז
militarism n	מיליטאַריזם ז
military adj	מיליטעריש
militia n	מיליץ נ (ן)
milk n	מילך נ
milk v	מעלקן
milkman n	מילכיקער ז (ס)
milksop n	פּחדן ז (ים)
milky adj	מילכיק
mill n	מיל נ (ן)
mill v	מאָלן
millennium n	יאָרטױזנט ז (ער)
miller n	מילנער ז (ס)
milliard n	מיליאַרד ז (ן)
millimeter, millimetre n	מילימעטער ז (ס)
million n	מיליאָן ז (ען)
millionaire n	מיליאָנער ז (ן)
millstone n	מילשטײן ז (ער)
mimic v	נאָכקרימען; נאָכמאַכן
mimic n	מימיקער ז (ס)
mimicry n	מימיק נ
minaret n	מינאַרעט ז (ן)
mince v	צעהאַקן
mind n	גײַסט ז (ער); אינטעלעקט ז (ן)
mind v	אַכטונג געבּן; אָרן
mine pron	מײַן, מײַנער, מײַנע
mine n	גרוב נ (ן); מינע נ (ס)
miner n	גרעבּער ז (ס)
mineral n	מינעראַל ז (ן)

mineralogy n	מינעראַלאָגיע נ
mingle v	מישן זיך
miniature n	מיניאַטור נ (ן)
minimal adj	מינימאַל
minimum n	מינימום ז (ס)
minister n	מיניסטער ז (מיניסטאָרן), שׂר ז (ים); גלח ז (ים), גײַסטלעכער ז
mink n	מינק ז (ען)
minor adj	טפלדיק; מינדער־יעריק
minor n	מינדער־יעריקער ז
minority n	מינאָריטעט נ (ן), מיעוט ז (ים)
mint n	מינץ נ (ן)
mint v	מינצן (מטבעות)
minus prep	מינוס
minus n	מינוס ז (ן)
minute adj	פיצינק; דראָבנע
minute n	מינוט נ (ן)
minutes pl	פראָטאָקאָל ז (ן)
miracle n	נס ז (ים)
miraculous adj	נסימדיק
mirage n	מיראַזש ז (ן); אילוזיע נ (ס)
mire n	טיפע בלאָטע נ (ס); זומפ ז (ן)
mirror n	שפיגל ז (ען)
mirror v	אָפשפיגלען
mirth n	פריילעכקייט נ
mirthful adj	פריילעך; לוסטיק
miry adj	בלאָטיק; זומפיק; ברודיק
misadventure n	בייזע פאַסירונג נ (ען)
misbehave v	אויפפירן זיך שלעכט
miscarriage n	מפלונג נ (ען)
miscellaneous adj	פאַרשיידן
mischief n	שאָדן ז (ס); שטיפערײַ ס (ען)
mischievous adj	ווילעריש; שטיפעריש
miser n	קמצן ז (ים)
miserable adj	קלאָגעדיק, מיזערנע
miserly	קמצניש
misery n	נויט נ; קלאָגעדיקע שטימונג נ (ען)
misfortune n	אומגליק ס (ן)
misgiving n	חשש ז (ים)
mishmash n	מישמאַש ז, געמיש ס (פון ניט־ענלעכע אינגרעדיענטן)
Mishna, Mishnah n	משנה נ
mislead v	פאַרפירן
misprint n	דרוקגרײַז ז (ן)
mispronounce v	פאַלש אַרויסרעדן
misrepresent v	פאַלש פאָרשטעלן
Miss n	פרײַלין (טיטל)
miss n	פאַרבײַשאָס ז (ן); (שמועסדיק) מיידל ס/נ (עך)
miss v	פאַרבײַשיסן; פאַרפעלן; בענקען נאָך
missile n	מיסל ז (ען)
mission n	שליחות ס (ן); מיסיאָן ז (ען)
missionary n	מיסיאָנער ז (ן)
misspell v	פאַלש אויסלייגן
mist n	נעפל ז (ען)
mist v	פאַרנעפלען
mistake n	טעות ז (ן); גרײַז ז (ן)
mistake v	מאַכן אַ טעות
mistaken adj	טעותדיק
mistakenly	על־פי טעות
Mister n	הער (טיטל)
mistime v	זאָגן אָדער טון אין דער ניט־ריכטיקער צײַט.
mistreat v	שלעכט באַהאַנדלען

mistress n — בעל־הבּיתטע נ(ס); לערערקע נ(ס); מעטרעסע נ(ס)

mistrust v — ניט געטרויען

mistrust n — אומצוטרוי ז

mistrustful adj — אומצוטרוילעך; חשדימדיק

misty adj — נעפּלדיק

misunderstand v — שלעכט פאַרשטיין

misunderstanding n — אומפאַרשטענדעניש ס(ן)

misuse v — ניצן לרעה; שלעכט באַהאַנדלען

mite n — מילב נ(ן)

mitigate v — מילדערן; לינדערן

mix v — מישן

moan n — קרעכץ ז(ן)

moan v — קרעכצן

mob n — המון ז(ים/ען) מענטשן־מאַסע נ(ס)

mob v — שטופּן זיך אַרום; אָנפאַלן, אַטאַקירן

mobile adj — באַוועגלעך

mobility n — באַוועגלעכקייט נ

mobilization n — מאָביליזאַציע נ(ס)

mobilize v — מאָביליזירן

mock v — שפּאָטן, אָפּשפּעטן, חוזקן

mockery n — שפּאָט ז, חוזק ז

mode n — אופן ז(ים); מאָדע נ(ס)

model n — מאָדעל ז(ן)

model v — מאָדעלירן

moderate adj — מעסיק; מילד

moderate v — מעסיק מאַכן

moderation n — מעסיקייט נ

moderator n — שליש ז(ים), בורר ז(ים)

modern adj — מאָדערן

modernize v — מאָדערניזירן

modest adj — באַשיידן

modesty n — באַשיידנקייט נ

modify v — מאָדיפיצירן (בײַטן טיילווײַז; פאַרמילדערן; באַגרענעצן)

modulation n — מאָדולאַציע נ

moist adj — פײַכט

moisten v — באַנעצן

moisture n — פײַכטקייט

mold, mould n — פורעם ז(ס); שימל ז

mold, mould v — פורעמען; שימלען

moldy adj — פאַרשימלט, שימלדיק

molecule n — מאָלעקול ז(ן)

molehill n — קראָטבערגל ס(עך)

molest v — טשעפּען

mollify v — באַרואיקן, מפייס זײַן; פאַרווייכערן

Moloch n — מולך ז(זען מלכים ב כ״ג, י)

molten adj — געשמאָלצן

mom n — (שמועסדיק) מאַמע נ(ס), מוטער נ(ס)

moment n — מאָמענט ז(ן)

momentary adj — פאַרבײַגייענדיק

momentous adj — זייער וויכטיק

momentum n — אימפּעט ז(ן)

monarch n — מאָנאַרך ז(ן)

monarchy n — מאָנאַרכיע נ(ס)

monastery n — מאָנאַסטיר ז(ן)

Monday n — מאָנטיק ז(ן)

money n — געלט ס(ער)

moneyed adj — רײַך; פאַרמעגלעך

monk n — מאָנאַך ז(ן)

monkey n — מאַלפּע נ(ס)

monogamy n — מאָנאָגאַמיע נ

monogram n מאָנאָגראַם נ (ען)
monologue n מאָנאָלאָג ז (ן)
monopolize v מאָנאָפאָליזירן
monopoly n מאָנאָפאָל ז (ן)
monotheism n מאָנאָטעאיזם ז
monotonous adj איינטאָניק; לאַנגווייליק
monster n מאָנסטער ז (ס) (פאַרזעניש ס; ריז ז; אכזר ז)
monstrous adj מאָנסטערדיק
month n חודש ז (חדשים), מאָנאַט ז (ן)
monthly adj מאָנאַטלעך
monument n דענקמאָל ז (ן)
moo v מוקען (ווי אַ קו)
mood n שטימונג נ (ען); (גראַמאַטישער) מאָדוס ז
moody adj קאַפריזיק; אומעטיק
moon n לבנה נ (לבנות)
moony adj לבנהדיק; פאַרחלומט
mop n ווישבעזעם ז (ס)
mop v אָפווישן
mop-up n (שמועסדיק) נאָכווישן ס; אָפרייניקונג נ (ען); אָפרייניק־אַקציע נ (אין קריג)
moral adj מאָראַליש, יושרדיק
moral n מוסר־השכל ז
– **morals** pl מידות ר
morale n מאָראַל נ, שטימונג נ (ען)
moralize v מוסרן
morally adv על־פי מוסר, לויט יושר
moratorium n מאָראַטאָריום ז (ס)
morbid adj קרענקיק; גרויליק
mordant adj בייַסיק; סאַרקאַסטיש
more adj, adv מערער, מער; נאָך
moreover adv מער פון דעם, דערצו
morning n פרימאָרגן ז (ס), אינדערפרי ז (ען)
moron n מאָראָן ז (ען); (שמועסדיק) שוטה ז (שוטים)
morose adj פאַראומערט
morphine n מאָרפין נ (ען) (מעדיצין)
morphology n מאָרפאָלאָגיע נ
morrow n מאָרגן ז (ס)
morsel n ביסן ז (ס)
mortal adj שטאַרביק
mortal n שטאַרביקער ז, בן־אדם ז (בני־)
mortgage n היפאָטעק נ (ן)
mortgage v פאַרמשכונען
mosaic n מאָזאַאיק נ (עס)
Moslem n מוסולמאַן ז (מוסולמענער), מחמדאַנער ז
mosque n מעטשעט ז (ן)
mosquito n מאָסקיט ז (ן)
moss n מאָך ז (ן)
most adj, adv מערסטע; צום מערסטן
most n רוב ס
mostly adv מערסטנס
mote n שטויבעלע ס (ך)
motel n מאָטעל ז (ן)
moth n מאָל ז (ן), מאָט ז (ן)
mother n מוטער נ (ס)
mother v זייַן די מוטער פון; שפייַזן און באַשיצן
mother-in-law n שוויגער נ (ס)
motherland n מוטערלאַנד ס, געבורטלאַנד ס (געבורטלענדער)
motherly adj מוטערלעך; האַרציק
mother-of-pearl n פערל־מוטער נ

mother tongue — מוטערשפּראַך נ (ן), מאַמע־לשון ס (ות)
motion n — באַוועגונג נ (ען); פֿאָרשלאָג ז (ן)
motivate v — מאָטיווירן
motivation n — מאָטיווירונג נ (ען)
motive n — מאָטיוו ז (ן)
motor n — מאָטאָר ז (ן)
motorcycle n — מאָטאָציקל ז (ען)
motto n — מאָטאָ ז (ס)
mount v — אַרויפֿגיין; שטײַגן; אויפֿזיצן
mountain n — באַרג ז (בערג)
mountainous adj — באַרגיק; זייער הויך
mounted adj — רײַטנדיק
mourn v — טרויערן
mouse n — מויז נ (מײַז)
mouth n — מויל ס (מײַלער); פּיסק ז (עס)
mouthy adj — פּיסקאַטע; באָמבאַסטיש
move v — באַוועגן; איבערציִען זיך
move n — באַוועג ז (ן); איבערצי ז (ען)
movement n — באַוועגונג נ (ען)
movie n — (שמועסדיק) פֿילם ז (ען); קינאָ ז (ס)
Mr. (pl. Messrs.) — ה׳ = הער (טיטל)
Mrs. (pl. Mmes.) — פֿר׳ = פֿרוי (טיטל)
much adj, adv — פֿיל; אַ סך
mud n — בלאָטע נ (ס)
muddle v — פֿאַרפּלאָנטערן; מאַכן בלאָטיק
muddy adj — בלאָטיק; פֿאַרבלאָטיקט
muddy v — פֿאַרבלאָטיקן
muezzin n — מואַזין ז (ען)

mug n — קופּל ז (ען); (סלענג) פּרצוף ז (ים); כוליגאַן ז (עס)
mug v — (סלענג) באַפֿאַלן
mugger n — (סלענג) באַפֿאַלער ז (ס)
muggy adj — הייס און פֿײַכט; דעמפּיק און דושנע
mule n — מוילאייזל ז (ען)
mullah n — מוללאַ ז (ס)
multicolored adj — פֿילקאָליריק
multimillionaire n — מולטימיליאָנער ז (ן)
multiplication n — כּפֿל ז
multiply v — כּפֿלען, טאָפּלען; פֿאַרמערן זיך
multitude n — מאַסע נ (מאַסן), המון ז (ען)
mumble v — בעבען
mummy n — מומיע נ (ס)
munch v — קײַען בקול
mundane adj — וועלטלעך, ערדיש; געוויינטלעך
municipality n — מוניציפּאַליטעט נ (ן)
munificent adj — זייער ברייטגיביק
munitions n pl — אַמוניציע נ
murder n — מאָרד ז (ן), רציחה נ (רציחות)
murder v — מאָרדן, דערהרגענען
murderer n — מערדער ז (ס), רוצח ז (ים)
murderous adj — מערדעריש, רציחהדיק
murk n — פֿינצטערניש ס, חושך ז
murmur n — מורמל ז
murmur v — מורמלען
muscle n — מוסקל ז (ען)
muse v — קלערן, טראַכטן; זײַן פֿאַרטראַכט

Muse n מוזע נ (ס)
museum n מוזיי ז (ען), מוזעאום ז (ס)
mushroom n שוואָם ז/נ (ען), שוועמל ס (עך)
mushroom v וואַקסן זייער שנעל
music n מוזיק נ
musical adj מוזיקאַליש
musician n מוזיקער ז (ס); קלעזמער ז (ס)
must v מוזן; דאַרפן
mustache n וואָנסע, וואָנצע נ (ס)
mustard n מושטאַרדע נ (געווירץ ס; טונקל־געלער קאָליר ז); מושטאַרד־געוויקס ס
muster v פאַרזאַמלען; צוזאַמענרופן (סאָלדאַטן)
mutation n מוטאַציע נ (ס)
mute adj שטום
mutilate v צעקאַליעטשען
mutiny n בונט ז (ן) (ספעציעל אין דער אַרמיי)
mutter v בורטשען
mutton n שעפסנס ס
mutual adj קעגנזײַטיק
muzhik n מוזשיק ז (עס) (רוסישער פויער)
muzzle n די נאָז און דער פיסק (פון אַ פיר־פיסיקער חיה); מוילשלאָס ז (מוילשלעסער)
my adj מײַן
myrrh n מירע נ
myrtle n מירט נ (ן)
mysterious adj מיסטעריעז, סודותדיק
mystery n סוד ז (סודות); מיסטעריע נ (ס); (אַרכײַאיש) גילדיע נ (ס)
mystical adj מיסטיש
mysticism n מיסטיק נ
myth n מיטאָס ז (ן)
mythology n מיטאָלאָגיע נ (ס)

N n

n, N n ען ז (ען) (בוכשטאַב)
nab v (סלענג) אַרעסטירן; כאַפן
nag v טאָטשען; דערקוטשען
nail n טשוואָק ז (טשוועקעס); נאָגל ז (נעגל)
nail v צוקלאַפן (מיט טשוועקעס); (שמועסדיק) האַלטן; כאַפן; אויפדעקן (אַ ליגן, א״ע)
naive adj נאַאיוו, תמימותדיק
naked adj נאַקעט
name n נאָמען ז (נעמען)
name v געבן אַ נאָמען; אָנרופן; באַשטימען
namely adv נעמלעך, דהײַנו
nap n דרימל, דרעמל ז (ען)
nap v דרימלען, דרעמלען
nape n קאַרק ז (עס)
naphta n נאַפט ז
napkin n סערוועטקע נ (ס)
narcissus n נאַרציס ז (ן) (בלום)
narcotic n נאַרקאָטיק ז (ן); נאַרקאָטיקער ז (ס)

narcotic adj נאַרקאָטיש
nargile n נאַרגילע נ (ס)
narrate v דערציילן
narration n דערציילונג נ (ען); מעשׂה נ (מעשׂיות)
narrative n סיפּור ז (ים); דערציילונגס־קונסט נ
narrative adj דערציילעריש
narrow adj שמאָל; ענג
narrow v ענג מאַכן; באַגרענעצן
narrow-minded adj שמאָלקעפּלדיק, איינזײַטיק
nasty adj געמיין; פּאַסקודנע; ברודיק; זייער אומאײַנגענעם
nation n פאָלק ס (פעלקער)
national adj נאַציאָנאַל
nationalism n נאַציאָנאַליזם ז
nationality n נאַציאָנאַליטעט נ (ן); בירגערשאַפט נ (ן)
native n אײַנגעבוירענער ז
native adj אײַנגעבוירן
natty adj אויסגעפּוצט
natural adj נאַטורעל
naturalism n נאַטוראַליזם ז
naturalize v נאַטוראַליזירן, אײַנבירגערן
naturally adj נאַטירלעך
natural science נאַטור־וויסנשאַפט נ
nature n נאַטור נ (ן) (פיזישע וועלט נ; טבע נ; כאַראַקטער ז; מהות ס)
naughty adj שטיפעריש; שלעכט; אומגעהאָרכזאַם
nausea n מיגל ז, עקל ז

navel n נאָפּל ז (ען), פּופּיק ז (עס); צענטער ז (ס)
navel orange נאָפּל־מאַראַנץ ז (ן)
navigate v נאַוויגירן
navy n פלאָט ז (ן)
nazi n נאַצי ז (ס)
near adv, adj, prep נאָענט; בײַ, לעבן, נעבן
near v צוקומען נאָענט, דערנענטערן זיך
nearby adj, adv נאָענט; אין דער נאָענט
nearly adv כמעט, זייער נאָענט צו, שיִער ניט
near-sighted adj קורצזעאיק
neat adj ציכטיק און סדרדיק; שיין; ריין
necessarily adv בהכרח; דווקא
necessary adj נויטיק, נייטיק
necessitate v נויטיק מאַכן
necessity n נויטיקייט, נייטיקייט נ (ן)
neck n האַלדז ז (העלדזער)
necklace n האַלדזבאַנד נ (האַלדזבענדער)
necktie n שניפּס ז (ן); בינדע נ (ס)
nectar n נעקטאַר ז (ן); בלומען־זאַפט ז (ן)
need n נויט נ; באַדערפעניש ס (ן)
need v דאַרפן
needle n נאָדל נ (ען)
needle v (שמועסדיק) שטעכן; רייצן
needlework n נאָדל־אַרבעט נ (ן); אויסנייעכץ ס (ן)
needy adj זייער אָרעם
ne'er-do-well n לא־יוצלח ז (ס)

nefarious adj רישעותדיק

negation n פאַרניינונג נ (ען); אָפּלייקענונג נ (ען)

negative adj נעגאַטיוו

negative n נעגאַטיוו ז (ן)

negativism n נעגאַטיוויזם ז

neglect v פאַרנאַכלעסיקן; פאַרזען

neglect n פאַרנאַכלעסיקונג נ; אָפּגעלאָזנקייט נ

neglected adj פאַרנאַכלעסיקט; אָפּגעלאָזן

negligence n פאַרנאַכלעסיקונג נ

negligent adj נאַכלעסיק; זייער אומגעהיט

negligible adj נישטיק

negotiable adj פאַרקויפלעך

negotiate v פאַרהאַנדלען

negotiation n פאַרהאַנדלונג נ (ען)

Negro n נעגער ז (ס)

neigh v הירזשען (ווי אַ פערד)

neighbor, neighbour n שכן ז (ים)

neighborhood n קוואַרטאַל ז (ן); שכנישאַפט נ

neighborly adj שכניש; פרײַנדלעך

neither conj, adj, pron ניט...; ניט דער ניט יענער; אויך ניט

nephew n פלימעניק ז (עס) (ברודערן־זון; שוועסטערן־זון ז)

nerve n נערוו ז (ן); קוראַזש ז; (שמועסדיק) חוצפה נ

nervous adj נערוועז, נערוועאיש

nervousness n נערוועאישקייט נ

nervy adj (סלענג) גראָב און בראַוו; קראַפּטיק; נערוועז

nest n נעסט נ (ן)

nest v נעסטן (בויען אָדער לעבן אין אַ נעסט)

nest egg נעסט־איי ס (ער); קניפּל ס (עך)

nestle v טוליען זיך; זיצן באַקוועם; זײַן באַשיצט

net adj, adv נעט, ריין; נעטאָ

net n נעץ נ (ן); נעטאָ־רווח ז (ים); נעטאָוואָג נ (ן); נעטאָפּרײַז ז (ן), א״ע.

net v פאַנגען אין אַ נעץ; האָבן אַ ריינעם רווח

nettle n קראָפּעווע נ (ס)

neuter adj סתמי, זאַכלעך; נייטראַל

neuter n מין סתמי ז

neutral adj נייטראַל

neutrality n נייטראַליטעט נ

never adv קיין מאָל ניט

nevertheless adv פונדעסטוועגן, פאָרט

new adj נײַ

news n (takes sing. v.) נײַעס ר

newspaper n צײַטונג נ (ען)

new year נײַ־יאָר ס

next adj נאָענטסט, קומענדיק

nibble v גריזשען

nice adj שיין; ליב; פײַן

niche n נישע נ (ס)

nickel n ניקל ז

nickname n צונאָמען ז (צונעמען)

nickname v געבן אַ צונאָמען

niece n פלימעניצע נ (ס) (ברודערן־טאָכטער נ; שוועסטערן־טאָכטער נ)

nifty adj (סלענג) אַטראַקטיוו; מאָדיש

niggard n קמצן ז (ים), קאַרגער ז

niggard adj קאַרג

niggardly adj, adv קמצניש
night n נאַכט נ (נעכט)
nightingale n נאַכטיגאַל נ (ן), סאָלאָווײ ז (ען)
nightmare n קאָשמאַר ז (ן)
night school אָוונטשול נ (ן)
nil n נול ז (ן)
nimble adj פלינק
Nimrod n נמרד פ״נ (בראשית י׳, ח-ט); ענטוזיאַסטישער יעגער ז
nincompoop n טיפּש ז (ים); תּם ז (ען)
nine adj נײַן
nineteen adj נײַנצן
nineteenth adj נײַנצעט
ninety adj נײַנציק
ninny n טיפּש ז (ים); תּם ז (ען)
ninth adj נײַנט
nip v צופּן
nip n צופּ ז (ן)
nipple n אָפּל ז (ען)
nitwit n (סלענג) שוטה גמור ז, טיפּש שבטיפּשים ז
no adv, adj ניין; קיין
no-account adj (שמועסדיק) אומטויגיק; נישטיק
no-account n (שמועסדיק) אומטויגיקער ז
nobility n אַדל ז (ירושהדיקער ראַנג); איידלקייט נ (כאַראַקטער)
noble adj אַדלדיק; איידל
nobody pron קיינער ניט
nobody n גאָרנישט ז (ן)
nocturnal adj נאַכטיק
nocturne n נאָקטורן ז (ען)

nod v שאָקלען מיטן קאָפּ (אויסצודריקן הסכּמה אָדער באַגריסונג); אַראָפּהענגען
nod n שאָקל ז (מיטן קאָפּ)
noise n טומל ז, רעש ז
noisy adj טומלדיק
nomad n נאָמאַד ז (ן)
nominal adj נאָמינאַל (נאָמענטלעך; נאָר אין נאָמען, ניט־פּאַקטיש; אומוואָגיק)
nominate v נאָמינירן
nominative n נאָמינאַטיוו ז (ן)
nonchalance n גלײַכגילט ז
noncombatant n ניט־קעמפער ז (ס)
noncommittal adj ניט־בינדנדיק
none pron, adv קיין, קיין שום; קיינער ניט; אין קיין פאַל; כּלל ניט
nonentity n גאָרנישט ז (ן)
nonesuch, nonsuch n מושלם ז (ים); כּלי יקר ז
non-productive adj אומפּראָדוקטיוו
nonsense n אומזינען ז, שטות ז
nonsensical adj נאַריש; אַבסורד
noodle n לאָקש ז (ן); טיפּש ז (ים)
nook n ווינקעלע ס (ספּעציעל אין אַ צימער)
noon n מיטאָגצײַט נ
noonday n מיטן־טאָג ז
noontime n מיטאָגצײַט נ
noose n פּעטליע נ (ס)
nor conj און ניט; און אויך ניט
Nordic adj נאָרדיש
norm n נאָרמע נ (ס)
normal adj נאָרמאַל

north n — צפון ז
north adj, adv — צפונדיק; אויף צפון
northern adj — צפונדיק
northwards adv — אויף צפון
nose n — נאָז נ (נעזער)
nose v — שמעקן; אַרײַנשמעקן אין; אַרײַנשטעקן די נאָז; זוכן; דורכשטופן זיך פאַמעלעך
nostalgia n — נאָסטאַלגיע נ, בענקשאַפט נ
nostril n — נאָזלאָך נ (נאָזלעכער)
nosy, nosey adj — (שמועסדיק) גריבלעריש; זוכעריש; פורעגעריש; נײַגעריק
not adv — ניט, נישט
notable adj — מערקווערדיק; אָנגעזען
notable n — חשוב ז (ים), ניכבד ז (ים)
notary n — נאָטאַר ז (ן)
notary public — נאָטאַר ז (ן)
note n — נאָטיץ נ (ן); קוויטל ס (עך)
note v — פאַרצייכענען; באַמערקן
notebook n — נאָטיצביכל ס (עך)
nothing n — גאָרנישט ז (ן); זעראָ ז (ס)
nothing adv — כלל ניט
notice n — באַמערקונג נ (ען); אַכט נ; וואָרענונג נ; מעלדונג נ (ען)
notice v — באַמערקן; דערזען
notify v — לאָזן וויסן, אינפאָרמירן
notion n — אידעע נ (ס); באַגריף ז (ן)
notoriety n — שלעכטער נאָמען ז, שם־רע ז
notorious adj — טרויעריק באַוווּסט
notwithstanding prep, adv, conj — ניט קוקנדיק; אָפגעזען פון; פונדעסטוועגן; כאָטש, הגם
noun n — זאַכוואָרט ס (זאַכווערטער)

nourish v — שפײַזן, דערנערן
nourishment n — שפײַזונג נ; שפײַז נ (ן)
nouveau riche — נײַער עושר ז
novel adj — חידושדיק; אומגעוויינטלעך
novel n — נאָוועלע נ (ס)
novelist n — נאָוועליסט ז (ן)
novelty n — חידוש ז (ים)
November n — נאָוועמבער ז (ס)
now adv, conj, interj — יעצט, איצט; ווײַל; נו
noway adv — אין קיין פאַל
nowhere adv — אין ערגעץ ניט
noxious adj — זייער שעדלעך
nuance n — ניואַנס ז (ן)
nuclear adj — נוקלעאַר
nude adj — נאַקעט
nuisance n — ניוסענס ז, אָנשיקעניש ס (ן)
null adj — אַנולירט, בטל
numb adj — געליימט
number n — צאָל נ (ן); נומער ז (ן); ציפער ז
number v — נומערירן; ציילן
numberless adj — אָן אַ צאָל
Numbers n (takes sing. v.) — ספר־במדבר ז, חומש־הפיקודים (הפקודים) ז
numerous adj — פילצאָליק
nun n — מאָנאַשקע נ (עס)
nurse — קראַנקן־שוועסטער נ; ניאַניע נ (ס)
nurse v — פאַרנעמען זיך מיט (קראַנקע אָדער אַלטע מענטשן); זייגן
nursery n — קינדער־צימער ז (ן); ביימערשול נ (ן); קינדערהיים נ (ען)

nurture v דערציִען; שפּײַזן

nurture n דערציִאונג נ; שפּײַזונג נ

nut n נוס ז/נ (ניס); (סלענג) מטורף ז (ים)

nut v אַראָפּנעמען צײַטיקע ניס

nutcracker n קנאַקניסל ס (עך)

nutrition n שפּײַזונג נ, דערנערונג נ

nutritious adj נאַרהאַפטיק

nuts adj (סלענג) משוגע; זייער ענטוזיאַסטיש

nutshell n נוסשאָלעכץ נ (ן)

nuzzle v רײַבן מיט דער נאָז; צוטוליען זיך

nylon n נײַלאָן ז

nymph n נימפע נ (ס)

O o

o, O n אָ ז (ען) (בוכשטאַב)

o, oh interj אָ!

oaf n שוטה ז (שוטים), פאַרשטאָפּטער קאָפּ ז

oafish adj זייער נאַריש, טעמפּקעפּיק

oak n דעמב ז (ן)

oaken adj דעמבן

oar n רודער ז (ס), וועסלע נ (ס)

oasis n אָאַזיס ז (ן)

oat n (usually **oats** pl) האָבער ז/ס

oaten adj האָבערן

oath n שבועה נ (שבועות)

obdurate adj פאַרעקשנט; האַרטנעקיק

obedience n געהאָרכזאַמקייט נ

obedient adj געהאָרכזאַם, פאָלגעוודיק

obey v פאָלגן, האָרכן

obese adj איבערפעט

object n חפץ ז (ים); טעמע נ (ס); ציל ז (ן); (אין גראַמאַטיק) אָביעקט ז (ן)

object v זײַן קעגן; ניט ליב האָבן

objection n קעגן־טענה נ; קעגן־געפיל ס

objective n ציל ז (ן)

objective adj אָביעקטיוו, אומצדדימדיק; רעאַל

obligate v פאַרפליכטן, מחייב זײַן

obligation n פאַרפליכטונג נ (ען)

oblige v פאַרפליכטן; מחייב זײַן (פאַר אַ טובה)

obliging adj גרייט צו טאָן טובות; בײַהילפיק

oblique adj באַלכסונדיק; אומדירעקט; ניט־מאַראַליש

obliterate v אָפּווישן; פאַרניכטן

oblivion n פאַרגעסעניש ס; פאַרגעסונג נ

oblivious adj פאַרגעסלעך

oblong adj לענגלעך

obnoxious adj זייער אומאײַנגענעם; דערווידערדיק

obscene adj אומאָנשטענדיק; שמוציק

obscure adj טונקל, אומקלאָר; אומבאַקאַנט

obscure v פאַרטונקלען

observance n אָפּהיטונג נ; רעליגיעזע צערעמאָניע נ (ס)

observant adj באַמערקעריש; פרום

observation n אַכטגעבונג נ; באַמערקונג נ(ען)

observatory n אָבסערוואַטאָריע נ(ס)

obsession n אָבסעסיע נ(ס)

obsolete adj פאַרעלטערט; אומנוצלעך

obstacle n מיכשול ז(ים), שטער ז(ן), שטרויכלונג נ(ען)

obstinacy n אײַנגעשפּאַרטקייט נ, עקשנות ס

obstinate adj אײַנגעשפּאַרט, פאַרעקשנט

obstruct v פאַרשטעלן; שטערן

obtain v קריגן, באַקומען

obtrude v אויפצווינגען; שטופּן זיך

obtuse adj טעמפּ

obvious adj באַשײַמפערלעך; דײַטלעך

occasion n געלעגנהייט נ(ן); סיבה נ(סיבות)

occasion v פאַראורזאַכן

occasionally adj פון צײַט צו צײַט, טייל מאָל

Occident n מערב ז

occult adj אָקולט (מיסטעריעז; מאַגיש)

occupancy פאַרנעמונג נ; באַזיצנעמונג נ

occupation n באַשעפטיקונג נ(ען); (מיליטערישע) אָקופּאַציע נ(ס)

occupy v פאַרנעמען; באַזעצן; באַוווינען

occur v געשען, פּאַסירן; קומען אויפן זינען

occurrence n געשעעניש ס(ן), פּאַסירונג נ(ען)

ocean n אָקעאַן ז(ען)

o'clock adv אַ זייגער

October n אָקטאָבער ז(ס)

odd adj מאָדנע; איבעריק; צופעליק; אומגראָדיק

oddball n (סלענג) טשודאַק ז(עס)

oddball adj עקסצענטריש; אויסטערליש

odds n pl פאָר ז, יתרון ז; שאַנסן ר

ode n אָדע נ(ס) (לירישע לויב־פּאָעמע)

odious adj פאַרהאַסט; דערווידערדיק

odium n שׂינאה נ; בזיון ז

odor, odour ריח ז(ות)

of prep פון

off adv, prep, adj, interj אַוועק; אַראָפּ; פון; פרײַ; אָן אַרבעט; גיי אַוועק!

offal n פּסולת ס

off-balance adj אומפעסט; ניט־צוגעגרייט

offcast adj אָפּגעוואָרפן

off-color adj דעפעקטיוו אין קאָליר; אומפּאַסיק; ניט געזונט

offence, offense n באַליידיקונג נ(ען); זינד נ; אָנגרײַף ז(ן)

offend באַליידיקן

offensive adj באַליידיקנדיק; אָפענסיוו, אָנגרײַפעריש

offensive n אָפענסיווע נ(ס), אַטאַק ז(ן)

offer v אָנבאָטן, פאָרלייגן; פאָרשלאָגן

offer n אָנבאָט ז(ן); פאָרשלאָג ז(ן)

offering n אָנבאָט ז(ן); (אין רעליגיעזן ריטואַל) קרבן ז(ות); צושטײַער ז(ס)

offhand adv, adj פון דער האַנט, גלײַך אויפן אָרט, אָן פריערדיקער צוגרייטונג; אומהעפלעך

office n ביוראָ ס (ען); אַמט ז (ן)
officer n באַאַמטער ז; אָפיציר ז (אין דער אַרמיי); פאָליציאַנט ז (ען)
official n באַאַמטער ז
official adj אָפיציעל
officiate v אַמטירן; אָנפירן מיט צערעמאָניאַל
offset n אָפסעט ז (דרוק)
offspring n נאָכוווקס ז; קינד ס (ער); רעזולטאַט ז (ן), פועל־יוצא ז (ס)
oft adv (Archaic) אָפט
often adv אָפט, אָפט מאָל
oh interj אָ! אוי!
oho interj אַהאַ, אָהאָ!
oil n אויל ז (ן), אייל ז (ן); נאַפט ז
oil v איילן, אָנאיילן
oil painting אוילבילד ס (ער)
oil well נאַפטקוואַל ז (ן)
ointment n זאַלב נ (ן)
O.K., OK adj, adv, interj (שמועסדיק) ריכטיק; באַשטעטיקט; גוט!
old adj אַלט
old-fashioned adj אַלטמאָדיש
Old Testament תנך ז
oleander n אָלעאַנדער ז (ס) (קשאַק)
olive n אָליוו ז (ן), איילבערט ז (ן)
olive oil בוימל ז (ען)
Olympiad n אָלימפיאַדע נ (ס)
ombudsman n אָמבודסמאַן ז (ען)
omelet n אָמלעט ז (ן)
omen n וואָרצייכן ז (ס), אָנזאָג ז (ן)
ominous adj שלעכט־אָנזאָגנדיק; שרעקנדיק
omission n דורכלאָז ז (ן)
omit v דורכלאָזן; פאַרפעלן (צו טאָן)

omnipotent adj אַלמאַכטיק, אַלמעכטיק
– the Omnipotent n אַלמעכטיקער ז, גאָט ז
omnium-gatherum n צעמישטע קאָלעקציע נ (ס)
omnivorous adj אַלץ־עסנדיק
on prep, adv אויף; וועגן; ווײַטער
once adv, conj איין מאָל; ווי נאָר
oncoming adj אָנקומענדיק
one adj איין
one n איינס ז/נ (ן)
onerous adj באַלאַסטיקט; באַדריקנדיק
oneself pron זיך, זיך אַליין
one-sided adj איינזײַטיק, צדדימדיק; ניט־אָביעקטיוו
onion n ציבעלע נ (ס)
onlooker n צוקוקער ז (ס)
only adj איינציק
only adv, conj נאָר, בלויז; נײַערט, אלא
onslaught n שטורמישער אַטאַק ז
onus n עול ז, לאַסט נ; אחריות ס
onward, onwards adv פאָראויס
ooze v רינען פאַוואָליע; דריפען
opaque adj ניט־דורכזעאיק; מאַט; נאַריש
open adj אָפן
open v עפענען
openhanded adj ברייטגיביק
openhandedly adv מיט אַן אָפענער האַנט
opening n עפענונג נ (ען)
opera n אָפערע נ (ס)
operate v אָפערירן
operation n אָפעראַציע נ (ס)

opinion n מיינונג נ (ען)
opinionated adj האַרטנעקיק; דאָגמאַטיש
opium n אָפּיום ז
opponent n קעגנער ז (ס)
opportunist n אָפּאָרטוניסט ז (ן)
opportunity n געלעגנהייט נ (ן)
oppose v זײַן קעגן; קעגנשטעלן זיך
opposite adj, prep אַנטקעגנדיק; אַנטקעגן
opposite n היפּוך ז (ים), קאָנטראַסט ז (ן)
opposition n אָפּאָזיציע נ (ס)
oppress v אונטערדריקן
oppression n אונטערדריקונג נ
oppressive באַדריקנדיק
opprobrious adj שענדלעך; חרפּה־ברענגענדיק
opt v אָפּטירן, מאַכן אַן אויסוואַל
optician n אָפּטיקער ז (ס)
optimism n אָפּטימיזם ז
optimist n אָפּטימיסט ז (ן)
optimistic adj אָפּטימיסטיש
option n ברירה נ (ברירות); אָפּציע נ (ס), אָפּטירעכט ס
optional adj ברירהדיק
optometrist n אָפּטאָמעטריסט ז (ן)
opulence n עשירות ס, רײַכקייט נ; שפע נ
opulent adj רײַך; שפעדיק
opus n שעפעריש ווערק ס (ספּעציעל אַ מוזיקאַלישע קאָמפּאָזיציע)
or conj אָדער
oracle n אָראַקל ז (ען)
orally adv בעל־פה

orange n מאַראַנץ ז (ן), פּאָמעראַנץ ז (ן), אָראַנזש ז (ן)
orange adj אָראַנזשן; אָראַנזש (קאָליר)
oration n רעדע נ (ס)
orator n אָראַטאָר ז (ן), רעדנער ז (ס)
oratorio n אָראַטאָריע נ (ס)
oratory n ריידקונסט נ
orb n קײַלעך ז (ער); הימלישער קערפּער ז (זון, לבנה, פּלאַנעט אָדער שטערן)
orbit n אָרביט ז (ן)
orchard n סאָד ז (סעדער)
orchestra n אָרקעסטער ז (ס)
orchid n אָרכידעע נ (ס)
ordain v אָרדינירן, נאָמינירן צו דער פּריסטערשאַפט; מסמיך זײַן; דעקרעטירן
ordeal n האַרבער נסיון ז; אָפּקומעניש ס (ן)
order n סדר ז (ים), אָרדענונג נ (ען); באַפעל ז (ן); באַשטעלונג נ (ען); אָרדן ז (ס)
order v באַפעלן; באַשטעלן
orderly adj סדרדיק
ordinance n תּקנה נ (תּקנות); מינהג נ (ים)
ordinary adj געוויינטלעך
ore n אַרץ ס (ן)
organ n אָרגאַן ז (ען) (אָרגל ז; אבר ז; צײַטשריפט נ)
organic adj אָרגאַניש
organism n אָרגאַניזם ז (ען)
organization n אָרגאַניזאַציע נ (ס); אָרגאַניזירונג נ
organize v אָרגאַניזירן

orgy n אָרגיע נ (ס)

Orient n אָריענט ז, מיזרח ז

orient, orientate v אָריענטירן

Oriental adj מיזרחדיק

Oriental n בן־מזרח ז (בני־), אָריענטאַל ז (ן)

orientalist n אָריענטאַליסט ז (ן)

orientation n אָריענטירונג נ (ען)

orifice n מויל ס (מײַלער); עפענונג נ (ען); לאָך ס/ז (לעכער)

origin n אָפּשטאַם ז (ען), מקור ז (ות/ים)

original adj אָריגינעל

original n אָריגינאַל ז (ן)

originally adv דורך אָפּשטאַם; לכתחילה, פון אָנהייב

originate v אַנטשטיין, אויפקומען; שטאַמען

ornament n אויספוצונג נ; צירונג נ; צאַצקע נ (ס)

ornament v באַפוצן; דעקאָרירן

ornithology n אָרניטאָלאָגיע נ

orphan n יתום ז (ים)

orphanage n יתומים־הויז ס (־הײַזער)

orthodox adj אָרטאָדאָקסיש

orthography n אָרטאָגראַפיע נ

orthopedics n (takes sing. v.) אָרטאָפּעדיע נ

oscillate v וואַקלען זיך

osmosis n אָסמאָזיס ז

ostensible adj כלומרשטיק

ostracize v אָסטראַקירן (אַרויסטרײַבן אָדער אויסשליסן פון אַ גרופּע)

ostrich n שטרויס ז (ן)

other adj אַנדער

otherwise adv אַנדערש

ouch interj אוי!

ought auxiliary verb דאַרפן, זאָלן; וואָלט געדאַרפט

ounce n אונץ נ (ן)

our adj אונדזער

oust v אַרויסטרײַבן; אַרויסשטופּן

out adv אַרויס

outbreak n אויסברוך ז (ן)

outcast n אויסוואָרף ז (ן)

outcome n אַרויסקום ז (ען), פּועל־יוצא ז (ס)

outcry n אויסגעשריי ז (ען); שטאַרקער פּראָטעסט ז

outdo v אַריבערשטײַגן

outdoors adv אין דרויסן

outing n אויספלוג ז (ן)

outlaw n פאַרברעכער ז (ס)

outlaw v מאַכן אָדער דערקלערן אומלעגאַל

outlet n אויסגאַנג ז (ען)

outline n סקיצע נ (ס); אַלגעמיינער פּלאַן ז

outline v סקיצירן; באַשרײַבן אין ראָשי־פּרקים

outlook n אַרויסקוק ז (ן); אויסקוק ז (ן), אויסזיכט נ (ן)

out-of-date adj אַלטמאָדיש; פאַרעלטערט

out-of-the-way adj ווײַט; פאַרוואָרפן; ניט־געוויינטלעך

outpour n אויסגאָס ז (ן)

outpour v אויסגיסן

output n פּראָדוקציע־אַרויסגאָב נ (ן)

outrage n נבלה נ (נבלות), מעשה־רע ז/נ

outrage v אויפרעגן שטאַרק; אָפּטאָן מעשׂים־רעים
outrageous adj שענדלעך; זייער באַליידיקנדיק
outside n דרויסנדיקע זײַט נ (ן)
outside adj, adv, prep דרויסנדיק; אינדרויסן, אין דרויסן; מחוץ
outsider n דרויסנדיקער ז; פרעמדער ז
outskirts n pl שטאָט־פּעריפעריע נ (ס)
outspoken adj אָפן און דירעקט
outstanding adj אָנגעזען; ניט־באַצאָלט; אַרויסשטאַרצנדיק
outward adj דרויסנדיק
oval adj אָוואַל
ovation n אָוואַציע נ (ס)
oven n אויוון ז (ס)
over prep, adv, adj איבער; אַריבער; ווידער; פאַרבײַ; אייבער
overalls n pl אָוועראָל ז (ן) (צו אַרבעט)
overbearing adj הערשעריש; מאַכט־גיריק
overburden v איבערלאָדן
overcharge v רעכענען צו פיל, באַרײַסן
overcoat n אויבערמאַנטל ז (ן), פּאַלטן ז (ס)
overcome v בײַקומען, גובר זײַן
overdo v מגזם זײַן, איבערטרײַבן; טאָן צו פיל
overhaul v רעמאָנטירן
overhead n גענעראַלע אויסגאַבן ר (ווי דירה־געלט, באַלײַכטונג, שטײַערן, אאַז״וו)
overlook v פאַרזען, פאַרפעלן; זײַן העכער פון; פאַרוואַלטן
overnight adv איבערנאַכט
overrate v איבערשאַצן
overseas adv מעבר־לים
oversleep v פאַרשלאָפן
overt adj אָפן; עפנטלעך
overtake v איבעריאָגן; קומען פלוצלינג
overthrow v אַראָפּוואַרפן (אַ רעגירונג); איבערקערן
overtime n צוגאָב־שעהן ר
overtone n אייבערטאָן ז
overweight n איבערוואָג נ
overwhelm v איבערמעכטיקן; צעשמעטערן
overwork v איבעראַרבעטן זיך; פאַרקנעכטן
owe v זײַן שולדיק אָדער מחויב
owl n סאָווע נ (ס)
owlet n יונגע סאָווע נ (ס)
own adj אייגן
own v פאַרמאָגן; זײַן דער אייגנטימער פון
owner n אייגנטימער ז (ס), באַזיצער ז (ס)
ownership n פאַרמאָגערשאַפט נ; אייגנטום־רעכט ס
ox n אָקס ז (ן)
oxygen n זויערשטאָף ז
Oyez, Oyes interj הערט!
oyster n אויסטער ז (ס)
ozone n אָזאָן ז; (שמועסדיק) ריינע לופט נ

P p

p, P n פע ז (ען) (בוכשטאַב)

pace n טעמפאָ ז (ס); טראָט ז (טריט); שפאַן ז (ען)

pace v מעסטן אויפן שפאַן, אָפמעסטן מיט טריט

pacific adj פרידלעך

Pacific Ocean פאַציפיק ז, פאַציפישער אָקעאַן ז

pacifism n פאַציפיזם ז

pacify v באַרואיקן; ברענגען פרידן צו

pack n פאַק ז (פעק); פעשל ס (עך); באַנדע נ (ס); סטײַע נ (ס), טשאַטע נ (ס)

pack v פאַקן

package n פעקל ס (עך)

package v אײַנפאַקן

pact n פאַקט ז (ן), אָפמאַך ז (ן)

pad n קישעלע ס (עך); אויסבעט ז (ן)

pad v אויסבעטן, וואַטירן

paddle n רודער ז (ס)

paddle v רודערן; (שמועסדיק) אָפשמײַסן

paddock n אָפגעצוימט פעלד ס (פאַר בהמות); אָפצוימונג נ (ען) (פאַר פערד אויף אַ יאָגוועג)

paddy n רײַז־פעלד ס

padlock n הענגשלאָס ז (הענגשלעסער)

paean, pean n זיג־ליד ס; לויב־ליד ס (ער)

pagan n געצן־דינער ז (ס)

paganism n פאַגאַניזם ז

page n זײַט נ (ן)

pageant n פרעכטיקער ספעקטאַקל ז; פײַערלעכע פראָצעסיע נ

pagoda n פאַגאָדע נ (ס)

pail n עמער ז (ס)

pain n ווייטיק ז (ן)

– pains n pl טירחה נ

pain v פאַראורזאַכן ווייטיק; ווייטיקן

painful adj ווייטיקדיק

painstaking adj זייער פאָרזיכטיק

paint n פאַרב נ (ן)

paint v מאָלן

painter n (הויז־) מאַליער ז (ס); (קינסטלער) מאָלער ז (ס)

painting n מאָלערײַ ס (ען); מאָלונג נ

pair n פאָר נ (ן)

pair v פאָרן

pajamas n pl פיזשאַמע נ (ס)

pal n (שמועסדיק) חבר ז (ים); גוטער פרײַנד ז

palace n פאַלאַץ ז (ן)

palate n גומען ז (ס)

pale adj בלאַס, בלייך

pale v בלאַס ווערן; בלייך מאַכן

pale n תחום ז (ען)

Palestine n פאַלעסטינע [נ], ארץ־ישראל [ס]

palimpsest n פאַלימפסעסט ז (ן)

palliative adj לינדערנדיק; אײַנשטיליק

palliative n פּאַליאַטיוו ז (ן), לינדער־מיטל ס

pallid adj בלאַס

palm n האַנט־פלאַך נ (ן); פּאַלמע נ (ס)

palpitate v קלאַפּן זייער שנעל; ציטערן

paltry adj קליינלעך; געמיין

pamper v פּיעשטשען

pamphlet n בראָשור נ (ן)

pan n פּאַן נ (ען), פּאַטעלניע נ (ס)

pane n שויב נ (ן)

panel n פּאַנעל ז (ן)

pang n שטאָך ז (שטעך); פּלוצעמדיקער ווייטיק ז

panhandle n פּאַן־הענטל ס (עך)

panhandle v (שמועסדיק) בעטלען (ספּעציעל אויף דער גאַס); גיין מיטן טעלער (מיט דער פּושקע, טאָרבע, א״ע)

panic n פּאַניק נ (עס), בהלה נ (בהלות), פּלוצעמדיקער שרעק ז

panic v פאַרלירן זיך־באַהערשונג דורך שרעק; פאַראורזאַכן אַ פּאַניק

panorama n פּאַנאָראַמע נ (ס)

pansy n סאַמעטל ס (עך), אמנון־ותּמר ז (ס), חנהלעס אייגעלע ס (עך) (בלום)

pant v סאַפּען, סאָפּען

pantheon n פּאַנטעאָן ז (ען)

panther n פּאַנטער ז (ן)

panties n pl (שמועסדיק) אונטער־הייזלעך ר (פון אַ פרוי)

pants n pl הויזן ר; אונטערהויזן ר

papa n (שמועסדיק) פּאַפּאַ ז (ס), טאַטע ז (ס)

papal adj פּויפּסיש; רוימיש־קאַטויליש

paper n פּאַפּיר ס (ן); שריפטלעכע אַרבעט נ (ן); צײַטונג נ (ען)

paper adj פּאַפּירן

paprika n פּאַפּריקע נ (ס)

papyrus n פּאַפּירוס ז (ן)

parable n משל ז (ים)

parachute n פּאַראַשוט ז (ן)

parade n פּאַראַד ז (ן)

parade v פּאַראַדירן

paradise n גן־עדן ז (ס)

paradox n פּאַראַדאָקס ז (ן)

paragraph n פּאַראַגראַף ז (ן)

parallel adj פּאַראַלעל

parallel n פּאַראַלעל ז (ן)

paralysis n פּאַראַליז ז (ן)

paralyze v פּאַראַליזירן

paranoia n פּאַראַנאָיע נ (ס)

paraphrase v פּאַראַפראַזירן

paraphrase n פּאַראַפראַז ז (ן)

parasite n פּאַראַזיט ז (ן)

parasitic adj פּאַראַזיטיש

parasol n פּאַראַסאָל ז (ן), זון־שירעם ז (ס)

parcel n פּעקל ס (עך)

parcel post פּעקל־פּאָסט נ

parch v אויסטריקענען; דורשטיק מאַכן

parchment n פּאַרמעט ז (ן)

pardon n פאַרגעבונג נ, מחילה נ; באַגנעדיקונג נ (ען)

pardon v פאַרגעבן, מוחל זײַן; אַנטשולדיקן; באַגנעדיקן

parent n אַ פּאָטער אָדער מוטער; מקור ז
– parents pl עלטערן ר
parenthesis n קלאַמער ז (ן), האַלבע לבֿנה נ
parenthesize v אײַנשליסן אין האַלבע לבֿנות
pariah n פּאַריע ז (ס) (אין אינדיע); סאָציאַלער אויסוואָרף ז
park n פּאַרק ז (ן)
park v פּאַרקירן (אַן אויטאָ)
parlance n לשון ס (ות); אידיאָם ז (ען)
parliament n פּאַרלאַמענט ז (ן)
parochial adj פּאַראָקיאַל; באַגרענעצט
parochial school קהלשע שולע נ
parody n פּאַראָדיע נ (ס)
parole n תּנאַי־באַפֿרײַאונג נ (ען) ערנוואָרט ס (ערנווערטער)
parrot n פּאָפּוגײַ ז (ען), פּאַפּוגע נ (ס)
parrot v נאָכרעדן (ווי אַ פּאָפּוגײַ)
parsley n פּעטרישקע נ (ס)
parsnip n פּאַסטערנאַק ז (עס)
part n טייל ז (ן), חלק ז (ים); ראָלע נ (ס); צד ז (צדדים) (אין אַן אַרגומענט)
part v אָפּשיידן, אָפּטיילן; צעשיידן זיך
partial adj טיילווײַז; צדדימדיק, איינזײַטיק
participate v נעמען אַן אָנטייל
participle n פּאַרטיציפּ ז (ן) (אין גראַמאַטיק)
particle n טיילכל ס (עך); (אין גראַמאַטיק) פּאַרטיקל ז (ען)
particular adj באַזונדער; ספּעציפֿיש
particular n פּרט ז (ים)
particularize v אָנגעבן אָדער אויסרעכענען אין פּרטים; דעטאַליזירן
particularly באַזונדערש, בפּרט
partisan n (עמאָציאָנעלער) אָנהענגער ז (ס); פּאַרטיזאַנער ז (ס)
partition n צעטיילונג נ (ען)
partly adv טיילווײַז
partner n שותּף ז (ים)
partnership n שותּפֿות ס (ן)
partridge n קוראָפּאַטע נ (ס)
part-time adj טיילצײַטיק
party n פּאַרטיי נ (ען); צד ז (צדדים); שׂימחה נ (שׂימחות), געזעלשאַפֿטלעכער צוזאַמענקום ז (פֿאַר פֿאַרגעניגן אָדער פֿאַרווײַלונג)
pass v דורכגיין; פֿאַרבײַגיין; איבערגיין
pass n דורכגאַנג ז (ען); פֿאַרבײַגאַנג ז (ען); פּאַסיר־צעטל ז (ען)
passable adj דורכגאַנגמעגלעך, דורכגאַנגבאַר; נישקשהדיק
passage n איבערגאַנג ז (ען); דורכגאַנג ז (ען); אָפּשניט ז (ן) (אין אַ בוך)
passenger n פּאַסאַזשיר ז (ן)
passion n לײַדנשאַפֿט נ (ן)
passionate adj לײַדנשאַפֿטלעך
passionless adj אומלײַדנשאַפֿטלעך; רואיק
passive adj פּאַסיוו
Passover n פּסח ז
passport n פּאַספּאָרט ז (ן)

past adj, adv, prep — אַמאָליק; פאַרבײַ; ווײַטער פון; נאָך
past n — פאַרגאַנגענהייט נ, עבר ז
paste n — פאַפ ז; פאַסטע נ(ס)
paste v — קלעפן
pastime n — צײַטפאַרברענג ז(ען)
pastry n — געבעקס ס(ן)
pasture n — פאַשע נ(ס)
pasture v — פאַשען
pat v — קלאַפן לײַכט
pat n — קלעפל ס(עך)
pat adj — פאַסיק, געהעריק
patch n — לאַטע נ(ס)
patch v — לאַטען, פאַרלאַטען
pate n — קאָפ ז(ספּעציעל דער שפּיץ פונעם קאָפ)
patent n — פאַטענט ז(ן)
patent v — פאַטענטירן
paternal adj — פאַטערלעך; פון פאָטערס צד
path n — שטעג ז(ן), סטעזשקע נ(ס)
pathetic adj — פאַטעטיש (רירנדיק; רחמנותדיק; קלאָגעדיק)
pathos n — פאַטאָס ז
patience n — געדולד ס/נ
patient adj — געדולדיק
patient n — פאַציענט ז(ן)
patriarch n — פאַטריאַרך ז(ן) (שטאַמפאָטער ז; זקן ז; הויפט־בישעף ז)
patrician n — פאַטריציער ז(ס); אַריסטאָקראַט ז(ן)
patriot n — פאַטריאָט ז(ן)
patriotic adj — פאַטריאָטיש
patrol v — פאַטראָלירן
patrol n — פאַטראָל ז(ן)
patron n — פאַטראָן ז(ען) (שטענדיקער קונה ז; באַשיצער ז; ווילטוער ז)
patronize v — זײַן אַ שטענדיקער קליענט; באַשיצן אָדער העלפן; באַהאַנדלען פון אויבן אַראָפ
pattern n — מוסטער ז(ן)
pauper n — אביון ז(ים); שנאָרער ז(ס)
pause v — אָפשטעלן זיך
pause n — פויזע נ(ס), הפסקה נ (הפסקות)
pave — ברוקירן
pavement n — טראָטואַר ז(ן)
paw n — לאַפע נ(ס)
pawn v — פאַרמשכונען
pawn n — משכון ז(משכנות); פיאָן ז(אין שאַך)
pawnshop n — לאָמבאַרד ז(ן)
pay v — צאָלן, באַצאָלן
pay n — געהאַלט ס(ן)
payment n — אײַנצאָלונג נ(ען)
pea n — אַרבעס ז
peace n — פרידן ז, שלום ז
peaceful adj — פרידלעך
peach n — פערשקע נ(ס), אַפערסיק ז(עס)
peach adj — געלבלעך־ראָז
peacock n — פאַווע נ(ס)
peak n — שפיץ ז(ן); הויכפונקט ז(ן)
peanut n — פיסטאַשקע נ(ס)
— peanuts pl — (סלענג) קלייניקייט נ; קליינגעלט ס
pear n — באַרנע נ(ס), באַר נ(ן)
pearl n — פערל ז

pearly adj פערלדיק, ווי אַ פערל; באַצירט מיט פערל
peasant n פּויער ז(ים)
pebble n שטיינדל ס(עך)
peck v דזשאָבען
peculiar adj מאָדנע
peculiarity n מאָדנעקייט נ(ן)
pecuniary adj געלטלעך
pedagog, pedagogue n פּעדאַגאָג ז(ן), דערציִער ז(ס), לערער ז(ס)
pedal n פּעדאַל ז(ן), טרעטל ז(ען)
pedal v טרעטלען
pedant n פּעדאַנט ז(ן)
peddle v פּעדלען (אַרומטראָגן סחורות צו פֿאַרקויפֿן)
peddler n פּעדלער ז(ס)
pedestal n פּעדעסטאַל ז(ן); באַזע נ(ס)
pedestrian n פֿוסגייער ז(ס)
pediatrician n קינדער־דאָקטער ז
pedigree n יחוס ז; שטאַמבוים ז
peek v קוקן שנעל און כיטרע; אַרײַנקוקן
peek n גנבישער קוק ז
peel n שאָלעכץ ס/נ(ן)
peel v שיילן, אָפּשיילן
peep v אַרײַנקוקן
peep n אַרײַנקוק ז(ן)
peer n גלײַכער ז; פּער ז(ן) (בריטישער אַדלמאַן)
peer v קוקן נאָענט
peeve v דערצערענען, רייצן
peeve n רייצונג נ(ען)
peevish adj גערייצט; קאַפּריזיק
pelican n פּעליקאַן ז(ען) (וואַסער־פֿויגל)
pelt v באַוואַרפֿן
pelt n (האַריקע) פֿעל נ(ן)
pen n פֿעדער נ(ס), פּען נ(ען); שטעלכל ס(פֿאַר קי, שעפּסן, הינער, א״ע)
pen v שרײַבן; האַלטן אין אַ שטעלכל
penalize v באַשטראָפֿן
penalty n שטראָף נ(ן)
penchant n שטאַרקע נטיה נ
pencil n בלײַפֿעדער נ(ס), בלײַער ז(ס)
pencil v צייכענען אָדער שרײַבן מיט אַ בלײַער
pend v בלײַבן אומדעצידירט
pendant n הענג־אָרנאַמענט ז(ן)
pendent adj הענגענדיק
pending adj, prep וואַרטנדיק אויף אַ באַשלוס; ביז; במשך
penetrate v אַרײַנדרינגען
penetrating adj דורכדרינגלעך; שאַרף; שׂכלדיק
penetration n אַרײַנדרונג ז(ען)
penguin n פּינגווין ז(ען) (ים־פֿויגל)
peninsula n האַלבאינדזל ז(ען)
penis n (מענלעכער) אבר ז, פּעניס ז(ן)
penitentiary n טורמע נ(פֿאַר גרויסע פֿאַרברעכערס)
pennant n פּענדל ס(עך)
penniless adj אָן אַ גראָשן; זייער אָרעם
penny n פּעני ז(ס); סענט ז(ן)
penny-wise adj שפּאָרעוודיק אין קליינע הוצאות
pension n פּענסיע נ(ס)
pensioner n פּענסיאָנער ז(ן)

pentagon n פינפעק ז (ן)

– the Pentagon פענטאַגאָן ז (דער זיכערהייטס־דעפּאַרטעמענט אין די פאַראייניקטע שטאַטן)

Pentateuch n חומש ז

penurious adj קאַרג

penury n גרויסע אָרעמקייט נ

people n פאָלק ס (פעלקער); מענטשן ר; (שמועסדיק) קרובים ר

pep n (סלענג) ענערגיע נ; ענטוזיאַזם ז

pepper n פעפער ז

pepper v פעפערן

peppery adj פעפערדיק; שאַרף; היציק

per prep אַ; דורך

perceive v תּופס זײַן; מערקן

percentage n פראָצענט ז (ן)

perception n תּפיסה נ, מערקונג

perch n סידעלע נ (ס); שטאַנג ז/נ (ען) (פאַר אַ פויגל)

perch v זיצן אָדער רוען אויף (אַ שטאַנג, דרענגל, א״ע)

percussion n באַקלאַפונג נ; קלאַפּ ז (קלעפּ)

percussion instrument קלאַפּ־אינסטרומענט ז (ן) (ווי אַ פויק אָדער טאַץ)

peremptory adj ענדגילטיק; אַבסאָלוט; באַשטימענדיק; הערשוויליק

perennial adj יערלעך; פיליאָריק; לאַנגדויערדיק

perfect adj פערפעקט, פולקום, שלמותדיק

perfect v פאַרפולקומען

perfection n פולקאָמענקייט נ, שלמות ס

perfectly adv פולקאָם, בשלמות

perfidy n פאַרראַט ז (ן); אומגעטרײַשאַפט נ (ן)

perforate v דורכלעכלען

perform v דורכפירן; פראַווען; אויפטרעטן

performance n אויספירונג נ (ען); פאָרשטעלונג נ (ען)

perfume n פאַרפום ז (ען)

perfume v פאַרפומירן

perfunctory adj כלאחר־יד; אויבנאויפיק; גלײַכגילטיק

perhaps adv אפשר, מעגלעך, פילײַכט

peril n געפאַר נ (ן)

perilous adj געפערלעך

period n פעריאָד ז (ן), תּקופה נ (תּקופות); פינטל ס (עך)

periodical n צײַטשריפט נ (ן)

peripatetic adj אַרומגייענדיק, אַרומשפאַצירנדיק

Peripatetic adj, n פון דער פעריפאַטעטישער שול; אַ תּלמיד פון אַריסטאָטעל

periphery n פעריפעריע נ (ס)

perish v אומקומען; פאַרפוילט ווערן

perjury n פאַלשע שבועה נ

permanent adj שטענדיק

permeate v דורכדרינגען; דורכוועפן זיך

permission n דערלויבעניש ס (ן)

permit v דערלויבן

permit n דערלויבעניש ס (ן)

perpetrate v	טאָן (אַ פאַרבּרעכן, נאַרישקייט, א"ע)
perpetual adj	אייבּיק
perpetuate v	פאַראייבּיקן
perplex v	צעמישן, פאַרטומלען
persecute v	רודפן
persecution n	פאַרפאָלגונג נ (ען)
perseverance n	אויסדויער ז
persevere v	האַלטן זיך (בּײַ זײַנס)
persist v	אָנהאַלטן
person n	פערזאָן נ (ען), פאַרשוין ז (ען)
personal adj	פערזענלעך
personality n	פערזענלעכקייט נ (ן)
personnel n	פערסאָנאַל ז
perspective n	פערספעקטיוו נ (ן)
perspicuous adj	דײַטלעך; קלאָר
perspire v	שוויצן
persuade v	אײַנרעדן; איבּערצײַגן
pert adj	פאַרשײַט; כוואַטסקע
pertain v	זײַן שייך, געהערן צו
pertinent adj	שײַכותדיק
perturb v	בּאַאומרואיקן
peruse v	דורכלייענען; בּאַטראַכטן גענוי
perverse adj	קאַפּריזנדיק; פאַרדאָרבּן
pessimism n	פעסימיזם ז
pessimist n	פעסימיסט ז (ן)
pessimistic adj	פעסימיסטיש
pest n	אָנשיקעניש ס (ן)
pester v	דערקוטשען
pestilence n	מגפה נ (מגפות)
petal n	קרוינבּלעטל ס (עך)
petrol n	בּענזין ז
petticoat n	אונטערקלייד ס (ער)
petty adj	קליינלעך; נישטיק
pew n	בּאַנק נ (אין אַ קירכע)
phantom n	פאַנטאָם ז (ען)
pharmacist n	אַפּטייקער ז (ס)
phase n	פאַזע נ (ס)
pheasant n	פאַזאַן ז (ען)
phenomenon n	פענאָמען ז (ען)
philanthropy n	פילאַנטראָפּיע נ
philately n	פילאַטעליסטיק נ
philology n	פילאָלאָגיע נ
philosopher n	פילאָסאָף ז (ן)
philosophy n	פילאָסאָפיע נ (ס)
phlegm n	שלײַם ז
phlegmatic adj	פלעגמאַטיש
phoenix n	פעניקס ז (מיטאָלאָגישער פויגל)
phone n	(שמועסדיק) טעלעפאָן ז (ען)
phone v	(שמועסדיק) טעלעפאָנירן
phonetic adj	פאָנעטיש
phonetics n (takes sing. v.)	פאָנעטיק נ
phony adj	פאַלש
phony n	צבועק ז (עס)
phooey interj	(סלענג) פוי!
photo n	(שמועסדיק) פאָטאָגראַפיע נ (ס)
photogenic adj	פאָטאָגעניש
photograph n	פאָטאָגראַפיע נ (ס)
photograph v	פאָטאָגראַפירן
photographer n	פאָטאָגראַפיסט ז (ן)
photography n	פאָטאָגראַפירונג נ
phrase n	פראַזע נ (ס)
phrase v	פאָרמולירן
phylacteries n pl	תּפילין ר
physical adj	פיזיש; פיזיקאַליש
physical n	(מעדיצינישע) בּאַטראַכטונג נ (ען)

physician n דאָקטער ז (דאָקטוירים)
physicist n פיזיקער ז (ס)
physics (takes sing. v.) פיזיק נ
physiology n פיזיאָלאָגיע נ
pianist n פּיאַניסט ז (ן)
piano n פּיאַנע נ (ס)
pick v קלויבן, קלײַבן
pick n אויסוואַל ז (ן), אויסקלײַב ז (ן)
picket n פּיקעט ז (ן)
picket v פּיקעטירן
pickpocket n קעשענע־גנב ז (ים)
picnic n פּיקניק ז (ן)
picture n בילד ס (ער)
picturesque adj בילדעריש
piece n שטיק ס (ער)
piecemeal adv שטיקלעכווײַז
pierce v דורכשטעכן
piety n פרומקייט נ
pig n חזיר ז (ים)
pigeon n טויב נ (ן)
pigheaded adj פאַרעקשנט
pigment n פּיגמענט ז (ן)
pigsty n חזיר־שטאַל ז/נ (ן)
pigtail n צעפּל ס (עך)
pike n פּיקע נ (ס) (לאַנגע שפּיז); העכט ז (פיש)
pile n הויפן ז (ס), קופּע נ (ס); סלופּ ז (עס)
pile v אָנלייגן (אין הויפנס)
pilfer v צולקחענען
pilgrim n פּילגרים ז (ען)
pill n פּיל נ (ן)
pillage v רויבן
pillage n רויב ס
pillar n זײַל ז (ן)
pillow n קישן ס/ז (ס)
pillowcase n ציכל ס (עך)
pilot n פּילאָט ז (ן)
pin n שפּילקע נ (ס)
pin v צושפּיליען
pincers n pl (often takes sing. v.) פּינצעט ז (ן)
pinch v קנײַפּן
pinch n קניפּ ז (ן); נויט נ
pine n סאָסנע נ (ס)
pine v שמאַכטן
pineapple n אַנאַנאַס ז (ן)
pink adj ראָז, ראָזעוווע
pinnacle n (שלאַנק) טורעמל ס (עך); טורעמשפּיץ ז (ן); הויכפּונקט ז (ן)
pioneer n פּיאָנער ז (ן)
pious adj פרום
pipe n רער נ (ן); ליולקע נ (ס)
pirate n פּיראַט ז (ן)
pit n גרוב ז (גריבער)
pitcher n קרוג ז (קריג)
pitiful adj פּאַטעטיש; נעבעכדיק
pittance n שיבוש ז (ים)
pity n רחמנות ס, מיטלײַד נ
pizza n פּיצע נ (ס)
place n פּלאַץ ז (פּלעצער)
place v אַוועקשטעלן
plague n פּלאָג נ (ן)
plague v פּלאָגן
plain adj פּשוט, איינפאַך
plain n פלאַכלאַנד ס
plaint n קלאַגע נ (ס)
plaintiff n אָנקלאָגער ז (ס), תובע ז (ים)
plaintive adj קלאָגעדיק; טרויעריק
plan n פּלאַן ז (פּלענער)

plan *v* פלאַנירן, פלאַנעווען
plane *n* הובֿל ז (ען); עראָפּלאַן ז (ען); פלאַך נ (ן); גראַד ז (ן)
plane *v* הובֿלען
planet *n* פלאַנעט ז (ן)
plankton *n* פלאַנקטאָן ז
plant *n* פלאַנץ נ (ן); פאַבריק נ (ן)
plant *v* פלאַנצן
plaster *n* טינק ז
plaster *v* טינקעווען
plasterer *n* טינקעווער ז (ס)
plastic *adj* פלאַסטיש, קנעטיק
plate *n* טעלער ז (טעלער, טעלערס)
platform *n* פלאַטפאָרמע נ (ס)
platitude *n* אויסגעדראָשענע באַמערקונג נ (ען); פלאַטשיקייט נ (ן)
Platonic *adj* פלאַטאָניש (גייַסטיק; אידעאַליסטיש)
plausible *adj* גלויבֿווערדיק
play *v* שפילן
play *n* שפיל נ (ן); פאָרשטעלונג נ (ען); קערבֿרייט נ
player *n* שפילער ז (ס)
playful *adj* שפילעוודיק
plead *v* בֿעטן זיך; טענהן
pleasant *adj* אָנגענעם
please *v* געפעלן; אָנטון פאַרגעניגן
please *interj* בֿיטע, זייַ אַזוי גוט
pleasure *n* פאַרגעניגן ס (ס)
plebiscite *n* פלעבֿיסציט ז (ן)
pledge *n* צוזאָג ז (ן); משכּון ז (משכּנות)
pledge *v* צוזאָגן; פאַרמשכּונען
plentiful *adj* שפעדיק
plenty *n* שפע נ (ס)
pliable *adj* בֿייגעוודיק
pliers *n pl or sing.* צווענגל ס (עך)
plight *n* קלעם נ
plod *v* שלעפן זיך; אָנשטרענגען זיך
plot *n* געהיימער פלאַן ז; סיפור־המעשׂה ז; (קליינער) בֿאָדן־טייל ז (ן)
plot *v* פלאַנעווען; קאָנספירירן; דיאַגראַמירן
plough, plow *n* אַקער ז (ס)
plough, plow *v* אַקערן
ploughshare, plowshare *n* אַקער־אַייזן ז (ס)
pluck *n* פליק ז (ן)
pluck *v* פליקן
plug *n* צאַפן ז (ס), פאַרשטעקל ס (עך)
plug *v* פאַרשטאָפן; אַרייַנשטעקן
plum *n* פלוים נ (ען)
plumber *n* אינסטאַלאַטאָר ז (ן)
plump *adj* צוציִענדיק דיקלעך
plump *v* פאַלן שווער אָדער פלוצלינג
plunder *v* ראַבֿעווען
plunder *n* רויבֿ ס
plunge *n* שפרונג ז (אין וואַסער, געפאַר, א״ע)
plunge *v* אַרייַנוואַרפן; אַרייַנטאָן זיך
plural *n* מערצאָל נ, לשון־רבֿים ז/ס
plus *prep* פלוס (צוגעגעבֿן צו; און אויך)
plus *n* פלוס ז (ן) (צוגאָבֿ־צייכן ז; צולאָג ז; מעלה נ)
plush *n* פליוש ז
plush *adj* (סלענג) לוקסוסדיק
plutocracy *n* פלוטאָקראַטיע נ (ס)
pneumonia *n* לונגען־אָנצינדונג נ (ען)

poach v מסיג־גבול זײַן (ספּעציעל אויף יאַגד אָדער פיש־פאַנג)

pocket n קעשענע נ (ס), טאַש נ (ן)

pocket v אַרײַנלייגן אין קעשענע

pod n שויט ז (ן)

poem n פאָעמע נ (ס)

poet n פאָעט ז (ן), דיכטער ז (ס)

poetry n פאָעזיע נ

pogey, pogy n (קאַנאַדישער סלענג) קיצבה נ

pogrom n פאָגראָם ז (ען)

poignant adj שאַרף; ווייטאָגדיק

point n פונקט ז (ן); פינטל ס (עך)

point v אָנווײַזן

poison n גיפט ז (ן), סם ז (ען)

poison v פאַרגיפטן, פאַרסמען

poisonous adj גיפטיק

poke v שטורכען

Poland n פוילן [ס]

pole n פאָל ז (ן) (צפון־פאָל ז, דרום־פאָל ז); סלופ ז (עס)

polemic n אַרגומענט ז (ן); פלוגתא נ (פלוגתות)

polemics n (takes sing. v.) פאָלעמיק נ

police n פאָליצײַ נ

policy n טואונג־פלאַן ז; פאָליסע נ (ס)

polish v פוצן; פאָליטורן

polish n פאָליטור נ (ן); גלאַנץ ז

Polish adj פויליש

Polish n פויליש ס (שפראַך)

polite adj העפלעך, איידל

politeness n העפלעכקייט נ

political adj פאָליטיש

politics n. sing. or pl. פאָליטיק נ

polka n פאָלקע נ (ס)

poll n אָפשטימונג נ (ען)

pollen n בלומען־שטויב ז

pollute v פאַראומרייניקן

pollution n פאַראומרייניקונג נ

pomegranate n מילגרוים ז (ען)

pomp n פאָמפ ז, פראַכט נ

pompom n פאָמפאָם ז (ען) (אויטאָמאַטישער זעניט־האַרמאַט; אָרנאַמענטאַלער קנויל פון פעדערן)

pompous adj פאָמפעז, פראַכטיק

pond n סאַזשלקע נ (ס), סטאַוו ז (ן)

pond lily וואַסער־ליליע נ (ס)

ponder v באַטראַכטן

pontiff n פויפסט ז (ן); בישוף ז (ן)

pony n פאָני ז (ס)

poodle n פודל ז (ען)

pool n קאַלוזשע נ (ס); באַסיין ז (ען); צונויף ז (ן); ביליאַרד ז

pool v צונויפנעמען

poor adj אָרעם

poorly adv שוואַך, שלעכט

Pope or pope n פויפסט ז (ן)

poplar n טאָפאָליע נ (ס)

poppy n מאָן ז (ען)

popular adj פאָפולער

populate v באַפעלקערן

population n באַפעלקערונג נ (ען)

populous adj זייער באַפעלקערט

porcelain n פאָרצעלײַ ס

porch n גאַניק ז (עס)

porcupine n שטעכל־חזיר ז

pork n חזיר־פלייש ס

porridge n קאַשע נ (ס)

port n האַוון ז (ס), פּאָרט ז (ן)
portable adj טראָגבאַר
portend v אָנזאָגן, מבשׂר זײַן
portent n אָנזאָג ז (ן), בייזער סימן ז
porter n טרעגער ז (ס)
portfolio n פּאָרטפעל ז (ן)
portion n טייל ז (ן); פּאָרציע נ (ס)
portrait n פּאָרטרעט ז (ן)
portray v שילדערן; מאָלן
pose n פּאָזע נ (ס), אָנשטעל ז (ן)
pose v פּאָזירן; שטעלן (אַ קשיא)
position n פּאָזיציע נ (ס); פּאָסטן ז (ס)
positive adj פּאָזיטיוו
possess v פאַרמאָגן, האָבן
possession n אייגנטום־רעכט ס; פאַרמעגן ס (ס)
possibility n מעגלעכקייט נ (ן)
possible adj מעגלעך
post n סלופּ ז (עס); פּאָסטן ז (ס), מיליטער־סטאַציע נ (ס); פּאָסט נ (ן), פּאָסטאַמט ז (ן)
post v אָנקלעפּן (אַ מודעה); שיקן מיט דער פּאָסט
postage n פּאָסטגעלט ס
postage stamp מאַרקע נ (ס)
post card פּאָסטקאַרטל ס (עך)
(Also postcard)
postman n בריוו־טרעגער ז (ס)
post office פּאָסטאַמט ז (ן)
postpone v אָפּלייגן
postulate n פּאָסטולאַט ז (ן) (פונדאַמענטאַלער פּרינציפּ ז)
postulate v באַהויפּטן (אָן באַווײַז); פאַרלאַנגען
posture n גוף־האַלטונג נ (ען)

pot n טאָפּ ז (טעפּ)
potash n פּאָטאַש ז
potato n קאַרטאָפל ז/נ
potent adj מעכטיק
potential adj פּאָטענציעל
potential n פּאָטענציאַל ז (ן)
pother n גערודער ס (ס)
potsherd n שערבל ס (פון אַ טאָפּ)
potter n טעפּער ז (ס)
pouch n זעקל ס (עך); טאַש נ (ן)
poultry n עופות ר
pounce v אַרויפפאַלן מיט די קלויען; אַ לאָז טון זיך
pounce n קלוי ז (ען) (נאָגל פון אַ רויבפויגל)
pound n פונט ז (ן)
pound v האַמערן
pour v גיסן
pout v אַרויסשטופּן די ליפּן; ווײַזן אומצופרידנקייט
poverty n אָרעמקייט נ
powder n פּראָשיק ז (עס); פּודער ז (ס); פּולווער ז
power n כוח ז (ות), קראַפט נ (ן); מאַכט נ (ן)
powerful adj מעכטיק
powerless adj אָן כוח; אומבאַהאָלפן
power of attorney באַפולמעכטיקונג נ
practical adj פּראַקטיש
practice n פּראַקטיק נ
practice v פּראַקטיצירן
pragmatical adj פּראַגמאַטיש
pragmatism n פּראַגמאַטיזם ז
prairie n פּרעריע נ (ס)
praise n לויב נ (ן)

praise v לויבן
prance v שפרינגען אויף די הינטערשטע פיס; גיין קוממיות
prank n שפיצל ס (עך)
prank v פאַרפוצן
prate n געפלאַפל ס
prattle v פלאַפלען
prattle n פלאַפלערײַ ס
pray n מתפלל זײַן, דאַווענען; בעטן
prayer n תּפילה נ (תּפילות), געבעט ס (ן)
preach v פרעדיקן, דרשענען
preacher n פרעדיקער ז (ס)
precarious adj אומזיכער
precaution n באַוואָרעניש ס (ן)
precede v גיין ערשט; קומען פאַר; זײַן פריִער
precedence n פאָרהאַנט נ (פאָרהענט)
precedent n פרעצעדענט ז (ן)
precept n תּקנה נ (תּקנות)
precious adj טײַער; באַליבט
precipice n אָפגרונט ז (ן), תּהום ז (ען)
precipitate v דערפירן פלוצעם צו; שלײַדערן
precise adj גענוי
precisely adv בדיוק, פינקטלעך
precision n גענויקייט נ
preclude v אויסשליסן
predatory adj רויבעריש
predecessor n פריִערדיקער ז; אָב ז (ות)
predestination n באַשערטקייט נ
predicament n קלעם נ, שווערע סיטואַציע נ (ס)
predicate n פרעדיקאַט ז (ן)
predict v פאָראויסזאָגן; זאָגן נבואה
prediction n פאָראויסזאָג ז (ן); נבואה נ (נבואות)
predominant adj הערשנדיק
preen v פוצן די פעדערן (פויגל); באַקליידן זיך
preface n פאָרוואָרט ס (פאָרווערטער), הקדמה נ (הקדמות)
prefer v ליבערשט האָבן, בעסער וועלן
prefix n פרעפיקס ז (ן)
pregnant adj שוואַנגער
prejudice n פאָראורטייל ז (ן)
premature adj פריצײַטיק
premier n פרעמיער ז (ס)
premise n (לאָגישע) הנחה נ
premises n pl אַ בנין מיט זײַן שטח; נכסים ר (דערמאָנט אין אַ לעגאַלן דאָקומענט)
premium n פרעמיע נ (ס)
premonition n פאָרגעפיל ס (ן)
preparation n הכנה נ (הכנות), צוגרייטונג נ (ען)
prepare v צוגרייטן
preposition n פרעפאָזיציע נ (ס)
preposterous adj אַבסורד; אָן אַ זינען
prerogative n פרעראָגאַטיוו נ (ן) (עקסקלוזיוו רעכט)
prescription n רעצעפט ז (ן)
presence n אָנוועזנדיקייט נ, בײַזײַן ס
present adj אָנוועזנדיק; איצטיק
present n איצט ז; הווה ז
present v געבן; פאָרשטעלן
present n מתּנה נ (מתּנות), פרעזענט ז (ן)
preserve v אָפהיטן; אײַנמאַכן

preserve n — רעזערוואַט ז (ן);
נאַציאָנאַלער פאַרק ז
preserves pl — אײַנגעמאַכטס ס (ן)
preside v — זײַן דער פאָרזיצער
president n — פרעזידענט ז (ן)
press v — דריקן; פרעסן
press n — דרוק ז (ן); פרעסע נ
pressing adj — דרינגלעך
pressure n — דריקונג נ (ען)
prestige n — פרעסטיזש ז
presume v — משער זײַן; דערלויבן זיך
presumption n — השערה נ (השערות);
חוצפה נ
presumptuous adj — חוצפהדיק, פרעך
pretence, pretense n — אָנשטעל ז (ן)
pretend v — מאַכן אַן אָנשטעל
pretext n — פרעטעקסט ז (ן),
תּירוץ ז (ים), אויסרייד ז (ן)
pretty adj — שיין
prevail v — הערשן; האָבן די
איבערהאַנט
prevent v — פאַרמײַדן
previous adj — פריִערדיק
prey (on or upon) — פאַרצוקן;
רויבן; מאַטערן
prey n — רויב ס; קרבן ז
– birds of prey — רויב־פייגל ר
– beasts of prey — רויב־חיות ר
price n — פרײַז ז (ן)
priceless adj — ניט אָפצושאַצן;
זייער טײַער
prick n — שטאָך ז (שטעך)
prick v — שטעכן
pride n — שטאָלץ ז
priest n — פריסטער ז (ס); כּוהן ז (ים)

primary adj — ערשטיק
primitive adj — פרימיטיוו
prince n — פרינץ ז (ן)
princess n — פרינצעסין נ (ס)
principal adj — עיקרדיק
principal n — פרינציפאַל ז (ן),
שול־דירעקטאָר ז (ן); קרן ז (ס)
principle n — פרינציפ ז (ן), עיקר ז (ים)
print v — דרוקן
print n — דרוק ז (ן)
printer n — דרוקער ז (ס)
printing n — דרוקאַרבעט נ;
הדפסה נ (הדפסות)
printing press — דרוק־מאַשין נ (ען)
printing shop — דרוקערײַ נ (ען)
priority n — פריאָריטעט נ (ן);
פאָררעכט ס
prison n — טורמע נ (ס)
prisoner n — אַרעסטאַנט ז (ן)
pristine adj — אורשפרינגלעך; ערשטיק
privacy n — פריוואַטקייט נ
private adj — פריוואַט
privilege n — פריווילעגיע נ (ס)
prize n — פריז ז (ן)
probably adv — וואָרשײַנלעך, מסתּמא
probation n — אויספרווו־צײַט נ (ן)
probity n — ערלעכקייט נ
problem n — פראָבלעם נ (ען)
problematical adj — פראָבלעמאַטיש
procedure n — פראָצעדור נ (ן)
proceed v — גיין ווײַטער; ממשיך
זײַן צו טון; שטאַמען פון
proceeding n — טראַנסאַקציע נ
proceedings pl — פראָטאָקאָל ז;
געריכט־פאַרהאַנדלונגען ר

proceeds n pl לייזונג נ; הכנסה נ, אײַנקונפט נ
process n פּראָצעס ז (ן)
process v פּראָצעסירן
procession n פּראָצעסיע נ (ס)
proclaim v פּראָקלאַמירן, אויסרופן עפנטלעך
procrastinate v אָפּלייגן
procure v אײַנשאַפן
prod v שטויסן; אונטערטרײַבן
prodigal adj אויסברענגעריש; שפּעדיק
prodigious adj ריזעדיק; ווונדערלעך
prodigy n עילוי ז (ים); ווונדער ז (ס)
produce v פּראָדוצירן
produce n (פּאַרם) פּראָדוקטן ר
product n פּראָדוקט ז (ן)
production n פּראָדוקציע נ
productive adj פּראָדוקטיוו
profession n פּראָפעסיע נ (ס), פאַך ז (ן)
professor n פּראָפעסאָר ז (ן)
proficiency n בקיאות ס
proficient adj באַהאַוונט
proficient n עקספּערט ז (ן)
profile n פּראָפיל ז (ן)
profit n רווח ז (רוָוחים)
profit v פאַרדינען, מרוויח זײַן; געניסן
profitable adj רווחדיק
profound adj זייער טיף; טיפזיניק
profusion n שפע נ; עקסטראַוואַגאַנץ נ
program, programme n פּראָגראַם נ (ען)
progress n פּראָגרעס ז
progress v פּראָגרעסירן
progressive adj פּראָגרעסיוו

prohibit v פאַרווערן
prohibition n פאַרווער ז (ן)
project n פּראָיעקט ז (ן)
project v פּלאַנירן; אַרויסשטעקן
proletarian adj פּראָלעטאַריש
proletarian n פּראָלעטאַריער ז (ס)
proletariat n פּראָלעטאַריאַט ז
prolific adj פרוכפּערדיק
prolog, prologue n פּראָלאָג ז (ן)
prolong v פאַרלענגערן
promenade n פּראָמענאַדע נ (ס)
prominence n חשיבות ס; אָנזעעוודיקייט נ
prominent adj חשוב; אָנגעזען
promise n צוזאָג ז (ן)
promise v צוזאָגן
promissory note וועקסל ז (ען)
promote v העכערן (דעם ראַנג); פאַרשפּרייטן (אַ פּראָדוקט); העלפן (אַ צוועק)
prompt adj פּינקטלעך
prompt v טרײַבן צו; באַגײַסטערן; אונטערזאָגן
promptly adv פּונקט; באַלד
prone adj גענייגט
proneness n נייגונג נ (ען); טענדענץ נ (ן)
pronoun n פּראָנאָם ז (ען)
pronounce v אַרויסרעדן; דערקלערן אָפיציעל
pronunciation n אַרויסרעד ז (ן), אויסשפּראַך נ (ן)
proof n באַווײַז ז (ן); קאָרעקטור נ (ן)
prop n אונטערשפּאַרן; שטיצן
prop n אָנשפּאַר ז (ן); שטיצע נ (ס)

propaganda n	פראָפּאַגאַנדע נ
propagate v	פאַרמערן זיך; פאַרשפּרייטן
propel v	פאָראויסטרײַבן
proper adj	געהעריק
property n	פאַרמעגן ס (ס)
prophecy n	נבואה נ (נבואות)
prophesy v	זאָגן נבואה
prophet n	נביא ז (ים)
prophetess n	נביאה נ (נביאות)
propitiate v	איבערבעטן
propitious adj	גינציק
proportion n	פּראָפּאָרציע נ (ס)
proportional adj	פּראָפּאָרציאָנעל
proposal n	פאָרשלאָג ז (ן), פאָרלייג ז (ן)
propose v	פאָרשלאָגן, פאָרלייגן
proposition n	פּראָפּאָזיציע נ (ס)
propound v	פאָרלייגן
proprietor n	בעל־הבית ז (בעלי־בתים)
propriety n	פּאַסיקייט נ; אָנשטענדיקייט נ
prosaic adj	פּראָזאַאיש
prose n	פּראָזע נ (ס)
prosecute v	אָנקלאָגן
prosecutor n	פּראָקוראָר ז (ן)
prospect n	אויסזיכט נ (ן)
prosper v	מצליח זײַן; בליִען
prosperity n	פּראָספּעריטעט נ, וווילזײַן ס
prostitute n	גאַסנפרוי נ (ען)
protect v	באַשיצן
protection n	באַשיצונג נ (ען)
protest n	פּראָטעסט ז (ן)
protest v	פּראָטעסטירן
Protestant n	פּראָטעסטאַנט ז (ן)
protocol n	פּראָטאָקאָל ז (ן)
protrude v	אַרויסשטעקן
proud adj	שטאָלץ
prove v	באַווײַזן
proverb n	שפּריכוואָרט ס (שפּריכווערטער)
provide v	פאַרזאָרגן; צושטעלן
province n	פּראָווינץ נ (ן)
provincial adj	פּראָווינציעל
provocation n	פּראָוואָקאַציע נ (ס)
provoke v	אויפרייצן; אַרויסרופן, גורם זײַן
prowess n	העלדישקייט נ
prowl v	שלײַכן זיך
prune n	געטריקנטע פלוים נ (ען)
prune v	אָפּשנײַדן (איבעריקע צווײַגן)
psalm n	מזמור ז (ים) (הייליק ליד)
Psalms pl (takes sing. v)	תהילים ז
Psalmist n	דוד המלך
pseudonym n	פּסעוודאָנים ז (ען)
psychiatry n	פּסיכיאַטריע נ
psychology n	פּסיכאָלאָגיע נ
pub n	(שמועסדיק) שענק ז/נ (ען)
public adj	עפנטלעך; קהלש
public n	קהל ז/ס, עולם ז (ס)
publish v	אַרויסגעבן; באַקאַנט מאַכן
publisher n	פאַרלעגער ז (ס)
pudding n	פּודינג ז (ען)
puddle n	לוזשע נ (ס)
pueblo n	פּועבלאָ ז (ס)
puerile adj	קינדעריש
puff v	בלאָזן (מיט קורצע בלאָזונגען); סאָפּען; פּיפּקען

puff n קורצע בלאָזונג נ (ען); שווערער
אָטעם ז; צי ז (פון אַ ליולקע)
pugnacious adj שלעגעריש
pull v ציִען; אַרויסרײַסן
pull n צי ז (ען); (שמועסדיק)
פּראָטעקציע נ
pulpit n פּולפּיט ז (ן)
pulse n פּולס ז (ן), דופק ז (ן)
pulverize v צעפּולווערן, צעשטויבן
pump n פּאָמפּע נ (ס)
pump v פּאָמפּען
pumpkin n קירבעס ז (ן), דיניע נ (ס)
pun n ווערטערשפּיל נ (ן)
punch n זעץ ז (ן)
punch v זעצן; דורכלעכלען
punctual adj פּינקטלעך
punctuate v פּונקטירן
puncture n אײַנשטאָך ז (ן);
לעכל ס (עך)
puncture v אײַנשטעכן; דורכלעכלען
pundit n מלומד ז (ים); בר־סמכא ז (ס);
עקספּערט ז (ן)
pungent adj בײַסיק; שאַרף
punish v באַשטראָפן
punishment n שטראָף נ (ן)
punk n יונגער כוליגאַן ז
pup n הינטל ס (עך); חיהלע ס (ך)
pupa n פּופּע נ (ס), גולמל ס (עך)
pupil n תּלמיד ז (ים), שילער ז (ס);
שוואַרצאַפּל ס (ען) (פון אויג)
puppet n ליאַלקע נ (ס); מאַריאָנעט נ (ן)

puppy n הינטעלע ס (ך)
purchase v אײַנקויפן
purchase n אײַנקויף ז (ן)
pure adj ריין, לויטער
purge v אויסרייניקן
purge n רייניקונג נ (ען)
purify v רייניקן, לײַטערן
Purim n פּורים ז
(זען אסתּר ט׳, כ־לב)
purple n פּורפּור ז
purport v באַהויפּטן; מיינען
purpose n צוועק ז (ן), ציל ז (ן)
purr v מיאַוקען (ווי אַ
קאַץ ווען צופרידן)
purse n בײַטל ז (ען)
purse v צוזאַמענציִען (די ליפּן)
pursue v נאָכיאָגן
pursuit n נאָכיאָגן ס;
באַשעפטיקונג נ (ען)
pus n מאַטעריע נ
push v שטופּן, שטויסן
push n שטופּ ז (ן), שטויס ז (ן)
pussy n קעצעלע ס (ך)
put v לייגן; שטעלן
puzzle n רעטעניש ס (ן);
שווערע פּראָבלעם נ (ען)
puzzle v פּלעפן; פאַראינטריגירן
pygmy n קאַרליק ז (עס)
pyjamas, pajamas n pl פּיזשאַמע נ (ס)
pyramid n פּיראַמיד ז (ן)
python n פּיטאָן ז (ען)

Q q

q, Q n	קו ז (ען) (בוכשטאַב)
quack v	קוואַקען (ווי אַ קאַטשקע)
quack n	פֿאַלשער דאָקטער ז; שאַרלאַטאַן ז (ען)
quadrangle n	פֿירעק ז (ן)
quagmire n	זומפּ ז (ן); שווערע לאַגע נ (ס)
quail n	וואַכטל ז (ען)
quaint adj	אַלטפֿרענקיש
quake v	ציטערן
quake n	ציטער ז (ס); ערד־ציטערניש ס (ן)
Quaker n	קווייקער ז (ס)
qualification n	קוואַליפֿיקאַציע נ (ס); מאָדיפֿיקאַציע נ (ס)
qualify v	קוואַליפֿיצירן, מאַכן אָדער זײַן פּאַסיק; מאָדיפֿיצירן, באַגרענעצן
qualitative adj	קוואַליטאַטיוו
quality n	קוואַליטעט נ (ן)
qualm n	געוויסן־פּײַן ז; פּלוצעמדיקער מיגל ז
quantitative adj	קוואַנטיטאַטיוו
quantity n	קוואַנטיטעט נ (ן)
quarantine v	קאַראַנטירן
quarantine n	קאַראַנטין ז (ען)
quarrel n	קריגערײַ ס (ען), מחלוקת ס (ן)
quarrel v	קריגן זיך
quarry n	שטיינערײַ נ (ען)
quart n	קוואָרט נ (ן)
quarter n	פֿערטל ס (עך); קוואַרטאַל ז (ן)
quash v	אונטערדריקן; אַנולירן
queen n	קעניגין נ (ס), מַלכּה נ (מַלכּות)
queer adj	מאָדנע, משונהדיק
quell v	אונטערדריקן; אײַנשטילן
quench v	שטילן; לעשן
quest n	זוכונג נ (ען)
quest v	זוכן
question n	פֿראַגע נ (ס), שאלה נ (שאלות)
question v	אויספֿרעגן; צווייפֿלען
question mark	פֿרעגצייכן ז (ס)
queue n	ריי נ (ען)
quick adj	גיך, שנעל
quicksand n	זינקזאַמד ס/ז; זינק־געזעמדן ר
quicksilver n	קוועקזילבער ס
quiescence n	שטילקייט נ
quiet adj	שטיל; רויִק
quiet v	באַרויִקן; אײַנשטילן
quiet n	שטילקייט נ; רו נ
quill n	געגנדזענע פֿעדער נ (ס)
quinine n	כינין ז
quisling n	קוויסלינג ז (ען), פֿאַררעטער ז (ס)
quit v	אויפֿהערן; פֿאַרלאָזן
quite adv	גאַנץ
quits adj	קוויט
quiver v	צאַפּלען
quiver n	צאַפּל ז (ען)

quixotic adj קיכאָטיש (ריטעריש; זייער ראָמאַנטיש; ניט־פּראַקטיש)
quiz n אויספֿרעג ז (ן)
quiz v אויספֿרעגן; אָפּלאַכן
quorum n קוואָרום ז (ס)
quota n קוואָטע נ (ס)
quotation n ציטאַטע נ (ס)
quotation marks ציטירצייכנס ר
quote v ציטירן

R r

r, R n ער ז (ן) (בוכשטאַב)
rabbi n רבֿ ז (רבנים); רבי ז (רביים)
rabbinical adj רבניש
rabbit n קיניגל ס (עך)
rabble n המון ז (ען)
rabid adj משוגע; היציק; פֿאַנאַטיש
rabies n הידראָפֿאָביע נ; הונט־משוגעת ס
raccoon n ראַקון ז (ען), שאָפּ ז (ן)
race n געיעג ס (ן); ראַסע נ (ס)
race v יאָגן זיך
racket n טומל ז (ען); (שמועסדיק) שווינדל ז (ען); (טעניס־) ראַקעטקע נ (ס)
radar n ראַדאַר ז (ן)
radiance n גלאַנץ ז
radiate v שטראַלן
radiation n באַשטראַלונג נ (ען)
radical adj ראַדיקאַל
radio n ראַדיאָ ז (ס)
radioactive adj ראַדיאָאַקטיוו
radish n רעטעך ז (ער)
raft n טראַטווע נ (ס)
rag n שמאַטע נ (ס)
rage n שטורעמדיקער צאָרן ז
rage v שטורעמען, בושעווען
ragged adj שמאַטעדיק; אָפּגעריסן
ragman n שמאַטע־הענדלער ז (ס)
ragtag n פּעבל ז; ערבֿ־רבֿ ז
raid n אָנפֿאַל ז (ן)
raid v באַפֿאַלן
rail n רעלס ז (ן), שינע נ (ס)
rain n רעגן ז (ס)
rain v רעגענען
rainbow n רעגנבויגן ז (ס)
raincoat n רעגנמאַנטל ז (ען)
rainy adj רעגנדיק
raise v אויפֿהייבן; העכערן (פּרייַז, געצאָלט, א״ע); האָדעווען (פֿיך); קולטיווירן (פֿלאַנצן); דערציִען (קינדער)
raise n העכערונג נ (ען); הוספֿה נ (הוספֿות)
raisin n ראָזשינקע נ (ס)
rake n גראַבליע נ (ס)
rake v גראַבליעווען, שאַרן
ram n באַראַן ז (עס), ווידער ז (ס); שטויס־באַראַן ז
ram v שטויסן פֿראָנטאַל
Ramadan n ראַמאַדאַן ז
ramble v אַרומוואַנדערן
ramification n צעצווייַגונג נ (ען)

ramify v צעצווײַגן (זיך)
rampage n אַרומווילדעווונג נ (ען); ווילדער אויסבראָך ז
rampage v אַרומווילדעווען
rampant adj אומגעצוימט; שטורמיש
rampart n שיצוואַל ז (ן)
ramshackle adj אײַנפּאַלנדיק
ranch n ראַנטש ז (ן)
rancor, rancour n רישעות ס; צולהכעיס ז
random adj צופעליק
random n (אַרכײַאיש) צופעליקער אַקט ז
– at random גלאַט אַזוי; אָן אַ פּלאַן
range n גרייך ז (ן); שיספּלאַץ ז; פּאַשע־פעלד ס (ער); בערג־קייט נ (ן)
range v גרייכן
rank n ראַנג ז (ען); ריי נ (ען)
rankle v גורם זײַן פאַרדראָס; צעווייטיקט זײַן
ransack v דורכנישטערן; ראַבעווען
ransom n אויסלייזגעלט ס
rap n קלאַפּ ז (קלעפּ); (סלענג) שולד נ (ן)
rapacious adj רויבעריש; כאַפּעריש
rape n פאַרגוואַלדיקונג נ (ען)
rape v פאַרגוואַלדיקן
rapid adj גיך, שנעל
rapidity n גיכקייט נ
rapidly געשווינד
rapt adj פאַרטיפט; אַנטציקט
rapture n התפעלות ס, אַנטציקונג נ
rare adj זעלטן; שיטער

rascal n יונגאַטש ז (עס), לײַדאַק ז (עס)
rash adj האַסטיק, צוגעאײַלט
rash n אויסשיט ז (ן)
raspberry n מאַלינע נ (ס)
rat n שטשור ז (עס); (סלענג) פּאַרך ז (עס)
rate n קורס ז (ן) (פון וואַלוטע, פּראָצענט, א״ע); פּרײַז ז (ן); ראַנג ז (ען)
rate v שאַצן
rather adv ליבערשט
ratify v ראַטיפיצירן, באַשטעטיקן
ration n ראַציע נ (ס)
rational adj ראַציאָנעל, שׂכלדיק
rattle v קלאַפּערן; גראַגערן; רעדן שנעל
rattle n גראַגער ז (ס), גרעגער ז (ס)
rattlesnake n קלאַפּערשלאַנג ז/נ (ען)
raucous adj גרילצנדיק
ravage v פאַרוויסטן
raven n ראָב ז (ן)
raven v אײַנשלינגען; רויבן
ravenous adj פרעסעריש; גיריק
ravine n באַרג־שפּאַלט ז (ן), יאַר ז (ן)
raw adj רוי
ray n שטראַל ז (ן)
raze v אײַנוואַרפן; פאַרטיליקן
razor n ראַזיר־מעסער ז (ס)
reach v דערגרייכן
react v רעאַגירן, קעגנווירקן
reaction n רעאַקציע נ (ס)
read v לייענען, לעזן
reader n לייענער ז (ס); לייענבוך ס (לייענביכער)

readiness n גרייטקייט נ

reading n לייענען ס, לייענונג נ

ready adj גרייט; פאַרטיק

real adj רעאַל, פאַקטיש

real estate אומבאַוועגלעכע גיטער ר (הויז, פעלד, א״ע)

realize v רעאַליזירן, פאַרווירקלעכן

really adv ווירקלעך, טאַקע

reap v שנײַדן (תּבואה); אײַנזאַמלען

rear n הינטן ז (ס)

rear adj הינטערשטער

rear v דערציִען; בויען

rearm v ווידער באַוואָפענען

reason n סיבה נ (סיבות), אורזאַך נ (ן); גרונד ז (ן); שׂכל ז

reason v דענקען לאָגיש; באַגרינדן

reasonable adj לאָגיש, שׂכלדיק; מעסיק

rebate n ראַבאַט ז (ן), טיילווײַזער צוריקצאָל ז

rebel n בונטאַר ז (ן), מורד ז (ים)

rebel v בונטעווען זיך

rebellion n בונט ז (ן), אויפשטאַנד ז (ן)

rebound v אָפּשפּרינגען

rebuff n באַלדיקער אָפּזאָג ז; אָפּשטויס ז (ן)

rebuff v גראָב אָפּזאָגן

rebuke v מאַכן אַ פאָרוווּרף

rebuke n פאָרוווּרף ז (ן)

recalcitrant adj ווידערשפּעניק

recall v צוריקרופן

recede v צוריקגיין; אָפּטרעטן

receipt n קבלה־צעטל ז (ען); קריגן ס

receipts pl לייזונג נ

receive v דערהאַלטן; באַקומען; אויפנעמען

recent adj נײַ, פריש

recently adv לעצטנס; מיט אַ קורצער צײַט צוריק

reception n אויפנאַמע נ (ס), קבלת־פּנים ס; אָננעמונג נ

recess n הפסקה נ (הפסקות); נישע נ (ס)

recipe n רעצעפּט ז (ן)

reciprocal adj קעגנזײַטיק

recite v רעציטירן, דעקלאַמירן; דערציילן

reckless adj הפקרדיק; ניט־פאָרזיכטיק

reckon v רעכענען; האַלטן פאַר

reckoning n אָפּרעכענונג נ

reclaim v אויסבעסערן; פאָדערן צוריק

recline v אָנלענען זיך

recluse n מתבודד ז (ים)

recluse adj אָפּגעזונדערט

recognition n דערקענונג נ; אָנערקענונג נ

recognize v דערקענען; אָנערקענען

recollect v דערמאָנען זיך

recommend v רעקאָמענדירן

recompense v געבן אַנטשעדיקונג

reconcile v אויסגלײַכן; שלום מאַכן

reconciliation n אויסגלײַך ז (ן); איבערבעטונג נ (ען)

reconsider v איבערקלערן

record v פאַרצייכענען, פאַרשרײַבן

record n פאַרצייכעניש ס (ן); פּראָטאָקאָל ז (ן); גראַמאָפאָן־פּלאַטע נ (ס); רעקאָרד ז (ן), העכסטער דערגרייך ז

recount v דערציילן (אין איינצלהייטן)
recover v צוריקקריגן; געזונט ווערן
recreation n פאַרווײַלונג נ (ען)
recrimination n קעגנבאַשולדיקונג נ (ען)
recruit n רעקרוט ז (ן)
recruit v רעקרוטירן
rectangle n גראָדעק ז (ן)
recuperate v געזונט ווערן;
קומען צו זיך
recur v פאָרקומען נאָך אַ מאָל;
צוריקקומען אויפן זינען
red adj, n רויט; רויטער קאָליר ז
Red Cross רויטער קרייץ ז
redden v רויט מאַכן; פאַררויטלען זיך
reddish adj רויטלעך
redeem v אויסלייזן
redemption n אויסלייזונג נ (ען)
redress v פאַרגיטיקן
redress n פאַרגיטיקונג נ
Red Sea רויטער ים ז, ים־סוף ז
reduce v פאַרמינערן
reduction n פאַרמינערונג נ (ען)
redundant adj איבעריק
reed n ראָר־פלאַנץ נ (ן)
reelect v ווידער אויסוויילן
refer v פאַררופן זיך, מרמז זײַן;
באַציִען זיך צו, זײַן שייך צו
reference n רעפערענץ נ (ן)
referendum n רעפערענדום ז (ס)
refine v ראַפינירן; אויסאיידלען
refinery n ראַפינעריע נ (ס)
reflect v אָפשפיגלען (זיך);
איבערטראַכטן
reflex n רעפלעקס ז (ן)
reflexive adj רעפלעקסיִוו

reform v רעפאָרמירן, פאַרבעסערן
reform n רעפאָרם נ (ען)
refrain v צוריקהאַלטן זיך
refrain n רעפרען ז (ען)
refresh v דערפרישן, דערקוויקן
refreshment n דערפרישונג נ
refreshments pl כּיבּוד ז (פאַר געסט)
refrigerator n פרידזשידער ז (ן)
refuge n מיקלט ז (ים)
refugee n פליכטלינג ז (ען), פּליט ז (ים)
refund v צוריקצאָלן
refund n צוריקצאָל ז (ן)
refurbish v פּאָלירן אויף דאָס נײַ;
באַנײַען
refusal n אָפּזאָג ז (ן)
refuse v אָפּזאָגן (זיך)
refuse n אָפּפאַל ז
refute v אָפּשלאָגן (אַ טענה,
תּביעה, אָדער מיינונג)
regain v ווידער קריגן;
צוריקגעווינען
regal adj קעניגלעך
regard v באַטראַכטן
regard n אַכט נ
regards pl גרוס ז (ן)
regime n רעזשים ז (ען)
regiment n רעגימענט ז (ן)
region n ראַיאָן ז (ען), געגנט ז/נ (ן)
register n רעגיסטער ז (ס)
register v רעגיסטרירן, פאַרשרײַבן
registrar n רעגיסטראַר ז (ן)
regress v צוריקטרעטן
regret n חרטה נ (חרטות), באַדויער ז
regrets pl אַ העפלעכער אָפּזאָג
צו אַן אײַנלאַדונג

regular adj רעגולער
regulate v רעגולירן
rehearsal n פראָבע נ (ס) (אין טעאַטער); איבערחזרונג נ (ען)
reign n הערשאַפט נ (ן)
reign v הערשן
reimburse v צוריקגעבן די הוצאות
rein n לייצע נ (ס)
reinforce v פאַרשטאַרקן
reject v אָפוואַרפן
rejoice v פרייען זיך
relapse v צוריקפאַלן (צו אַ פריִערדיקן מצב)
relation n באַציִאונג נ (ען), שײַכות ס (ן); קרובהשאַפט נ; קרוב ז (ים)
relative n קרוב ז (ים)
relative adj רעלאַטיוו
relax v נאָכלאָזן; אָפרוען זיך
release v באַפרײַען; אָפלאָזן
release n באַפרײַאונג נ (ען); פרײַלאָזונג נ
relent v מעסיקער ווערן; נאָכלאָזן
relentless adj אומבאַרעמהאַרציק
relevance n שײַכותדיקייט נ
relevant adj שײַכותדיק; שייך
reliable adj פאַרלאָזלעך; באַגלויבט
relic n איבערבלײַבס ס (ן) (פון פאַרגאַנגענהייט)
relief n פאַרלײַכטערונג נ; הילף נ; קיצבה נ; רעליעף ז (ן)
relieve v פאַרלײַכטערן
religion n רעליגיע נ (ס)
religious adj רעליגיעז
relinquish v אָפלאָזן; אויפגעבן
relish n געשמאַק ז (ן); גוסט ז (ן)
relish v הנאה האָבן; ליב האָבן דעם געשמאַק
reluctance n אומווילן ז
reluctant adj אומוויליק
rely v פאַרלאָזן זיך אויף
remain v בלײַבן
remainder n רעשט ז (ן)
remark v באַמערקן
remark n באַמערקונג נ (ען)
ramarkable adj מערקווערטיק
remedy n רפואה נ (רפואות); מיטל ס (ען)
remember v געדענקען
remembrance n דערמאָנונג נ (ען); אָנדענק ז (ען)
remind v דערמאָנען
remit v שיקן (געלט); בטל מאַכן; פאַרגעבן; פאַרמינערן
remorse n געוויסנביסן ז; פײַנלעכע חרטה נ
remote adj ווײַט; אָפגעלעגן; שוואַך
remove v אַראָפנעמען; באַזײַטיקן
renaissance n רענעסאַנס ז (ן)
rend v צערײַסן
render v מאַכן; טון; געבן אַ רעפאָרט; איבערזעצן
renegade n רענעגאַט ז (ן) (פאַררעטער ז; כופר ז)
renew v באַנײַען
renounce v מוותר זײַן אויף; אָפוואַרפן
renown n באַרימטקייט נ
renowned adj באַרימט
rent n דירה־געלט ס (ער)
rent v דינגען; פאַרדינגען

reopen v ווידער עפענען; דיסקוטירן נאָך אַ מאָל
repair v פאַרריכטן
repair n פאַרריכטונג נ (ען)
repay v צוריקצאָלן
repeat v איבערחזרן
repel v אָפשטויסן
repent v תשובה טון; חרטה האָבן
repentance n תשובה נ; חרטה נ
repercussion n אומדירעקטער רעזולטאַט ז; אָפקלאַנג ז (ען); אָפשפרונג ז (ען)
repetition n איבערחזרונג נ (ען)
replace v פאַרבײַטן; צוריקשטעלן
replica n רעפליקע נ (ס), רעפראָדוקציע נ
reply v ענטפערן
reply n ענטפער ז
report n רעפאָרט ז (ן)
report v אָפגעבן אַ רעפאָרט
report card באַריכט־קאַרטל ס (עך)
repose n רו נ
repose v רוען
reprehend v טאַדלען
represent v רעפרעזענטירן
representative n פאָרשטייער ז (ס)
repress v אונטערדריקן
reprimand n האַרבער פאָרוואורף ז
reprimand v מאַכן אַן אָפיציעלן פאָרוואורף
reprint v איבערדרוקן
reptile n רעפטיליע נ (ס)
republic n רעפובליק נ (ן)
repudiate v אָפשטויסן
repugnant adj אָפשטויסנדיק; עקלדיק

reputation n שם ז, גוטער נאָמען ז
request v בעטן; פאַרלאַנגען
request n ביטע נ (ס); פאַרלאַנג ז (ען)
require v דאַרפן; פאָדערן
requirement n באַדערפעניש ס (ן); פאָדערונג נ (ען)
rescue v ראַטעווען
rescue n רעטונג נ (ען)
research n פאָרשונג נ (ען)
researcher n פאָרשער ז (ס)
resemblance n ענלעכקייט נ (ן)
resemble v זײַן ענלעך
resent v האָבן פאַראיבל
resentment n פאַראיבל ז (ען); פאַרדראָס ז (ן)
reserve v רעזערווירן
reside v וווינען
residence n וווינונג נ (ען)
resign v רעזיגנירן
resist v קעגנשטעלן זיך
resistance n ווידערשטאַנד ז
resolution n רעזאָלוציע נ (ס)
resolve v באַשליסן
resort v ווענדן זיך, אָנקומען צו
resort n קוראָרט ס/ז (קורערטער)
resound v אָפהילכן
resource n מיטל ס (ען)
resources pl אוצרות ר (פון אַ לאַנד)
respect n רעספעקט ז, דרך־ארץ ז
respect v רעספעקטירן
respectable adj געשעצט; חשוב
respectfully adv מיט דרך־ארץ
respecting prep וועגן; בנוגע
respiration n אָטעמונג נ

respite n צײַטווײַליקע דערלײַכטערונג נ (פֿון אַן אומאײַנגענעמען מצב); אָפּלייג ז (ן)
resplendent adj גלאַנציק; פּראַכטיק
respond v ענטפֿערן; רעאַגירן
response n תּשובֿה נ (תּשובֿות), ענטפֿער ז (ס); רעאַקציע נ (צו אַ סטימול)
responsibility n פֿאַראַנטוואָרטלעכקייט נ (ן)
responsible adj פֿאַראַנטוואָרטלעך
responsive adj אָפּרופֿיק
rest n רו נ; אָפּרו ז (ען); אָנלען ז (ען); רעשט ז
rest v רוען; אָנלענען זיך
restaurant n רעסטאָראַן ז (ען)
restive adj אומרואיק; ווידערשפּעניק
restless adj אומרואיק
restoration n רעסטאַוראַציע נ (די צוריקבֿרענגונג צום פֿריִערדיקן מצבֿ)
restrain v צוריקהאַלטן, אײַנהאַלטן
restrict v באַגרענעצן
result n רעזולטאַט ז (ן)
result v אַרויסקומען
resume v ווידער אָנהייבן
retail n דעטײַל־האַנדל ז (ען)
retailer n דעטײַל־קרעמער ז (ס)
retain v האַלטן; געדענקען; אָנשטעלן (אַן אַדוואָקאַט)
retaliate v באַצאָלן מידה כּנגד מידה
retard v פֿאַרלאַנגזאַמען; אָפּהאַלטן
reticent adj שווײַגעוודיק
retire v צוריקציִען זיך; פּענסיאָנירן
retirement n פּענסיאָנירונג נ
retreat v צוריקטרעטן
retreat n צוריקטראָט ז (ן); מקום־מנוחה ז
retribution n רעטריבֿוציע נ
retrieve צוריקקריגן; געפֿינען און צוריקבֿרענגען (דערשאָסענע בעלי־חיים)
retroactive adj רעטראָאַקטיוו
return v צוריקקומען; צוריקגעבֿן
return n צוריקקער ז (ן); צוריקגעבֿונג נ
reveal v אַנטדעקן, אַנטפּלעקן
revel v הוליען
revel n הוליאַנקע נ (ס)
revenge n נקמה נ (נקמות)
revenge v נעמען נקמה
revengeful adj נקמה־גײַציק
revenue n אײַנקונפֿט נ (ן), הכנסה נ (הכנסות)
reverence n יראת־הכּבֿוד ס, ערפֿורכט נ; פֿאַרערונג נ
reverse adj פֿאַרקערט
reverse n היפּוך ז (ים); מפּלה נ (מפּלות); הינטערשטע זײַט נ (ן)
reverse v איבערקערן, איבערדרייען
revert v צוריקגיין; צוריקקערן זיך (צו אַ פֿריִערדיקן צושטאַנד)
review v איבערקוקן; רעצענזירן
review n איבערקוק ז (ן); רעצענזיע נ (ס)
revile v זידלען
revise v רעווידירן
revival n אויפֿלעבונג נ; אויפֿבלי ז (ען)
revive v אויפֿלעבן; אויפֿמינטערן
revoke v אָפּרופֿן; צוריקציִען
revolt n אויפֿשטאַנד ז (ן), בונט ז (ן)

revolt v אויפשטיין, בונטעווען
revolution n רעוואָלוציע נ (ס)
revolve v דרייען (זיך); נאָכדענקען
revolver n רעוואָלווער ז (ס)
revulsion n עקל ז (ען); פלוצעמדיקע צוריקציִאונג נ
reward n באַלוינונג נ (ען)
reward v באַלוינען
rhapsody n ראַפּסאָדיע נ (ס)
rhetoric n רעטאָריק נ
rhetorical adj רעטאָריש
rheumatism n רעוומאַטיזם ז
rhinoceros n נאָזהאָרן ז (ס)
rhubarb n ראַבאַרבער ז
rhyme v גראַמען
rhyme n גראַם ז (ען)
rhythm n ריטעם ז (ס/ריטמען)
rhythmical adj ריטמיש
ribald adj שמוציק; גראָב
ribbon n בענדל ס (עך)
rice n רײַז ז/נ
rich adj רײַך
riches n pl רײַכקייט נ, עשירות ס
rid v באַפרײַען פון; פטור ווערן פון
riddance n באַפרײַאונג נ (פון); פטור־ווערונג נ
riddle n רעטעניש ס (ן)
riddle v דורכלעכלען
ride v רײַטן; פאָרן
ridicule v אָפּשפעטן, אָפּחוזקן
ridicule n שפּאָט ז, חוזק ז
ridiculous adj לעכערלעך
rife adj אָפט; פול; פאַרשפרייט
riffraff n ערב־רב ז; אָפּפאַל ז
rifle n ביקס נ (ן)
rifle v נישטערן און רויבן
rift n שפּאַלט ז (ן)
rig v אויסשטאַטן (אַ שיף) מיט מאַסטבײַמער, זעגלען, א״ע; (שמועסדיק) באַקליידן
right adj רעכט; ריכטיק
right n רעכט ס
righteous adj גערעכטפאַרטיק
righteousness n גערעכטיקייט נ; יושר ז
rigid adj שטײַף; שטרענג
rigor, rigour n שטרענגקייט נ; שטײַפקייט נ
rill n טײַכעלע ס (ך)
rim n ראַנד ז (ן)
ring n רינג ז (ען); פינגערל ס (עך), פינגער־רינג ז; קלונג ז (ען)
ring v אײַנרינגלען; קלינגען
rinse v שווענקען
rinse n שווענק ז (ען); שווענקעכץ ס (ן)
riot n מהומה נ (מהומות), ווילד גערודער ס; אומרוען ר
riot v ווילדעווען; אָנטיילנעמען אין אַ מהומה
rip v אויפרײַסן; צערײַסן
rip n ריס ז (ן)
ripe adj רײַף, צײַטיק
ripen v רײַף ווערן; צײַטיק מאַכן
rip-off n (סלענג) עקספּלואַטאַציע־אַקט ז (ן); שווינדל ז (ען)
ripple n כוואַלקע נ (ס)
rise v אויפגיין; אויפשטיין; אויפהייבן זיך; שטײַגן
rise n אויפגאַנג ז (ען); אויפשטײַג ז (ן); העכערונג נ (ען)

risk n ריזיקע נ(ס)

risk v ריזיקירן

rite n פײַערלעכע צערעמאָניע נ(ס); רעליגיעזער מינהג ז

rival n קאָנקורענט ז(ן)

rival v קאָנקורירן

river n טײַך ז(ן)

rivulet n טײַכעלע ס(עך)

road n וועג ז(ן)

roam v אַרומוואַנדערן

roar v ברומען, ברילן (ווי אַ לייב); שרײַען בקולי־קולות

roar n ברום ז(ען), בריל ז(ן); געשריי ס(ען)

roast v בראָטן

rob v רויבן

robber n רויבער ז(ס)

robe n כאַלאַט ז(ן); צערעמאָניע־קלייד ס(ער)

robot n ראָבאָט ז(ן)

robust adj קרעפטיק

rock n פעלדז ז(ן)

rock v וויגן

rock-and-roll n ראָק־און־ראָל (מוזיק)

rocket n ראַקעטע נ(ס)

rocky adj פעלדזיק

rodent n נאָגער ז(ס)

roe n רויג ז(ן) (פון פיש)

rogue n זשוליק ז(עס), אויסוווּרף ז(ן)

roister v בלאָזן פון זיך; פריצעווען

role n ראָלע נ(ס)

roll v קײַקלען, קאַטשען; וועלגערן; וויקלען

roll n ראָל ז(פון פאַפיר); בולקע נ(ס); ליסטע נ (פון נעמען)

roll call נעמען־אויסרוף ז(ן)

roller coaster אַרויף־און־אַראָפּ־באַן נ(ען)

rolling pin וואַלגערהאָלץ ס

roly-poly adj קורץ און דיקלעך

romance n ראָמאַנס ז(ן)

romantic adj ראָמאַנטיש

Rome n רוים [ס]; רוימיש־קאַטוילישע קירכע נ

roof n דאַך ז(דעכער)

roof v באַדעקן מיט אַ דאַך

rook n אייראָפּעאישע קראָ נ(ען); ראָך ז(ן), טורעם ז(ס) (פיגור אין שאַך)

rookie n (סלענג) אָנפאַנגער ז(ס); ניט־אויסגעשולטער רעקרוט ז

room n צימער ס/ז(ן); פלאַץ ז, אָרט ס; געלעגנהייט נ

room v וווינען

roomy adj רחבותדיק, גערוים

rooster n האָן ז(הענער)

root n וואָרצל ז(ען)

root v פאַרוואָרצלען

rope n שטריק ז

rope v צובינדן מיט שטריק

rose n רויז נ(ן)

Rosh Hashanah, Rosh Hashono ראש־השנה ז

rostrum n בימה נ(אַ פלאַטפאָרם פאַר רעדנערס)

rosy adj רויזיק; זייער אָנגענעם

rot v פוילן

rot n פוילעכץ ס

rotten adj פאַרפוילט

rouge n שמינקע נ(ס)

rouge v שמינקען זיך

rough adj רוי; ניט־גלאַט; גראָב
(אין כאַראַקטער)
roughen v רוי מאַכן; גראָב ווערן
roughly adv מער־ווייניקער, אַרום
roughness n רויהייט נ;
גראָבקייט נ
round adj קײַלעכדיק, רונדיק
round v מאַכן קײַלעכדיק,
פאַררונדיקן
route n מאַרשרוט ז(ן)
routine n רוטין ז(ען)
routine adj אײַנגעשטעלט; רעגולער;
ניט־אינטערעסאַנט
rove v אַרומוואַנדערן
rover n וואַנדערער ז(ס)
row n קריגערײַ ס(ען)
row n ריי נ(ען), שורה נ(שורות)
row v רודערן
rowboat n רודערשיפל ס(עך)
rowdy n כוליגאַן ז(עס);
גראָביאַן ז(עס)
rowdy adj כוליגאַניש; גראָב;
אומלײַטיש
royal adj קעניגלעך
royalty n קעניגלעכע פאַמיליע נ(ס);
דינאַסטיש רעכט ס; אַדל ז;
האָנאָראַר ז(ן)
rub v רײַבן
rubber n גומע נ(ס)
– often **rubbers** pl קאַלאָשן ר
rubbish n מיסט ס; (שמועסדיק) שטות ז
ruble n רובל ז (אַ רוסישע מטבע)
ruby n רובין ז(ען)
(אַ טיף־רויטער איידלשטיין)
rude adj גראָב; אומהעפלעך
rudiment n רודימענט ז(ן)
(גרונדיקער פּרינציפּ ז;
ערשטיקער יסוד ז; אָנהייב ז)
rue v באַדויערן
rueful adj באַדויערלעך
ruffian n כוליגאַן ז(עס); פּאַרך ז(עס)
rug n טעפּיך ז(ן/ער),
דיוואַן ז(ען)
rugged adj צעשניטן; אומגלײַך;
שטאַרק; האַרב
ruin n צעשטערונג נ;
חורבה נ(חורבות)
ruin v צעשטערן; חרוב מאַכן
rule n הערשאַפט נ(ן);
כלל ז(ים); ליניע נ(ס)
rule v הערשן; פּסקענען;
לינירן, ווירען
ruler n הערשער ז(ס); ווירע נ(ס)
rumble v בורטשען, וואָרטשען
ruminate v מעלה־גירהן (איבערקײַען
אויפגעשטויסענע שפּײַז);
באַקלערן
rummage v נישטערן
rumor, rumour n קלאַנג ז(ן)
run v לויפן
run n לויף ז
rung n שטאַפּל ז(ען)
runner n לויפער ז(ס)
rupture n בּרוך ז(ן); ריס ז(ן)
rupture v צעבּרעכן; צערײַסן
rural adj דאָרפיש
ruse n תּחבולה נ(תּחבולות),
טריק ז(ן)
rush v אײַלן; יאָגן זיך; דריקן
rush n געאײַל ס; געדראַנג ס

Russia n רוסלאַנד [ס]
Russian adj רוסיש
Russian n רוס ז(ן); רוסיש ס (שפּראַך)
rust n זשאַווער ז
rust v זשאַווערן
rustle n שאָרך ז(ן)
rustle v שאָרכן; (שמועסדיק) גנבענען רינדער
rusty adj פאַרזשאַווערט
ruth n (אַרכײַאיש) רחמנות ס, באַרעמהאַרציקייט נ
ruthless adj אומבאַרעמהאַרציק; גרויזאַם
ruthlessness n אומבאַרעמהאַרציקייט נ; אכזריות ס
rye n קאָרן ז

S s

s, S n עס ז(בוכשטאַב)
Sabbath n שבת ז(ים)
Sabbath adj שבתדיק
sabotage n סאַבאָטאַזש ז
sabotage v סאַבאָטירן
sabra n צבר ז(ים), סאַבּרע נ(ס) (צונאָמען פאַר אַ קינד געבוירן אין ארץ־ישׂראל)
saccharin n סאַכאַרין ז
sack n זאַק ז(זעק), טאָרבע נ(ס); (סלענג) אָפּזאָג ז(פון אַרבעט)
sack v צעראַבעווען; (שמועסדיק) אָפּזאָגן, קינדיקן
sacred adj הייליק
sacrifice n קרבן ז(ות)
sacrifice v ברענגען אַ קרבן
sacrilege n חילול־הקדש ז (פאַרשוועכונג פון הייליקייט)
sacrosanct adj זייער הייליק; געהייליקט
sad adj אומעטיק, טרויעריק
sadden v אומעטיק מאַכן
saddle n זאָטל ז(ען)
saddle v אָנזאָטלען
sadist n סאַדיסט ז(ן), אומנאַטירלעכער אכזר ז
sadness n אומעט ז
safari n סאַפאַרי ז(ס)
safe adj זיכער
safe n פֿײַער־קאַסע נ(ס)
safety n זיכערקייט נ
saffron n זאַפרען ז(ען)
sag v זינקען; אַראָפּהענגען
sage adj קלוג
sage n גרויסער חכם ז
said adj אויבנדערמאָנט
sail n זעגל ז(ען)
sail v זעגלען; אָפּפאָרן מיט אַ שיף
sailboat n זעגלשיף נ(ן)
sailor n מאַטראָס ז(ן)
saint n הייליקער ז, קדוש ז(ים)
sake n צוועק ז(ן); טובה נ
– for the sake of לשם, צוליב; לטובת
salaam n שלום ז

salaam v גריסן מיט אַ שלום, געבן שלום
salad n סאַלאַט ז (ן)
salamander n סאַלאַמאַנדרע נ (ס)
salami n סאַלאַמי ז (ס)
salary n געהאַלט ס (ן)
sale n פאַרקויף ז; אויספאַרקויף ז (ן)
salesman n פאַרקויפער ז (ס)
saliva n שפּײַעכץ ס (ן/ער)
salmon n לאַקס ז (ן)
salon n סאַלאָן ז (ען)
saloon n שענק נ (ען)
salt n זאַלץ ס/נ (ן)
salt v זאַלצן, אײַנזאַלצן
salty adj געזאַלצן
salutary adj היילנדיק; געזונט; ווירקנדיק
salute v סאַלוטירן, באַגריסן
salute n סאַלוט ז (ן), באַגריסונג נ (ען)
salvation n ישועה נ (ישועות), דערלייזונג נ
samba n סאַמבע נ (ס) (טאַנץ)
same adj זעלביקער
sameness n זעלביקייט נ; איינטאָניקייט נ
samovar n סאַמאָוואַר ז (ן)
sample n מוסטער ז (ן), דוגמא נ (ות)
sample נעמען אַ דוגמא; פאַרזוכן
Samson n שמשון פּנ (זען שופטים י״ג-י״ד); גיבור ז (ים)
sanctify v פאַרהייליקן
sanctimony n היפּאָקריזיע נ (אין רעליגיעזע ענינים)
sanction n סאַנקציע נ (ס); באַשטעטיקונג נ (ען)
sanction v באַשטעטיקן
sanctuary n מקום־קדוש ז; מיקלט ז (ים)
sand n זאַמד ס (ן)
sand v באַשיטן מיט זאַמד
sandal n סאַנדאַל ז (ן); לאַטש ז (ן)
sandwich n סענדוויטש ז (ן)
sandy adj זאַמדיק
sane adj קלאָר־זיניק
sanitarium n סאַניטאַריום ז (ס)
sap n זאַפּט ז (ן)
sapless adj אָן זאַפּט; פאַרוועלקט
sapling n יונג ביימל ס
sapphire n סאַפּיר ז (ן) (איידלשטיין)
sappy adj זאַפּטיק; ענערגיש; (סלענג) נאַריש
sarcasm n סאַרקאַזם ז
sarcastic adj סאַרקאַסטיש
sardine n סאַרדין ז (ען)
sari n סאַרי נ (פרויען־קלייד)
sass n (שמועסדיק) חוצפה נ
Satan n שׂטן ז
satanic adj טײַוולאָניש
satchel n רענצל ס (עך)
satellite n סאַטעליט ז (ן)
satiate v זעטיקן
satin n סאַטין ז, אַטלעס ז
satire n סאַטירע נ (ס)
satirical adj סאַטיריש
satirize v קריטיקירן מיט סאַטירע
satisfaction n באַפרידיקונג (ען)
satisfactory adj באַפרידיקנדיק
satisfy v באַפרידיקן, צופרידנשטעלן
saturate v אָנזעטיקן
Saturday n שבת ז (ים)

satyr n סאַטיר ז(ן) (גריכישער וואַלד־אָפּגאָט ז; בעסטיאַלישער מענטש ז)

sauce n סאָס ז(ן); (שמועסדיק) חוצפּה נ

saucepan n פּענדל ס (עך)

saucer n טעצעלע ס (עך); טעלערל ס (עך)

saucy adj חוצפּהדיק; פֿאַרשײַט

sault n (קאַנאַדיש) וואַסערפֿאַל ז(ן)

sauna סאַאונע נ(ס) (פֿינישע שוויצבאָד)

saunter v שפּאַצירן פֿאַמעלעך, דורכגיין זיך

saunter n נחתדיקער שפּאַציר ז

sausage n וווּרשט ז(ן)

sauve qui peut אַלגעמיינער אַנטלויף ז, ויברח ז(פֿראַנצויזיש: זאָל יעדער וואָס איז אומשטאַנד זיך ראַטעווען)

savage adj ווילד; באַרבאַריש; רציחהדיק

savage n ווילדער מענטש ז; פּרא־אדם ז(ס)

savanna, savannah n סאַוואַנע נ(ס)

savant n ידען ז(ים), געלערנטער ז

save v ראַטעווען; שפּאָרן; שאַנעווען

save prep אַחוץ, אויסער

saving n רעטונג; אײַנשפּאָרונג נ(ען)

savior, saviour n גואל ז(ים), אויסלייזער ז(ס)

savor, savour n געשמאַק ז(ן)

savor v פֿאַרזוכן אָדער שמעקן; צוריכטן

saw n זעג נ(ן)

saw v זעגן

sawdust n זעגעכץ ס

sawyer n זעגער ז(ס)

say v זאָגן

say n זאָג ז; דעה נ

saying n ווערטל ס (עך)

scab n פּאַרך ז(עס); (סלענג) שטרײַקברעכער ז(ס)

scabby adj פּאַרכעוואַטע; (שמועסדיק) געמיין

scabies n (takes sing. v.) קרעץ ר

scaffold n רישטאָוואַניע נ(ס); עשאַפֿאָט ז(ן)

scald v בריִען, אָפּבריִען

scald n ברי ז(ען)

scale n שופּ נ(ן) (פֿון פֿיש); סקאַלע נ(ס); וואָגשאָל נ(ן)

– scales pl וואָג נ

scalp n סקאַלפּ ז(ן)

scalp v סקאַלפּירן; אָפּשינדן; פֿאַרײַסן (פּרײַזן)

scamp n לײדיק־גייער ז(ס); לאָבוז ז(עס)

scamper v לויפֿן געשווינד

scan v איבערקוקן

scan n איבערקוק ז(ן)

scandal n סקאַנדאַל ז(ן)

scandalous adj סקאַנדאַליעז

scant adj קנאַפּ

scapegoat n שׂעיר־לעזאזל ז(זען ויקרא ט״ז, ה-כב); כּפּרה־הינדל ס

scar n שנאַר ז(ן), שראַמע נ(ס) (צייכן פֿון אַ פֿאַרהיילטער וווּנד)

scar v מאַכן אַ שראַמע; (פֿאַרהיילן זיך און) בלײַבן אַ שנאַר
scarce adj זעלטן
scarcely adv קוים
scarcity n מאַנגל ז; זעלטנקייט נ(ן)
scare v איבערשרעקן
scare n איבערשרעק ז(ן)
scarecrow n שרעקפֿויגל ז(ען), סטראַשידלע נ(ס)
scarf n שאַל נ(ן)
scarlet adj שאַרלעך־רויט
scary adj (שמועסדיק) שרעק־אָנוואַרפֿנדיק; שרעקעוודיק
scatter v צעוואַרפֿן; צעטרײַבן; צעלויפֿן זיך; צעזייען
scavenger n פּגרים־פֿרעסער ז(ס) (בעל־חי)
scene n סצענע נ(ס)
scenery n לאַנדשאַפֿט ז/נ(ן); דעקאָראַציע נ(ס) (אין אַ טעאַטער)
scent n ריח ז(ות); פֿאַרפֿום ז(ען)
scent v שמעקן; פֿאַרפֿומירן; חושד זײַן
scepter, sceptre n סקעפּטער ז(ס)
schedule n צײַטפּלאַן ז(צײַטפּלענער)
scheme n סכעמע נ(ס); פּלאַן ז(פּלענער)
scheme v פּלאַנירן; אינטריגירן
schlemiel n (סלענג) שלומיאל ז(ס) (שלימזל ז; בטלן ז; טויגעניכטס ז)
schmaltzy, schmalzy adj (סלענג) שמאַלציק; זייער סענטימענטאַל
scholar n געלערנטער ז; למדן ז(ים)
scholarship n געלערנטקייט נ; סטיפּענדיע נ(ס)
school n שול נ(ן), שולע נ(ס)

schottische n שאָטיש ז (סקאָטישער טאַנץ)
science n וויסנשאַפֿט נ(ן)
scientific adj וויסנשאַפֿטלעך
scientist n וויסנשאַפֿטלער ז(ס)
scion n פֿלאַנץ־צווײַגל ס(עך); אָפּשפּראָץ ז(ן)
scissor v שערן
scissors n שערל ס(עך) (takes sing. or pl. v.)
scoff v אָפּשפּעטן, אויסשטעלן צו שפּאָט
scold v זידלען
scoop n שעפּ נ(ן); (סלענג) סקופּ ז (נײַעס־אויסכאַפּ)
scoop v אויסשעפּן; (סלענג) מפֿרסם זײַן אַ סקופּ
scope n פֿאַרנעם ז(ען), היקף ז(ים)
scorch v פֿאַרברענען; פֿאַרוועלקן
score n פּונקטן־חשבון ז(ות)
scorn v פֿאַראַכטן
scorn n פֿאַראַכטונג נ
scorpion n עקדיש ז(ן), סקאָרפּיאָן ז(ען)
Scotland n סקאָטלאַנד, שאָטלאַנד [ס]
Scottish adj סקאָטיש, שאָטיש
scoundrel n אויסוואורף ז(ן)
scourge n בײַטש נ(ן); פּלאָג נ(ן)
scourge v שמײַסן; פּלאָגן
scout n סקויט ז(ן)
scraggy adj דאַר
scramble v צונויפֿמישן; גרײַפֿן; קלעטערן
scrap n ברעקל ס(עך); ברעך ס
scrape v אָפּקראַצן, שקראָבען

scrappy adj פראַגמענטאַריש; (שמועסדיק) קריגעריש

scratch v קראַצן; צעדראַפּען

scratch n קראַץ ז (ן); דראַפּ ז (ן); אַרויסגאַנג־פּונקט ז (פון אַ פאַרמעסט)

– from scratch פון אַלף

scrawl v שמירן, פּאַטשקען (מיט דער פען)

scrawny adj (שמועסדיק) דאַר

scream v שרײַען, גוואַלדעווען

scream n געשריי ס (ען), גוואַלד ז (ן)

screech v קוויטשען

screech n קוויטש ז (ן)

screen n שירמע נ (ס); שפּאַניש ווענטל ס; זיפּ נ (ן); עקראַן ז (ען)

screen v פאַרשטעלן; דורכזיפּן; פּראָיעקטירן, באַשטראַלן

screw n שרויף נ/ז (ן)

screw v שרויפן

screwball n (סלענג) טשודאַק ז (עס)

screwdriver n שרויפנציִער ז (ס)

scribble v מאַזשגען, פּאַטשקען (מיט דער פען); שרײַבן אומקלאָר

scribe n סופר ז (ים) (שרײַבער פון ספר־תורות, תּפילין און מזוזות)

scrimp v אײַנשפּאָרן

script n שריפט נ (ן)

Scripture n (often Scriptures) ביבל נ

scroll n מגילה נ (מגילות)

Scrooge n סקרודזש פ״נ (דיקענס); געמיינער קמצן ז

scrub v רײַבן, שײַערן; צוואָגן (האָר)

scruple n מאָראַלישער צווייפל ז; סקרופּל ז (געוויכט)

scrupulous adj געוויסנדיק

scrutinize v גוט אויספאָרשן, בודק זײַן

scud v באַוועגן זיך שנעל

scud n ווינט־געטריבענע וואָלקנס ר

scuffle n געשלעג ס (ן)

sculptor n סקולפּטאָר ז (ן)

sculpture n סקולפּטור־קונסט נ; סקולפּטור נ (ן)

scum n שלײַם ז; פּסולת ס

scythe n קאָסע נ (ס)

scythe v שנײַדן מיט אַ קאָסע

sea n ים ז (ען)

sea gull מעווע נ (ס) (ים־פויגל)

seal n זיגל ז (ען); ים־הונט ז

seal v פאַרזיגלען, פאַרחתמענען; פאַנגען ים־הינט

seam n נאָט נ (נעט)

seamstress n נייטאָרין נ (ס)

search v זוכן; דורכזוכן

search n זוכונג נ (ען); דורכזוך ז (ן)

seashell n (ים־) מושל נ (ען), מייערקעפל ס (עך)

seashore n ים־ברעג ז (ן)

seasickness n ים־קראַנקייט נ

season n צײַט פון יאָר (פרילינג, זומער, האַרבסט, אָדער ווינטער); (יום־טובדיקער, קאָמערציעלער, א״ע) סעזאָן ז (ען)

season v צוריכטן, ווירצן

seat n זיצפלאַץ ס (זיצפלעצער); באַזע נ (ס); שטול נ/ז (ן)

seat v אַוועקזעצן; אויסזעצן

secede v אָפּשיידן זיך, אַרויסטרעטן (פון אַן אָרגאַניזאַציע אָדער אַליאַנץ)
secession n סעצעסיע נ (ס)
seclude v אָפּזונדערן
seclusion n אָפּזונדערונג נ
second adj צווייט
second n סעקונדע נ (ס)
second v שטיצן (אַ פאָרשלאָג)
second-hand adj ניט־אָריגינעל; געניצט
secondly adv צווייטנס
secrecy n געהיימקייט נ
secret adj געהיים
secret n סוד ז (ות), געהיימניש ס (ן)
secret agent געהיים־אַגענט ז (ן)
secretary n סעקרעטאַר ז (ן)
sect n סעקטע נ (ס)
section n חלק ז (ים), טייל ז (ן); אָפּטייל ז (ן)
secular adj סעקולער, וועלטלעך
secure adj באַוואָרנט, געזיכערט; זיכער
secure v באַוואָרענען, זיכער מאַכן
security n זיכערקייט נ; פאַרזיכערונג נ (ען); ערבות ס
– **securities** pl ווערטפאַפירן ר
Seder n סדר ז (ים)
seduce v פאַרפירן
see v זען
seed n זוימען ז (ס), זרע נ
seek v זוכן; פרובירן
seem v אויסזען
seemly adj פאַסיק; לײַטיש
seep v רינען
seesaw n וויגברעט נ (ער), הוידעווקע נ (ס)
seesaw v וויגן זיך (אַהין און אַהער אָדער אַרויף און אַראָפּ)
seethe v זידן, קאָכן
segment n אָפּשניט ז (ן)
segregate v סעגרעגירן, אָפּזונדערן
segregation n סעגרעגאַציע נ (ס), אָפּזונדערונג נ
seize v אָנכאַפּן; קאָנפיסקירן
seizure n פאַרכאַפּונג נ; פלוצעמדיקער אַטאַק ז (פון קראַנקייט)
seldom adv זעלטן
select v אויסקלײַבן
selection n סעלעקציע נ (ס)
self- prefix זיך־
self-defense n זיך־פאַרטיידיקונג נ
selfish adj עגאָאיסטיש
selfishness n עגאָאיזם ז
self-respect n זיך־רעספּעקט ז
sell v פאַרקויפן
seller n פאַרקויפער ז (ס); פאַרקויפלעכער חפץ ז
semantics n (takes sing. v.) סעמאַנטיק נ
semblance n אויסזע ז (ען)
semester n סעמעסטער ז (ס)
semi- prefix האַלב־
semi-annual adj האַלביאָריק
semicircle n האַלבצירקל ז (ען)
semicolon n פינטל־קאָמע נ (ס)
semilunar adj האַלב־לבנהדיק
seminarian n סעמינאַריסט ז (ן)
seminary n סעמינאַר ז (ן)
semi-official adj האַלב־אָפיציעל
Semite n סעמיט ז (ן)

Semitic adj סעמיטיש
senate n סענאַט ז (ן)
senator n סענאַטאָר ז (ן)
send v שיקן
senile adj סעניל
senior adj עלטער; העכער (אין ראַנג)
senior citizen עלטערער בירגער ז
seniority n סטאַזש ז (ן)
sensation n געפיל ס (ן); סענסאַציע נ (ס)
sense n חוש ז (ים); געפיל ס (ן); זינען ז, שׂכל ז
sense v פילן, דערשפירן
senseless adj אומזיניק; אָן שפירונג
sensible adj שׂכלדיק; פילבאַר
sensitive adj זייער פילעוודיק
sentence n זאַץ ז (ן); אורטייל ז (ן)
sentence v פאַראורטיילן
sentiment n סענטימענט ז (ן)
sentimental adj סענטימענטאַל
sentinel n וואַכסאָלדאַט ז (ן); וועכטער ז (ס)
sentry n וואַכסאָלדאַט ז (ן); שומר ז (ים)
separate v אָפּזונדערן; צעשיידן זיך
separation n אָפּזונדערונג נ (ען)
September n סעפּטעמבער ז (ס)
sequel n המשך ז (ים)
sequence n סעקוווענץ נ (ן), נאָכאַנאַנדיקייט נ (ן)
serenade n סערענאַדע נ (ס)
serenade v סערענאַדירן
serene adj שלווהדיק; רואיק; קלאָר
serenity n שלווה נ; רואיקייט נ; קלאָרקייט נ
serf n לײַבקנעכט ז
sergeant n סערזשאַנט ז (ן)
series n סעריע נ (ס)
serious adj ערנסט
seriousness n ערנסטקייט נ
sermon n דרשה נ (דרשות)
serpent n שלאַנג נ (ען/שלענג)
servant n משרת ז (ים), דינער ז (ס); דינסט נ (ן)
serve v דינען; באַדינען
service n דינסט ס (ן); באַדינונג נ
service v באַדינען
servile adj שקלאַפיש; אונטערטעניק
servility n אונטערטעניקייט נ
session n סעסיע נ (ס), זיצונג נ (ען)
set v לייגן; באַשטימען; אָנשטעלן (אַ זייגערל); אײַנפאַסן (אײדלשטיינער); פאַרגיין (זון)
set adj באַשטימט; באַשלאָסן; פעסט; האַרט; (שמועסדיק) אײַנגעשפּאַרט
setback n אומגעריכטער אָפּהאַלט ז; אָפּשטופּ ז (ן)
settle v באַזעצן (זיך); אויסגלײַכן; דעצידירן; אָפּצאָלן (אַ חוב)
settlement n קאָלאָניזירונג נ; ישוב ז (ים); אויסגלײַך ז (ן); אײַנצאָל ז (ן); באַשטימונג נ
settler n באַזעצער ז (ס); קאָלאָניסט ז (ן)
set-up n אַראַנזשירונג נ (ען); (סלענג) שווינדלערישער פאַרמעסט ז
seven adj זיבן

seventeen adj זיבעצן
seventh adj זיבעט
seventh n זיבעטל ס (עך) (ברוכצאָל)
seventy adj זיבעציק
sever v צערײַסן; אָפשנײַדן; ענדיקן (אַ פאַרבינדונג)
several adj עטלעכע; באַזונדערע
severance n צערײַסונג נ; איבעררײַס ז (פון דיפלאָמאַטישע באַציאונגען)
severe adj זייער שטרענג; האַרב
severity n שטרענגקייט נ
sew v נייען
sewer n אָפגאַנג־קאַנאַל ז (ן)
sewerage n קאַנאַליזאַציע נ
sex n געשלעכט ס (ער)
sh! שאַ!
shabby adj אָפגעלאָזן; אויסגעריבן; געמיין
shack n בײַדל ס (עך); אײַנפאַלנדיק הויז ס
shackle n קייט נ (ן)
shackle v שמידן, שליסן (אין קייטן); באַגרענעצן; אײַנהאַלטן
shade שאָטן ז (ס), טיילווײַז־טונקל אָרט ס; שאַטירונג נ (ען); (פענצטער) שטאָרע נ (ס)
shade v פאַרשטעלן (פון דער זון); פאַרציִען (די שטאָרעס); שאַטירן
shadow n שאָטן ז (ס), שאָטן־געשטאַלט נ/ס (ן); שמץ ז; נאָכשפירער ז (ס)
shadow v וואַרפן אַ שאָטן; נאָכשפירן
shadowy adj שאָטנדיק; אומרעאַל
shady adj שאָטן־געבנדיק; טונקל; קיל; (שמועסדיק) פאַרדאַכטלעך

shaggy adj קודלעוואַטע; באַדעקט מיט האָר, וואָל, א״ע.
Shah n שאַך ז (ן) (פערסישער קעניג)
shake v שאָקלען; טרייסלען זיך
shake n שאָקל ז (ען)
shaky adj שאָקלדיק, וואַקלדיק; שוואַך
shall aux. v. וועל; זאָל
shallow adj ניט־טיף, פלאַך
sham n פעלשונג נ (ען); שווינדלער ז (ס)
sham adj פאַלש
sham v פרעטענדירן, מאַכן אַן אָנשטעל
shamble v שלעפן זיך
shambles n (takes sing. v.) שעכט־הויז ס; (שמועסדיק) באַלאַגאַן ז
shame n בושה נ (בושות), שאַנד נ
shame v פאַרשעמען
shameful adj שענדלעך
shameless adj אומפאַרשעמט
shampoo v וואַשן די האָר (מיט שאַמפו)
shampoo n שאַמפו ז (ען)
shamus n (סלענג) פריוואַטער דעטעקטיוו
Shangri-La n ערדישער גן עדן ז
shanty n בײַדל ס (עך)
shantyman n (פאַרצײַטנס אין קאַנאַדע) האָלצהעקער ז (ס)
shape n פאָרם נ (ען), פאָרמע נ (ס), געשטאַלט ס (ן)
shape v פורעמען
shapeless adj אָן אַ געשטאַלט
shapely adj געשטאַלטיק, שיין־געפורעמט

share n חלק ז (ים); אַקציע נ (פינאַנצן)

share v טיילן זיך

shark n הײַפיש ז (ן); אכזריותדיקער עקספּלואַטאַטאָר ז

sharp adj שאַרף

sharpen v שאַרפן, שלײַפן; אָפּשניצן (אַ בלײַפעדער)

sharpness n שאַרפקייט נ

sharpshooter n שאַרף־שיסער ז (ס)

shatter v צעשמעטערן

shave n גאָלונג נ (ען), ראַזירונג נ (ען)

shave v גאָלן, ראַזירן

shawl n שאַל ז/נ (ן)

she pron, n זי; נקבה נ

sheaf n גאַרב ז (ן), זאַנגען־בינטל ס (עך)

shear v שערן

shears n pl שער נ (ן)

sheath n שייד נ (ן)

shed n אָפּדאַך ז (ן); שטעלכל ס (עך)

shed v פאַרגיסן (טרערן, בלוט); פאַרשפּרייטן, אַרויסגעבן (ליכט, פאַרפום); אַראָפּוואַרפן פון זיך (הויט)

sheep n שאָף נ; ניכנע ז (ים)

sheer adj לויטער

sheet n בויגן ז (ס); לײַלעך ז (ער)

sheik, sheikh n שייך ז (ן) (אַראַבישער שבט־עלטסטער)

shekel n שקל ז (ים)

shelf n פּאָליצע נ (ס)

shell n שאָל נ (ן), שאָלעכץ נ/ס (ן); אַרטילערישע קויל נ (ן)

shelter n אָפּדאַך ז (ן); שוץ נ (ן), באַשיצונג נ (ען)

shelter v באַשיצן

shelve v לייגן אויף דער פּאָליצע; אָפּלייגן

shepherd n פּאַסטעך ז (ער)

sheriff n שעריף ז (ן)

shibboleth n רייד־אייגנקייט נ (ן); קלינגוואָרט ס; פּאַסוואָרט ס (זען שופטים י״ב, ד־ו)

shield n שילד ז (ן); שוץ־שילד ז (ן), פּאַנצער ז (ס)

shield v זײַן אַ שוץ־שילד; באַשיצן

shift v איבעררוקן

shift n איבעררוק ז (ן); שיכט ז (ן) (אין אַ פאַבריק)

shifty adj כיטרע

shilly-shallier n אַהין־און־אַהער פּערזאָן ז (ען)

shilly-shally v וואַקלען זיך, קווענקלען זיך; זײַן אומבאַשלאָסן; אָפּלייגן

shimmer v פינקלען; אונטערשפּרינגען (פלעמל פון אַ ליכט); שײַנען שוואַך

shine v שײַנען; גלאַנצן

shine n שײַן ז/נ; גלאַנץ ז; שײַנער וועטער ז

shingle n שינדל נ (ען)

shiny adj גלאַנציק

ship n שיף נ (ן)

ship v שיקן, טראַנספּאָרטירן; אָפּשיפן; פאָרן מיט דער שיף

shipment n טראַנספּאָרט ז (ן); פראַכט נ (ן)

shipwreck n שיפבּרוך ז (ן); רואין נ/ז (ען)

shipwreck v רואינירן; לײַדן אַ שיפבּרוך

shirk v אַרויסדרייען זיך (פון אַ פליכט)
shirt n העמד ס (ער)
shirt-sleeve adj (שמועסדיק) אומפאָרמעל
shiva n שיבֿעה נ
shiver v ציטערן
shiver n ציטער ז
shock n שאָק ז (ן); אויפטרייסלונג נ (ען)
shock v שאָקירן; אויפטרייסלען
shoddy adj שמאַטעוואַטע
shoe n שוך ז (שיך)
shoe v באַשוכן; באַשמידן (מיט פּאָדקעוועס)
shoelace n שוכבענדל ס (עך)
shoemaker n שוסטער ז (ס)
shoestring n שוכבענדל; (שמועסדיק) זייער קליינע געלט־סומע נ (גענוצט פאַר אַ געשעפט, אינוועסטמענט, א״ע)
shoo interj שו! (אַן אויסגעשריי צו פאַרטרייבן הינער, פייגל, א״ע)
shoot v שיסן
shoot n שפּראָץ ז (ן)
shop n קראָם נ (ען); וואַרשטאַט ז (ן)
shop v גיין אײַנקויפן
shoplifter n קראָמען־גנבֿ ז (ים)
shopper n אײַנקויפער ז (ס)
shopping plaza (קאַנאַדיש) אײַנקויף־פּלאַזע נ
shore n ברעג ז (ן)
short adj קורץ
shortage n מאַנגל ז (ען), דוחק ז
short-change v געבן וויניקער פון דעם ריכטיקן רעשט; אָפּנאַרן
shortcoming n חסרון ז (ים); דעפעקט ז (ן)
shortcut n דורכוועג ז (ן)
shorten v קירצן, פאַרקירצן
shorthand n סטענאָגראַפיע נ
shortly קירצלעך, באַלד
shortness n קורצקייט נ
shortsighted adj קורצזיכטיק; ניט־פאָראויסזעאיק; אומבאַרעכנט
shot n שאָס ז (ן)
should aux v וואָלט; זאָל
shoulder n אַקסל ז (ען), פּלייצע נ (ס)
shout v שרײַען
shout n געשריי ס (ען), שרײַ ז (ען)
shove v שטופּן, רוקן
shove n שטופּ ז (ן), רוק ז (ן)
shovel n שופל ז (ען), לאָפּעטע נ (ס)
shovel v שופלען
show v ווײַזן; באַווײַזן
show n אויסשטעלונג נ (ען); ספּעקטאַקל ז (ען)
shower n קורצער רעגנפאַל ז (ן); אויסגאָס ז (ן); שפּריץ ז (ן), שפּריצבאָד נ (שפּריצבעדער), טוש ז (ן), דוש ז (ן)
shower v רעגענען אין משך פון אַ קורצער צײַט; גיסן; שפּריצן; נעמען אַ טוש
shred n ברעקל ס (עך); שטיקל ס (עך)
shred v צערײַסן אָדער צעשנײַדן אין שטיקלעך

shrew n שלעכטע פרוי נ (ען),
מרשעת נ (ן)
shrewd adj שאַרפֿזיניק;
איבערגעשפּיצט, כיטרע
shriek n קוויטש ז (ן)
shriek v קוויטשען
shrill adj שרײַיִק, רײַסיק
shrine n הייליקער פּלאַץ ז;
קאַפּליצע נ (ס)
shrink v צוריקציִען זיך; אײַנציִען
זיך, אײַנגעשרומפּן ווערן
shrinkage n אײַנשרומפּונג נ
shrivel v פֿאַרוועלקן;
אײַנגעדאַרט ווערן
shrub n קשאַק ז (עס)
shrug v ציִען די אַקסלען,
קוועטשן מיט די פּלייצעס
shudder v שוידערן
shudder n שוידער ז (ס)
shun v אויסמײַדן
shut v פֿאַרמאַכן
shutter n לאָדן ז (ס)
shy adj שעמעוודיק
shy v צוריקשפּרינגען; אַ ריר טאָן
זיך פֿלוצעם; וואַרפֿן
Siberia n סיביר [ס]
Siberian husky סיבירער שליטנהונט ז
sick adj קראַנק
sicken v קראַנק ווערן, קרענקען;
קראַנק מאַכן; מיגלען
sickle n סערפּ ז (ן)
sickness n קרענק נ (ען); מיגל ז
side n זײַט נ (ן); צד ז (צדדים)
sidewalk n טראָטואַר ז (ן)
siege n באַלאַגערונג נ (ען)
siege v באַלאַגערן
sieve n זיפּ נ (ן)
sift v דורכזיפּן
sigh v זיפֿצן
sigh n זיפֿץ ז (ן)
sight n ראִיה נ; זעאונג נ (ען);
ספּעקטאַקל ז (ען)
sign n צייכן ז (ס), סימן ז (ים)
sign v אונטערשרײַבן זיך, חתמענען
signal n סיגנאַל ז (ן)
signature n אונטערשריפֿט נ (ן)
significance n באַדײַטונג נ (ען);
וואָגיקייט נ
significant adj באַדײַטיק; וואָגיק
signify v באַדײַטן
silence n שטילקייט נ;
שווײַגונג נ
silent adj שטיל; שווײַגנדיק
silently adv שטילערהייט
silk n זײַד נ/ס; זײַדנס ס
silk adj זײַדן
silken adj זײַדן; ווייך;
גלאַט און גלאַנציק
silliness n נאַרישקייט נ
silly adj נאַריש
silo n סילאָ ז (ס)
silver n זילבער ס
silver adj זילבערן
silverfish n זילבערפֿיש ז
silvern adj (אַרכײַיִש) זילבערן
silver-plated adj באַזילבערט
silversmith n זילבערשמיד ז (ן)
silvery adj זילבערדיק; מעלאָדיש
similar adj ענלעך
similarity n ענלעכקייט נ (ן)

simile n פאַרגלײַך ז(ן) (פון צוויי פאַרשיידענע זאַכן אָדער אידייען)

similitude n ענלעכקייט נ(ן); פאַרגלײַכונג נ(ען)

simmer v זידן לאַנגזאַם; אויפקאָכן זיך (פון כּעס)

simple adj איינפאַך, פשוט

simpleton n תּם ז(ען), שוטה ז(שוטים)

simplicity n איינפאַכקייט נ

simplify v פאַראיינפאַכן, מאַכן פשוט

simulate v סימולירן (פּרעטענדירן; אימיטירן)

simultaneous adj סימולטאַניש, איינצײַטיק

sin n זינד נ

sin v זינדיקן

Sinai n סיני [ז] (זען שמות י״ט, כ)

since prep, conj, adv זינט; ווײַל; פון דעמאָלט אָן

sincere adj אָפנהאַרציק, אויפריכטיק

sincerely adv באמת

sincerity n אויפריכטיקייט נ, אֶמתדיקייט נ

sinew n שפּאַנאָדער נ(ן); כּוח ז(ות)

sing v זינגען

singe v אָפּזענגען, אָפּברענען; (שמועסדיק) באַשעדיקן

singer n זינגער ז(ס)

singing n געזאַנג ס

single adj איינציק; אומפאַרהייראַט

singular adj אויסערגעוויינטלעך; מאָדנע; איינציק

singular n איינצאָל נ, לשון־יחיד ס

sinister adj בייז־סימנדיק; שלעכט

sink v זינקען; פאַרזינקען

sink n אָפּגאָס ז(ן)

sinuous adj שלענגלדיק; (מאָראַליש) קרום

sip v זופּן

sip n זופּ ז(ן)

sir n (Often Sir) הער ז(ן)

sister n שוועסטער נ; מאָנאַשקע נ(ס)

sister-in-law n שוועגערין נ(ס)

sisterly adj שוועסטערלעך; האַרציק

sit v זיצן

sit down אַוועקזעצן זיך

sitting n זיצן ס; זיצונג נ(ען)

situation n סיטואַציע נ(ס)

six adj זעקס

sixteen adj זעכצן

sixth adj זעקסט

sixth n זעקסטל ס(עך) (בּרוכצאָל)

sixty adj זעכציק

size n גרייס נ(ן)

sizzle v צישען, זידן; זײַן צעהיצט

skate n אײַז־גליטשער ז(ס); רעדלשוך ז(רעדלשיך)

skate v גליטשן זיך; רעדלען זיך

skeleton n סקעלעט ז(ן)

skeptic, sceptic n סקעפּטיקער ז(ס), צווייפלער ז(ס)

skeptical adj סקעפּטיש

skepticism n סקעפּטיציזם ז

sketch n סקיצע נ(ס)

sketch v סקיצירן

ski n נאַרטע נ(ס), סקי ז(ס)

ski v נאַרטלען זיך

skid n אויסגליטש ז (ן)

skid row פֿאַרברעכער־דיסטריקט ז

skill n טאַט־פֿעאיקייט נ; מלאכה נ (מלאכות)

skillful adj געשיקט

skim v אָפּשעפּן (די סמעטענע פֿון דער מילך); אויבערפֿלעכלעך לייענען; דורכבלעטערן

skim milk אָפּגעשעפּטע מילך נ

skimp v אײַנשפּאָרן; פּושערן

skimpy adj קנאַפּ; קמצניש

skin n הויט נ (ן); פֿעל נ (ן); שאָלעכץ ס/נ (ן)

skin v שינדן

skinny adj זייער דאַר

skip v שפּרינגען לײַכט; איבערשפּרינגען; (שמועסדיק) אַוועקגיין גיך

skirmish n שלאַכטל ס (עך)

skirmish v אָנטיילנעמען אין אַ שלאַכטל

skirt n קליידל ס (עך)

skirt v גיין אַרום (אַ גרענעץ); אויסמײַדן (אַ טעמע)

skull n שאַרבן ז (ס)

skullcap n יאַרמאָלקע נ, יאַרמלקע נ (ס), קאַפּל ס (עך)

sky n הימל ז (ען)

skyscraper n וואָלקן־קראַצער ז (ס)

slack adj לויז

slacken v פֿאַרלאַנגזאַמען; שוואַכער ווערן; לויז מאַכן

slam v פֿאַרמאַכן מיט אַ קלאַפּ; (שמועסדיק) האַרב קריטיקירן

slam n קלאַפּ ז (קלעפּ), זעץ ז (ן)

slander n פֿאַלשע באַרעדערײַ נ; לשון־הרע ס

slander v פֿאַלש באַרעדן; רעדן אָדער פֿאַרשפּרייטן לשון־הרע

slang n סלענג ז

slap n פּאַטש ז (פּעטש)

slap v פּאַטשן

slash v צעהאַקן; שמײַסן; דראַסטיש רעדוצירן; אויסשנײַדן טיילן פֿון (אַ בוך, א״ע)

slaughter n קײַלונג נ (טרייף); שחיטה נ (כשר); ברוטאַלישע טויטונג נ

slaughter v קײַלן; שעכטן; ברוטאַליש הרגענען

slaughterhouse n שעכטהויז ס (שעכטהײַזער)

Slav n סלאַוו ז (ן)

slave n שקלאַף ז (ן), קנעכט ז

slave v שקלאַפֿן; אַרבעטן זייער שווער

slaver n שקלאַפֿן־הענדלער ז (ס); שקלאַפֿן־שיף נ (ן)

slavery n קנעכטשאַפֿט נ

Slavic adj סלאַוויש

slavish adj שקלאַפֿיש; געמיין

slay v הרגענען, מאָרדן

sled n שליטן ז (ס)

sled v שליטלען זיך

sled dog שליטנהונט ז (אין די אַרקטישע ראַיאָנען)

sledge n טראַנספּאָרט־שליטן ז (ס)

sledgehammer n שמידהאַמער ז (ס)

sleep v שלאָפֿן

sleep n שלאָף ז

sleepless adj אָן שלאָף

sleepy adj שלעפעריק, פאַרשלאָפן

sleet n שניירעגן ז; רעגנפריר ז

sleeve n אַרבל ז

sleeveless adj אָן אַרבל

sleigh n שליטן ז (ס)

sleigh v שליטלען זיך

slender adj שלאַנק; מאָגער

slice n פענעץ ז (ן/ער), רעפטל ס (עך)

slice v שנײַדן אין פענעצן, צערעפטלען

slide v גליטשן זיך

slide n גליטש ז (ן)

slight adj לײַכט; קליין; שוואַך

slight n פחיתות־הכּבוד ז

slight v אָנרירן דעם כּבוד פון; באַהאַנדלען מיט אומכּבוד

slightly adv אַ ביסל

slim adj דאַר, מאָגער; קנאַפּ; שוואַך

sling n שטיין־שלײַדערער ז (ס)

sling v שלײַדערן

slip v גיין שטיל און געהיים; אויסגליטשן זיך; אונטעררוקן בסוד

slip n אויסגליטש ז (ן); פאַרזע ז (ען); אונטערקלייד ס (ער); קוויטל ס (עך)

slipper n שטעקשוך ז (שטעקשיך)

slippery adj גליטשיק

slit v שפּאַלטן; אײַנשנײַדן

slit n שפּאַלט ז (ן); אײַנשניט ז (ן)

slob n (סלענג) סלאָב ז (עס), שווינטוך ז (עס) (אָפּגעלאָזענער און שמוציקער פּערזאָן)

slogan n לאָזונג נ (ען)

slope n שיפּוע ז (ים)

slope v גיין משופּע; נייגן משופּעדיק

sloppy adj זייער נאַס; שמוציק; (שמועסדיק) אָפּגעלאָזן

slot n לעכל ס (עך), שפּעלטל ס (עך)

slouch v גיין אָדער זיצן אײַנגעבויגן

sloven n שלומפּער ז (ס)

slovenly adj שלומפּערדיק, אָפּגעלאָזן

slow adj פּאַמעלעך, לאַנגזאַם

slow v פֿאַרפּאַמעלעכן; פֿאַרלאַנגזאַמען זיך

sluggard n פוילער ז (ס)

sluggish adj פויל; פּאַמעלעך

slum n דלות־קוואַרטל ז (ען)

slumber v דרימלען

slump v פאַלן פלוצלינג

slump n פרײַזנפאַל ז (ן)

slur v אַרויסרעדן אומקלאָר; פאַרבלאָטיקן, באַשמוצן דעם נאָמען פון

slur n אומקלאָרער אַרויסרעד ז; שאַנד פלעק ז (ן)

slush n צעגייענדיקער שניי ז; ווייכע בלאָטע נ

slut n חזירטע נ (ס), חזירינע נ (ס), שמאָדערקע נ (ס)

sly adj כיטרע

small adj קליין

smallpox n פּאָקן ר

small talk פרײַנדלעך פלאַפּלערײַ ס

small-town adj קליין־שטעטלדיק

smart v גורם זײַן אָדער פילן שאַרפע שמערצן; לײַדן

smart adj קלוג; מאָדיש

smash v צעשמעטערן
smatter, smattering n אויבערפלעכלעך קענטעניש ס
smear v באַשמירן; באַשמוצן
smear n שמיר ז (ן)
smell n גערוך ז (ן), ריח ז (ות)
smell v שמעקן
smelt v שמעלצן
smile v שמייכלען
smile n שמייכל ז (ען)
smirch v באַשמוצן
smirch n פלעק ז (ן)
smith n שמיד ז (ן)
smithy n שמידערײַ נ (ען), קוזניע נ (ס)
smoke n רויך ז (ן)
smoke v רויכערן, רייכערן
smoker n רויכערער ז (ס)
smooth adj גלאַטיק
smooth v אויסגלעטן
smother v דערשטיקן
smoulder, smolder v טליִען
smudge n שמיר ז (ן)
smudge v פאַרשמירן; באַפלעקן
smug adj צופרידן מיט זיך; אומפאַרזאָרגט
smuggle v שמוגלען
smuggler n שמוגלער ז (ס)
smut n סאַזשע נ; שמוץ ס
snack n איבערבײַסן ס (ס)
snail n שנעק ז (ן), סלימאַק ז (עס)
snake n שלאַנג נ/ז (ען/שלענג)
snap v קנאַקן
snap n קנאַק ז (ן)
snare n כאַפשטײַגל ס (עך); פאַסטקע נ (ס)
snare v כאַפן אין אַ פאַסטקע
snatch v כאַפן
sneak v אונטערגנבענען זיך; שלײַכן זיך
sneaky adj גנביש; פחדנותדיק
sneer v אָפשפעטן
sneer n שפאָט־אויסדרוק ז (ן)
sneeze v ניסן
sneeze n נאָס ז (ן)
snide adj זילזולדיק; געמיין; פאַלש
sniff v שנאַפן; שמעקן
sniff n שנאַפונג נ; שמעק ז (ן)
snipe n שנאָבלער ז (ס) (זומפ־פויגל)
snipe v פאַנגען שנאָבלערס; שיסן פון אַ באַהעלטעניש
sniper n פאַרבאָרגענער שאַרפצילער ז
snob n סנאָב ז (עס/ן)
snoop v (שמועסדיק) שלײַכן זיך, לוגן
snooze v (שמועסדיק) דרימלען, דרעמלען
snooze n (שמועסדיק) דרימל ס/ז (ען)
snore v כראָפען, שנאָרכן, שנאָרכצן
snore n כראָפ ז (עס)
snow n שניי ז (ען)
snow v שנייען
snowflake n שנייעלע ס (עך)
snowstorm n שניישטורעם ז (ס)
snow-white adj שניי־ווײַס
snowy adj שנייאיק
snub v באַהאַנדלען קאַלט אָדער מיט ביטול
snub n אומכבודיקע באַהאַנדלונג נ (ען)

snuff v שמעקן (טאַביק); שנײַצן (אַ קנויט); אויסלעשן (אַ ליכט)
snuff n שמעקטאַביק ז; שנויץ ז(ן)
snuffle v פאָנפען
snug adj נורעדיק; באַקוועם און וואַרעם; קליין און ציכטיק; ענג (מלבוש); קאָמפּאַקט
snuggle v צונורען זיך; טוליען
so adv, conj, interj אַזוי; בכדי; אַהאַ!
soak v ווייקן
soap n זייף נ(ן)
soap v זייפן, אײַנזייפן
soap bubble זייפנבלאָז ז(ן)
soar v שוועבן; אַרויפפליִען
sob v כליפען
sob n כליפ ז(ן)
sober adj ניכטער; ערנסט; מעסיק
sobriety n ניכטערקייט נ; ערנסטקייט נ; מעסיקייט נ
soccer n סאָקער ז (ספּאָרט)
social adj סאָציאַל; געזעלשאַפטלעך
socialism n סאָציאַליזם ז
socialist n סאָציאַליסט ז(ן)
socialist, socialistic adj סאָציאַליסטיש
society n געזעלשאַפט נ(ן)
sociology n סאָציאָלאָגיע נ
sock n סקאַרפעט ז(ן)
sod n גראָז־ערד נ
soda n סאָדע נ(ס)
sofa n סאָפע נ(ס), קאַנאַפּע נ(ס)
soft adj ווייך
soft drink אומאַלקאָהאָליש געטראַנק ס
soften v פאַרווייכערן

softness n ווייכקייט נ
soggy adj דורכגעווייקט
soil n באָדן ז(ס); ערד נ
soil v באַשמוצן, פאַראומרייניקן
sojourn n אויפהאַלט ז(ן)
sojourn v אויפהאַלטן זיך
solace n טרייסט נ(ן)
solace v טרייסטן
solar year זוניאָר ס(ן)
solder n לייטעכץ ס
solder v לייטן
soldier n סאָלדאַט ז(ן), זעלנער ז(ס)
sole adj איינציק
sole n פּיאַטע נ(ס); זויל נ(ן)
solely adv אַליין
solemn adj פײַערלעך
solicit v ווענדן זיך נאָך; בעטן שטאַרק
solicitor n סאָליסיטאָר ז(ן), אַדוואָקאַט ז(ן)
solicitous adj באַזאָרגט
solicitude n באַזאָרגטקייט נ
solid adj סאָליד
solidarity n סאָלידאַריטעט נ
solitary adj איינזאַם; אָפּגעזונדערט
solitude n איינזאַמקייט נ; פאַרוואָרפן אָרט ס
solo n סאָלאָ ז(ס)
Solomon n שלמה פּנ (זען מלכים א ה׳, ט־יד); גרויסער חכם ז
so long (שמועסדיק) זײַ געזונט; שלום
solstice n זון־שטילשטאַנד ז(ן), זונשטיל נ(ן)

solution n באַשייד נ(ן); צעלאָזונג נ(ען)
solve v באַשיידן; קלאָר מאַכן; מסביר זײַן
solvency n צאָלפעאיקייט נ
sombre, somber adj טונקל; אומעטיק
sombrero n סאָמבּרעראָ ז(ס) (מעקסיקאַנישער הוט)
some adj, pron, adv עטלעכע; עטוואָס; בערך; (שמועסדיק) גרויס
somebody pron עמעצער
somebody n (שמועסדיק) חשוב ז(ים)
somehow adv ווי עס איז
someone pron עמעצער
somersault n קאָזשעליק ז, קאָזשלקע נ(קאָזשלקעס)
sometime adv, adj אַ מאָל; אַמאָליק
somewhere adv ערגעץ ווו
somnambulist n סאָמנאַמבּוליסט ז(ן), נאַכטוואַנדלער ז(ס)
son n זון ז(זין)
sonata n סאָנאַטע נ(ס) (מוזיק)
song n ליד ס(ער)
son-in-law n אײדעם ז(ס)
sonorous adj קלינגעוודיק
soon adv באַלד, אין גיכן,
soot n סאַזשע נ
soot v פאַרשוואַרצן מיט סאַזשע
sooth n, adj (אַרכײַאיש) אמת ז; וואָרהאַפטיק
soothe v באַרואיקן; לינדערן
soothsayer n וואָרזאָגער ז(ס); פּאַראויסזאָגער ז(ס)

sophisticated adj געחכמהט (אין וועלטלעכע ענינים); ראַפינירט
soppy adj זייער נאַס; דורכגעווייקט
soprano n סאָפּראַן ז(ען)
sorcerer n כּישופמאַכער ז(ס), צויבּערער ז(ס)
sorcery n כּישוף ז (ים)
sordid adj שמוציק; געמיין; גײַציק
sore adj ווייטיקדיק; (שמועסדיק) בּרוגז
sore n ווונד נ(ן)
sorehead n (שמועסדיק) כּעסן ז(ים)
sorrow n טרויער ז; לייד נ(ן)
sorrowful adj טרויעריק
sorry adj טרויעריק; נעבּעכדיק
– be sorry באַדויערן; אַנטשולדיקן זיך
sort n סאָרט ז(ן), מין ז(ים)
sot n כראָנישער שיכּור ז
soul n נשמה נ(נשמות)
sound n קלאַנג ז(ען)
sound v קלינגען
sound adj געזונט; ריכטיק; גרונטיק
soup n זופּ נ(ן)
sour adj זויער
source n קוואַל; מקור ז(ים)
south n דרום ז
southern adj דרומדיק
southwester n זיד־וועסטער ז(ס) (אַ דרום־מערבֿדיקער ווינט; אַ וואַסער־באַוואָרנטער הוט)
souvenir n סוּווּעניר ז(ן)
sovereignty n סוּווערעניטעט נ
Soviet Union סאָוועטן־פאַרבּאַנד ז
sow v זייען

sow n — חזירטע נ (ס), ליאַכע נ (ס)
spa n — ספּאַ ז (ס) (קוראָרט בײַ אַ מינעראַלן־קוואַל)
space n — שטח ז (ים); וועלט־רוים ז (ען)
spaceman n — קאָסמאָנויט ז (ן)
spaceship n — קאָסמאָסשיף נ (ן)
spacious adj — געראַם
spade n — לאָפּעטע נ (ס), רידל ז (ען)
spaghetti n pl — ספּאַגעטי ר (דינע לאָקשן)
Spain n — שפּאַניע [נ]
span n — שפּאַן ז (ען), גרייך ז (ן)
Spaniard n — שפּאַניער ז
Spanish adj, n — שפּאַניש; שפּאַנישע שפּראַך נ
spank v — אָפּשמײַסן
spank n — שמיץ ז (ן)
spare v — שאַנעווען; פאַרשפּאָרן; בּאַגיין זיך אָן
spark n — פונק ז (ען)
spark v — פינקלען; סטימולירן
sparkle v — פינקלען; בּלישטשען; בּרויזן
sparkle n — פינקל ז; בּלישטש ז
sparrow n — שפּערל ז (ען)
sparse adj — שיטער
Spartan adj — ספּאַרטאַניש (שטאַרק דיסציפּלינירט)
spatter v — בּאַשפּרענקלען; בּאַשמוצן
spawn n — רויג ז (ן)
spawn v — אָנרויגענען
speak v — רעדן
speaker n — רעדנער ז (ס)
spear n — שפּיז נ (ן); שפּראָץ ז (ן)
spear v — שטעכן מיט אַ שפּיז; אויסשפּראָצן אין אַ לאַנג שטענגל

special adj — ספּעציעל
specialist n — ספּעציאַליסט ז (ן)
specialize v — ספּעציאַליזירן זיך
species n — מין ז (ים); גאַטונג נ (ען)
specific adj — ספּעציפיש
specify v — ספּעציפיצירן (זאָגן בּפירוש; בּאַשרײַבן אין איינצלהייטן)
specimen n — מוסטער ז (ן), עקזעמפּלאַר ז (ן)
specious adj — שיין נאָר פון אויבן; אָפּנאַרעריש
speck n — שפּרענקל ס (עך)
spectacle n — ספּעקטאַקל ז (ען)
spectacles n pl — שפּאַקולן ר; בּרילן ר
spectator n — צוקוקער ז (ס)
speculate v — ספּעקולירן
speculation n — ספּעקולאַציע נ (ס)
speculator n — ספּעקולאַנט ז (ן)
speech n — רעדן ס; רעדע נ (ס); שפּראַך נ (ן)
speechless adj — אָן לשון; שטום
speed n — גיכקייט נ, שנעלקייט נ
speed v — פאַרגיכערן; צואײַלן זיך
speedily adv — געשווינד
speedy adj — גיך, שנעל
spell v — אויסלייגן (אותיות)
spell n — צויבער ז; משך ז (ים), צײַט־אָפּשניט ז (ן)
spellbound adj — בּאַצויבּערט
spelling n — אויסלייג ז (ן)
spend v — אויסגעבּן (געלט); פאַרבּרענגען (צײַט)
spendthrift n — פאַרשווענדער ז (ס)
sperm n — ספּערמע נ

spew v אויסברעכן; אַרויסוואַרפן
sphere n קײַלעך ז (ער); תּחום ז (ען)
sphinx n ספינקס ז (ן)
spice n געווירץ ס (ן)
spice v באַווירצן
spick-and-span ריין און שיין; פריש; נײַ; שפיגלדיק
spicy adj געווירציק; פיקאַנט
spider n שפין נ (ען)
spill v פאַרגיסן; אויסגיסן זיך; (סלענג) דערציילן
spin v שפינען; דרייען זיך געשווינד
spinach n ספינאַק ז
spindle n שפינדל ס (ען)
spine n רוקנביין ז (ער)
spinner n שפינער ז (ס)
spinster n אַלטע מויד נ (ן)
spire n טורעמשפיץ ז (ן)
spirit n גײַסט ז (ער); קוראַזש ז
– spirits pl שטימונג נ
spirited adj מונטער, לעבעדיק
spiritual adj גײַסטיק
spiritual n ספיריטואַל ז (ן) (נעגעריש־רעליגיעז ליד)
spit v שפײַען
spite n צולהכעיס ז
spite v טאָן אויף להכעיס
– in spite of טראָץ, ניט געקוקט אויף
spiteful adj להכעיסדיק
splash v פליושקען; באַשפריצן
splash n פליושק ז (ן)
spleen n מילץ נ (ן); ביטערקייט נ
splendid adj פראַכטיק; גלענצנדיק
splendor, splendour n פראַכט נ
splinter n שפאָן ז (שפענער), שפליטער ז (ס)
split v שפאַלטן
split n שפאַלטונג נ (ען); שפאַלט ז (ן)
spoil v קאַליע מאַכן; קאַליע ווערן; פאַרדאַרבן; פאַרשטערן; רויבן
spoils n pl מלחמה־רויב ז
spoke n ספיצע נ (ס), ראַד־שטאַנג ז (ען); שטאַפל ז (ען) (פון אַ לייטער)
spokesman n פירשפרעכער ז (ס)
sponge n שוואָם ז (ען)
sponsor n ספאָנסאָר ז (ן); עָרב ז (ים)
sponsor v זײַן אַ ספאָנסאָר פאַר
spontaneous adj ספאָנטאַן
spook n (שמועסדיק) רוח ז (ות), שד ז (ים)
spool n פאָדעם־קלעצל ס (עך), שפולקע נ (ס)
spoon n לעפל ז
spoon-feed v קאָרמען מיט אַ לעפל; איבערבאַשיצן
spoor n שפור נ/ז (ן) (פון אַ חיה)
spoor v נאָכשפירן
sporadic adj ספאָראַדיש
spore n ספאָר ז (ן)
sport n ספאָרט ז (ן); (שמועסדיק) גאַלאַנטאָן ז (ען)
sport v שפילן זיך; (שמועסדיק) באַפוצן זיך
sportsman n ספאָרטלער ז (ס); גאַלאַנטאָן ז (ען)
spot n פלעק ז (ן); אָרט ס (ערטער); (שמועסדיק) שווערער מצב נ

spot v באַפלעקן; (שמועסדיק) דערווישן; דערזען
spot cash באַלדיק מזומן ס (מיטן צושטעלונג פון דער סחורה אָדער פאַרענדיקונג פון דער אַרבעט)
spotless adj אָן אַ פלעק
spotlight n פראָיעקטאָר ז (ן); עפנטלעכע אויפמערקזאַמקייט נ
spouse n בן־זוג ז (בני־זוג)
sprain v אויסלינקען זיך
sprain n אויסלינקונג נ (ען), לונק ז (ען)
sprawl v ליגן אויסגעשטרעקט; אויסשפרייטן זיך אומגעלומפערט
spray n באַשפריצונג נ (ען); שפריצעכץ ס (ן)
spray v באַשפריצן
spread v אויסשפרייטן; פאַרשפרייטן
spread n אויסשפרייט ז (ן); פאַרשפרייטונג נ
spree n הוליאַנקע נ (ס); שטאַרקער אינטערעס ז (אין אַ טעטיקייט)
sprig n שטענגעלע ס (ך); צווײַגל ס (עך)
spring v שפרינגען; שפראָצן; קומען פון
spring n שפרונג ז (ען); ספרונזשינע נ (ס); פרילינג ז (ען); קוואַל ז (ן)
springtime n פרילינגצײַט נ
sprinkle v שפריצן; באַשפרענקלען
sprinkle n שפריץ ז (ן); שפרענקל ס (עך); רעגנדל ס (עך)
sprout v שפראָצן
sprout n שפראָץ ז (ן)
spruce n טענענבוים ז

spruce adj באַפוצט; נעט, ציכטיק
spruce v באַפוצן (זיך)
spry adj טעטיק; פלינק
spume n שוים ז (ען)
spume v שוימען
spunk n (שמועסדיק) קוראַזש; צונטער ז (ס)
spunky adj (שמועסדיק) מוטיק; היציק
spur n שפאָר ז (ן) (אויפן שטיוול פון אַ רײַטער); סטימול ז (ן)
spur v שטויסן מיט שפאָרן; סטימולירן
spurn v אָפוואַרפן מיט פאַראַכטונג; אָפשטויסן
sputnik n ספוטניק ז (עס), סאַטעליט ז (ן)
sputter v שפרודלען; שפריצן שפײַעכץ (בײַם רעדן)
spy n שפיאָן ז (ען)
spy v שפיאָנירן
squab n טײַבעלע ס (עך)
squabble n נישטיק קריגערײַ ס
squad n אָפטיילונג נ (ען) (קלענסטע מיליטער־גרופע)
squalid adj ברודיק; אָפגעלאָזן
squander v פאַרשווענדן
squanderer n פאַרשווענדער ז (ס)
square n סקווער ז (ן); קוואַדראַט ז (ן)
square adj קוואַדראַטיש; קוויט; יושרדיק
squash v צעקוועטשן
squash n צעקוועטשטע זאַך נ (ן), ענגע מאַסע נ (ס); סקוואָש ז (ן) (שפיל נ; פרוכט־געטראַנק ס)

squashy adj צעקוועטשט; ווייך און נאַס

squat v זיצן אײַנגעקאָרטשעט; באַזעצן זיך אומלעגאַל אויף לער לאַנד

squeak v פּישטשען; (סלענג) מסרן

squeak n פּישטש ז (ן)

squeal v קוויטשען; (סלענג) מסרן

squeeze v קוועטשן

squeeze n קוועטש ז (ן)

squint v שיקלען

squirrel n וועווערקע נ (ס), וועוויאָרקע נ (ס)

stab v שטעכן

stab n שטאָך ז (שטעך)

stability n סטאַבילקייט נ, פעסטקייט נ

stable adj סטאַביל, פעסט

stable n שטאַל נ (ן)

stack v אָנלייגן, צונויפזאַמלען אין אַ סטויג

stack n קופּע נ (ס), סטויג ז (ן); קימען ז (ס)

– stacks pl פּאָליצעס ר (פאַר ביכער); ספרים־סקלאַד ז (אין אַ ביבליאָטעק)

stadium n סטאַדיאָן ז (ען)

staff n שטעקן ז (ס); פּערסאָנאַל ז; שטאַב ז (ן)

stag n הירש ז (ן)

stage n סטאַדיע נ (ס); בינע נ (ס)

stage v אויפפירן (אַ פאָרשטעלונג); דורכפירן עפנטלעך

stagger v וואַקלען זיך; שווינדלען (אין קאָפּ)

stagnant adj סטאַגנאַנט (פאַרדומפּן; שטיל־שטייענדיק; ניט־אַקטיוו)

stain n פלעק ז (ן)

stain v באַפלעקן

stainless adj אומבאַפלעקט; זשאַווער־באַוואָרנט

stair n טרעפּל ס (עך)

stake n פלאָקן ז (ס); אײַנשטעל־געלט ס (ער), קאָן ז (ען); שײַטער־הויפן ז (ס)

stake v אײַנשטעלן; ריזיקירן

stale adj אַלט־געבאַקן; ניט־פריש

stalemate n פּאַט ז (אין שאַך); פולקומער שטילשטאַנד ז

stalk n שטענגל ס (עך)

stalk v אָפּטשאַטעווען; שפּרײַזן

stall n שטאַל נ (ן); שטעל נ (ן)

stall v אַרײַנשטעלן אין אַ שטאַל; אָפּהאַלטן

stallion n אָגער ז (ס)

stamina n אויסהאַלט־כּוח ז; לעבנסקראַפט נ

stammer v שטאַמלען

stamp v טופּען (מיט אַ פוס); שטעמפּלען

stamp n פּאָסט־מאַרקע נ (ס); שטעמפּל ז (ען)

stand v שטיין; אויסהאַלטן

stand n שטעל נ (ן), קיאָסק ז (ן); שטעלונג נ (ען)

standard n סטאַנדאַרד ז (ן)

standpoint n שטאַנדפּונקט ז (ן)

staple n דרעטל ס (עך); הויפּטפּראָדוקט ז (ן)

staple adj הויפּט־; וויכטיקסט

stapler n דרעטלער ז (ס)
star n שטערן ז
star v באַפוצן מיט שטערן; באַצייכענען מיט אַ שטערנדל; זײַן אַ הויפט־אַקטיאָר
starch n קראָכמאַל ז
starch v אָנקראָכמאַלען
stare v גלאָצן
staring adj גלאָצנדיק
starry adj אויסגעשטערנט
start v אָנפאַנגען, אָנהייבן
start n אָנהייב ז (ן); צאַפל ז (ען)
startle v איבערשרעקן
starvation n הונגער ז
starve v אויסהונגערן; הונגערן, לײַדן הונגער
stash v (סלענג) אַוועקלייגן פאַר קומענדיקן נוצן
state n לאַגע נ (ס), מצב ז; שטאַט ז (ן); מדינה נ (מדינות)
state v דערקלערן; פעסטשטעלן
stately adj פראַכטיק; מאַיעסטעטיש
statement n דערקלערונג נ (ען)
static adj סטאַטיש, אומבאַוועגלעך
station n סטאַנציע, סטאַציע נ (ס); וואָקזאַל ז (ן); סאָציאַלע פאָזיציע נ (ס); (אויסטראַליש) ראַנטש ז (ן)
stationary adj שטילשטייענדיק; אומבאַוועגלעך
stationery n שרייב־מאַטעריאַלן ר
statue n סטאַטוע נ (ס)
status n סטאַטוס ז (ן) (מצב ז; מעמד ז; ראַנג ז)
statute n געזעץ ס (ן), תקנה נ (תקנות)

stave n קלעפקע נ (ס) (פון אַ פאַס)
stave v דורכברעכן; דורכלעכערן
– stave off אָפשטופן; פאַרמײַדן
stay v אײַנשטיין; בלײַבן; צוריקהאַלטן
stay n וויזיט ז (ן); אָפהאַלט ז (ן)
steadfast adj פעסט; לאָיאַל
steady adj שטאַנדהאַפטיק; רעגולער
steal v גנבענען
stealthy adj גנביש; געהיים
steam n דאַמפ, דאַמף ז (ן), פאַרע נ (ס)
steam bath שוויצבאָד נ
steam engine דאַמפמאַטאָר ז (ן)
steamship n דאַמפשיף נ (ן)
steamy adj דאַמפיק, דאַמפיק
steel n שטאָל ס
steel adj שטאָלן
steel v באַשלאָגן מיט שטאָל; פאַרהאַרטעווען
steeple n קירכע־טורעם ז (ס)
steer v קערעווען
steer n יונגער אָקס ז
stein n ביר־קופל ז (ען)
stem n שטענגל ס (עך); שטאַם ז (ען)
stem v שטאַמען פון; אָפהאַלטן; פאַרשטאָפן
stench n געשטאַנק ס (ען), געסרחה נ (געסרחות)
stenographer n סטענאָגראַפיסט ז (ן)
stenography n סטענאָגראַפיע נ
step n טראָט ז (טריט)
step v טרעטן
stepbrother n שטיפברודער ז (שטיפברידער)
stepchild n שטיפקינד ס (ער)

stepdaughter n שטיפטאָכטער נ (שטיפטעכטער)
stepfather n שטיפטאַטע ז (ס)
stepmother n שטיפמאַמע נ (ס)
steppe n סטעפּ ז (עס)
stepsister n שטיפשוועסטער נ
stepson n שטיפזון ז (שטיפזין)
stereotype n סטערעאָטיפּ ז (ן)
sterile adj סטעריל
sterling n סטערלינג ז (בריטיש געלט, ספּעציעל דער פֿונט; סטערלינג־זילבער)
sterling adj געמאַכט פֿון סטערלינג־זילבער; ערשטקלאַסיק
sterling silver סטערלינג־זילבער ס (אַ געשמעלץ פֿון 92.5% זילבער מיט קופּער אָדער אַן אַנדער מעטאַל)
stern adj שטרענג; ערנסט
stew v קאָכן אויף אַ קליין פֿײַער; (שמועסדיק) זאָרגן
steward n סטואַרד ז (ן)
stick n שטעקן ז (ס)
stick v שטעקן; שטעכן; צוקלעפּן; האַלטן זיך בײַ
sticker n קלעפּצעטל ז/ס (עך)
sticky adj קלעפּעדיק; הייס און דאַמפּיק; (סלענג) ניט־אָנגענעם
stiff adj שטײַף
stiffen v פֿאַרשטײַפֿן (זיך)
stiff-necked adj האַרטנעקיק; אײַנגעשפּאַרט
stifle v דערשטיקן
stigma n סטיגמע נ (ס) (פֿלעק ז; שאַנדפֿלעק ז)
stigmatize v פֿאַרפֿלעקן (די רעפּוטאַציע פֿון); בראַנדן
still adj שטיל, רויִק
still adv, conj נאָך; פֿונדעסטוועגן, דאָך
stillness n שטילקייט נ
stimulate v סטימולירן
sting v שטעכן
sting n שטאָך ז (שטעך)
stingy adj קאַרג
stink n געשטאַנק ס (ען)
stink v שטינקען
stipulate v שטעלן אַ באַדינג
stir v באַוועגן; אויפֿרודערן; רירן זיך
stir n באַוועגונג נ (ען); אויפֿרודער ז
stirring adj רירנדיק
stitch n אייגל ס (עך); שטאָך ז (שטעך)
stitch v שטעפּן; נייען; העפֿטן
stock n אינווענטאַר ז (ן), זאַפּאַס ז (ן); שטאַם ז (ען); אַקציעס ר
stock v פֿאַרזאָרגן (מיט זאַפּאַסן)
stock exchange בערזע נ (ס)
stocking n זאָק ז (ן)
stocky adj קורצוווּקסיק און דיק
stodgy adj לאַנגווײַליק; שווער
stomach n מאָגן ז (ס)
stomach v פֿאַרדײַען; פֿאַרטראָגן, טאָלערירן
stone n שטיין ז (ער)
stone adj שטיינערן
stone v באַוואַרפֿן מיט שטיינער
stonecutter n שטיינהאַקער ז (ס)
stony adj שטיינערדיק
stoop v בייגן זיך; אַראָפּלאָזן זיך
stop v אָפּשטעלן
stop n אָפּשטעל ז (ן)

storage n איינלאַגערונג נ; אײַנמאַגאַזינירונג־פּלאַץ ז
store n קראָם נ (ען), געוועלב ס (ער); זאַפּאַס ז (ן)
store v אײַנלאַגערן, אײַנמאַגאַזינירן
storehouse n מאַגאַזין ז (ען), סקלאַד ז (ן)
storekeeper n קרעמער ז (ס)
stork n בוסל ז (ען), שטאָרך ז (ן)
storm n שטורעם ז (ס)
storm v שטורעמען
stormy adj שטורעמדיק, שטורמיש
story n דערציילונג נ (ען), מעשׂה נ (מעשׂיות)
stout adj דיק און גרויס; פעסט; שטאַרק; דרייסט
stove n אויוון ז (ס)
stow v פּאַקן; אָנפּאַקן
straight adj גלײַך, גראָד
straighten v אויסגלײַכן
strain v אָנשטרענגען, אָנציִען; דורכזײַען
strain n אָנשטרענגונג נ (ען)
strainer n זײַער ז (ס)
strange adj פרעמד; מאָדנע
stranger n פרעמדער ז
strangle v דערשטיקן (זיך)
strap n רימען ז (ס); פּאַסיק ז (עס)
strap v בינדן; שמײַסן
strategy n סטראַטעגיע נ
straw n (קאָלעקטיוו) שטרוי נ; (איינציקער) שטרוי ז (ען)
straw adj שטרויען
strawberry n טרוסקאַפּקע נ (ס)
straw hat שטרויהוט ז
straw-hat n זומער־קאָנצערט ז (ן)
stray v בלאָנדזשען
stray adj פאַרבלאָנדזשעט
stream n שטראָם ז (ען); טײַכל ז (עך)
stream v שטראָמען
street n גאַס נ (ן)
strength n שטאַרקייט נ, קראַפט נ
strengthen v פאַרשטאַרקן
stress n דרוק ז; טראָפּ ז, דגש ז
stress v אונטערשטרײַכן, שטעלן אַ טראָפּ
stretch v אויסשטרעקן, אויסציִען
stretch n אויסציאונג נ; מהלך ז (ן)
stretcher n טראָגבעטל ס (עך)
stricken adj געשלאָגן, געטראָפן
strict adj שטרענג
stride v שפּרײַזן
stride n שפּרײַז ז (ן)
strife n קריג נ (ן)
strike v שלאָגן; שטרײַקן, סטרײַקן
strike n שטרײַק, סטרײַק ז (ן)
striker n שטרײַקער, סטרײַקער ז (ס)
string n שנירל ס (עך); סטרונע נ (ס)
string v בינדן מיט אַ שנירל; אָנציִען (סטרונעס)
stringency n שטרענגקייט נ; אײַנציִאונג נ; מאַנגל ז (אין געלט)
strip v אויסטאָן (זיך); אָפּדעקן
strip n שטרײַף ז (ן), פּאַס ז (ן)
stripe n בענדל ס (עך); (מיליטעריש) טרעסטל ס (עך)
strive v שטרעבן
stroke n קלאַפּ ז (קלעפּ); זעץ ז (ן); שלאַק ז (שלעק)

stroke v	גלעטן
stroll v	שפּאַצירן
stroll n	שפּאַציר ז (ן)
strong	שטאַרק
strong drink	ליקער ז (ן)
stronghold n	פעסטונג נ (ען)
structure n	סטרוקטור נ (ן)
strudel n	שטרודל ז (ען) (געבעקס)
struggle v	ראַנגלען זיך; קעמפן
struggle n	ראַנגלעניש ס (ן); קאַמף ז (ן)
strut v	גיין קוממיות
strut n	שטאָלצער גאַנג ז
stub n	בלײַבל ס (עך); קאָרטש ז (עס)
stub v	אויסרײַסן ביימער־קאָרטשעס
stubble n	געשניט ס (וואָרצל־שטענגלעך פון תּבֿואה נאָכן שניט)
stubborn adj	פאַרעקשנט, אײַנגעשפּאַרט; אומבייגעוודיק
student n	סטודענט ז (ן), שילער ז (ס)
studio n	סטודיאָ ז (ס)
study n	לימוד ז (ים)
study v	שטודירן
stuff n	שטאָף ז (ן)
stuff v	אָנשטאָפּן
stuffy adj	דושנע; נודנע; (שמועסדיק) בייז, אָנגעבלאָזן
stumble v	געשטרויכלט ווערן
stumbling block	שטרויכלשטיין ז (ער)
stun v	פאַרבליפן; פאַרטויבן; אויפטרײַסלען
stunning adj	פלעפיק; זייער אַטראַקטיוו; ערשטקלאַסיק
stupid adj	נאַריש
stupidity n	נאַרישקייט נ (ן)
stutter v	שטאַמלען
stutterer n	שטאַמלער ז (ס)
sty n	חזיר־שטאַל נ/ז (ן)
style n	סטיל ז (ן); מאָדע נ (ס), פאַסאָן ז (ען)
stylish adj	מאָדיש
subdue v	באַזיגן; פאַרווייכערן
subject n	טעמע נ (ס); לימוד ז (ים); סובייעקט ז (ן) (אין גראַמאַטיק)
subject v	אונטערוואַרפן, אונטערטעניק מאַכן; אויסשטעלן
subjective adj	סובייעקטיוו
subjectivity n	סובייעקטיווקייט נ
subjugate v	אונטעריאָכן; באַהערשן
subjunctive n	סובּיונקטיוו ז (ן) (אין גראַמאַטיק)
sublime adj	דערהויבן; מאַיעסטעטיש
submarine n	סובמאַרין ז (ען)
submerge v	אונטערטונקען
submit v	אונטערגעבן זיך; פאָרלייגן
subscribe v	אַבאָנירן; צושטיין צו, מסכּים זײַן
subsequent adj	נאָכדעמדיק
subside v	זינקען; אײַנשטילן זיך
subsidize v	סובסידירן
subsidy n	סובסידיע נ (ס)
subsist v	לעבן, אויסהאַלטן זיך
subsistence n	עקזיסטענץ נ; פּרנסה נ
substance n	סובסטאַנץ נ (ן)
substantial adj	ממשותדיק, היפּש
substantiate v	באַגרינדן
substitute n	פאַרטרעטער ז (ס), ממלא־מקום ז (ס); פאַרטרעט־פּראָדוקט ז (ן), סוראָגאַט ז (ן)

substitute v פאַרטרעטן, ממלא־מקום זײַן
subtle adj סובטיל (דעליקאַט; פאַרשפּיצט; כיטרע; געשיקט)
subtract v אַראָפּרעכענען
subtraction n חיסור ז
suburb n פאָרשטאָט נ (פאָרשטעט)
subversive adj סובֿווערסיוו
subvert v איבֿערקערן; פאַרדאַרבֿן
subway n סאָבֿווײ נ (ס), אונטערבֿאַן נ (ען)
succeed v מצליח זײַן; קומען נאָך
success n הצלחה נ (הצלחות), דערפאָלג ז (ן)
successful adj הצלחהדיק, דערפאָלגרײַך
successive adj נאָכאַנאַנדיק
succinct adj תּמציתדיק
succulent adj זאַפטיק; אינטערעסאַנט
succumb v פאַלן אונטער; נאָכגעבֿן; שטאַרבֿן
such adj, pron אַזאַ; אַזעלכער (אַזעלכע), אַזוינער (אַזוינע)
suck v זויגן; נאָגן
sucker n זויגער ז (ס); (סלענג) יאָלד ז (ן)
suckle v זייגן (קאָרמען מיט דער בֿרוסט); נערן; דערציִען
suckling n זויגלינג ז (ען) (זויג־קינד ס; זויג־חיה נ)
sudden adj פלוצעמדיק, פלוצלינגדיק
suddenly adv פלוצעם, פלוצלינג
sue v אײַנגעבֿן אַ תּביעה; לאָדן; בעטן
suede, suède n שוועדיש לעדער ס
suffer v לײַדן
suffering n לײַדן ס; לייד נ (ן)
suffice v זײַן גענוג; באַפרידיקן
sufficient adj גענוגיק, גענוגנדיק
sufficiently adv גענוג
suffix n סופיקס ז (ן)
suffocate v דערשטיקן; שטיקן זיך
suffrage n שטימרעכט ס
sugar n צוקער ז
sugary adj צוקערדיק; נאַשערדיק; צו זיס
suggest v פאָרשלאָגן, פאָרלייגן
suggestion n פאָרשלאָג ז (ן), פאָרלייג ז (ן)
suicide n זעלבֿסטמאָרד ז (ן)
suit n קאָסטיום ז (ען), אָנצוג ז (ן); געריכט־פּראָצעס ז (ן)
suit v פאַסן
suitable adj פאַסיק
suitcase n וואַליזע נ (ס)
suite n סוויטע נ (ס)
sulky adj בֿרוגזדיק; שלעכט געשטימט
sullen adj בייז; אָנגעכמורעט
sulphur (Also sulfur) n שוועבֿל ז
sultan n סולטאַן ז (ען)
sultry adj דושנע
sum n סומע נ (ס); סך־הכּל ז (ען)
sum up v סומירן, מאַכן דעם סך־הכּל
summarize v רעזומירן
summary n רעזומע ז (ען)
summer n זומער ז (ס)
summer, summery adj זומערדיק
summit n שפּיץ ז (פון אַ באַרג); הויכפּונקט ז (ן)
summon v אַרויסרופן; באַפעלן צו קומען

sumptuous adj קאָסטיק; פּראַכטיק
sun n זון נ (ען)
sun v וואַרעמען אויף דער זון
sunburned adj אָפּגעבּרענט
 פון דער זון
Sunday n זונטיק ז (ן)
sunder v אָפּטיילן; אָפּרײַסן;
 צעשפּאַלטן
sundry adj פאַרשידענע, כּלערליי
sunflower n זונבלום נ (ען)
sunglasses n pl זונברילן ר
sunless adj אָן זונשײַן
sunny adj זוניק
sunrise n זונאויפגאַנג ז (ען)
sunset n זונפאַרגאַנג ז (ען)
sunshine n זונשײַן נ
sup v עסן וועטשערע
superb adj דערהויבּן; ערשטקלאַסיק;
 הערלעך
superficial adj אויבּערפלעכלעך
superintendent n אויפזעער ז (ס)
superior adj העכער
superior n שעף ז (ן), פֿירערין פֿון אַ מאָנאַסטיר נ
superlative n סופּערלאַטיוו ז (ן)
 (דער דריטער פאַרגלײַכגראַד)
supermarket n סופּערמאַרק ז
supernatural adj איבּערנאַטירלעך
superstition n גלייבּעכץ ס (ן)
 (נאַרישע אמונה)
superstitious adj גלייבּעכצדיק
supervise v אויפזען, משגיח זײַן
supper n וועטשערע נ (ס)
supplant v ממלא־מקום זײַן;
 אַרויסשטופּן
supplement n בּײַלאַגע נ (ס)
supplicate v בּעטן גנאָד
supply v פאַרזאָרגן, צושטעלן
supply n זאַפּאַס ז (ן); פאַרזאָרגונג נ
support v אונטערשפּאַרן; שטיצן;
 אויסהאַלטן, מפרנס זײַן
support n אָנשפּאַר ז (ן);
 שטיצע נ (ס); אויסהאַלטונג נ
suppose v משער זײַן, פאָרשטעלן זיך
supposition n השערה נ
 (השערות); מיינונג נ (ען)
suppress v אונטערדריקן
suppression n אונטערדריקונג נ (ען)
supremacy n העכערקייט נ;
 איבּערמאַכט נ
supreme adj העכסט
surcharge n צוצאָל ז (ן);
 איבּערלאָדונג נ
surcharge v צוצאָלן; איבּערלאָדן
sure adj זיכער, געוויס
surface n אויבּערפלאַך נ (ן)
surgeon n כירורג ז (ן)
surgery n כירורגיע נ; אָפּעראַציע נ
 (ס); אָפּעריר־זאַל ז (ן)
surmount v איבּערשטײַגן; גובר זײַן
surname n פאַמיליע־נאָמען ז (־נעמען);
 (אַרכײַאיש) צונאָמען ז (צונעמען)
surname v געבּן אַ צונאָמען
surpass v אַריבּערשטײַגן
surplus n עודף ז (ים)
surprise n איבּערראַשונג נ (ען)
surprise v איבּערראַשן
surrender v איבּערגעבּן;
 קאַפּיטולירן, אונטערגעבּן זיך
surrender n איבּערגעבּונג נ;
 קאַפּיטולירונג נ (ען)

surround v אַרומרינגלען

surrounding adj אַרומיק

surroundings n pl סביבה נ

survey v איבערקוקן; באַטראַכטן; מעסטן (לאַנד)

survey n איבערבליק ז(ן); מעסטונג נ

surveying n לאַנדמעסטונג נ

surveyor n לאַנדמעסטער ז(ס)

survival n איבערלעבונג נ; שׂריד ז (ים)

survive v איבערלעבן

suspect v פאַרדעכטיקן, חושד זײַן

suspect n חשוד ז(ים)

suspected adj פאַרדעכטיק

suspend v אַראָפּהענגען; צוריקהאַלטן, אָפּהאַלטן (אַקטיוויטעט); אויסשליסן אויף דערווײַלע

suspender n שעלקע נ(ס)

suspense n שפּאַנונג נ

suspicion n פאַרדאַכט ז(ן)

suspicious adj פאַרדעכטיק

sustain v אויסהאַלטן; שטיצן

swagger v גיין קוממיות; באַרימען זיך בקול

swallow v שלינגען; אײַנשלינגען

swallow n שלונג ז(ען); (פויגל) שוואַלב נ(ן)

swamp v פאַרזינקען אין אַ זומפּ

swamp n זומפּ ז(ן)

swampy adj זומפּיק

swan n שוואַן ז(ען) (וואַסער־פויגל)

swan song שוואַן־ליד ס

swap (Also swop) v (שמועסדיק) אויסבײַטן

swarm n שוואָרעם ז(ס) (פון אינסעקטן); מענגע נ(ס)

swarm v שווערמען, שווירבלען

swastika n סוואַסטיקע נ(ס), האַקנקרײַץ ז(ן)

swear v שווערן; שעלטן

sweat n שווייס ז

sweat v שוויצן

sweater n סוועטער ז(ס)

sweep v קערן, אויסקערן

sweet adj זיס

sweeten v זיס מאַכן, פאַרזיסן

sweetheart n געליבטער ז; געליבטע נ

sweetness n זיסקייט נ

swell v געשוואָלן ווערן; אויפלויפן; אויפגעבלאָזן ווערן

swell n אָנגעשוואָלנקייט נ; קײַלעכדיק בערגל ס; לאַנגע כוואַליע נ(ס)

swell adj (שמועסדיק) מאָדיש, עלעגאַנט; (סלענג) אויסגעצייכנט

swelling n געשווילעכץ ס(ן)

swelter v לײַדן פון היץ; שוויצן

swift adj שנעל, געשווינד

swiftness n שנעלקייט נ, געשווינדקייט נ

swim v שווימען

swimmer n שווימער ז(ס)

swimming n שווימען ס

swindle v שווינדלען, באַשווינדלען

swindle n שווינדל ז(ען)

swindler n שווינדלער ז(ס)

swine n חזיר ז (ים)

swing v הוידען; שאָקלען; וויגן זיך; שפילן סווינג־מוזיק; (שמועסדיק) מאַניפולירן

swing n שווונג ז(ען); שאָקל ז(ען); הוידע נ(ס); (מוזיק) סווינג ז
swinish adj חזיריש
switch n איבערבײַט ז(ן); (עלעקטריע) אויסשליסער ז(ס); רוט נ(ריטער)
switch v איבערבײַטן; שמײַסן
– switch off אויסשליסן, אויסלעשן
– switch on אײַנשליסן, אָנצינדן
switchboard n שליסברעט ס/נ(ער)
swollen adj געשוואָלן
swoon v חלשן
swoon n חלשות ס
sword n שווערד נ(ן)
sycamore n סיקאַמאָר ז(ן) (זען שביעית ט, ב)
syllable n טראַף ז(ן), זילבע נ(ס)
symbiosis n סימביאָזיס ז
symbol n סימבאָל ז(ן)
symbolic adj סימבאָליש
symmetry n סימעטריע נ
sympathize v סימפּאַטיזירן
sympathy n סימפּאַטיע נ(ס)
symphony n סימפאָניע נ(ס)
symposium n סימפּאָזיום ז(ס)
symptom n סימפּטאָם ז(ען)
synagogue n שול נ(ן), בית־הכנסת ז/ס (בתּי־כּנסיות)
syndicate n סינדיקאַט ז(ן)
synonym n סינאָנים ז(ען)
synopsis n סינאָפּסיס ז(ן)
syntax n סינטאַקס ז
synthesis n סינטעז ז(ן)
syrup n סיראָפּ ז(ן)
system n סיסטעם נ(ען)
systematic adj סיסטעמאַטיש

T t

t, T n טע ז(ען) (בוכשטאַב)
tabernacle n געבעט־הויז ס (־הײַזער); געצעלט ס (ן)
Tabernacle n מישכּן ז (זען שמות כ״ו, א)
table n טיש ז(ן)
tablecloth n טישטעך ז(ער)
tablet n טאָוול ז(ען); (מעדיצין) טאַבלעט ז(ן)
taboo n טאַבו ז(ען)
tacit adj שווײַגנדיק; זעלבסט־פאַרשטענדלעך
tact n טאַקט ז
tactful adj טאַקטיש
tactics n (takes sing v.) טאַקטיק נ
tag n עטיקעט ז(ן)
taiga n טײַגע נ(ס) (דער זומפּיקער וואַלד פון נאָדלבײמער אין סיביר, אייראַזיע און נאָרד־אַמעריקע)
tail n וויידל ז(ען), שוואַנץ ז(שווענץ)
tailor n שנײַדער ז(ס)
taint n פלעק ז(ן); מאָראַלישער פּגם ז
taint v באַפלעקן; קאָנטאַמינירן

take v נעמען
– take aback איבערראַשן
– take after זײַן געראָטן אין
– take against זײַן געגן עמעצנס צד; קעגנשטעלן זיך
– take apart פונאַנדערנעמען
– take away אַוועקנעמען
– take back צוריקנעמען; דערמאָנען אין דער פאַרגאַנגענהייט
– take down אַרונטערנעמען; פאַרשרײַבן
– take for האַלטן פאַר
– take in אַרײַננעמען; תּופֿס זײַן; אָפּנאַרן
– take it באַנעמען, פאַרשטיין; אויסשטיין
– take off אויסטאָן; אַראָפּנעמען; (עראָפּלאַן) אָפּפליִען
– take on אָננעמען; פאַרמעסטן זיך קעגן
– take out אַרויסנעמען; עסקאָרטירן
– take over איבערנעמען
– take place געשען
– take to גערן האָבן; ווערן צוגעבונדן צו
taking adj אַטראַקטיוו; צוציִענדיק
taking n נעמונג נ
– takings pl לייזונג נ; קבלות ר
tale n דערציילונג נ (ען)
talebearer n צוטראָגער ז (ס), איבערדערציילער ז (ס)
talent n טאַלאַנט ז (ן)
talented adj טאַלאַנטירט
taleteller n באַרעדער ז (ס)
talisman n קמיע נ (ות)
talk v רעדן; שמועסן
talk n רייד ר; שמועס ז (ן)
talkative adj באַרעדעוודיק
tall adj הויך
tallow n חלֶב ס, האַרט פעטס ס (באַנוצט צו מאַכן זייף און ליכט)
Talmud n תּלמוד ז (ים)
Talmud Torah תּלמוד־תּורה נ (ייִדישע רעליגיעזע שולע)
talon n קלאָ ז (ען) (נאָגל פון אַ רויב־פויגל)
tamarisk n טאַמאַריסק ז (ן) (אַן אָרנאַמענטאַלער פעדער־קשאַק אָדער ביימל)
tame adj געצאַמט; שטוביק
tame v צאַמען
tamper with טשעפּען; אַרײַנמישן זיך לרעה; אונטערקויפן
tan v גאַרבן (פּעל); אָפּברוינען זיך אויף דער זון; (שמועסדיק) אָפּשמײַסן
tan n געלבלעך־ברוינער קאָליר ז
tan adj געלבלעך־ברוין
tangible adj אָנטאַפּיק, ממשותדיק
tangle v פאַרפּלאָנטערן
tangle n פּלאָנטער ז (ס)
tango n טאַנגאָ ז (ס) (טאַנץ)
tank n טאַנק ז (ן)
tanner n גאַרבער ז (ס)
tannery n גאַרבערײַ נ (ען)
tap n קראַן ז (ען), צאַפּן ז (ס); לײַכטער קלאַפּ ז

tap v	צאַפן; קלאַפן לײַכט
tape n	באַנד ז (בענדער)
– Scotch tape	קלעפּבאַנד ז
tapestry n	(וואַנט־) טעפיך ז (ן), טעפעך ז (ער)
tar n	סמאָלע נ (ס); פעך ז
tar v	באַשמירן מיט סמאָלע
tarantella n	טאַראַנטעלע נ (ס) (איטאַליענישער טאַנץ)
tarantula n	טאַראַנטולע נ (ס) (שפין)
tardy adj	פאַרשפעטיקט; פאַמעלעך
target n	צילברעט נ/ס (ער); ציל ז (ן)
tariff n	טאַריף ז (ן)
tarnish v	מאַכן מאַט; מבייש זײַן; באַפלעקן
tarry v	זאַמען זיך
tar sand	סמאָלע־זאַמד ס/ז (ן)
tart adj	זויער; שאַרף; בײַסיק
Tarzan n	טאַרזאַן ז (אַ פלינקער העלד)
task n	אויפגאַבע נ (ס)
taste n	געשמאַק ז (ן), טעם ז (ים/ען)
taste v	פאַרזוכן
tasteful adj	מיט טעם
tasteless adj	אָן טעם
tasty adj	געשמאַק
tatter n	שמאַטע נ (ס)
tattered adj	אָפגעריסן
tattle v	פלוידערן
tattle n	פלוידערײַ ס (ן)
taunt v	אָפשפעטן; טאַדלען
taunt n	שפאָט ז; שטעכיקע באַמערקונג נ (ען)
tavern n	שענק נ (ען); קרעטשמע נ (ס)

tawdry adj	שרײַעריש; רײַסיק און ביליק
tawny adj	ברוינלעך־געל
tax n	שטײַער ז (ן); עול ז/ס
tax v	באַשטײַערן; אָנשטרענגען
taxable adj	שטײַערבאַר
taxation n	באַשטײַערונג נ
taxi n	טאַקסי ז (ס)
tea n	טיי נ (ען)
teach v	לערנען, אונטערריכטן
teacher n	לערער ז (ס)
teaching n	לערערײַ ס; לערע נ (ס)
team n	מאַנשאַפט נ (ן); געשפאַן ס (ען)
teamwork n	צוזאַמענאַרבעט נ
tear n	טרער נ (ן)
tear v	רײַסן
tear n	ריס ז (ן)
tearful adj	פאַרוויינט
tease v	רייצן זיך
teaspoon n	טיי־לעפעלע ס (ך)
teat n	ציצקע נ (ס)
technical adj	טעכניש
technician n	טעכניקער ז (ס)
technique n	טעכניק נ (עס)
technology n	טעכנאָלאָגיע נ
tedious adj	לאַנגווײַליק, נודנע
tedium n	לאַנגווײַל נ, נודנעקייט נ
teem v	רויען זיך
Tel Aviv n	תל־אביב [ס]
telegram n	טעלעגראַמע נ (ס)
telegraph n	טעלעגראַף ז (ן)
telegraph v	טעלעגראַפירן
telephone n	טעלעפאָן ז (ען)
telephone v	טעלעפאָנירן

telescope n טעלעסקאָפּ ז (ן)
televise v טעלעוויזירן
television n טעלעוויזיע נ (ס)
tell v זאָגן; דערציילן
teller n באַנק־קאַסיר ז (ן)
telltale n באַרעדער ז (ס); מסור ז (מוסרים)
temerity n לײַכטזיניקע דרייסטקייט נ; איבעראײַלעניש ס
temper n געמיט ס (ער), שטימונג נ (ען); פאַרהאַרטונג (פון אַ מעטאַל)
temper v פאַרמילדערן; פאַרווייכערן; פאַרהאַרטעווען (שטאָל)
temperament n טעמפּעראַמענט ז (ן)
temperate adj מילד; אײַנגעהאַלטן
temperature n טעמפּעראַטור נ (ן)
tempest n שטורעמווינט ז (ן)
Temple n בית־המקדש ז
temple n טעמפּל ז (ען); שלייף נ (ן)
tempo n טעמפּאָ ז (ס)
temporary adj צײַטווײַליק
tempt v פאַרפירן; רייצן
ten adj צען
tenacity n אָנהאַלטיקייט נ; עקשנות ס
tenant n לאָקאַטאָר ז (ן)
tend v זײַן געניגט; באַדינען
tendency n טענדענץ נ (ן)
tender adj צאַרט; ווייך
tender v אָנבאָטן
tender n אָנבאָט ז (ן)
tenet n עיקר ז (ים)
tennis n טעניס ז
tenor n טענאָר ז (ן)
tense n (גראַמאַטיק) צײַט נ (ן)
tense adj געשפּאַנט

tension n שפּאַנונג נ (ען)
tent n געצעלט ס (ן)
tentacle n פאַנגאָרעם ז (ס)
tenth adj צענט
tenth n צענטל ס (עך)
tenure n חזקה נ; פאָסטנרעכט ס
term n זמן ז (ים); טעכנישער אויסדרוק ז
– terms pl באַדינגונגען ר
terminal adj ענדלעך, סופיק
terminal n וואָקזאַל ז (ן)
terminate v פאַרענדיקן
terminology n טערמינאָלאָגיע נ (ס)
termite n טערמיט ז (ן)
terrace n טעראַסע נ (ס)
terrain n באָדן ז (ס)
terrible adj שרעקלעך
terrier n טעריער ז (הונט)
terrific adj מוראדיק; (שמועסדיק) גוואַלדיק; פּראַכטיק
terrify v אָנשרעקן
territory n טעריטאָריע נ (ס)
terror n טעראָר ז
terrorist n טעראָריסט ז (ן)
terse adj תּמציתדיק
test n פּראָבע נ (ס)
test v פּרובירן
testament n צוואה נ (צוואות)
Testament n טעסטאַמענט ז (ן) (ביבל)
test case פּרוּוופאַל ז (ן)
testicle n ביצה נ (ביצים) (פון אַ זכר)
testify v עדות זאָגן
text n טעקסט ז (ן)
textbook n לערנבוך ס (לערנביכער)
textile n טעקסטיל ז (ן)

than conj — ווי, איידער; פון
thank v — דאַנקען
thankful adj — דאַנקבאַר
thankless adj — אומדאַנקבאַר
thanks n pl, interj — דאַנק ז (ען), יישר־כּוח ז; אַ דאַנק!
that adj, pron, conj — יענער, יענע, יענץ; וואָס; אַז
thatch n — דאַכשטרוי נ
thatch v — באַדעקן (אַ דאַך) מיט שטרוי
thaw v — צעגיין, אָפּגיין, צעלאָזן
thaw n — צעגייאונג נ, צעלאָזונג נ
the definite article — דער ז; די נ, ר; דאָס ס
theater, theatre n — טעאַטער ז (ס)
theatrical adj — טעאַטראַליש
theft n — גנבה נ (גנבות)
their adj — זייער
theme n — טעמע נ (ס)
themsclves pron — זיך; זיי אַליין
then adv — דעמאָלט; דעריבער
theology n — טעאָלאָגיע נ
theoretical adj — טעאָרעטיש
theory n — טעאָריע נ (ס)
therapy n — טעראַפּיע נ (ס)
there adv — דאָרט, דאָרטן
therefore adv — דעריבער, דערפאַר
thermometer n — טערמאָמעטער ז (ס)
thesis n — טעזיס ז (ן)
they pron — זיי
thick adj — דיק, גראָב; געדיכט
thicket n — פלאַנצן־געדיכטעניש נ (ן)
thickness n — דיק נ, גרעב נ; געדיכטקייט נ; שיכט ז (ן)
thief n — גנב ז (ים)

thigh n — דיך ז (ן)
thimble n — פינגערהוט ז (פינגערהיט)
thin adj — דין; שיטער
thing n — זאַך נ (ן); חפץ ז (ים)
think v — דענקען, מיינען; טראַכטן
third adj — דריט
thirdly adv — דריטנס
thirst n — דאָרשט ז, דורשט ז
thirst v — דאָרשטן, דורשטן
thirsty adj — דאָרשטיק, דורשטיק
thirteen adj — דרײַצן
thirteenth adj — דרײַצנט, דרײַצעט
thirtieth adj — דרײַסיקסט
thirty adj — דרײַסיק
this pron, adj — דער ז; די נ; דאָס ס; [illegible]
thorn n — דאָרן ז (דערנער)
thorough adj — גרונטיק
thoroughly adv — גרינטלעך
though conj — כאָטש
thought n — געדאַנק ז (ען)
thousand adj — טויזנט
thread n — פאָדעם ז (פעדעם)
thread v — אײַנפעדעמען
threat n — דראָאונג נ (ען); סכּנה נ (סכּנות)
threaten v — דראָען, סטראַשען; שטעלן אין געפאַר
three adj — דרײַ
thresh v — דרעשן
threshold n — שוועל נ (ן)
thrice adv — דרײַ מאָל
thrift n — שפּאָרעוודיקייט נ
thrifty adj — שפּאָרזאַם
thrive v — וואַקסן שטאַרק; פּראָספּערירן

throat n	גאָרגל ז (ען)
throne n	טראָן ז (ען)
through prep	דורך
throw v	וואַרפן
throw n	וואָרף ז (ן)
thrust v	שטויסן
thrust n	שטויס ז (ן)
thug n	כוליגאַן ז (עס)
thumb n	גראָבער פינגער ז
thunder n	דונער ז (ן)
thunder v	דונערן
Thursday n	דאָנערשטיק ז (ן)
thus adv	אַזוי
thwart v	צענישטיקן
ticket n	בילעט ז (ן)
tickle v	קיצלען
tickle n	קיצל ז (ען)
ticklish adj	קיצלדיק; ריזיקאַליש
tick-tock n	טיק־טאַק ז (פון אַ זייגער)
tidbit (Also titbit) n	געשמאַק שטיקל ס
tide n	ים־פלייץ ז (ן) (צופלוס און אָפּפלוס); שטראָם ז (ען)
tidings n pl	נײַעס ר; בשׂורות ר
tidy adj	ציכטיק
tidy v	אָרדענען; ראַמען
tie v	בינדן
tie n	בונד ז (ן); שניפּס ז (ן); קראַוואַט ז (ן)
tiger n	טיגער ז (ס)
tight adj	ענג
tighten v	אײַנציִען
tile n	קאַכל נ (ען)
till prep, conj	ביז

till v	באַאַרבעטן (לאַנד), קולטיווירן
timber n	בוי־האָלץ ס
time n	צײַט נ (ן)
timely adj	בײַצײַטיק
timid adj	שרעקעוודיק
tin n	צין ס
tinge v	צופאַרבן
tinge n	צופאַרב ז (ן); שמץ ז
tinkle v	קלינגלען
tinsmith n	בלעכער ז (ס)
tint n	שאַטירונג נ (ען)
tint v	שאַטירן
tiny adj	קליינטשיק
tip n	שפּיץ ז (ן); אָנוווּנק ז (ען); באַדינ־געלט ס, טרינקגעלט ס
tiptop n	העכסטער פּונקט ז
tiptop adj	(שמועסדיק) אויסגעצייכנט
tire n	גומי־רייף ז (ן)
tire v	מיד מאַכן, פאַרמאַטערן
tired adj	מיד
tithe n	מעשׂר ז (מעשׂרות)
title n	טיטל ז (ען)
title page	שער־בלאַט ז (־בלעטער)
to prep	צו; ביז
toast n	טאָסט ז (ן) (צוגעברוינט ברויט ס; לחיים ז)
toast v	צוברוינען ברויט; טרינקען לחיים
tobacco n	טאַביק ז, טיטון ז
today adv	הײַנט
toe n	פינגער ז (פון פוס)
toga n	טאָגע נ (ס)
together adv	צוזאַמען
toil n	האָרעוואַניע נ
toil v	האָרעווען

toilet n טואַלעט ז (ן)
token n צייכן ז (ס); בּאַווײַז ז (ן); מינצל ס (עך)
tolerance n טאָלעראַנץ נ
tolerate v טאָלערירן
toll n אָפּצאָל ז
tomato n פּאָמידאָר ז (ן)
tomb n קבר ז (ים)
tombstone n מצבה נ (מצבות)
tomcat n קאָטער ז (ס)
tomfoolery n אומזינען ז, שטות ז
tomorrow n מאָרגן ז (ס)
tomorrow adv מאָרגן
ton n טאָן נ (ען)
tone n טאָן ז (טענער)
tongs n (often takes sing. v.) צוואַנג נ (ען)
tongue n צונג נ (צינגער); לשון ס (ות), שפּראַך נ (ן)
tonight adv הײַנט בײַ נאַכט
tonsil n (האַלדז־) מאַנדל ז (ען)
too adv אויך; צו
tool n געצײַג ס; מכשיר ז (ים)
tooth n צאָן ז (ציין)
toothache n צאָנווייטיק ז (ן)
toothbrush n ציינבּערשטל ס (עך)
toothpick n ציינשטעכער ז (ס)
top n אויבן ז (ס), שפּיץ ז (ן); דריידל ס (עך)
top adj העכסט
top v אַריבּערשטײַגן
topic n טעמע נ (ס)
topical adj אַקטועל; אָרטיק
topography n טאָפּאָגראַפיע נ (ס)
topple v פאַלן; אומוואַרפן

torah (or tora) n לערנען ס, לימוד ז (ים); חוק ז (ים)
Torah n תּורה נ
torch n פאַקל ז (ען)
torment v פּײַניקן; מאַטערן
torment n פּײַן נ (ען); מאַטערניש ס (ן)
tornado n טאָרנאַדאָ ז (ס)
torpedo n טאָרפּעדע נ (ס)
torpedo v טאָרפּעדירן; צעשטערן
torpid adj אומאַקטיוו; געליימט
torrent n גאָס ז (ן), פלייץ ז (ן)
torrid adj זייער הייס, בּרענענדיק
tortoise n טשערעפּאַכע נ (ס)
torture n פּײַניקונג נ (ען)
torture v פּײַניקן
toss v וואַרפן; שאָקלען; וואַרפן זיך
toss n וואָרף ז (ן)
tot n קליין קינד ס
total adj גאַנץ
total n סך־הכּל ז (ען)
totalitarian adj טאָטאַליטאַריש, דיקטאַטאָריש
totality n גאַנצהייט נ (ן)
touch v רירן, אָנרירן
touch n ריר ז (ן), אָנריר ז (ן)
touching adj רירנדיק
tough adj האַרט, פאַרהאַרטעוועט
tour v מאַכן אַ רײַזע, רײַזן, בּאַרײַזן
tour n רײַזע נ (ס), טור ז (ן)
tourist n טוריסט ז (ן)
tow v שלעפּן (מיט אַ שטריק, קייט, א״ע)
toward prep (Also towards) צו, אין דער ריכטונג צו
towel n האַנטעך ז (ער)

tower n טורעם ז (ס)
tower v שטיין הויך
town n שטעטל ס (עך)
toy n שפילכל ס (עך)
trace n שפור נ/ז (ן); צייכן ז (ס)
trace v נאָכשפירן; איבערצייכענען
track n באַן־ליניע נ (ס); שפור נ/ז (ן); שטעג ז (ן)
track v גיין נאָכן שפור
tractor n טראַקטאָר ז (ן)
trade n האַנדל ז; פאַך ז (ן); אויסבײַט ז (ן)
trade v האַנדלען; אויסבײַטן
tradition n טראַדיציע נ (ס)
traditional adj טראַדיציאָנעל
traffic n פאַרקער ז; האַנדל ז
traffic v האַנדלען
tragedy n טראַגעדיע נ (ס)
tragic adj טראַגיש
trail n שפור נ/ז (ן); סטעשקע נ (ס)
trail v שלעפן; נאָכשלעפן זיך; נאָכשפירן
train n באַן נ (ען), צוג ז (ן); שלעפע נ (ס) (פון אַ קלייד)
train v בילדן, טרענירן
traitor n פאַררעטער ז (ס)
tramp v ארומשלעפן זיך; אַרומוואַנדערן
tramp n שלעפער ז (ס)
trample v טרעטן שוער; צעטרעטן
tranquil adj שלווהדיק; באַרואיקט
tranquility n שלווה נ; רו נ
tranquilize v באַרואיקן
transaction n טראַנזאַקציע נ (ס)
transcribe v איבערשרײַבן, קאָפירן
transcription n טראַנסקריפציע נ (ס)
transfer v אַריבערטראָגן, אַריבערפירן
transfer n טראַנספער ז (ן)
transfusion n טראַנספוזיע נ (ס)
transgress v איבערשפרײַזן; מסיג־גבול זײַן
transgression n עבירה נ (עבירות)
transient adj פאַרבײַגייענדיק
transistor n טראַנזיסטאָר ז (ן)
transit n טראַנזיט ז
transition n איבערגאַנג ז (ען)
transitive adj טראַנזיטיוו
translate v איבערזעצן
translation n איבערזעצונג נ (ען)
transmit v איבערשיקן
transparent adj דורכזעעוודיק
transplant v איבערפלאַנצן
transport v טראַנספאָרטירן
transport n טראַנספאָרט ז (ן)
trap n פאַסטקע נ (ס)
trap v פאַנגען (אין אַ פאַסטקע)
trash n אָפפאַל ז
travel v רײַזן, אַרומפאָרן
travel n רײַזע נ (ס), נסיעה נ (נסיעות)
traveler n רײַזנדער ז (ס)
tray n טאַץ נ (ן)
treacherous adj פאַררעטעריש; פאַלש
treachery n פאַרראַט ז (ן); פאַלשקייט נ (ן)
tread v טרעטן
tread n טריט ז
treason n פאַרראַט ז (ן)
treasure n אוצר ז (ות)
treasurer n קאַסירער ז (ס)
treat v באַהאַנדלען; מכבד זײַן; קורירן

treatment n — באַהאַנדלונג נ (ען)
treaty n — אָפּמאַך ז (ן)
tree n — בוים ז (ביימער)
tremble v — ציטערן
tremendous adj — שרעקלעך; (שמועסדיק) קאָלאָסאַל
trench n — אַקאָפּע נ (ס); גראָבן ז (ס)
trenchant adj — שאַרף; דײַטלעך
trend n — ווענדונג נ (ען); טענדענץ נ (ן)
trespass v — מסיג־גבול זײַן
trespass n — הסגת־גבול ס, גרענעץ־איבערטרעטונג נ
trial n — פּראָצעס ז (ן); פּרוּוו ז (ן)
triangle n — דרײַעק ז (ן)
tribe n — שבט ז (ים)
tributary n — בײַטײַך ז (ן)
tribute n — טריבוט ז (ן), צינדז ז (ן); אָנערקענונג נ
trick n — קונץ נ (ן), שפּיצל ס (עך)
trick v — אַרײַננאַרן
trickle v — קאַפּען, טריפן
trickle n — גערינס ס
trifle n — קלייניקייט נ (ן), שיבוש ז (ים)
trigger n — ביקסן־צינגל ס (עך)
trigger v — אַקטיווירן
trill n — טריל ז (ן), טרעל ז (ן)
trill v — טרילערן, זינגען מיט אַ טרעל
trillion n — טריליאָן ז (ען)
trim v — אַרומשנײַדן; באַפּוצן
trip n — רײַזע נ (ס)
triplex adj — דרײַאיק; דרײַפּאַכיק
triplex n — (קאַנאַדיש) טריפּלעקס ז (בנין פון דרײַ דירות)
trite adj — אויסגעדראָשן; באַנאַל
triumph n — טריאומף ז (ן), זיג ז (ן)
triumph v — טריאומפירן, זיגן
trivial adj — טריוויאַל, נישטיק
troop n — גרופּע ז (ס)
– **troops** pl — סאָלדאַטן ר
tropical adj — טראָפּיש
troubadour n — טרובאַדור ז (ן)
trouble n — צרה נ (צרות); טירחה נ (טירחות)
trouble v — מטריח זײַן
trough n — קאָרעטע נ (ס); זשאָלעב ז (עס)
troupe n — טרופּע נ (ס) (פון אַקטיאָרן, א״ע)
trousers n pl — הויזן ר
troy weight — טרוי־געוויכט ס (ן)
truce n — (קורצער) וואָפן־שטילשטאַנד ז (ן)
truck n — משא־אויטאָ ז (ס)
truculent adj — רציחהדיק; ווילד
trudge v — שלעפּן זיך
true adj — אמתדיק, ריכטיק
truly adv — באמת
trumpet n — טרומייט ז (ן)
trumpet v — טרומייטערן (בלאָזן אַ טרומייט; אויסרופן הילכיק)
truncate v — אָפּשנײַדן; פאַרקירצן
truncate adj — אָפּגעשניטן
trunk n — שטאַם ז (ען) (פון אַ בוים); שנוק ז (פון אַן עלפאַנט); קופערט ז (ן); טאָרסאָ ז (ס)
trust n — צוטרוי ז
trust v — געטרויען, האָבן צוטרוי
trustee n — נאמן ז (ים)
truth n — אמת ז
truthful adj — אמתדיק
try v — פּרוּוון, פּרובירן

try n פרוּוו ז (ן)
tube n רערל ס (עך); רער נ (ן); (שמועסדיק) אונטערבאַן נ (ען)
tuberculosis n טובערקולאָז ז
Tuesday n דינסטיק ז (ן)
tuft n קודלע נ (ס)
tug v ציִען, שלעפּן
tuition n לימוד ז; שׂכר־לימוד ז
tulip n טוליפּאַן, טולפּאַן ז (ען), טולפּע נ (ס)
tumble v פאַלן; אײַנפאַלן
tumor, tumour n אָנוווּקס ז (ן)
tumult n טומל ז (ען)
tumultuous adj טומלדיק; שטורעמדיק
tundra n טונדרע נ (ס)
tune n מעלאָדיע נ (ס); האַרמאָניע נ
tunic n טוניק ז (עס)
tunnel n טונעל ז (ן)
turban n טורבאַן ז (ען)
turbid adj בלאָטיק; אומקלאָר; צעמישט
turbine n טורבין נ (ען)
turbulent adj ברויזיק, שטורעמדיק
turf n טאָרף ז
turgid adj געשוואָלן; באָמבאַסטיש
Turk n טערק ז (ן)
turkey n אינדיק ז (עס)
Turkey n טערקײַ [נ]
Turkish adj טערקיש
Turkish n טורקיש, טערקיש ס (שפּראַך)
turmoil n מהומה נ (מהומות); גערודער ס (ס)
turn v דרייען; קערעווען; ווענדן (זיך)
turn n דריי ז (ען); קער ז (ן); ווענד ז (ן)

turncoat n רענעגאַט ז (ן)
turnkey n תּפיסה־היטער ז (ס)
turnout n עולם ז (אויף אַן אסיפה); (בריטיש) שטרײַק ז (ן); שטרײַקער ז (ס)
turnover n איבערקערונג נ; פדיון ז, אומזאַץ ז, אָבאָראָט ז
turpentine n טערפּענטין ז
turpitude n געמיינקייט נ
turret n טורעמל ס (עך)
turtle n ים־טשערעפּאַכע נ (ס)
tutor n פּריוואַטער לערער ז; מדריך ז (ים)
tuxedo n טאָקסידאָ ז (ס)
twaddle v רעדן אָדער שרײַבן נאַריש
twain adj (אַרכײַאיש אָדער פּאָעטיש) צוויי
tweed n טוויד ז
tweet v פּיפּטשען
twelfth adj צוועלפט
twelve adj צוועלף
twenty adj צוואָנציק, צוואַנציק
twice adv צוויי מאָל
twig n צווײַגל ס (עך)
twilight n בין־השמשות ס
twin n (איינער אָדער איינע פון אַ) צווילינג
twinkle v בלינצלען, פינקלען
twist v פאַרדרייען; פלעכטן
twister n (שמועסדיק) טאָרנאַדאָ ז (ס)
twitter v צוויטשערן
two adj צוויי
two-faced adj צוויי־פּנימדיק, היפּאָקריטיש
twofold adj צווייפאַכיק

tycoon n טײַקון ז (חשובֿער סוחר, אינדוסטריאַליסט, א״ע; אדיר שבֿאדירים)
type n טיפּ ז (ן)
typewriter n שרײַבמאַשין נ (ען)
typhus n טיפוס ז
typical adj טיפּיש
tyrannical adj טיראַניש
tyrant n טיראַן ז (ען)
tyro, tiro n אָנפאַנגער ז (ס); גרינהאָרן ז (ס) [פון לאַטײַן: tiro רעקרוט; העבֿרעאיש: טִירוֹן]

U u

u, U n או ז (ען) (בוכשטאַב)
udder n אײַטער ז (ס)
ugly adj מיאוס
ulcer n אולקוס ז (ן)
ulterior adj ווײַטערדיק; פאַרבאָרגן
ultimate adj ענדגילטיק
ultimately צו לעצט, צום סוף
ultimatum n אולטימאַטום ז (ס)
umbrella n שירעם ז (ס)
unanimous adj איינשטימיק
unanswered adj ניט־געענטפערט
unapt adj אומפּאַסיק; ניט־מסוגל
unassuming adj באַשיידן
unattached adj ניט־פאַרבונדן
unbecoming adj ניט־אָנשטענדיק; אומלײַטיש
unbutton v אָפּקנעפּלען
uncertain adj אומזיכער
uncle n פעטער ז (ס)
– Uncle Sam די רעגירונג אָדער דאָס פאָלק פון די פאַראייניקטע שטאַטן.
unclean adj אומריין
uncomfortable adj אומבאַקוועם
unconditional adj אָן באַדינגען; אַבסאָלוט
unconscious adj אומוויסיק; פאַרחלשט
unconventional adj ניט־קאָנווענציאָנעל, ניט־אָנגענומען
uncouth adj מגושמדיק
uncover v אויפדעקן
undaunted adj אומדערשראָקן
undecided adj אומדעצידירט, אומבאַשלאָסן
under prep אונטער
underbrush n געקוסט ס
underdog n באַעוולטער ז
undermine v אונטערגראָבן; אָפּשוואַכן דורך אומיושרדיקע מיטלען
underneath prep, adv אונטער; אונטן
understand v פאַרשטיין
undertake v אונטערנעמען זיך
underworld n אונטערוועלט נ
undoubtedly אָן צווייפל, בלי־ספק
undress v אויסטאָן (זיך)
uneasy adj אומרואיק

unemployed adj אַרבעטלאָז
unemployment n אַרבעטלאָזיקייט נ
unfair adj אומיושרדיק
unfaithful adj אומגעטרײַ
unfavorable adj אומגינציק
unfortunate adj אומגליקלעך
unfortunately adv צום באַדויערן
unfriendly adj ניט־פרײַנדלעך
unfurnished adj ניט־מעבלירט
ungrateful adj אומדאַנקבאַר
unhappy adj ניט־גליקלעך; טרויעריק
unhealthy adj ניט־געזונט
unhuman adj אוממענטשלעך
uniform adj גלײַכפאָרמיק
uniform n מונדיר ז (ן)
unify v פאַראייניקן
unilateral adj איינזײַטיק
unilingual adj איינשפּראַכיק
union n פאַראייניקונג נ (ען); פאַראיין ז (ען); יוניאָן נ (ס)
unique adj איינציק
unite v פאַראייניקן
united adj פאַראייניקט
United Nations פאַראייניקטע פעלקער ר
United States פאַראייניקטע שטאַטן ר
universal adj אוניווערסאַל
universe n אוניווערס ז
university n אוניווערסיטעט ז (ן)
unjust adj ניט־גערעכט; אומיושרדיק
unkind adj אומפרײַנדלעך; האַרב
unknown adj אומבאַקאַנט
Unknown Soldier אַנאָנימער זעלנער ז
unlawful adj אומגעזעצלעך
unlearn v פטור ווערן פון (אידעעס, געוווינהייטן, א״ע); פאַרגעסן
unless conj סײַדן
unmentionable adj ניט־געדאַכט
unnatural adj אומנאַטירלעך
unnecessary adj אומנײטיק
unorganized adj ניט־אָרגאַניזירט
unpleasant adj אומאײַנגענעם
unpretentious adj ניט־פּרעטענציעז; באַשיידן
unprovoked adj ניט־פּראָוואָצירט
unquestionably adv אָן אַ ספק
unread adj ניט־געלייענט
unreal adj אומרעאַל
unreasonable adj אומשׂכלדיק; ניט־מעסיק
unreliable adj ניט־פאַרלאָזלעך; אומבאַגלייבט
unruly adj צעיושעט
unsafe adj אומזיכער
unscrupulous adj אָן סקרופּלען
unseat v אַראָפּזעצן
unseemly adj ניט־אָנשטענדיק
unsuitable adj אומפּאַסיק
unsung adj אומבאַזונגען; ניט־געלויבט
untidy adj אומציכטיק
until prep, conj ביז; ביזוואַנעט
unused adj ניט־גענוצט
unusual adj אומגעוויינטלעך
unveil v אָפּשלייערן; אויפדעקן
unveiling n מצבה־אויפדעקונג נ (ען)
unwilling adj אומוויליק
unwise adj ניט־קלוג
unwittingly adv בשוגג

up adv אַרויף
upbraid v מוסרן; אויסזידלען
upbringing n דערציאונג נ
upheaval n אויפהייבונג נ;
סאָציאַלע אויפטרייסלונג נ (ען),
איבערקערעניש ס (ן)
uphill adv, adj באַרג־אַרויף;
אויסמאַטערדיק
upon prep אויף
upper adj אייבער־
uprising n אויפשטאַנד ז (ן)
uproot v אויסוואָרצלען
upwards adv אַרויף
uranium n אוראַניום ז
urban adj שטאָטיש
urchin n ראָצער ז (ס); לאָבוס ז (עס)
urge v אָנטרײַבן; צורעדן
urge n חשק ז; אימפּולס ז (ן)
urgent adj דרינגלעך

urinate v פּישן, משתּין זײַן
usage n באַניץ ז (ן); געוווינהייט נ (ן)
use v נוצן, ניצן; באַניצן
use n נוץ ז (ן)
used adj געניצט; ניט־נײַ
useful adj נוציק, נוצלעך
useless adj נוצלאָז
usher n אָרדענער ז (ס)
usual adj געוויינטלעך
usurer n פּראָצענטניק ז (עס)
utensil n כּלי נ (ים)
utility n ניצלעכקייט נ;
נוציקייט נ (ן)
utilize v מאַכן נוצלעך
utmost adj העכסט
utopia n אוטאָפּיע נ (ס)
utter adj פולקום; אַבסאָלוט
utter v אַרויסזאָגן, אויסשפּרעכן
utterance n אַרויסזאָגונג נ (ען)

V v

v, V n ווע ז (ען)
vacant adj ליידיק;
פרײַ
vacate v מאַכן ליידיק
vacation n וואַקאַציע נ (ס)
vaccinate v וואַקצינירן
vaccine n וואַקצין ז (ען)
vacillate v וואַקלען זיך
vacuum n וואַקואום ז (ס)
vacuum v (שמועסדיק) ראַמען מיט
אַ שטויבזויגער
vacuum cleaner שטויבזויגער ז (ס)

vagabond n וואַנדערער ז (ס);
יונגאַטש ז (עס)
vagrant n שלעפּער ז (ס)
vague adj אומבאַשטימט; אומקלאָר
vain adj גרויסהאַלטעריש; פּוסט
– in vain adv אומנישט
vale n (פּאָעטיש) טאָל ז (ן)
valid adj גילטיק
validity n גילטיקייט נ
valise n וואַליזע נ (ס), טשעמאָדאַן ז (עס)
valley n טאָל ז (ן)
valor, valour n העלדישקייט נ

valorous adj העלדיש
valuable adj ווערטפול; זייער טײַער
value n ווערט ז/נ
valve n ווענטיל ז (ן)
vampire n וואַמפּיר ז (ן); בלוט־זויגער ז (ס)
vandal n וואַנדאַל ז (ן)
vandalize v אָנמאַכן אַ חורבן
vanguard n אַוואַנגאַרד ז (ן)
vanilla n וואַניל ז
vanish v פֿאַרשווינדן ווערן
vanity n פּוסטע גאווה נ; הבל ז (ים)
vanquish v באַזיגן
vapor, vapour n פּאַרע נ (ס)
variety n פֿאַרשידנקייט נ; אויסקלײַב ז (ן)
various adj פֿאַרשידן, פֿאַרשיידן
varnish n לאַק ז (ן)
varnish v לאַקירן
vary v בײַטן זיך; ענדערן
vase n וואַזע נ (ס)
vaseline n וואַזעלין ז (ען)
vassal n וואַסאַל ז (ן); קנעכט ז
vast adj זייער גרויס; ריזיק
vault n געוועלבונג נ (ען)
vaunt v באַרימען זיך
vegetable n גרינס ס (ן)
vegetarian n וועגעטאַריער ז
vegetate v וועגעטירן (וואַקסן ווי אַ געוויקס; לעבן פֿויל)
vehicle n קאָמוניקאַציע־מיטל ס (ען) (וואָגן ז, אויטאָמאָביל ז, א"א)
veil n שלייער ז (ס)
veil v פֿאַרשלייערן
vein n אָדער ז/נ (ן)

velocity n גיכקייט נ (ן)
velvet n סאַמעט ז
velvet adj סאַמעטן
velvety adj ווייך ווי סאַמעט
vendor n פֿאַרקויפֿער ז (ס)
venerable adj מכובדיק, געערט, געאַכט
venereal adj ווענעריש
vengeance n נקמה נ
vengeful adj נקמה־גײַציק
venom n גיפֿט ז (ן), סם ז (ען)
venomous adj גיפֿטיק
ventilation n ווענטילאַציע נ
ventilator n ווענטילאַטאָר ז (ן)
venture n ריזיקאַלישע אונטערנעמונג נ (ען)
venture v ריזיקירן; דערוועגן זיך
veranda, verandah n וועראַנדע נ (ס)
verb n ווערב ז (ן)
verbally adv מיט ווערטער; בעל־פּה
verbatim adv וואָרט פֿאַר וואָרט
verdant adj גרין
verdict n פּסק־דין ז (ים)
verify v דערקלערן פֿאַר אמת; באַשטעטיקן
vermin n, pl. or sing. שרצים ר; פּאַסקודניאַק ז
vernacular n פֿאָלקשפּראַך נ (ן)
verse n פֿערז ז (ן); פּסוק ז (ים) (אין תּנך)
versed adj עקספּערט; בקי
version n נוסח ז (אָות); גירסא נ (ות)
versus prep קעגן
vertical adj ווערטיקאַל
very adv, adj זייער; סאַמע; אידענטיש
vessel n שיף נ (ן); כּלי נ (ים)

vest n וועסטל ס (עך)
vest v געבן אויטאָריטעט; באַקליידן
vested adj פאַרפונדעוועט; באַקליידט
vestige n שפור נ (ן);
איבערבלײַבס ס (ן)
veteran n וועטעראַן ז (ען)
veterinarian n וועטערינאַר ז (ן)
veto n וועטאָ ז (ס)
vex v רייצן
via prep דורך
vibrate v ציטערן; שאָקלען זיך
vice n שלעכטע מידה נ (מידות);
שלעכטס ס
vice- prefix וויצע־
vice-president n וויצע־פרעזידענט ז (ן)
viceroy n וויצע־קעניג ז (ן)
vicinity n געגנט ז/נ (ן); שכנות ס
vicious adj בייז; רישעותדיק
victim n קרבן ז (ות)
victory n זיג ז (ן), ניצחון ז (ות)
view n אויסבליק ז (ן), פאַנאָראַמע נ (ס);
מיינונג נ (ען), קוק ז (ן)
vigil n וואַך נ (ן)
vigor, vigour n קראַפט נ
vigorous adj קראַפטיק
vile adj געמיין
villa n ווילע נ (ס)
village n דאָרף ס (דערפער)
villain n אויסוואָרף ז (ן); רשע ז (ים)
vindicate v אָפרייניקן פון
שולד; באַרעכטיקן
vindictive adj נקמה־דאָרשטיק
vine n קריכיקע פלאַנץ נ (ן);
קלעטער־געוויקס ס (ן); ווײַנשטאָק ז (ן)
vinegar n עסיק ז

vineyard n ווײַנגאָרטן ז
(ווײַנגערטנער)
vintner n ווײַנהענדלער ז (ס)
viola n וויאָלע נ (ס)
(מוזיק־אינסטרומענט)
violate v ברעכן
(אַ געזעץ, א"ע); שענדן
violence n געוואַלט־טאַט נ (ן)
violent adj היציק; האַרב
violet n פיאַלקע נ (ס) (בלום)
violet adj וויאָלעט
violin n פידל ז (ען)
violinist n פידלער ז (ס)
viper n באַזיליסקן־שלאַנג נ/ז
(־שלענג); להכעיסניק ז (עס)
virgin n בתולה נ (בתולות)
virile adj גברותדיק, מענלעך
virtually adv פאַקטיש
(הגם ניט אין נאָמען)
virtue n מאָראַלישע
אויסגעצייכנטקייט נ; גוטע מידה
(מידות); ווערט נ
virtuous adj גוט; ערלעך; צניעותדיק
virulent adj זייער גיפטיק; טויטלעך
virus n ווירוס ז (ן)
visa n וויזע נ (ס)
visibility n זעעודיקייט נ;
זעאונג נ (ען)
visible adj זעבאַר
vision n ראִיה נ;
וויזיאָנעריש בילד ס (ער)
visionary adj פאַנטאַזיאָריש;
פאַרטרוימט
visionary n בעל־דימיון ז;
טרוימער ז (ס)

visit v קומען צו גאַסט; מאַכן אַ וויזיט; אָנשיקן אויף
visit n וויזיט ז (ן)
visitor n גאַסט ז (געסט)
visor n דאַשיק ז (עס)
vitality n לעבנסקראַפט נ
vitamin n וויטאַמין ז (ען)
vivid adj לעבעדיק; שײַנענדיק
vixen n פוקסיכע נ (ס); כלבטע נ (ס), מרשעת נ (ן)
vocabulary n ווערטער־אוצר ז (ות)
vodka n בראָנפן ז (ס)
vogue n מאָדע נ (ס)
voice n שטים נ (ען)
voice v אויסדריקן
void adj ניט גילטיק; ליידיק
void n חלל ז; פוסטקייט נ
volcano n ווולקאַן ז (ען)
volley n זאַלפּ ז (ן)
volume n באַנד ז (בענד)

voluntarily adv גערנוויליק, פרײַוויליק
volunteer n וואָלונטיר ז (ן), פרײַוויליקער ז
volunteer v וואָלונטירן
vomit v אויסברעכן
voodoo n (אַפריקאַנישער) כישוף ז; מכשף ז (ים)
voracious adj פרעסעריש
vote n וויילונג נ (ען), אָפּשטימונג נ (ען)
vote v וויילן, אָפּשטימען
voter n וויילער ז (ס)
vow n נדר ז (ים)
vow v טון אַ נדר
vowel n וואָקאַל ז (ן)
voyage n רײַזע נ (ס), נסיעה נ (נסיעות)
vulgar adj ווולגאַר, פּראָסט
Vulgate n ווולגאַטע נ (די לאַטײַנישע איבערזעצונג פון דער ביבל)

W w

w, W n טאָפּלווע ז (ען) (בוכשטאַב)
wacky adj (סלענג) אומראַציאָנעל; עקסצענטריש; צעדרייט (Also whacky)
waddle v גיין ווי אַ קאַטשקע
wade v גיין אין וואַסער; בראָדזשען
wadi n וואַדי ז (ס)
waffle n וואַפליע נ (ס)
wag v באַוועגן; שאָקלען
wag n וויצלער ז (ס)

wage n (Usually, wages, pl) לוין ז (ען), געהאַלט ס (ן)
wage v פירן (מלחמה)
wagon n וואָגן ז (ס/וועגענער), פור נ (ן)
wail n געוויין ס (ען), יאָמער ז (ן)
Wailing Wall כותל־מערבי ז
waist n טאַליע נ (ס)
wait v וואַרטן
waiter n קעלנער ז (ס)
waiting room וואַרט־צימער ס/ז (ן)
waitress n קעלנערין נ (ס)

waive v מוותּר זײַן אויף; אָפּלייגן
waiver n (אין געזעץ) וויתּור ז (ים)
wake v וועקן, אויפוועקן
walk v גיין; שפּאַצירן
walk n גאַנג ז (גענג); שפּאַציר ז (ן)
walkover n (שמועסדיק)
לײַכטער ניצחון ז
wall n וואַנט נ (ווענט); מויער, נ (ן)
wallaby n וואלאַבי ז (ס)
wallet n בײַטל ס (עך)
wallop v (שמועסדיק) שלאָגן
שטאַרק; דרעשן
wallow v קײַקלען זיך,
וואַלגערן זיך; קוויקן זיך
walnut n וועלטשענער נוס ז
waltz n וואַלס, וואַלץ ז (ן)
waltz v טאַנצן אַ וואַלס
wander v וואַנדערן
wanderer n וואַנדערער ז (ס)
want v וועלן; דאַרפֿן; פֿעלן
want n ווילעניש ס (ן);
באַדערפֿעניש ס (ן); נויט נ
wanton adj הפקרדיק; אויסגעלאַסן
war n מלחמה נ (מלחמות), קריג ז (ן)
warden n שומר ז (ים);
טורמע־פֿאַרוואַלטער ז (ס)
warder n וועכטער ז (ס);
תּפֿיסה־וועכטער
wardrobe n גאַרדעראָב ז (ן)
ware n (Usually, wares, pl.) סחורה נ (סחורות); סעפּערוואַרג ס
warehouse n סקלאַד ז (ן),
מאַגאַזין ז (ען)
warm adj וואַרעם
warmth n וואַרעמקייט נ

warn v וואָרענען
warning n וואָרענונג נ (ען)
warp n לענג־פֿעדעם ר (אין געוועב)
warrant n אויטאָריטעט נ (ן);
אַרעסט־באַפֿעל ז (ן);
גאַראַנטיע נ (ס)
warrant v אויטאָריזירן;
באַרעכטיקן; גאַראַנטירן
warranty n גאַראַנטיר־צעטל ס (עך);
באַרעכטיקונג נ (ען);
באַפֿולמעכטיקונג נ (ען)
warrior n קריגער ז (ס)
warship n קריגשיף נ (ן)
wart n בראָדעווקע נ (ס), ווערצעלע ס (ך)
wash v וואַשן
washing machine וואַשמאַשין נ (ען)
wasp n וועספּ נ (ן)
waste v פֿאַרשווענדן,
אויסברענגען, פֿאַרטאַכלעווען
waste n פֿאַרשווענדונג נ;
וויסטעניש נ (ן); אָפּפֿאַל ז (ן)
waste adj וויסט
wasteful adj אויסברענגעריש
watch v אָבסערווירן; היטן
watch n וואַך נ (ן); זייגערל ס (עך)
watchmaker n זייגער־מאַכער ז (ס)
watchman n וועכטער ז (ס)
water n וואַסער ס (ן)
water v באַוואַסערן
waterfall n וואַסערפֿאַל ז (ן)
watermelon n אַרבוז ז (ן)
water mill וואַסערמיל נ (ן)
wave n כוואַליע נ (ס);
פֿאָכע נ (ס); אָנדולירונג נ (ען)
wave v כוואַליען; פֿאָכען

wavy adj כוואַליעדיק
wax n וואַקס ז
way n וועג ז(ן); אופן ז(ים)
wayfarer n וועגפֿאָרער ז(ס)
(ספּעציעל אַ פוסגייער)
waylay v אָפּטשאַטעווען
weak adj שוואַך
weaken v אָפּשוואַכן
weakness n שוואַכקייט נ(ן)
wealth n רײַכקייט נ
wealthy adj רײַך; נגידיש
wean v אַנטוויינען
weapon n וואָפֿן ז(ס)
wear n הלבשה נ; אָפּניצונג נ
wear v טראָגן
– wear out אָפּטראָגן; אָפּניצן;
אויסמאַטערן
weariness n מידקייט נ
weary adj מיד, אויסגעמאַטערט
weather n וועטער ז(ן)
weather v אויסשטעלן אויף דער
ווירקונג פֿונעם וועטער;
איבערהאַלטן
weathercock n וועטערהאָן ז
weave v וועבן
weaver n וועבער ז(ס)
web n געוועב ס(ן);
שווימהײַטל ס(עך)
wedding n חתונה נ(חתונות)
Wednesday n מיטוואָך ז(ן)
wee adj פּיצינק, קליינטשיק
weed nווילדגראָז ס(ן)
weed v אויסרײַסן ווילדגראָזן
week n וואָך נ(ן)
weekend n סוף־וואָך נ(ן)
weekly n וואָכנבלאַט ס
weep v וויינען
weigh v וועגן, אָפּוועגן
weight n וואָג נ(ן); געוויכט ס(ן)
weird adj מיסטעריעז;
(שמועסדיק) משונהדיק
welcome interj ברוך־הבא!
welcome n קבלת־פּנים ס/ז
welcome v אַנטקעגנגיין און באַגריסן
welfare n ווױלזײַן ס;
סאָציאַל־פֿאַרזאָרג ז
well adv, adj ווויל, גוט; געזונט
well interj נו; מילא
well n ברונעם ז(ס); קוואַל ז(ן)
well v קוואַלן, שפּרודלען
well-behaved adj העפֿלעך,
דרך־ארצדיק
well-bred adj גוטדערצויגן
well-known adj באַוווּסט
well-mannered adj נימוסדיק
well-to-do adj פֿאַרמעגלעך
well-wisher n גוט־ווינטשער ז(ס)
wench n מיידל ס/נ(עך); משרתטע נ(ס)
west n מערב ז
western adj מערבֿדיק
wet adj נאַס
wet v באַנעצן
whack n האַק ז, כמאַל (ן)
whale n וואַלפֿיש ז(ן)
wharf n ווערף נ(ן)
what pron וואָס
what interj האַ?
wheat n ווייץ ז
wheedle v אויסבעטן (דורך חניפֿה)
wheel n ראָד נ/ס(רעדער)

when adv, conj — ווען; בעת
where adv — ווּ
whereas conj — היות
whet v — שלײַפן, שאַרפן; סטימולירן
whether conj — צי
which adj, pron — וועלך; וואָס
while conj — בעת
whim n — קאַפּריז ז (ן)
whimsical adj — קאַפּריזנע
whine v — פּישטשען; ווײנען שטיל
whine n — פּישטש ז (ן)
whip v — שמײַסן
whip n — בײַטש נ (ן); פּאַרטיי־אונטערטרײַבער נ (אין פּאַרלאַמענט)
whirl v — דרייען זיך; וויכערן
whirlwind n — דריי־ווינט ז (ן); וויכער ז (ס)
whisky n — וויסקי ז
whisper v — שעפּטשען
whisper n — שעפּטש ז (ן)
whistle v — פּײַפן
whistle n — פּײַף ז (ן); פּײַפל ס (עך)
whistler n — פּײַפער ז (ס)
white adj — ווײַס
white-hot adj — ווײַס־הייס, עקסטרעמלעך הייס
whiz v — זשוזשען
who pron — ווער; וואָס, וועלכער
whoever pron — ווער נאָר
whole adj — גאַנץ
wholesale n — הורט־האַנדל ז
wholesaler n — הורט־סוחר ז (ים)
wholly adv — אין גאַנצן, אינגאַנצן
whore n — זונה נ (זונות)

why adv — פאַרוואָס
wick n — קנויט ז (ן)
wicked adj — בייז, שלעכט
wickedness n — בייזקייט נ; רישעות ס
wide adj — ברייט
widen v — אויסברייטערן (זיך)
widow n — אלמנה נ (אלמנות)
widower n — אלמן ז (ס)
width n — ברייט נ (ן)
wife n — ווײַב נ/ס (ער)
wig n — פּאַרוק ז (ן); שייטל ס (ען)
wild adj — ווילד
wilderness n — ווילדעניש נ (ן)
wild flower (or wildflower) n — ווילדבלום נ (ען) (וואַלדבלום נ; פעלדבלום נ)
wile n — טריק ז (ן); כיטרעקייט נ
wile v — פאַרנאַרן
will aux v. — וועל
will n — ווילן ז (ס); צוואה נ (צוואות)
will v — וועלן; געבן אין אַ צוואה
willfully adv — במזיד
willingly adv — גערן
willow n — ווערבע נ (ס) (בוים)
wily adj — כיטרע
win v — געווינען
wind n — ווינט ז (ן)
wind v — אַנדרייען, אָנציִען (אַ זייגערל, א״ע); שלענגלען זיך
winding adj — שלענגלדיק
windmill n — ווינטמיל נ (ן)
window n — פענסטער, פענצטער ז
windy adj — ווינטיק
wine n — ווײַן ז (ען)

wing n פליגל ז (ען)
wink v ווינקען
wink n ווונק ז (ען)
winter n ווינטער ז (ס)
wintry adj ווינטערדיק; קאַלט
wipe v ווישן
wire n דראָט ז (ן); (שמועסדיק) טעלעגראַם נ (ען)
wire v צודראָטעווען; (שמועסדיק) טעלעגראַפירן
wisdom n קלוגשאַפט נ
wise adj קלוג
wisecrack n (סלענג) וויציקע באַמערקונג נ (ען)
wish v ווינטשן; וועלן
wish n ווונטש ז (ן); פאַרלאַנג ז (ען)
wit n וויציקייט נ; פאַרשטאַנד ז
witch n מכשפה נ (מכשפות)
witch hunt מכשפה־געיעג ס (ן)
with prep מיט
withdraw v צוריקציִען (זיך)
wither v פאַרוועלקן
within prep adv אין; אינעווייניק
without prep אָן
withstand v שטיין אַנטקעגן; אויסהאַלטן
witness n עדות ז
witness v צוזען; עדות זאָגן
witty adj וויציק
wizard n צויבערער ז (ס); (שמועסדיק) מומחה ז (מומחים)
woe n אומגליק ס (ן); צרה נ (צרות)
woe interj וויי!
woeful adj קלאָגעדיק; נעבעכדיק
wolf n וואָלף ז (וועלף)
wolf fish n וואָלף־פיש ז
wolfish adj וועלפיש; פרעסעריש
woman n פרוי נ (ען)
womanish adj ווײַבעריש
womanly adj ווײַבלעך
wonder n ווונדער ז (ס)
wonder v ווונדערן זיך
wonderful adj ווונדערלעך
woo v בעטן די האַנט (פון אַ מיידל); מאַכן באַמיִאונגען
wood n האָלץ ס
– woods pl וואַלד ז (וועלדער)
woodcutter n האָלצהעקער ז (ס)
wooden adj האָלצערן, הילצערן
woof n ברייט־פעדעם ר (בײַם וועבן)
wool n וואָל נ
woolen, woollen adj וואָלן
woozy adj (סלענג) שוואַך; צעטומלט
word n וואָרט ס (ווערטער)
word v אויסדריקן אין ווערטער
work n אַרבעט נ (ן); ווערק ס
work v אַרבעטן
worker n אַרבעטער ז (ס)
workman n בעל־מלאכה ז (־מלאכות)
workshop n וואַרשטאַט ז (ן)
world n וועלט נ (ן)
worm n וואָרעם ז (ווערעם)
wormy adj ווערעמדיק; ניבזהדיק
worn adj אָפּגעטראָגן; אָפּגעניצט
worn-out adj אויסגעריבן; אויסגעמאַטערט
worry v דאגהן, זאָרגן זיך; פאַרשאַפן זאָרג

worry n — דאגה נ (דאגות), זאָרג נ (ן)
worse adj — ערגער
worsen v — פֿאַרערגערן (זיך)
worst adj — ערגסט
worth n — ווערט ז/נ (ן)
worth adj — ווערט
worthless adj — אָן אַ ווערט
worthwhile adj — ווערטיק
worthy adj — ווערדיק;
worthy n (pl. worthies) — ניכבד ז (ים)
would aux. v — וואָלט
wound n — ווונד נ (ן)
wound v — פֿאַרווונדן
wow interj — הו־האַ!
wrack n — חורבן ז (ות)
wrack v — חרובֿ מאַכן; פּייניקן
wrangle v — אַמפּערן זיך
wrangle n — געאַמפּער ס (ס)
wrap v — איינוויקלען; איינפּאַקן
wrapping paper — פּאַקפּאַפּיר ס
wrath n — צאָרן ז
wrathful adj — צאָרנדיק
wreath n — קראַנץ ז (ן/קרענץ)
wreck n — בראָך ז (פֿון אַ שיף, באַן, בנין, א״ע)
wreck v — צעברעכן; חרובֿ מאַכן
wrestle — ראַנגלען זיך
wrestler n — ראַנגלער ז (ס)
wretch n — נעבעכל ס (עך); ליידאַק ז (עס)
wretched adj — נעבעכדיק; בידנע; רישעותדיק
wriggle v — דרייען זיך; באַוועגן זיך אַהין און אַהער
wring v — אויספּרעסן, אויסקוועטשן; אַרויסרייסן
wrinkle n — קנייטש ז (ן)
wrinkle v — קנייטשן
writ n — כּתבֿ ז (ים), שריפֿטלעכער באַפֿעל ז (פֿון אַ שופֿט)
write v — שרייבן
writer n — שרייבער ז (ס)
writing n — שרייבונג נ; שריפֿט נ (ן)
written adj — שריפֿטלעך
wrong adj — אומגערעכט; ניט־ריכטיק
wrong n — אומרעכט ס; עוולה נ (עוולות)
wrong v — באַעוולען
wuther n — (דיאַלעקטיש) געוויטער ס (ן); וויכער ז (ס), שטורעמווינט ז (ן)

X x

x, X n — איקס ז (ן) (בוכשטאַב)
xerography n — זיראָגראַפֿיע נ, קסעראָגראַפֿיע נ
Xerox n — זיראָקס ז
xerox v — קאָפּירן (אויף אַ זיראָקס־מאַשין)
xerox copy — זיראָקס־קאָפּיע נ (ס)
X ray — איקסשטראַל ז, רענטגען־שטראַל ז (ן)
X-ray, x-ray — נעמען אַן איקסשטראַל־פֿאָטאָגראַפֿיע

Y y

y, Y n	איגרעק ז (ן) (בוכשטאַב)
yacht n	יאַכט ז (ן)
yahoo n	גראָביאַן ז (עס)
Yankee n	יענקי ז (ס), אַמעריקאַנער ז
yap n	קוויטשערישער בּיל ז; (סלענג) קוויטשער ז (ס)
yard n	הויף ז (ן); (מאָס) יאַרד ז (ן)
yarmulke n (Also yarmelke)	יאַרמאָלקע, יאַרמעלקע נ (ס)
yawn v	גענעצן
yawn n	גענעץ ז (ן)
yawp v	(שמועסדיק) קוויטשען
ye pron	(אַרכײַאיש) איר
yea adv	יאָ
yea n	(וואַל שטימע) יאָ ז (ען)
yean v	געבּוירן (אַ קעלבל אָדער ציקעלע)
yeanling n	קעלבל ס (עך); ציקעלע ס (ך)
year n	יאָר ס (ן)
yearbook n	יאָרבּוך ס
yearly adj	יערלעך
yearn v	בּענקען
yeast n	הייוון ר
yell v	שרײַען
yell n	געשרײַ ס (ען)

yellow adj	געל
yellowish adj	געלבלעך
yes adv	יאָ
Yeshiva	ישיבה נ (ישיבות)
yesterday adv	נעכטן
yestreen adv	(סקאָטיש) נעכטן בּײַנאַכט
yet adv, conj	נאָך; דאָך; פונדעסטוועגן
Yiddish n	ייִדיש ס (שפּראַך)
Yiddish adj	ייִדיש
yield v	פּראָדוצירן; געבּן; נאָכגעבּן
yodel v	יאָדלען
yogurt n	יאָגורט ז (ן)
yoke n	יאָך ז (ן)
yoke v	שפּאַנען אין יאָך
yokel n	זשלאָב ז (עס)
yolk n	געלכל ס (עך)
Yom Kippur	יום־כּיפּור ז
yonder adv, adj	דאָרטן; יענער
you pron	דו; איר
young adj	יונג
youngster n	ייִנגל ס/ז (עך)
youth n	יוגנט נ
youthful adj	יוגנטלעך
yo-yo n	יאָ־יאָ ז (ס) (שפּילכל)
yummy adj	(שמועסדיק) מחיידיק

Z z

z, Z n זעט ז (ן) (בּוכשטאַב)

zany n נאַר ז (נאַראָנים);
לץ ז (ים)

zany adj נאַריש; קאָמיש

zeal n בּרען ז, אײַפער ז

zealot n קנאי ז (ם);
פאַנאַטיקער ז

zealotry n קנאות ס; פאַנאַטיזם ז

zealous adj אײַפערדיק; ענטוזיאַסטיש

zebra n זעבּרע נ (ס)

zenith n זעניט ז;
העכסטער פונקט ז

zephir n זעפיר ז
(מערב־ווינט); ווינטל ס (עך)

zeppelin n צעפּעלין ז (ען)

zero n זעראָ ז/נ (ס),
נול ז/נ (ן)

zest n טעם ז; רייץ ז;
ענטוזיאַזם ז; תּענוג ז

zigzag n זיגזאַג ז (ן)

zinc n צינק ס

Zion n ציון [ס] (זען ישעיה ל״ה, י)

Zionism n ציוניזם ז

Zionist n ציוניסט ז (ן)

Zionistic adj ציוניסטיש

zipper n זיפּער ז (ס)

zippy adj (שמועסדיק)
ענערגיש; לעבּעדיק; פריילעך

zloty n זלאָטי ז (ס)
(פּוילישע מטבּע)

zodiac n זאָדיאַק ז

zone n זאָנע נ (ס)

zoo n זאָאָלאָגישער גאָרטן ז

zoology n זאָאָלאָגיע נ

ייִדיש-ענגליש
ענגליש-ייִדיש
ווערטערבּוך

דוד מענדיל הרדוף

אַ וואָרט גערעדט מיט טעם
איז ווי גילדערנע עפל אויף אַ זילבערנער מאָזאַאיק
(משלי כ״ה, יא).

הרדוף - פאַרלאַג

אברהם יעקב בהר"ר ישראל יוסף ז"ל.
נאסף אל אבותיו בשם טוב. ד' בניסן תשמ"ט:

Born to the distinguished Rabbinical Dynasty of Radoshitz, Abhraham Yaakov Finkler z"l proved to be profoundly loyal to the unique values of his spiritual inheritance.

This Volume Is Dedicated
To The Loving Memory Of
Abhraham Y. Finkler z"l

Legendary Head of a Jewish Partisan
Group during World War II

Nosi of Kupath Rabbi Meir Baal
HaNes Kolel Polin Yerusholayim—
Toronto

Founder of the Marilyn Finkler
Cancer Research Centre at BIU

Founder of the Arnold and Leona
Finkler Institute of
Shoah Research at BIU

Member of the Board of Trustees,
Bar-Ilan University, Israel

א

א ז/נ -	the 1st letter of the Hebrew alphabet
אַ (אומבאַשטימטער אַרטיקל)	a
אָאַזיס ז(ן)	oasis
אַבאָנירן (אַבאָנירט)	subscribe
אַבי	any
אַביסיניע [נ]	Abyssinia
אָביעקט ז(ן)	object
אַבסורד ז(ן)	absurdity
אַבסורד	absurd; ridiculous
אָבער	but; however
אָבצאַס ז(ן)	heel (of a shoe)
אגב	by the way
אַגענט ז(ן)	agent
אַגענטור נ(ן)	agency
אָגער ז(ס)	stallion
אַגראָנאָמיע נ	agronomy
אַגרעס ז(ן)	gooseberry
אַ דאַנק	thanks to
אַדוואָקאַט ז(ן)	lawyer
אַדווערב ז(ן)	adverb
אַדיעקטיוו ז(ן)	adjective
אַדל ז	nobility
אָדלער ז(ס)	eagle
אַדמיניסטראַטאָר ז(ן)	administrator
אַדמיניסטראַציע נ(ס)	administration
אַדמיראַל ז(ן)	admiral
אָדעקאָלאָן ז(ען)	cologne
אָדער נ/ז(ן)	vein
אָדער	or
אדרבא	on the contrary
אַדרעס ז(ן)	address
אַדרעסירן (אַדרעסירט)	address
אַהאַ!	aha!
אַהיים	homeward, homewards
אַהין	there, thither
אַהער	here, hither
אוגערקע נ(ס)	cucumber
אָוואַציע נ(ס)	ovation
אַוואָקאַדאָ ז(ס)	avocado
אַוודאי	certainly
אָוונט ז(ן)	evening
אָוונטשול נ(ן)	night school
אַוועק	away
אַוועקגיין (אַוועקגעגאַנגען)	leave
אַוועקוואַרפן (אַוועקגעוואָרפן)	throw away
אַוועקפאָרן (אַוועקגעפאָרן)	depart
אַוועקשטעלן (אַוועקגעשטעלט)	place, put
אַוועקשיקן (אַוועקגעשיקט)	send away
אַוועקשלעפן אַוועקגעשלעפט	drag away
אוטאָפּיע נ(ס)	utopia
אוי!	oh!
אויב	if
אויבן	above
אויבנאויפיק	superficial
אויבערפלאַך נ(ן)	surface
אויג ס(ן)	eye

אויגוסט ז (ן)	August
אויגנבליק ז (ן)	glimpse
אויוון ז (ס)	oven
אויטאָ ז (ס)	car
אויטאָבוס ז (ן)	bus
אויטאָביאָגראַפיע נ (ס)	autobiography
אויטאָנאָמיע נ	autonomy
אויטאָסטראַד ז (ן)	expressway
אויטאָריטעט נ (ן)	authority
אויך	also
אויס	no more
אויסאַרבעטונג נ (ען)	manufacture
אויסבײַטן (אויסגעביטן)	exchange
אויסבליק ז (ן)	outlook; prospect
אויסבעסערונג נ (ען)	correction
אויסבעסערן (אויסגעבעסערט)	improve
אויסברעכן (אויסגעבראָכן)	erupt
אויסברענגער ז (ס)	spendthrift
אויסגאַבע נ (ס)	edition
אויסגיין (אויסגעגאַנגען)	expire
אויסגיסן (אויסגעגאָסן)	pour out
אויסגלײַך ז (ן)	settlement
אויסגעבן (אויסגעגעבן)	spend (money); give (in marriage)
אויסגעדאַרט	emaciated
אויסגעטראַכט	invented; untrue
אויסגעלאַסנקייט נ	lewdness
אויסגעמאַטערט	exhausted
אויסגעמישט	mixed
אויסגעפּאַשעט	well-fed; plump
אויסגעפּוצט	dressed up
אויסגעפינען (אויסגעפונען)	find out
אויסגעצויגן	stretched out
אויסגעצייכנט	excellent
אויסגעקליבן	chosen
אויסגעריבן	worn-out
אויסגערעכנט	prudent
אויסגעשלאָסן	excluded
אויסגעשריי ז (ען)	outcry
אויסגראָבונג נ (ען)	excavation
אויסדויער ז	endurance
אויסדרוק, אויסדריק ז (ן)	expression
אויסדריקלעך	explicitly
אויסהאַלטן (אויסגעהאַלטן)	endure; support
אויסהונגערן (אויסגעהונגערט)	starve
אויסהיילן (אויסגעהיילט)	cure
אויסהערן (אויסגעהערט)	listen to
אויסוואַנדערונג נ (ען)	emigration
אויסוואָרצלען (אויסגעוואָרצלט)	uproot
אויסוווּרף ז (ן)	outcast
אויסזיכט נ (ן)	prospect; view
אויסטאָן (אויסגעטאָן)	undress
אויסטײַטשן (אויסגעטײַטשט)	interpret
אויסטער ז (ס)	oyster
אויסטראַכטן (אויסגעטראַכט)	make up (a deception)
אויסטראַליע [נ]	Australia
אויסלאָזן (אויסגעלאָזט)	leave out, omit
אויסלאַכן (אויסגעלאַכט)	ridicule

אויסלאַנד ס	foreign country
אויסלייג ז (ן)	spelling
אויסלייגן (אויסגעלייגט)	spread; spell
אויסליידיקן (אויסגעליידיקט)	empty
אויסלייזונג נ (ען)	redemption
אויסלייזן (אויסגעלייזט)	redeem
אויסלייזער ז (ס)	savior
אויסלענדיש	foreign
אויסלענדער ז	alien
אויסלערנען (אויסגעלערנט)	teach
אויסלערנען זיך	learn
אויסלעשן (אויסגעלאָשן)	extinguish
אויסמאַכן (אויסגעמאַכט)	amount to
אויסמײַדן (אויסגעמיטן)	avoid
אויסמעקן (אויסגעמעקט)	erase
אויסנאַם ז (ען)	exception
אויסנאַרן (אויסגענאַרט)	cheat
אויסנווייניק	by heart
אויסנוצן (אויסגענוצט)	take advantage of
אויסער	except
אויסערגעווײנלעך	extraordinary
אויספּאַקן (אויסגעפּאַקט)	unpack
אויספּוצן (אויסגעפּוצט)	dress up
אויספּלאָנטערן (אויסגעפּלאָנטערט)	disentangle
אויספּרוּוון (אויסגעפּרוּווט)	try out, test
אויספּרעסן (אויסגעפּרעסט)	iron
אויספאַרטיקן (אויסגעפאַרטיקט)	make ready, complete
אויספאַרקויף ז (ן)	sale
אויספאַרקויפט	sold out
אויספאָרשונג נ (ען)	investigation; exploration
אויספאָרשן (אויסגעפאָרשט)	investigate; explore
אויספײַפן (אויסגעפײַפט)	boo
אויספילן (אויסגעפילט)	fill out
אויספיר ז (ן)	conclusion
אויספירלעך	detailed; in detail
אויספירן (אויסגעפירט)	accomplish
אויסצייכענונג נ (ען)	distinction
אויסצייכענען זיך (אויסגעצייכנט)	excel
אויסציִען (אויסגעצויגן)	stretch
אויסקומען (אויסגעקומען)	get along
אויסקוק ז (ן)	outlook
אויסקלײַבן (אויסגעקליבן)	choose
אויסקערן (מיט אַ בעזעם) (אויסגעקערט)	sweep
אויסקריצן (אויסגעקריצט)	engrave
אויסראָטונג נ (ען)	extermination
אויסראָטן (אויסגעראָטן)	exterminate
אויסרוען זיך (אויסגערוט)	rest
אויסרוף ז (ן)	exclamation
אויסרופן (אויסגערופן)	call out
אויסרופצייכן ז (ס)	exclamation mark
אויסרייד ז (ן)	excuse; reprimand
אויסרעכענונג נ (ען)	calculation
אויסרעכענען (אויסגערעכנט)	calculate

אויסשטאַרבן (אויסגעשטאָרבן)	die out
אויסשטיין (אויסגעשטאַנען)	endure
אויסשטעל ז (ן)	layout
אויסשטעלונג נ (ען)	exhibition
אויסשטראַלונג נ (ען)	radiation
אויסשטרײַכן (אויסגעשטראָכן)	cross out
אויסשטרעקן (אויסגעשטרעקט)	stretch out
אויסשיטן (אויסגעשאָטן)	spill
אויסשיסן (אויסגעשאָסן)	fire
אויסשליסונג נ	exclusion
אויסשליסן (אויסגעשלאָסן)	exclude
אויסשניט ז (ן)	clipping
אויסשנײַדן (אויסגעשניטן)	cut out
אויסשנײַצן (אויסגעשנײַצט)	blow one's nose
אויסשעפּונג נ	exhaustion
אויסשפּאַנען (אויסגעשפּאַנט)	unharness
אויסשפּראַך נ (ן)	pronunciation
אויסשרײַבן (אויסגעשריבן)	write out
אויער ז/ס (ן)	ear
אויערינגל ס (עך)	earring
אויפּס ס	fruit collectively
אויף	on, upon; in
אויפבויען (אויפגעבויט)	erect
אויפבינדן (אויפגעבונדן)	untie
אויפברעכן (אויפגעבראָכן)	break open
אויפגאַבע נ (ס)	problem, task
אויפגאַנג ז (ען)	rise
אויפגיין (אויפגעגאַנגען)	rise
אויפגעבן (אויפגעגעבן)	give up
אויפגעבראַכט	angry
אויפגעלאָפן	swollen
אויפגערעגט	upset
אויפדעקן (אויפגעדעקט)	uncover
אויפהייבן (אויפגעהויבן)	raise, lift
אויפהערן (אויפגעהערט)	cease, stop
אויפוואַקסן (אויפגעוואַקסן)	grow up
אויפוויקלען (אויפגעוויקלט)	roll up
אויפוועקן (אויפגעוועקט)	awaken
אויפזעער ז (ס)	supervisor
אויפטאָן (אויפגעטאָן)	accomplish
אויפטו ז (ען)	accomplishment
אויפלאַגע נ (ס)	edition
אויפלעבן (אויפגעלעבט)	come to life
אויפמאַכן (אויפגעמאַכט)	open
אויפמערקזאַם	attentive
אויפן (=אויף דעם)	on the
אויפנעמען (אויפגענומען)	receive (guests)
אויפפירונג נ (ען)	behavior; performance
אויפפירן (אויפגעפירט)	perform (a play)
אויפפירן זיך	behave
אויפקלערן (אויפגעקלערט)	enlighten; clarify

אויפקנעפלען (אויפגעקנעפלט)	unbutton
אויפרודערן (אויפגערודערט)	stir
אויפרוימען (אויפגערוימט)	tidy up
אויפרוף ז (ן)	call; appeal
אויפרײַס ז (ן)	explosion
אויפרײַסן (אויפגעריסן)	explode
אויפרעגונג נ (ען)	excitement
אויפרעגן (אויפגערעגט)	excite
אויפשוידערן (אויפגעשוידערט)	shudder; shock
אויפשטאַנד ז (ן)	uprising
אויפשטיין (אויפגעשטאַנען)	stand up; revolt
אויפשטעלן (אויפגעשטעלט)	erect
אויפשליסן (אויפגעשלאָסן)	unlock
אויפשנײַדן (אויפגעשניטן)	cut open
אויפשריפט נ (ן)	inscription
אולטימאַטום ז (ס)	ultimatum
אום	on, during
אומאיידל	impolite
אומאָנגענעם	unpleasant
אומאָפהענגיק	independent
אומאָפהענגיקייט נ	independence
אומאָפיציעל	unofficial
אומאָרדענונג נ (ען)	disorder
אומאָרנטלעך	dishonest
אומבאַדינגט	unconditional
אומבאַהאָלפן	helpless
אומבאַמערקט	unnoticed
אומבאַפרידיקט	dissatisfied
אומבאַקאַנט	unknown
אומבאַקוועם	uncomfortable
אומבאַרעכטיקט	unjustified
אומבאַשטימט	vague
אומבאַשלאָסן	undecided
אומברענגען (אומגעבראַכט)	annihilate
אומגילטיק	invalid
אומגינציק	unfavorable
אומגלויבלעך	incredible
אומגליק ס (ן)	misfortune
אומגליקלעך	unfortunate
אומגעדולד נ/ס	impatience
אומגעדולדיק	impatient
אומגעזעצלעך	illegal
אומגעטרײַ	faithless
אומגעלומפערט	clumsy
אומגעפער	approximately
אומגעריכט	unexpected
אומגערעכט	unjust
אומגערעכטיקייט נ (ן)	injustice; wrong
אומגראָד	odd (not even)
אומגרייכלעך	inaccessible
אומדאַנקבאַר	ungrateful
אומדירעקט	indirect
אומדערטרעגלעך	unbearable
אומוואַרפן (אומגעוואָרפן)	knock down
אומוויכטיק	unimportant
אומוויסיק	unconscious
אומוויסן ס	ignorance
אומוויסנדיק	ignorant
אומווערדיק	unworthy
אומזיסט	gratis, free
אוממעגלעך	impossible
אוממעגלעכקייט נ (ן)	impossibility
אומנאַטירלעך	unnatural
אומנייטיק	unnecessary
אומנישט	in vain

everywhere	אומעטום
sad	אומעטיק
endless	אומענדלעך
disposition; gloom	אומער ז
improper	אומפאַסיק
irresponsible	אומפאַראַנטוואָרטלעך
incomparable	אומפאַרגלײַכלעך
careless	אומפאָרזיכטיק
unavoidable	אומפאַרמײַדלעך
shameless	אומפאַרשעמט
incapable	אומפעאיק
unfriendly	אומפרײַנדלעך
mistrust	אומצוטרוי ז
dissatisfaction	אומצופרידנקייט נ
holocaust	אומקום ז
perish	אומקומען (אומגעקומען)
look around	אומקוקן זיך
	(אומגעקוקט)
irrational	אומראַציאָנעל
restless	אומרואיק
injustice	אומרעכט ס
innocence	אומשולד נ
innocent	אומשולדיק
circumstance	אומשטאַנד ז(ן)
harmless	אומשעדלעך
Hungary	אונגאַרן [ס]
us	אונדז
our	אונדזער
ours	אונדזעריק
below	אונטן
bottom	אונטן ז(ס)
beneath, under	אונטער
subway	אונטערבאַן נ(ען)
decline; downfall	אונטערגאַנג ז(ען)

decline; sink (ship)	אונטערגיין; (אונטערגעגאַנגען)
surrender	אונטערגעבן זיך (אונטערגעגעבן)
undermine	אונטערגראָבן (אונטערגעגראָבן)
oppress	אונטערדריקן (אונטערגעדריקט)
incite	אונטערהעצן (אונטערגעהעצט)
submarine	אונטערוואַסער- שיף נ(ן)
underworld	אונטערוועלט נ
underwear	אונטערוועש ס
submissive	אונטערטעניק
coaster	אונטערטעצל ס (עך)
beneath the	אונטערן (=אונטער דעם, אונטער דער)
undertaking	אונטערנעמונג נ(ען)
undertake	אונטערנעמען זיך (אונטערגענומען)
arson	אונטערצינדונג נ(ען)
bribe	אונטערקויפן (אונטערגעקויפט)
underrate	אונטערשאַצן (אונטערגעשאַצט)
lowest	אונטערשט
support; aid	אונטערשטיצונג נ(ען)
support	אונטערשטיצן (אונטערגעשטיצט)
difference	אונטערשיד, אונטערשייד ז(ן)
differentiate	אונטערשיידן (אונטערגעשיידט)
sign	אונטערשרײַבן (אונטערגעשריבן)

אונטערשריפט נ(ן) — signature
אוניווערסיטעט ז(ן) — university
אונץ נ(ן) — ounce
אוצר ז(ות) — treasure
אוראייניקל ס(עך) — great-grandchild
אורטייל ז(ן) — sentence; verdict
אורלויב ז(ן) — leave of absence
אות ז/ס(יות) — letter (of the alphabet)
אַזוי — thus
אַ זייגער — o'clock
אַזיע [נ] — Asia
אַזעלכער — such
אָזערע נ(ס) — lake
אַט — just
אַט-אַט — in a moment
אַטאָם ז(ען) — atom
אַטאַקירן (אַטאַקירט) — attack
אַטאַקע נ(ס) — attack
אַטלאַנטיק ז — Atlantic
אַטלאַס ז(ן) — atlas
אַטלעט ז(ן) — athlete
אַטלעס ז — satin
אַטמאָספערע נ(ס) — atmosphere
אָטעם ז(ס) — breath
אָטעמען (געאָטעמט) — breathe
אַטראַקציע נ(ס) — attraction
איבונג נ(ען) — exercise
איבן זיך (געאיבט) — exercise
איבער — over; above
איבעראַיאָר — next year
איבעראַכטאָג — next week
איבעראַרבעטן (איבערגעאַרבעט) — revise; do over again

איבעראַרבעטן זיך — overwork
איבערבאַטראַכטן (איבערבאַטראַכט) — reconsider
איבערבלײַבן (איבערגעבליבן) — remain
איבערבליק ז(ס) — review
איבערבעטן (איבערגעבעטן) — ask forgiveness
איבערבעטן זיך — be reconciled
איבערגאַנג ז(ען) — transition
איבערגיין (איבערגעגאַנגען) — pass
איבערגעבן (איבערגעגעבן) — hand over
איבערגעגעבן — devoted
איבערגעשפיצט — cunning
איבערדרוקן (איבערגעדרוקט) — reprint
איבערהויפט — mainly
איבערזאָגן (איבערגעזאָגט) — repeat
איבערזען (איבערגעזען) — review, check
איבערזעצונג נ(ען) — translation
איבערזעצן (איבערגעזעצט) — translate
איבערזעצער ז(ס) — translator
איבערחזרן (איבערגעחזרט) — repeat
איבערטרײַבן (איבערגעטריבן) — overdo
איבעריאָגן (איבערגעיאָגט) — overtake
איבעריק — superfluous
איבערלעבונג ז(ען) — experience; survival
איבערלעבן (איבערגעלעבט) — experience; survive
איבערמאַכן (איבערגעמאַכט) — make over

איבערמאָרגן	on the day after tomorrow
איבערן (=איבער דעם, איבער דער)	over the
איבערנאַטירלעך	supernatural
איבערנעכטיקן (איבערגענעכטיקט)	stay overnight
איבערנעמען (איבערגענומען)	take over
איבערפאַלן (איבערגעפאַלן)	attack suddenly
איבערפלאַנצן (איבערגעפלאַנצט)	transplant
איבערצײַגונג נ (ען)	conviction
איבערצײַגן (איבערגעצײַגט)	convince
איבערקוקן (איבערגעקוקט)	look over, examine
איבערקערן (איבערגעקערט)	overturn
איבערקערעניש ס (ן)	upheaval
איבעררײַסן (איבערגעריסן)	interrupt
איבערשאַצן (איבערגעשאַצט)	overrate
איבערשטײַגן (איבערגעשטיגן)	surpass
איבערשרעקן (איבערגעשראָקן)	frighten
איגנאָרירן (איגנאָרירט)	ignore
אידיאָט ז (ן)	idiot
אידיאָם ז (ען)	idiom
אידיליע נ (ס)	idyll
אידעאַל ז (ן)	ideal
אידעאָלאָגיע נ (ס)	ideology
אידעאַליסט ז (ן)	idealist

אידענטיפיצירן (אידענטיפיצירט)	identify
אידעע נ (ס)	idea
איז	is (infinitive: be = זײַן)
איטאַליע [נ]	Italy
איטאַליענער ז	Italian
איטלעכער	everyone
איי ס (ער)	egg
אײַ!	oh!
אייביק	eternal
אייביקייט נ	eternity
אייבערשטער ז	the Lord
אייגן	own; same
אייגנטימער ז (ס)	owner
אייגנשאַפט נ (ן)	attribute; peculiarity
איידל	gentle, noble
איידלקייט נ	gentleness
איידלשטיין ז (ער)	gem
איידעם ז (ס)	son-in-law
איידער	before; than
אײַז ס	ice
אייזל ז (ען)	donkey
אײַזן ס (ס)	iron
אײַזנבאַן נ (ען)	railroad
אײַזנוואַרג ס	hardware
אײַזקרעם ז (ען)	ice cream
אייל ז (ן)	oil
איילבערט ז (ן)	olive
איילן (געאיילט)	lubricate
אײַלן (געאײַלט)	rush, hasten
אײַלעניש ס	haste
איין	one
אײַנאָטעמען (אײַנגעאָטעמט)	inhale

אײַנבייגן (אײַנגעבויגן) bend
אײַנבינדן (אײַנגעבונדן) bind (a book)
אײַנבינדער ז (ס) bookbinder
אײַנבליק ז (ן) insight
אײַנברענגען (אײַנגעבראַכט) save
אײַנגאָס ז (ן) gulf
אײַנגעבויגן bent; stooped
אײַנגעהאַלטן restrained
אײַנגעוווינען (אײַנגעוווינט) accustom
אײַנגעטריקנט dried up
אײַנגעמאַכץ ס (ן) preserves
אײַנגעקלאָגטער ז defendant
אײַנגעשווירענער ז juror
אײַנגעשלאָסן included
אײַנגעשפּאַרט stubborn
אײַנדרוק ז (ן) impression
אײַנהאַלטן (אײַנגעהאַלטן) hold, restrain
אײַנהאַנדלען (אײַנגעהאַנדלט) purchase
איינהייט נ unity
אײַנהילן (אײַנגעהילט) wrap
אײַנהעריק attentive
אײַנוווינער ז (ס) resident
אײַנווייקן (אײַנגעווייקט) soak
אײַנוויקלען (אײַנגעוויקלט) wrap
אײַנזאַלצן (אײַנגעזאַלצט) salt
איינזאַם lonely
אײַנזאַפּן (אײַנגעזאַפּט) absorb
איינזײַטיקייט נ partiality
אײַנזעצן (אײַנגעזעצט) imprison

איינטאָניק monotonous
אײַנטריט ז admission
אייניקל ז/ס (עך) grandchild
אײַנלאַדונג נ (ען) invitation
אײַנלאַדן (אײַנגעלאַדן) invite
איינס ז/נ (ן) one
אײַנעקשנען זיך (אײַנגעעקשנט) become stubborn
אײַנפּאַקן (אײַנגעפּאַקט) pack
אײַנפֿאַל ז (ן) notion, idea
אײַנפֿעדעמען (אײַנגעפֿעדעמט) thread
איינצאָל נ (ן) singular
אײַנצאָלונג נ (ען) payment
איינציק single
איינציקווײַז one by one
איינצלהייט נ (ן) detail
אײַנקויפֿן (אײַנגעקויפֿט) buy
אײַנקונפֿט נ (ן) income
אײַנקלאָגונג נ (ען) indictment
אײַנקלאָגן (אײַנגעקלאָגט) indict
אײַנקנייטשן (אײַנגעקנייטשט) fold
אײַנרוימען (אײַנגערוימט) whisper (into the ear)
אײַנרעדעניש ס (ן) fantasy; obsession
אײַנשאַפֿונג נ (ען) acquisition
אײַנשאַפֿן (אײַנגעשאַפֿט) acquire
אײַנשווערונג נ (ען) inauguration
אײַנשולדיקונג נ (ען) impeachment
איינשטימיק unanimous
אײַנשטעלן (אײַנגעשטעלט) risk, gamble; fix
אײַנשלאָפֿן (אײַנגעשלאָפֿן) fall asleep

אײַנשליסיק	inclusive
אײַנשליסן (אײַנגעשלאָסן)	include; lock in
אײַנשפאַנען (אײַנגעשפאַנט)	harness
אײַנשפאָרונג נ (ען)	saving
אײַנשפאַרן (אײַנגעשפאַרט)	shut in
אײַנשפאַרן זיך	become stubborn
אײַנשפאָרן (אײַנגעשפאָרט)	save
אײַנשפריצונג נ (ען)	injection
אײַנשפריצן (אײַנגעשפריצט)	inject
אײַער	your (pl)
אייערנעכטן	on the day before yesterday
אייקאַליפט ז (ן)	eucalyptus (tree)
אייראָפע [נ]	Europe
אייראָפעער ז	European
איך	I
אילוזיע נ (ס)	illusion
אילומינאַציע נ	illumination
אילוסטראַציע נ (ס)	illustration
אימיגראַנט ז (ן)	immigrant
אימיגראַציע נ (ס)	immigration
אימפאָרט ז (ן)	import
אימפאָרטירן (אימפאָרטירט)	import
אימפעט ז (ן)	impetus
אימפעטיק	impetuous
אימפעריאַליזם ז	imperialism
אימפעריאַליסט ז (ן)	imperialist
אימפעריע נ (ס)	empire
אין	in; at; to
אינאיינעם	together
אינגאַנצן	entirely
אינגיכן	soon
אינדוסטריע נ (עס)	industry
אינדוסטריעל	industrial
אינדזל ז (ען)	island
אינדיע [נ]	India
אינדיק ז (עס)	turkey
אין דער היים	at home
אינדערפרי	early in the morning
אינדרויסן	outside
אינהאַלט ז (ן)	contents
אינוואַליד ז (ן)	invalid
אינזשעניר ז (ן)	engineer
אינטעליגענט אדי	intelligent
אינטעליגענט ז (ן)	intellectual
אינטערנאַציאָנאַל	international
אינטערעס ז (ן)	interest; concern
אינטערעסאַנט	interesting
אינטערעסירן זיך (אינטערעסירט)	take an interest
אינטריגע נ (ס)	intrigue
איניציאַטיוו נ (ן)	initiative
אינמיטן	amidst
אינסטאַלאַטאָר ז (ן)	plumber
אינסטיטוט ז (ן)	institute
אינסטיטוציע נ (ס)	institution
אינסטינקט ז (ן)	instinct
אינסטינקטיוו	instinctive
אינסטרומענט ז (ן)	instrument
אינסעקט ז (ן)	insect
אינספעקטאָר ז (ן)	inspector
אינספעקציע נ (ס)	inspection
אינעווייניק	inside
אינעם (=אין דעם, אין דער)	in the
אינערלעך	internal
אינפאַנטעריע נ (ס)	infantry
אינפאָרמאַציע נ (ס)	information

אינפאָרמירן (אינפאָרמירט)	inform
אינפלאַציע נ(ס)	inflation
אינפעקציע נ(ס)	infection
אינקובאַטאָר ז(ן)	incubator
אינקוויזיציע נ	inquisition
אינקרימינירן (אינקרימינירט)	incriminate
איסלאַם ז	Islam
איצט	now
איצטיק	present; current
איקס ז(ן)	x (letter)
איקסשטראַלן ר	x rays
איראָניע נ	irony
איראָניש	ironical
אירלאַנד [ס]	Ireland
אירלענדער ז	Irishman
אַך!	ah!
אָך!	alas!
אַכט	eight
אַכטונג נ	esteem, respect
אַכטל ס (ען)	eighth
אַכציק	eighty
אַכצן	eighteen
אָכצן (געאָכצט)	moan
אַלאַרעם ז(ס)	alarm
אַלבאָם ז(ען)	album
אַלגעברע נ	algebra
אַלגעמיין	general
אַלומיניום ז	aluminium
אַלזאָ	consequently; then
אַלט	old
אַלטוואַרג ס	old things
אַלטלעך	obsolescent
אַלטער ז	old man
אַלטערטום ס	Antiquity

אַליטעראַציע נ(ס)	alliteration
אַליין	alone
אַלייע נ(ס)	avenue
אלמן ז(ס/ים)	widower
אלמנה נ(אלמנות)	widow
אַלס	as
אַלע	all
אַלעגאָריע נ(ס)	allegory
אַלעמאָל	always
אַלערגיע נ(ס)	allergy
אַלערליי	all kinds of
אַלפּן ר	Alps
אלף-בית ז(ן)	alphabet
אַלץ	everything, all
אַלצדינג	everything
אַלקאָהאָל ז(ן)	alcohol
אַמאָל	sometimes; formerly
אַמבאַסאַדאָר ז(ן)	ambassador
אַמבאַסאַדע נ(ס)	embassy
אַמבולאַנס ז(ן)	ambulance
אַמביציע נ(ס)	ambition
אַמוניציע נ	ammunition
אַמט ז(ן)	office
אַמנעסטיע נ(ס)	amnesty
אַמעריקאַניש	American
אַמעריקאַנער ז	American
אַמעריקע [נ]	America
אַמפּערניש ס (ן)	bickering
אמת	true
אמת ז(ן)	truth
אמתדיק	truthful
אַן (אומבאַשטימטער אַרטיקל)	an
אָן	without
אַנאַטאָמיע נ(ס)	anatomy
אַנאַכראָניזם ז(ען)	anachronism

אַנאַלאָגיע נ (ס)	analogy
אַנאַליז ז (ן)	analysis
אַנאַלפאַבעט ז (ן)	illiterate
אַנאַלפאַבעטיזם ז	illiteracy
אַנאַנאַס ז (ן)	pineapple
אַנאַרכיע נ	anarchy
אָנבאָטן (אָנגעבאָטן)	bid, offer
אָנבײַסן ס (ס)	lunch
אָנבלאָזן (אָנגעבלאָזן)	inflate
אַנגלאָסאַקס ז (ן)	Anglo-Saxon
אָנגעבלאָזן	inflated
אָנגעבן (אָנגעגעבן)	state; submit
אָנגעוויזן (אויף)	dependent
אָנגעווייטיקט	painful
אָנגעווענדט	applied
אָנגעזען	distinguished
אָנגעכמאַרעט	cloudy; sullen
אָנגעלאָדן	loaded
אָנגענומען	accepted
אָנגענעם	pleasant
אָנגעצונדן	ignited; furious
אָנגעקלאָגטער ז	defendant
אָנגעשטאָפּט	crammed
אָנגעשטעלטער ז	employee
אָנגעשטרענגט	strained
אָנגרייטן (אָנגעגרייט)	prepare
אָנגרײַפן (אָנגעגריפן)	assault
אָנדענק ז (ען)	remembrance
אַנדער	other; another
אַנדערש	differently
אַנדערשוווּ	elsewhere
אָנדרייען (אָנגעדרייט)	wind (clock)
אָנהאַלטן (אָנגעהאַלטן)	persist
אָנהאַלטן זיך	hold on to
אָנהייב ז (ן)	beginning
אָנהייבן (אָנגעהויבן)	begin
אָנהענגער ז (ס)	adherent
אָנוואַלגערן (אָנגעוואַלגערט)	pile up
אָנוואַרעמען (אָנגעוואַרעמט)	warm up
אָנוואַרפן (אָנגעוואָרפן)	litter; strew about
אָנוווּקס ז (ן)	tumor
אָנווײַזן (אָנגעוויזן)	indicate
אָנווענדן (אָנגעווענדט)	apply
אָנווערן (אָנגעווירן)	lose
אָנזאַמלען (אָנגעזאַמלט)	accumulate
אָנזעץ ז (ן)	bankruptcy
אַנטאָלאָגיע נ (ס)	anthology
אָנטאָן (אָנגעטאָן)	dress; inflict
אַנטאַרקטיק ז	Antarctic
אַנטדעקונג נ (ען)	discovery
אַנטוואָפענונג נ	disarmament
אַנטוויינען (אַנטוויינט)	wean
אַנטוויקלונג נ (ען)	development
אַנטוויקלען (אַנטוויקלט)	develop
אַנטוישונג נ (ען)	disappointment
אַנטוישן (אַנטוישט)	disappoint
אַנטיביאָטיק ז (ן)	antibiotic
אַנטייל ז (ן)	share, participation
אַנטיסעמיט ז (ן)	anti-Semite
אַנטיסעמיטיזם ז	anti-Semitism
אַנטיסעמיטיש	anti-Semitic
אַנטיק ז (ן)	antique
אַנטיק	ancient

אַנטלויפן (אַנטלאָפן)	run away
אַנטענע נ(ס)	antenna
אַנטפלעקן (אַנטפלעקט)	reveal; discover
אַנטקעגן	opposite; against
אַנטראָפאָלאָגיע נ	anthropology
אַנטשולדיקונג נ(ען)	apology
אַנטשולדיקן (אַנטשולדיקט)	excuse
אַנטשולדיקן זיך	apologize
אַנטשטייאונג נ(ען)	origin; rise
אַנטשטיין (אַנטשטאַנען)	originate
אַנטשלאָסן	resolute
אַנטשעדיקונג נ(ען)	compensation
אָנטשעפען (אָנגעטשעפעט)	hook on
אַנידער	down
אַנידערוואַרפן (אַנידערגעוואָרפן)	throw down
אַנידערזעצן זיך (אַנידערגעזעצט)	sit down
אָנכאַפן (אָנגעכאַפט)	seize, grasp
אָנלייגן (אָנגעלייגט)	pile, heap up
אָנמאַכן (אָנגעמאַכט)	cause; soil, pollute
אָנמעסטן (אָנגעמאָסטן)	fit, try on (clothes)
אָננעמען (אָנגענומען)	accept; assume
אָננעמען זיך פאַר	support; defend
אָנעם (=אָן דעם)	without the
אַנעסטעטיק ז(ן)	anesthetic
אַנעקדאָט ז(ן)	anecdote
אָנערקענונג נ(ען)	acknowledgment
אָנערקענען (אָנערקענט)	acknowledge
אָנפאַטשקען (אָנגעפאַטשקעט)	make a mess
אָנפלאַפלען (אָנגעפלאַפלט)	talk foolishly
אָנפאַל ז(ן)	attack; fit, stroke
אָנפאַלן (אָנגעפאַלן)	attack
אָנפאַנג ז(ען)	beginning
אָנפילן (אָנגעפילט)	fill, stuff
אָנפירונג נ(ען)	leadership
אָנפירן (אָנגעפירט)	lead
אָנצוג ז(ן)	suit (of clothes)
אָנצינדן (אָנגעצונדן)	kindle
אָנקוועלן (אָנגעקוואָלן)	beam with joy
אָנקויפן (אָנגעקויפט)	buy much
אָנקומען (אָנגעקומען)	arrive
אָנקלאָגן (אָנגעקלאָגט)	accuse
אָנקלאָגער ז(ס)	plaintiff
אָנקלאַפן (אָנגעקלאַפט)	knock
אָנקלינגען (אָנגעקלונגען)	ring
אָנקלעפן (אָנגעקלעפט)	glue, stick
אַנקער ז(ס)	anchor
אָנראַבעווען (אָנגעראַבעוועט)	amass by robbery
אָנרײַסן (אָנגעריסן)	pluck (flowers)
אָנרייצן (אָנגערייצט)	incite
אָנרירן (אָנגערירט)	touch
אָנשאַרן (אָנגעשאַרט)	amass
אָנשטאָט	instead
אַנשטאַלט ז(ן)	institution
אָנשטאָפן (אָנגעשטאָפט)	stuff, fill
אָנשטעל ז(ן)	pretense
אָנשטעלן (אָנגעשטעלט)	hire; set (watch)

אָנשטענדיק	decent
אָנשטעקונג נ (ען)	infection
אָנשטעקן (אָנגעשטעקט)	infect
אָנשטרענגונג נ (ען)	effort, strain
אָנשטרענגען (אָנגעשטרענגט)	strain, exert
אָנשיקעניש ס (ן)	nuisance; vexation
אָנשלאָגן (אָנגעשלאָגן)	strike; offer
אָנשעפּן (אָנגעשעפּט)	draw (water)
אָנשפּאַר ז (ן)	support
אָנשפּאַרן (אָנגעשפּאַרט)	lean
אַסטראָנאָט, אַסטראָנויט ז (ן)	astronaut
אַסטראָנאָם ז (ען)	astronomer
אַסטראָנאָמיע נ	astronomy
אַסימילאַציע נ (ס)	assimilation
אַסימילירט	aasimilated
אַסימילירן (אַסימילירט)	assimilate
אַ סך	many; a lot
אַספּירין ז (ען)	aspirin
אַספאַלט ז	asphalt
אַעראָפּלאַן ז (ען)	airplane
אָפּאָזיציע נ (ס)	opposition
אַפּאַטיע נ	apathy
אָפּאָטעמען (אָפּגעאָטעמט)	recover one's breath
אַפּאַראַט ז (ן)	apparatus
אָפּבריִען (אָפּגעבריט)	scald
אָפּברעכן (אָפּגעבראָכן)	break off
אָפּגאָט ז (אָפּגעטער)	idol
אָפּגיין (אָפּגעגאַנגען)	go off; abate
אָפּגיסן (אָפּגעגאָסן)	cast, mold; pour
אָפּגעבן (אָפּגעגעבן)	deliver, give back
אָפּגעלאָזן	neglected
אָפּגעפרעמדט	estranged
אָפּגעריסן	ragged
אָפּגעשוואַכט	weakened
אָפּגעשטאַנען	backward
אָפּגרונט ז (ן)	abyss
אָפּדינען (אָפּגעדינט)	serve one's time; reciprocate
אָפּהאַלט ז (ן)	obstacle; deterrent
אָפּהאַלטן (אָפּגעהאַלטן)	stop; deter
אָפּהאַנדלונג נ (ען)	treatise
אָפּהאַקן (אָפּגעהאַקט)	cut off; interrupt
אָפּהיטונג נ	observance
אָפּהיטן (אָפּגעהיטן)	observe, keep
אָפּהילך ז (ן)	echo
אָפּהענגיק	dependent
אָפּהענגיקייט נ	dependence
אָפּהענגען (אָפּגעהאָנגען)	depend on
אָפּוואָפענונג נ (ען)	disarmament
אָפּוואָפענען (אָפּגעוואָפנט)	disarm
אָפּוואַרפן (אָפּגעוואָרפן)	reject
אָפּוואַשן זיך (אָפּגעוואַשן)	wash oneself
אָפּווישן (אָפּגעווישט)	wipe off
אָפּזאָג ז (ן)	dismissal; refusal
אָפּזאָגן (אָפּגעזאָגט)	dismiss; refuse
אָפּזונדערונג נ	isolation; separation
אָפּזונדערן (אָפּגעזונדערט)	isolate; separate
אָפּטאָן (אָפּגעטאָן)	do, perform; play (a trick)
אָפּטייל ז (ן)	section

אָפּטיילן (אָפּגעטיילט)	separate, divide
אַפּטייק נ (ן)	pharmacy
אַפּטייקער ז (ס)	pharmacist
אָפּטימיזם ז	optimism
אָפּטימיסט ז (ן)	optimist
אָפּטיקער ז (ס)	optician
אָפּטראָגן (אָפּגעטראָגן)	carry back; wear out
אָפּטראָגן זיך	get away
אָפּטרעט ז (ן)	rest room
אָפּטרעטן (אָפּגעטראָטן)	yield; recede
אָפּטשעפּען (אָפּגעטשעפּעט)	detach
אָפּיום ז	opium
אָפּל ז (ען)	nipple
אַפּלאָדירן (אַפּלאָדירט)	applaud
אָפּלאָזן (אָפּגעלאָזט)	let off; abandon
אָפּלאַכן (אָפּגעלאַכט)	laugh at
אָפּלויפן (אָפּגעלאָפן)	run off; expire
אָפּלייגן (אָפּגעלייגט)	put aside; postpone
אָפּלייקענען (אָפּגעלייקנט)	deny
אָפּמאַך ז (ן)	agreement
אָפּמעסטן (אָפּגעמאָסטן)	measure
אָפּמעקן (אָפּגעמעקט)	erase
אָפּנאַרן (אָפּגענאַרט)	deceive
אָפּנייג ז (ן)	deviation
אָפּנייגן (אָפּגענייגט)	turn away
אָפּניצן (אָפּגעניצט)	wear out
אַפּעטיט ז (ן)	appetite
אַפּעלאַציע נ (ס)	(Law) appeal
אַפּעלירן (אַפּעלירט)	appeal
אַפּענדיציט ז (ן)	appendicitis
אָפּענטפערן (אָפּגעענטפערט)	reply; rebut
אָפּעסן (אָפּגעגעסן)	finish eating
אָפּעראַציע נ (ס)	operation
אָפּערירן (אָפּערירט)	operate
אָפּערע נ (ס)	opera
אָפּפאַל ז	trash; junk
אָפּפאַלן (אָפּגעפאַלן)	fall off
אָפּפאָרן (אָפּגעפאָרן)	depart
אָפּפלייץ ז (ן)	ebb
אָפּפרישן (אָפּגעפרישט)	refresh
אָפּפרעמדן (אָפּגעפרעמדט)	estrange
אָפּצאָל ז (ן)	dues; toll
אָפּצאָלן (אָפּגעצאָלט)	repay
אָפּצאַמען (אָפּגעצאַמט)	fence off
אָפּצייכן ז (ס)	badge
אָפּציילן (אָפּגעציילט)	count
אָפּקאָכן (אָפּגעקאָכט)	finish cooking; boil
אָפּקויפן (אָפּגעקויפט)	purchase
אָפּקומען (אָפּגעקומען)	suffer; get off
אָפּקומעניש ס (ן)	suffering; atonement
אָפּקילן (אָפּגעקילט)	cool off
אָפּקירצונג נ (ען)	abridgement
אָפּקירצן (אָפּגעקירצט)	abridge
אָפּקלעקן (אָפּגעקלעקט)	blot, dry (ink) with blotting paper
אָפּקערן (אָפּגעקערט)	turn away
אָפּקריכן (אָפּגעקראָכן)	creep away; fade
אָפּראַזירן (אָפּראַזירט)	shave
אָפּראַטעווען (אָפּגעראַטעוועט)	rescue

אָפראַמען (אָפגעראַמט) clear, remove
אָפרו ז (ען) rest
אָפרוען (אָפגערוט) rest, relax
אָפרוף ז (ן) response
אָפרופן (אָפגערופן) call off, cancel
אָפרופן זיך respond
אָפרייניקן (אָפגערייניקט) clean up
אָפריכטן (אָפגעריכט) perform
אַפריל ז (ן) April
אָפרינען (אָפגערונען) run off; drain
אָפרעדן (אָפגערעדט) stipulate; agree
אָפרעדן פון dissuade
אָפרעכענען (אָפגערעכנט) deduct
אָפרעכענען זיך settle with; get even with
אָפשאַפונג נ (ען) abolition
אָפשאַפן (אָפגעשאַפן) abolish
אָפשאַצונג נ (ען) appraisal; evaluation
אָפשאַצן (אָפגעשאַצט) appraise; evaluate
אָפשאָקלען (אָפגעשאָקלט) shake off
אָפשוואַכן (אָפגעשוואַכט) weaken
אָפשטאַמונג נ descent; derivation
אָפשטאַמען (אָפגעשטאַמט) be descended; be derived
אָפשטויסן (אָפגעשטויסן) repel
אָפשטימונג נ (ען) vote, poll
אָפשטעל ז (ן) stop, halt
אָפשטעלן (אָפגעשטעלט) stop
אָפשיידן (אָפגעשיידט) separate

אָפשיילן (אָפגעשיילט) peel
אָפשייַן ז (ען) reflection; glare
אָפשייַנען (אָפגעשייַנט) reflect; glare
אָפשלאָגן (אָפגעשלאָגן) beat off; refute
אָפשליסן (אָפגעשלאָסן) close; conclude
אָפשלעפן (אָפגעשלעפט) drag away; delay
אָפשמייַסן (אָפגעשמיסן) whip; spank
אָפשנייַדן (אָפגעשניטן) cut off
אָפשערן (אָפגעשוירן) shear
אָפשערן זיך get a haircut
אָפשפאָרונג נ (ען) savings
אָפשפאָרן (אָפגעשפאָרט) save; economize
אָפשפיגלונג נ (ען) reflection
אָפשפיגלען (אָפגעשפיגלט) reflect; mirror
אָפשפעטן (אָפגעשפעט) scoff
אָפשפרינגען (אָפגעשפרונגען) bounce; recoil
אָפשפרעכן (אָפגעשפראָכן) exorcise
אָפשרויפן (אָפגעשרויפט) unscrew
אָפשרעקן (אָפגעשראָקן) frighten
אָפט אדי frequent
אָפט אדוו often
אפילו even
אָפיציעל official
אָפיציר ז (ן) officer (of the army)
אָפן open
אָפסעט ז offset (printing)
אַפריקע [נ] Africa

אפשר perhaps
אַקאַדעמיע נ(ס) academy
אַקאַדעמיקער ז(ס) academician
אַקאַציע נ(ס) acacia (tree)
אַקוואַריום ז(ס) aquarium
אַקושערקע נ(ס) midwife
אַקט ז(ן) act
אָקטאָבער ז(ס) October
אַקטיאָר ז(ן) actor
אַקטריסע נ(ס) actress
אָקס ז(ן) ox
אַקסל ז(ען) shoulder
אָקעאַן ז(ען) ocean
אַקער ז(ס) plow; acre
אַקערן (געאַקערט) plow
אַקציע נ(ס) (capital) share; action
אַקצענט ז(ן) accent
אַקצענטירן (אַקצענטירט) accentuate; emphasize
אַראַבֿיע [נ] Arabia
אַראַבֿיש Arabic
אַראַבֿער ז Arab
אָראַטאָר ז(ן) orator
אַראַמעאיש Aramaic
אָראַנזש ז(ן) orange (fruit)
אָראַנזשן אדי orange (color)
אַראָפּ down
אַראָפּגאַנג ז(ען) descent
אַראָפּגיין (אַראָפּגעגאַנגען) go down
אַראָפּהענגען (אַראָפּגעהאָנגען) hang down
אַראָפּוואַרפן (אַראָפּגעוואָרפן) throw down
אַראָפּזעצן (אַראָפּגעזעצט) seat down; depose
אַראָפּלאָזן (אַראָפּגעלאָזט) let down; reduce
אַראָפּנעמען (אַראָפּגענומען) take down; subtract
אַראָפּפאַלן (אַראָפּגעפאַלן) fall down
אַראָפּקוקן (אַראָפּגעקוקט) look down
אַראָפּקריכן (אַראָפּגעקראָכן) crawl down
אַראָפּרײַסן (אַראָפּגעריסן) tear off
אַראָפּרעכענען (אַראָפּגערעכנט) discount, deduct
אַראָפּשאָקלען (אַראָפּגעשאָקלט) shake off
אַראָפּשווענקען (אַראָפּגעשווענקט) flush down
אַראָפּשטעלן (אַראָפּגעשטעלט) place down
אַראָפּשלינגען (אַראָפּגעשלונגען) swallow
אַראָפּשלעפּן (אַראָפּגעשלעפּט) pull down
אַראָפּשפּרינגען (אַראָפּגעשפּרונגען) jump down
אָראַקל ז(ען) oracle
אַרבֿוז ז(ן) watermelon
אָרבֿיט ז(ן) orbit
אַרבל ז sleeve
אַרבֿעט נ(ן) work; job
אַרבֿעטן (געאַרבֿעט) work
אַרבֿעטסלאָז unemployed
אַרבֿעטסלאָזיקייט נ unemployment
אַרבֿעטער ז(ס) laborer, workman
אַרבֿעס ז pea

אָרגאַניזאַציע נ (ס) organization

אָרגאַניזירן (אָרגאַניזירט) organize

אָרגיע נ (ס) orgy

אָרגל ז (ען) (musical) organ

אָרגלער ז (ס) organist

אַרגענטינע [נ] Argentina

אָרדענונג נ (ען) order; arrangement

אַרויס אדוו out

אַרויס! get out!

אַרויסבאַגלייטן (אַרויסבאַגלייט) escort, see off

אַרויסבאַקומען (אַרויסבאַקומען) elicit

אַרויסברענגען (אַרויסגעבראַכט) bring forth

אַרויסגאַנג ז (ען) exit

אַרויסגיין (אַרויסגעגאַנגען) go out; be published

אַרויסגיסן (אַרויסגעגאָסן) pour out

אַרויסגעבן (אַרויסגעגעבן) give out; publish

אַרויסגעבער ז (ס) publisher

אַרויסגעוואָרפן useless

אַרויסדריי ז (ען) evasion

אַרויסדרייען זיך (אַרויסגעדרייט) evade

אַרויסדרינגען (אַרויסגעדרונגען) infer, deduce

אַרויסהעלפן (אַרויסגעהאָלפן) assist

אַרויסוואַקסן (אַרויסגעוואַקסן) grow out

אַרויסוואַרפן (אַרויסגעוואָרפן) throw out

אַרויסטראָגן (אַרויסגעטראָגן) carry outside

אַרויסטרײַבן (אַרויסגעטריבן) drive out, expel

אַרויסכאַפּן (אַרויסגעכאַפּט) snatch

אַרויסלאָזן (אַרויסגעלאָזט) let out

אַרויסלויפן (אַרויסגעלאָפן) run outside

אַרויסנעמען (אַרויסגענומען) take out

אַרויספאָדערונג נ (ען) challenge

אַרויספאָדערן (אַרויסגעפאָדערט) challenge

אַרויספאַלן (אַרויסגעפאַלן) fall out

אַרויספאָרן (אַרויסגעפאָרן) go away (by vehicle)

אַרויסציִען (אַרויסגעצויגן) extract

אַרויסקוועטשן (אַרויסגעקוועטשט) squeeze out

אַרויסקומען (אַרויסגעקומען) come out

אַרויסקוק ז (ן) outlook

אַרויסקוקן (אַרויסגעקוקט) look out

אַרויסקערן (אַרויסגעקערט) sweep out

אַרויסקריגן (אַרויסגעקראָגן) elicit, exact

אַרויסראַטעווען (אַרויסגעראַטעוועט) rescue

אַרויסרוף ז (ן) challenge

אַרויסרופן (אַרויסגערופן) challenge

אַרויסרײַסן (אַרויסגעריסן) tear out

אַרויסרינען (אַרויסגערונען) leak out

אַרויסשטופּן (אַרויסגעשטופּט) push out

אַרויסשטעלן (אַרויסגעשטעלט) put out

אַרויסשטעקן stick out
(אַרויסגעשטעקט)
אַרויסשיקן (אַרויסגעשיקט) send out
אַרויסשפּרינגען jump out
(אַרויסגעשפּרונגען)
אַרויסשפּריצן spout
(אַרויסגעשפּריצט)
אַרויף up, upwards
אַרויפֿאַרבעטן succeed, get ahead
זיך (אַרויפֿגעאַרבעט)
אַרויפֿגאַנג ז (ען) ascent
אַרויפֿגיין (אַרויפֿגעגאַנגען) go up
אַרויפֿוואַרפֿן throw upwards
(אַרויפֿגעוואָרפֿן)
אַרויפֿלייגן (אַרויפֿגעלייגט) put upon
אַרויפֿקאַטשען roll up
(אַרויפֿגעקאַטשעט)
אַרויפֿשפּרינגען jump upon
(אַרויפֿגעשפּרונגען)
אַרום around; about; approximately
אַרומגיין go around
(אַרומגעגאַנגען)
אַרומדרייען walk about; loiter
זיך (אַרומגעדרייט)
אַרומזוכן search everywhere
(אַרומגעזוכט)
אַרומטאַנצן dance around; bustle
(אַרומגעטאַנצט)
אַרומכאַפּן embrace
(אַרומגעכאַפּט)
אַרומלויפֿן run aimlessly, ramble
(אַרומגעלאָפֿן)
אַרומנעמען embrace; comprise
(אַרומגענומען)

אַרומפֿאָרן travel; tour
(אַרומגעפֿאָרן)
אַרומקוק ז (ן) inspection
אַרומקוקן inspect; survey
(אַרומגעקוקט)
אַרומקוקן זיך look around
אַרומרײַסן זיך (אַרומגעריסן) quarrel
אַרומרינגלען surround
(אַרומגערינגלט)
אַרומשלעפּן drag around
(אַרומגעשלעפּט)
אַרומשלעפּן זיך tramp, rove
אָרון ז (ות) coffin
אָרון־קודש ז (ן) Holy Ark
אָרט ס (ערטער) place; spot
אָרטאָדאָקס ז (ן) orthodox man
אָרטאָדאָקסיע נ orthodoxy
אָרטאָדאָקסיש orthodox
אַרטילעריע נ artillery
אַרטיקל ז (ען) commodity; scholarly paper; article (in grammar)
אַריבער over, across
אַריבערברענגען bring over
(אַריבערגעבראַכט)
אַריבערגאַנג ז (ען) crossing
אַריבערגיין cross; exceed
(אַריבערגעגאַנגען)
אַריבערפֿירן transport
(אַריבערגעפֿירט)
אָריגינאַל ז (ן) original
אַריטמעטיק נ arithmetic
אַריטמעטיש arithmetical
אַרײַן in, into
אַרײַנבליק ז (ן) insight
אַרײַנבּרעך ז (ן) burglary

break into	אַרײַנברעכן זיך (אַרײַנגעבּראָכן)
burglar	אַרײַנברעכער ז(ס)
entrance	אַרײַנגאַנג ז(ען)
hand in	אַרײַנגעבּן (אַרײַנגעגעבּן)
absorbed	אַרײַנגעטאָן
inclusive	אַרײַנגערעכנט
sneak in	אַרײַנדרייען זיך (אַרײַנגעדרייט)
penetrate	אַרײַנדרינגען (אַרײַנגעדרונגען)
throw in	אַרײַנוואַרפן (אַרײַנגעוואַרפן)
put in	אַרײַנטאָן (אַרײַנגעטאָן)
read into	אַרײַנטײַטשן (אַרײַנגעטײַטשט)
bring in	אַרײַנטראָגן (אַרײַנגעטראָגן)
step in; join	אַרײַנטרעטן (אַרײַנגעטראָטן)
snatch, grab; take (punishment, etc.)	אַרײַנכאַפן (אַרײַנגעכאַפט)
let in	אַרײַנלאָזן (אַרײַנגעלאָזט)
put in	אַרײַנלייגן (אַרײַנגעלייגט)
mix in	אַרײַנמישן (אַרײַנגעמישט)
lure	אַרײַננאַרן (אַרײַנגענאַרט)
take in; comprise	אַרײַננעמען (אַרײַנגענומען)
fall in; be caught; be deceived	אַרײַנפאַלן (אַרײַנגעפאַלן)
drive in	אַרײַנפאָרן (אַרײַנגעפאָרן)
introduction	אַרײַנפיר ז(ן)
lead in	אַרײַנפירן (אַרײַנגעפירט)
draw in; implicate	אַרײַנציִען (אַרײַנגעצויגן)

entrance	אַרײַנקום ז(ען)
come in	אַרײַנקומען (אַרײַנגעקומען)
look in	אַרײַנקוקן (אַרײַנגעקוקט)
contemplate	אַרײַנקלערן (אַרײַנגעקלערט)
knock in	אַרײַנקנאַקן (אַרײַנגעקנאַקט)
crawl in	אַרײַנקריכן (אַרײַנגעקראָכן)
call in	אַרײַנרופן (אַרײַנגערופן)
shove in	אַרײַנרוקן (אַרײַנגערוקט)
intrude	אַרײַנרײַסן זיך (אַרײַנגעריסן)
rain in	אַרײַנרעגענען (אַרײַנגערעגנט)
push in	אַרײַנשטופן (אַרײַנגעשטופט)
place into; insert	אַרײַנשטעלן (אַרײַנגעשטעלט)
stick in	אַרײַנשטעקן (אַרײַנגעשטעקט)
shine into	אַרײַנשײַנען (אַרײַנגעשײַנט)
send in	אַרײַנשיקן (אַרײַנגעשיקט)
jump in	אַרײַנשפּרינגען (אַרײַנגעשפּרונגען)
aristocrat	אַריסטאָקראַט ז(ן)
aristocracy	אַריסטאָקראַטיע נ(ס)
aristocratic	אַריסטאָקראַטיש
orchid	אָרכידעע נ(ס)
archives	אַרכיוו ז(ן)
architect	אַרכיטעקט ז(ן)
architecture	אַרכיטעקטור נ
archipelago	אַרכיפּעלאַג ז(ן)
archaeologist	אַרכעאָלאָג ז(ן)
archaeology	אַרכעאָלאָגיע נ
army	אַרמיי נ(ען)

אַרמעניע [נ]	Armenia
אַרמענער ז	Armenian
אַרן (געאַרט)	concern; care
אָרנטלעך	honest
אָרנטלעכקייט נ	honesty
אָרעם ז (ס)	arm
אָרעם אדי	poor
אָרעמאַן ז (אָרעמעלײַט)	poor man
אָרעמקייט נ	poverty
אַרענדאַר ז (ן)	lessee (of a farm)
אַרענדע נ (ס)	lease (of a farm)
אַרעסט ז (ן)	arrest, imprisonment
אַרעסטירן (אַרעסטירט)	arrest
ארץ־ישׂראל [ס]	Eretz Israel
ארץ־ישׂראל־פּעדעם ר	gossamer
אַרקטיק ז	Arctic
אַרקטיש אדי	Arctic
אַש ס	ashes
אַש־טעצל ס (עך)	ashtray
אַשכּנזי ז (ים)	Ashkenazic Jew

בּ

בּ ז/נ	the 2nd letter of the Hebrew alphabet
באַאומרואיקן (באַאומרואיקט)	alarm; disturb
באַאַמטער ז	official; clerk
באַאַרבעטונג נ (ען)	cultivation
באַאַרבעטן (באַאַרבעט)	cultivate
באָב ז (עס)	bean
באָבע נ (ס)	grandmother
באָבקע נ (ס)	dung of goats or sheep
באַגאַזש ז (ן)	baggage
באַגזלען (באַגזלט)	rob
באַגיין (באַגאַנגען)	commit
באַגײַסטערונג נ (ען)	inspiration
באַגײַסטערן (באַגײַסטערט)	inspire
באַגיסן (באַגאָסן)	water; spill on
באַגלייבט	trusted
באַגלייטונג נ (ען)	escort; accompaniment
באַגלייטן (באַגלייט)	escort, accompany
באַגלייטער ז (ס)	escort
באַגליקן (באַגליקט)	be fortunate
באַגנעט ז (ן)	bayonet
באַגעגעניש ס (ן)	encounter
באַגעגענען (באַגעגנט)	encounter, meet
באַגער ז (ן)	desire
באַגערן (באַגערט)	desire
באַגראָבן (באַגראָבן)	bury
באַגרײַפן (באַגריפן)	comprehend
באַגרינדן (באַגרינדט)	prove; substantiate
באַגריסונג נ (ען)	greeting
באַגריסן (באַגריסט)	greet
באַגריף ז (ן)	concept
באַגרענעצונג נ (ען)	limitation
באַגרענעצן (באַגרענעצט)	limit
באָד נ (בעדער)	bath
באַדאַרף ז (ן)	need
באַדויערונג נ (ען)	regret
באַדויערן (באַדויערט)	regret

באַדײַטונג נ (ען) meaning; significance
באַדײַטן (באַדײַט) mean; signify
באַדינג ז (ען) condition
באַדינונג נ (ען) service
באַדינען (באַדינט) serve; wait on
באָדן ז (ס) terrain, ground
באָדן (געבאָדן) bathe
באַדערפעניש ס (ן) need, want
באַדריקונג נ (ען) oppression
באַדריקן (באַדריקט) oppress
באַהאַוונט proficient, versed
באַהאַוונטקייט נ proficiency
באַהאַלטן (באַהאַלטן) hide
באַהאַנדלונג נ (ען) treatment
באַהאַנדלען (באַהאַנדלט) treat
באַהייצונג נ heating
באַהייצן (באַהייצט) heat
באַהעלטעניש ס (ן) hiding place
באַהערשן (באַהערשט) dominate
באַוואַכן (באַוואַכט) guard
באַוואַסערונג נ irrigation
באַוואַסערן (באַוואַסערט) irrigate
באַוואָפענונג נ armament
באַוואָפענען (באַוואָפנט) arm
באַוואָרעניש ס (ן) safeguard, precaution
באַוואָרענען (באַוואָרנט) safeguard
באַוואָרפן (באַוואָרפן) pelt
באַווונדערן (באַווונדערט) admire
באַוווסטזײַן ס consciousness
באַווײַז ז (ן) proof
באַווײַזן (באַוויזן) prove
באַוויינען (באַוויינט) lament
באַוול ז cotton

באַוועגונג נ (ען) movement
באַוועגן (באַוועגט) move
באַזאַלצן (באַזאַלצט) salt
באַזאַר ז (ן) bazaar
באַזאָרגט worried; provided
באַזאָרגן (באַזאָרגט) attend to; provide
באַזוך ז (ן) visit
באַזוכן (באַזוכט) visit
באַזונדער separate; special
באַזיגן (באַזיגט) conquer
באַזײַטיקן (באַזײַטיקט) remove
באַזינגען (באַזונגען) laud (in song)
באַזיץ ז possession
באַזיצן (באַזיצט) possess
באַזעצונג נ (ען) occupation; settling
באַזעצן (באַזעצט) occupy; settle
באַזעצער ז (ס) settler
באַטאַטע נ (ס) sweet potato
באַטאַליאָן ז (ען) battalion
באָטאַניק נ botany
באָטאַניקער ז (ס) botanist
באַטאָנען (באַטאָנט) accentuate
באַטייליקונג נ participation
באַטייליקן זיך (באַטייליקט) participate
באָטן (געבאָטן) bid, offer
באַטעריע נ (ס) battery
באַטראַכט ז consideration
באַטראַכטן (באַטראַכט) consider
באַטרעטן (באַטראָטן) tread, set foot on
באַטרעפן (באַטראָפן) amount to
באָטשאַן ז (עס) stork
באַל ז (ן), באַלעם ז (ס) ball (game)

באַל ז (בעלער)	ball (dance)
באַלאַגאַן ז (ען)	showbooth; mess
באַלאַגערונג נ (ען)	siege
באַלאַגערן (באַלאַגערט)	besiege
באַלאַדע נ (ס)	ballad
באַלאַלײַקע נ (ס)	balalaika
באַלאָן ז (ען)	balloon
באַלאַנגען (באַלאַנגט)	belong
באַלאַנס, באַלאַנץ ז (ן)	balance
באַלאַסטיקן (באַלאַסטיקט)	burden
באַלד	soon, immediately
באַלדיק	prompt
באַלוינונג נ (ען)	reward
באַלוינען (באַלוינט)	reward
באַלזאַם ז	balm; balsam
באַליבט	beloved
באַליידיקונג נ (ען)	insult
באַליידיקן (באַליידיקט)	insult
באַלײַכטן (באַלויכטן)	light up; elucidate
באַלעט ז (ן)	ballet
באַלעמוטשען (באַלעמוטשעט)	waste time; babble
באַלעמער ז (ס)	almemar (in a synagogue)
באַלעסטיקן (באַלעסטיקט)	molest
באַלקאָן ז (ען)	balcony
באָמבאָניערקע נ (ס)	box of candies
באָמבאַרדירונג נ (ען)	bombing
באָמבאַרדירן (באָמבאַרדירט)	bomb
באָמבלען זיך (געבאָמבלט)	dangle
באָמבע נ (ס)	bomb
באַמיִען זיך (באַמיט)	endeavor, strive
באַמערקונג נ (ען)	remark; observation
באַמערקן (באַמערקט)	remark; observe
באַן נ (ען)	train; railway
באַנאַנע נ (ס)	banana
באַנאַרישן זיך (באַנאַרישט)	act foolishly
באַנג טאָן (באַנג געטאָן)	be sorry
באַנד נ (בענדער)	ribbon, band
באַנד ז (בענד/בענדער)	volume (book)
באַנדאַזש ז (ן)	bandage
באַנדאַזשירן (באַנדאַזשירט)	bandage
באַנדיט ז (ן)	bandit
באַנדע נ (ס)	gang, band
באַנוגענען זיך (באַנוגנט)	be satisfied
באָנוס ז (ן)	bonus
באַנוצן (באַנוצט)	use; employ
באַנײַאונג נ (ען)	renewal
באַנײַען (באַנײַט)	renew
באַנעם ז (ען)	comprehension
באַנעמען (באַנומען)	comprehend
באַנעצן (באַנעצט)	moisten
באַנק נ (בענק)	bench; bank (financial institution)
באַנקעט ז (ן)	banquet
באַנקראָט ז (ן)	bankruptcy
באַנקראָטירן (באַנקראָטירט)	go bankrupt
באַס ז (ן)	bass (in music)
באַעוולען (באַעוולט)	wrong, abuse
באַפאַלן (באַפאַלן)	assault, attack
באַפולמעכטיקונג נ (ען)	authorization
באַפולמעכטיקן (באַפולמעכטיקט)	authorize

באַפעל ז (ן)	order, command
באַפעלן (באַפוילן)	order, command
באַפעלקערונג נ (ען)	population
באַפעסטיקונג נ (ען)	fortification
באַפעסטיקן (באַפעסטיקט)	fortify
באַפרידיקונג נ (ען)	satisfaction
באַפרידיקן (באַפרידיקט)	satisfy
באַפרײַאונג נ	liberation
באַפרײַען (באַפרײַט)	liberate
באַצאָלונג נ (ען)	payment
באַצאָלן (באַצאָלט)	pay
באַצויבערונג נ (ען)	enchantment
באַצויבערן (באַצויבערט)	enchant; charm
באַציאונג נ (ען)	relation; attitude
באַצייכענונג נ (ען)	label; designation
באַצייכענען (באַצייכנט)	label; designate
באַציִעכץ ס	bed linens
באַציִען (באַצויגן)	cover (with linens)
באַציִען זיך	relate to; refer
באַק נ (ן)	cheek
באָק ז (בעק)	he-goat
באַקאַנט	acquainted; known
באַקאַנטער ז	acquaintance
באַקוועם	comfortable; convenient
באַקוועמלעכקייט נ (ן)	comfort; convenience
באַקומען (באַקומען)	receive
באַקוקן (באַקוקט)	examine
באַקטעריע נ (ס)	bacterium
באַקלאָגן (באַקלאָגט)	lament
באַקלאָגן זיך	complain
באַקן (געבאַקן)	bake
באָקסער ז (ן)	carob
באַקעמפן (באַקעמפט)	fight; contest
באַקענען (באַקענט)	introduce to
באַקענען זיך	get acquainted
באַראַבעווען (באַראַבעוועט)	rob
באַראַטונג נ (ען)	consultation
באַראַטן זיך (באַראָטן)	consult
באַראָמעטער ז (ס)	barometer
באַראָן ז (ען)	baron
באַרבאַר ז (ן)	barbarian
באַרבאַריש	barbarian
באַרג ז (בערג)	mountain
באַרגיק	mountainous
באָרגן (געבאָרגט)	borrow; lend
באָרד נ (בערד)	beard
באַרואיקן (באַרואיקט)	calm
באָרוועס	barefoot
באַרויבן (באַרויבט)	rob
באַריטאָן ז (ען)	baritone
באַרײַכערן (באַרײַכערט)	enrich
באַריכט ז (ן)	report
באַרימט	famous
באַרימטקייט נ	fame
באַרימען זיך (באַרימט)	boast
באַרימער ז (ס)	braggart
באַרימערײַ ס (ען)	bragging
באַריקאַדע נ (ס)	barricade
באַרירן (באַרירט)	touch; mention (a problem)
באַרנע נ (ס)	pear
באַרעדן (באַרעדט)	backbite
באַרעכטיקונג נ (ען)	justification
באַרעכטיקן (באַרעכטיקט)	justify
באַרעכענען (באַרעכנט)	calculate; consider
באַרעמהאַרציק	merciful

באַרעמהאַרציקייט נ — mercy
באַרשט נ (בערשט) — brush
באָרשט ז (ן) — borsht (beet soup)
באַשאַפן (באַשאַפן) — create
באַשווינדלען (באַשווינדלט) — defraud
באַשולדיקונג נ (ען) — accusation
באַשולדיקטער ז — accused
באַשולדיקן (באַשולדיקט) — accuse
באַשטויבונג נ — pollination
באַשטויבן (באַשטויבט) — pollinate
באַשטיין (באַשטאַנען) — consent
באַשטײַערונג נ — taxation
באַשטײַערן (באַשטײַערט) — tax
באַשטײַערן זיך — contribute
באַשטימט — definite
באַשטימען (באַשטימט) — appoint, designate
באַשטעטיקונג נ (ען) — confirmation
באַשטעטיקן (באַשטעטיקט) — confirm
באַשטעלונג נ (ען) — order (for goods)
באַשטעלן (באַשטעלט) — order (goods)
באַשטראָפן (באַשטראָפט) — punish
באַשייד ז (ן) — interpretation; decision
באַשיידן (באַשיידט) — interpret
באַשיידן אדי — modest
באַשיידנקייט נ — modesty
באַשיצונג נ — protection
באַשיצן (באַשיצט) — protect
באַשיצער ז ס — protector
באַשלוס ז (ן) — decision
באַשליסן (באַשלאָסן) — decide
באַשמוצן (באַשמוצט) — defile; pollute
באַשעדיקן (באַשעדיקט) — hurt
באַשעפטיקונג נ (ען) — employment
באַשעפטיקן (באַשעפטיקט) — employ
באַשעפעניש ס (ן) — creature
באַשעפער ז — Creator
באַשערט — destined
באַשפריצן (באַשפריצט) — sprinkle; splash
באַשרײַבונג נ (ען) — description
באַשרײַבן (באַשריבן) — describe
בדחן ז (ים) — jester (at a wedding)
בהמה נ (בהמות) — cow; beast; fool
בודזשעט ז (ן) — budget
בודע נ (ס) — booth; kennel
בוזעם ז (ס) — bosom
בויגן ז (ס) — bow; sheet
בוידעם ז (ס/ ער) — attic
בויך ז (בײַכער) — belly
בוים ז (ביימער) — tree
בוימל ז (ען) — olive oil
בויען (געבויט) — build
בויער ז (ס) — drill
בויערן (געבויערט) — bore, drill
בויקאָט ז (ן) — boycott
בויקאָטירן (בויקאָטירט) — boycott
בוך ס (ביכער) — book
בוכהאַלטער ז (ס) — bookkeeper
בוכהאַלטעריע נ — bookkeeping
בוכהענדלער ז (ס) — bookseller
בוכשטאַב ז (ן) — letter (of the alphabet)
בולגאַריע [נ] — Bulgaria
בולדאָג ז (ן) — bulldog
בולעטין ז (ען) — bulletin
בולקע נ (ס) — roll (a small rounded portion of bread)

בונד ז (ן)	alliance
בונד ז	Bund (Jewish labor party)
בונדיסט ז (ן)	member of the Bund
בונט ז (ן)	rebellion
בונטעווען (געבונטעוועט)	stir (to rebellion)
בונטעווען זיך	rebel
בופלאָקס ז (ן)	buffalo
בופעט ז (ן)	buffet
בוקן זיך (געבוקט)	bow
בוקעט ז (ן)	bouquet
בורזשוי ז (עס/ען)	bourgeois
בורטשען (געבורטשעט)	grumble
בוריק ז (עס)	beet
בורר ז (ים)	arbitrator
בוררות ס	arbitration
בושה נ (בושות)	shame
בושל ז (ען)	stork; bushel (measure)
בחור ז (ים)	bachelor
בחינם	gratis, free
בטלן ז (ים)	impractical person
ביאָגראַפיע נ (ס)	biography
ביאָלאָגיע נ	biology
ביבל נ	Bible
ביבליאָטעק נ (ן)	library
ביבליאָטעקער ז (ס)	librarian
ביוראָ ס/ז (ען)	bureau; office
ביוראָקראַט ז (ן)	bureaucrat
ביוראָקראַטיע נ	bureaucracy
ביז	till, until
ביזוואַנען	until; till when?
ביזן (=ביז דעם; ביז דער)	till the
ביטחון ז	confidence
ביטע נ (ס)	request
ביטע אינט	please

ביטער	bitter
ביטערקייט נ	bitterness
בײַ	at, by, near
בייגונג נ (ען)	bending; declension
בייגל ז	bagel (a ring-shaped bread roll)
בייגן (געבויגן)	bend
בייגעוודיק	flexible
בײַגעלייגט	enclosed
בײַדל ס (עך)	booth
ביידע	both
בייז	angry; bad, evil
בײַזאַץ ז (ן)	subordinate clause
בייזוווקס ז (ן)	malignant tumor
בייזערן זיך (געבייזערט)	be angry
בייזקייט נ	anger; malice
בײַטל ז (ען)	handbag; wallet; pouch
בײַטן (געביטן)	change
בײַטש נ (ן)	whip
בײַלאַגע נ (ס)	supplement
בײַלייגן (בײַגעלייגט)	enclose
בײַם (=בײַ דעם; בײַ דער)	at the
ביין ז (ער)	bone
ביינדל ס (עך)	small bone
ביינערדיק	bony
בײַסן (געביסן)	bite
בײַקומען (בײַגעקומען)	overcome
בײַשטיין (בײַגעשטאַנען)	stand by, help; withstand
בײַשטײַערן (בײַגעשטײַערט)	contribute, donate
בײַשטריך ז (ן)	comma
בײַשפּיל ז (ן)	example
ביכערשאַפע נ (ס)	bookcase
בילד ס (ער)	picture

בילדונג נ	education
בילדן (געבילדט)	educate
ביליאָן ז (ען)	billion
ביליק	cheap
בילכער	preferable
בילן (געבילט)	bark
בילעט ז (ן)	ticket
בילערייַ נ/ס (ען)	barking
בים-באָם ז	ding-dong
בין נ (ען)	bee
בין וו	am (infinitive: be)
בינדוואָרט ס (בינדווערטער)	conjunction
בינדן (געבונדן)	bind
בינדשטריך ז (ן)	hyphen
בינטל ס (עך)	bundle
בינע נ (ס)	stage (in a theatre)
בינשטאָק ז (ן)	beehive
ביס ז (ן)	bite
ביסט	you are (infinitive: be)
ביסל ס (עך)	bit
ביסלעכווייַז	bit by bit
ביסן ז (ס)	morsel, bite
ביסקוויט ז (ן)	biscuit
ביק ז (עס)	bull
ביקס נ (ן)	rifle
ביר ס	beer
ביראָבידזשאַן [ס]	Birobidzhan
בירגער ז (ס)	citizen
בירגערשאַפט נ (ן)	citizenship
בית־עולם ז/ס (ס)	cemetery
בלאָ	blue
בלאָז ז (ן)	blow
בלאָזן (געבלאָזן)	blow
בלאַט ז/ס (בלעטער)	leaf; page
בלאָטיק	muddy
בלאָטע נ (ס)	mud
בלאָטער ז (ס)	blister
בלאָנד	blond
בלאָנדזשען (געבלאָנדזשעט)	go astray
בלאָנדינקע נ (ס)	blonde
בלאַנק ז (ען)	blank (form)
בלאַס	pale
בלאַסקייט נ	paleness
בלאָף ז (ן)	bluff
בלאָפן (געבלאָפט)	bluff
בלאָפער ז (ס)	bluffer; liar
בלאָקאַדע נ (ס)	blockade
בלוזע נ (ס)	blouse
בלוט ס (ן)	blood
בלוטדאָרשטיק	bloodthirsty; ferocious
בלוי	blue
בלויז	only
בלום נ (ען)	flower
בלומען-טאָפּ ז (־טעפּ)	flower pot
בלי ז	bloom; prime
בליאונג נ (ען)	blooming
בלייַ ס	lead (metal)
בלייַבן (געבליבן)	remain
בלייך	pale
בלייכן (געבלייכט)	bleach
בלייַער ז (ס)	pencil
בלייַפעדער ז (ס)	pencil
בלינד	blind
בלינדער ז	blind man
בלינדקייט נ	blindness
בלינצע נ (ס)	blintz, blintze n (pancake)

בליִעכץ ס — blossom
בליִען (געבליט) — blossom; flourish
בליץ ז(ן) — lightning; flash
בליצן (געבליצט) — lighten; flash
בלישטש ז — glitter; glamor
בלישטשען (געבלישטשעט) — glitter, shine
בלעזל ס (עך) — bubble
בלעזלען (געבלעזלט) — bubble
בלעטל ס (עך) — leaflet
בלעטערן (געבלעטערט) — leaf (turn pages)
בלעך ס — tin plate
בלעכער ז(ס) — tinsmith
בן־מלך ז(בני־מלכים) — prince
בע! — pooh!
בעבל ס (עך) — small bean
בעבעכעס ר — entrails; rags
בעבען (געבעבעט) — babble
בעדואינער ז — Bedouin
בעדער ז(ס) — bath-keeper
בעזעם ז(ער/ס) — broom
בעט ס/נ(ן) — bed
בעטאָן ז — concrete
בעטגעוואַנט ס — bedding
בעטלען (געבעטלט) — beg
בעטלער ז(ס) — beggar
בעטן (געבעטן) — beg, request
בעטשען (געבעטשעט) — bleat; jabber
בעכער ז(ס) — wine cup
בעל־בית ז(בעלי־בתּים) — owner; boss
בעלגיע [נ] — Belgium
בעל־מלאכה (־מלאכות) — craftsman
בעלן ז(ים) — interested man
בעל־עגלה ז(־עגלות) — coachman

בעלעטריסטיק נ — fiction
בעלפער ז — assistant teacher (in a cheder)
בע־מע! — blah-blah!
בענזין ז — gasoline; benzine
בענטשן (געבענטשט) — bless; say grace after a meal
בענקל ס (עך) — small bench; stool
בענקען (געבענקט) — long, be homesick
בענקעניש ס (ן) — longing
בענקשאַפט נ(ן) — nostalgia
בעסט — best
בעסטיע נ(ס) — beast
בעסער — better
בעסערונג נ(ען) — improvement
בעסערן (געבעסערט) — better, improve
בעקן ז(ס) — basin
בעקען (געבעקעט) — bleat
בעקער ז(ס) — baker
בעקערײַ נ(ען) — bakery
בער ז(ן) — bear
בערגל ס (עך) — hill
בערזע נ(ס) — stock exchange
בעריש — bearish
בראַוואָ! — bravo!
בראָטן (געבראָטן) — roast
בראָך ז(ן) — fracture; disaster
בראָנע נ(ס) — harrow
בראָנעווען (געבראָנעוועט) — harrow
בראָנפן ז(ס) — whisky, liquor
בראָשור נ(ן) — pamphlet
ברוגז — angry
ברוד ז — filth
ברודיק — filthy

בּרודער ז (בּרידער)	brother
בּרודערשאַפט נ (ן)	brotherhood
בּרוטאַל	brutal
בּרויט ס (ן)	bread
בּרויכן (געבּרויכט)	need; use
בּרוין	brown
בּרוך־הבא!	welcome!
בּרוכצאָל נ (ן)	fraction
בּרונעט	brunet
בּרונעטקע נ (ס)	brunette
בּרונעם ז (ס/בּרינעמער)	well
בּרוסט נ (ן)	breast
בּרוסטקאַסטן ז (ס)	chest
בּרוק ז (ן)	pavement
בּרוקירן (בּרוקירט)	pave
בּריגאַדע נ (ס)	brigade
בּרידערקריג ז/נ (ן)	civil war
בּריוו ז	letter (a written or printed message)
בּריווטרעגער ז (ס)	mailman
בּריווקאַסטן ז (ס)	mailbox
בּרייט	wide
בּרייט נ (ן)	width
בּרייטהאַרציקייט נ	generosity
בְּרײַל ז	braille, Braille
בּריליאַנט ז (ן)	diamond
בּרילן ר	eyeglasses
בּריִען (געבּריט)	scald
בּריק נ (ן)	bridge
בּרירה נ (בּרירות)	alternative
בּרכה נ (בּרכות)	blessing
בּר־מצווה נ (־מצוות)	Bar Mitzvah
בּרעג ז (ן/עס)	shore; brim
בּרעזענט ז (ן)	tarpaulin
בּרעט ס (ער)	board
בּרעכן (געבּראָכן)	break
בּרעם נ (ען)	eyebrow
בּרען ז	fervor, ardor
בּרענגען (געבּראַכט)	bring
בּרענען (געבּרענט)	burn
בּרעקל ס (עך)	crumb
בּרעקלען (געבּרעקלט)	crumble
בּת־מלכּה נ (־מלכּות)	princess

ג

ג ז/נ	the 3rd letter of the Hebrew alphabet
גאווה נ	arrogance
גאולה נ (גאולות)	redemption
גאון ז (ים)	genius
גאַז ז (ן)	gas
גאַזע נ (ס)	gauze
גאָט ז	God
גאָט ז (געטער)	deity
גאַטקעס ר	underpants
גאַל נ	gall, bile
גאַלאָן ז (ען)	gallon
גאַלאַנטעריע נ	haberdashery
גאַלאָפּ ז (ן)	gallop
גאַלאָפּירן (גאַלאָפּירט)	gallop
גאָלבערשטל ס (עך)	shaving brush
גאָלד ס	gold
גאָלדן	golden

גאָלדשמיד ז(ן)	goldsmith
גאַליציאַנער ז	Galician
גאַליציע [נ]	Galicia
גאָלמעסער ס/ז(ס)	razor
גאָלמעסערל ס (עך)	razor blade
גאָלן (געגאָלט)	shave
גאַלעריע נ(ס)	gallery
גאָלף ז	golf
גאָלקרעם ז(ען)	shaving cream
גאָמבע נ(ס)	chin
גאַנג ז(גענג)	gait; course; way, manner
גאַנדז נ(גענדז)	goose
גאָנער ז(ס)	gander
גאַנץ	whole, complete
גאַס נ(ן)	street
גאַסט ז(געסט)	guest
גאָפּל ז(ען)	fork
גאָר אדי, אדוו	whole; entirely
גאַראַזש ז(ן)	garage
גאַראַנטיע נ(ס)	guarantee
גאַראַנטירן (גאַראַנטירט)	guarantee
גאַרבער ז(ס)	tanner
גאַרבעריַי נ(ען)	tannery
גאָרגל ז(ען)	throat
גאָרגלען (געגאָרגלט)	gargle
גאַרדין ז(ען)	drape
גאַרדעראָב ז(ן)	wardrobe
גאַרטל ז(ען)	girdle, belt
גאָרטן ז(ס/גערטנער)	garden
גאָרילע נ(ס)	gorilla
גאָרן ז(ס)	story, floor
גאַרניזאָן ז(ען)	garrison
גאָרניט, גאָרנישט	nothing; not at all
גביר ז (ים)	rich man
גדולה נ	grandeur
גוואַלד ז(ען)	scream, cry
גוואַלד!	help!
גוואַלדעווען (געגוואַלדעוועט)	scream
גוזמא נ (ות)	exaggeration
גוט	good
גוט ס (גיטער)	property, estate
גוט־וואָך	good week (said on Saturday nights)
גוט־יאָר	good year (reply to greetings)
גוט־יום־טוב	good holiday (said on Jewish holidays)
גוט־מאָרגן	good morning
גוטן־אָוונט	good evening
גוט־שבת	good Sabbath (said on Sabbaths)
גוי ז(ים)	gentile, non-Jew
גודער ז(ס)	double chin
גולם ז(ס)	dummy
גורל ז(ות)	fate; lot
גזילה נ(גזילות)	robbery
גזירה נ(גזירות)	evil decree
גזלן ז(ים)	robber
גֶט ז(גֶטין, גִיטין)	divorce
גטן (געגֶט)	divorce
גיבור ז(ים)	strong man; hero
גיהנום ז(ס)	hell
גיטאַר נ(ן)	guitar
גיין (געגאַנגען)	go
גײַסט ז(ער)	spirit
גײַסטלעכער ז	clergyman
גיך	quick

גיכער	rather
גיכשריפט נ	shorthand
גילטיק	valid
גימנאַזיע נ (ס)	high school
גינציק	favorable
גיסן (געגאָסן)	pour
גיפט ז (ן)	poison
גיפטיק	poisonous
גלאָבּוס ז (ן)	globe
גלאָז ס	glass (material)
גלאָז נ/ס (גלעזער)	drinking glass
גלאַט, גלאַטיק	smooth
גלאַנץ ז (ן)	shine; luster; gleam
גלאַנציק	shiny
גלאַנצן (געגלאַנצט)	shine; gleam
גלאָצן (געגלאָצט)	stare
גלאָק ז (גלעקער)	bell
גלויבּן ז (ס)	faith
גלויבּן (געגלויבּט)	believe
גלות ס/ז (ן)	diaspora
גלח ז (ים)	Christian clergyman
גלי ז	glow
גליד ס (ער)	limb
גליוואָרעם ז (גליווערעם)	firefly
גליטש ז (ן)	skating rink
גליטשיק	slippery
גליטשן זיך (געגליטשט)	skate
גלייבּן (געגלייבּט)	believe
גלייַך אדי	straight; equal
גלייַך אדוו	immediately; equally
גלייַכגילטיק	indifferent
גלייַכגילטיקייט נ	indifference
גלייַכהייט נ	equality
גלייַכן ס	comparison; equal
גלייַכן (געגליכן)	compare
גליִען (געגליט)	glow
גליק ס (ן)	happiness
גליקלעך	happy
גלעזל ס (עך)	small drinking glass
גלעזער ז (ס)	glazier
גלעט ז (ן)	caress
גלעטן (געגלעט)	caress, stroke
גלענצנדיק	bright; splendid
גלעקל ס (עך)	small bell
גלעקלען (געגלעקלט)	jingle
גמילות־חסד ס/ז (ים)	loan without interest
גנאָד נ (ן)	grace
גנב ז (ים)	thief
גנבה נ (גנבות)	theft
גנבענען (געגנבעט)	steal
גנעדיק	gracious
גן-עדן ז/ס (ס)	paradise
געאָגראַפיע נ	geography
געאָלאָגיע נ	geology
געאָמעטריע נ	geometry
געבּאָט ס (ן)	commandment
געבּויט	built; based
געבּוירן (געבּוירן)	give birth
געבּוירן ווערן	be born
געבּוירנטאָג, געבּורטסטאָג ז	birthday
געבּייַדע נ (ס)	building
געבּיפט	shrewd
געבּן (געגעבּן)	give
געבּעט ס (ן)	prayer; plea
געבּעקס ס (ן)	pastry
געבּראָטן	roasted
געבּרויך ז (ן)	use
געגליכן	comparable
געגנט נ/ז (ן)	region; neighborhood

געדאַנק ז (ען)	thought, idea
געדויערן (געדויערט)	last, continue
געדולד ס/נ	patience
געדולדיק	patient
געדענקען (געדענקט)	remember
געדערעם ר	intestines
געדראַנג ס (ען)	congestion; throng
געהאַלט ס (ן)	salary
געהאָרכזאַם	obedient
געהויבן	exalted
געהיט	guarded
געהיים	secret
געהילף ז (ן)	assistant
געהעריק	proper
געהערן (געהערט)	belong
געוואַגט	daring
געוווינהייט נ (ן)	habit
געוווינט	used to
געוווינען זיך צו (געוווינט)	get used to
געוווּיר ווערן (געוווּיר געוואָרן)	be informed
געוויין ס (ען)	lament
געוויינטלעך	usual, common
געוויכט ס (ן)	weight
געווינס ס (ן)	winnings; prize
געווינען (געוווּנען)	win
געווינער ז (ס)	winner
געוויס אדי, אדוו	certain; certainly
געוויסן ס (ס)	conscience
געוויקס ס (ן)	plant
געווירץ ס (ן)	spice
געוועזן	former
געוועט ס (ן)	bet
געוועלב ס (ער/ן)	store, shop
געוועלבונג נ (ען)	vault
געוועלטיקן (געוועלטיקט)	dominate
געווער ס	weapon; arms
געווערק ס (ן)	mechanism
געזאַלצן	salty
געזאַנג ס (ען)	singing; chant
געזונט אדי	healthy, well
געזונט ס	health
געזונטערהייט	in good health
געזיכט ס (ער)	countenance
געזעגענען זיך (געזעגנט)	bid farewell
געזעלשאַפט נ (ן)	society
געזעלשאַפטלעך	social
געזעס ס (ן)	seat
געזעץ ס (ן)	law
געזעצלעך	lawful
געטאָ נ (ס)	ghetto
געטין נ (ס)	goddess
געטלעך	divine
געטראַנק ס (ען)	beverage
געטרויען (געטרויט)	trust
געטריי	faithful
געטריישאַפט נ (ן)	faithfulness
געיעג ס (ן)	chase
געל	yellow
געלאַסן	calm; leisurely
געלבלעך	yellowish
געלונגען	successful
געלט ס (ער)	money
געליבט	beloved
געלינגען (געלונגען)	succeed
געלכל ס (עך)	yolk
געלעגנהייט נ (ן)	opportunity, chance

געלעגער ס (ס)	couch
געלעכטער ס (ס)	laughter
געלענק ס (ען)	wrist; aptitude
געלערנט	learned
געלערנטער ז	scholar
געמאַכט	artificial
געמיט ס (ער)	mood, disposition
געמיטלעך	cozy
געמיין	mean; common
געמיינדע נ (ס)	community
געמעסיקט	moderate
גענאַרערײַ ס	deception
גענגסטער ז (ס)	gangster
גענוג	enough
גענוי	precisely
געניט	skilled
גענייגט	inclined
גענייט	forced; sewn
געניסן (גענאָסן)	enjoy
געניצט	used
גענעאַלאָגיע נ (ס)	genealogy
גענעטיק נ	genetics
גענעץ ז (ן)	yawn
גענעצן (געגענעצט)	yawn
גענעראַל ז (ן)	general
געסל ס (עך)	alley
געסרחה נ (געסרחות)	stench
געפינטלט	speckled; dotted
געפאַלן (געפאַלן)	fall on, occur
געפאַנגענער ז	prisoner
געפאַנגענשאַפט נ	captivity
געפאַר נ (ן)	danger
געפיל ס (ן)	feeling
געפינען (געפונען)	find
געפעלן (געפעלן)	be pleasing, appeal to
געפעס ס	dishes
געפערלעך	dangerous
געצאַצקעט	ornate
געצוווּנגען	forced
געציילט	counted; few
געצעלט ס (ן)	tent
געקלאָגטער ז	defendant
געקעכץ ס (ן)	cooked food
געראָטן (געראָטן)	succeed; resemble
געראַנגל ס (ען)	struggle
געראַניום ז (ס) (פלאַנץ)	geranium
גערודער ס (ס)	commotion, tumult
גערויש ס (ן)	noise
גערוך ס (ן)	odor
גערטנער ז (ס)	gardener
געריכט ס (ן)	court
גערירט	moved
גערן	gladly; willingly
גערעטעניש ס (ן)	abundance; harvest
גערעכט	right
גערעכטיקייט נ	justice
גערשט ז (ן)	(grain of) barley
געשאַנק ס (ען)	gift
געשוואָלן	swollen
געשווירענער ז	juror
געשווינד	quickly
געשוויר ס (ן)	abscess
געשטאַלט ס/נ (ן)	shape, form
געשטימט	disposed
געשטיקט	embroidered
געשיכטע נ (ס)	history; story

געשיקט	skillful
געשלעג ס (ן)	fight
געשלעכט ס (ער)	sex
געשמאַק	tasty
געשמאַק ז (ן)	taste
געשמירט	lubricated
געשען (געשען)	happen
געשעעניש ס (ן)	event
געשעפט ס (ן)	business
געשפּאָלטן	split
געשפּאַן ס (ען)	harness
געשפּאַנט	strained
געשפּעט ס (ן)	mockery
געשפּרעך ס (ן)	conversation
געשריי ס (ען)	scream, shout
גראָ	gray
גראָב	thick; rude
גראַבליע נ (ס)	rake
גראַבלען (געגראַבלט)	scratch
גראָבן (געגראָבן)	dig
גראָבער־יונג ז (גראָבע־יונגען)	ruffian
גראָבקייט נ (ן)	rudeness
גראַגער ז (ס)	rattle
גראַגערן (געגראַגערט)	rattle
גראַד ז (ן)	grade
גראָד אדי	straight; even
גראָד אדוו	just, precisely
גראָד ווען	just when
גראָז ס (ן/גרעזער)	grass
גראַטולירן (גראַטולירט)	congratulate
גראַם ז (ען)	rhyme
גראַמאַטיק נ (עס)	grammar
גראַמאַטיקער ז (ס)	grammarian
גראַמאַטיש	grammatical

גראַמאַפאָן ז (ען)	phonograph
גראַמען (געגראַמט)	rhyme
גראַנאַט ז (ן)	grenade
גראַניט ז	granite
גראַף ז (ן)	count
גראַפיניע נ (ס)	countess
גראַציעז	gracious
גראָשן ז (ס)	groschen; penny; cent (small coin)
גרוב ז/ס (גריבער)	pit; grave
גרוי	gray
גרויל ז (ן)	terror; shudder
גרויס	great
גרויס־בריטאַניע [נ]	Great Britain
גרויסמאַכט נ (ן)	great power
גרויסקייט נ	greatness
גרונט ז (ן)	ground; foundation; reason
גרונטצאָל נ (ן)	cardinal number
גרונטשטיין ז (ער)	cornerstone
גרוס ז (ן)	greeting
גרופּירן (גרופּירט)	group
גרופּע נ (ס)	group
גריבלען (געגריבלט)	probe; search thoroughly
גריזשען (געגריזשעט)	gnaw
גרײַז ז (ן)	error
גרײַזל ס (עך)	curl
גרייט	ready
גרייטן (געגרייט)	prepare
גרייטקייט נ	readiness
גרייכן (געגרייכט)	reach
גרייס נ (ן)	size
גרייפּפרוכט ז (ן)	grapefruit
גריך ז (ן)	Greek

גריכיש	Greek
גריכנלאַנד [ס]	Greece
גריל נ (ן)	cricket
גרילצן (געגרילצט)	chirp; grate
גרין	green
גרינג	light; easy
גרינדן (געגרינדט)	establish; found
גרינדער ז (ס)	founder
גרינוואַרג ס	vegetables
גרינער ז	greenhorn (an inexperienced person)
גרינשטיין ז	jade
גריס ז (ן)	regards
גריסן (געגריסט)	greet
גריפּע נ (ס)	grippe
גריף ז (ן)	vulture
גרעב נ (ן)	thickness
גרעבער ז (ס)	digger
גרעגער ז (ס)	greger (Purim toy); rattle
גרעגערן (געגרעגערט)	rattle
גרענעץ נ/ז (ן)	boundary
גרענעצן (געגרענעצט)	border on
גרעסער	major
גרעפּץ ז (ן)	belch
גרעפּצן (געגרעפּצט)	belch
גרעק ז (ן)	Greek
גרעקיש	Grecian, Greek

ד

ד ז/נ	the 4th letter of the Hebrew alphabet
דאָ	here
דאגה נ (דאגות)	worry
דאַווענען (געדאַוונט)	pray
דאָזיקער	that
דאַטיוו ז (ן)	dative
דאַטע נ (ס)	date
דאַטשע נ (ס)	summer house
דאַך ז (דעכער)	roof
דאָך	yet, still
דאַכטן זיך (געדאַכט)	seem
דאָלאַר ז (ן)	dollar
דאָלעטע נ (ס)	chisel
דאַמבע נ (ס)	dam, dike
דאָמינאָ ז (ס)	domino
דאַמע נ (ס/ן)	lady
דאַמף ז (ן)	steam
דאַמקע נ (ס)	checkers (game)
דאַנען, פון דאַנען	from here
דאָנערשטאָג, דאָנערשטיק ז (ן)	Thursday
דאַנק ז (ען)	thanks; gratitude
דאַנקבאַר	thankful
דאַנקבאַרקייט נ	gratitude
דאַנקען (געדאַנקט)	thank
דאָס אַרט	the (neuter)
דאָס פּראָנ	this
דאָסן (געדאָסט)	defecate
דאָצענט ז (ן)	docent
דאָקומענט ז (ן)	document
דאָקומענטירן (דאָקומענטירט)	document
דאָקטאָר ז (ן)	doctor

דאָקטער ז (דאָקטוירים)	physician
דאַר	lean
דאָרט, דאָרטן	there
דאָרן ז (דערנער)	thorn
דאָרף ס (דערפער)	village
דאַרפן (געדאַרפט)	need, require
דאָרשט ז	thirst
דאָרשטיק	thirsty
דאָרשטן (געדאָרשט)	be thirsty
דאַשיק ז (עס)	visor
דבר־אחר ז (ס)	pig; scoundrel
דהײַנו	namely
דו	you sg.
דווקא	only so; necessarily
דויער ז	duration
דולן (געדולט)	annoy
דונער ז (ן)	thunder
דונערן (געדונערט)	thunder
דועל ז (ן)	duel
דור ז (דורות)	generation
דורך	through
דורכבלעטערן (דורכגעבלעטערט)	leaf through
דורכברעכן (דורכגעבראָכן)	break through
דורכגיין (דורכגעגאַנגען)	go through
דורכדרינגען (דורכגעדרונגען)	penetrate
דורכווערטלען זיך (דורכגעווערטלט)	quarrel, dispute angrily
דורכלאָזן (דורכגעלאָזט)	let through; omit
דורכמאַכן (דורכגעמאַכט)	go through
דורכפאַל ז (ן)	failure

דורכפאַלן (דורכגעפאַלן)	fail
דורכפאַרהער ז (ן)	cross-examination
דורכפאָרן (דורכגעפאָרן)	drive through
דורכפירן (דורכגעפירט)	carry out
דורכקוקן (דורכגעקוקט)	look through
דורכרעדן זיך (דורכגערעדט)	talk over
דורכשניט ז (ן)	crosscut; average
דורכשניטלעך אדי, אדוו	average; on the average
דזשאָבען (געדזשאָבעט)	peck
דזשאָנגל ז (ען)	jungle
דזשעז ז	jazz
דזשעט ז (ן)	jet airplane
די ארט	the (pl., and fem. sg.)
דיאַגנאָז ז (ן)	diagnosis
דיאַלאָג ז (ן)	dialogue
דיאַלעקט ז (ן)	dialect
דיוואַן ז (ען)	carpet; sofa
דיוויזיע נ (ס)	division (army)
דײַטלעך	clear; distinctly
דײַטש	German
דײַטשלאַנד [ס]	Germany
דיך ז (ן)	thigh
דיכטער ז (ס)	poet
דיל ז/נ (ן)	floor
דילעטאַנט ז (ן)	dilettante
דילעמע נ (ס)	dilemma
דימענט ז (ן)	diamond
דין	thin
דינאַמיט ז	dynamite
דינאַסטיע נ (ס)	dynasty
דינגען (געדונגען)	hire; rent

דינגען זיך	haggle
דינסט נ(ן)	female servant; service
דינסטאָג, דינסטיק ז(ן)	Tuesday
דינען (געדינט)	serve
דינקע נ(ס)	cantaloupe
דיסערטאַציע נ(ס)	dissertation
דיסציפּלין נ(ען)	discipline
דיסציפּלינירן (דיסציפּלינירט)	discipline
דיסקאָטעק נ(ן)	discothèque
דיסקוטירן (דיסקוטירט)	discuss
דיסקוסיע נ(ס)	discussion
דיסקרימינאַציע נ	discrimination
דיסקרימינירן (דיסקרימינירט)	discriminate
דיעטע נ(ס)	diet
דיפּלאָמאַט ז(ן)	diplomat
דיפּלאָמאַטיע נ	diplomacy
דיפּלאָמאַטיש	diplomatic
דיפּלאָמע נ(ס)	diploma
דיק	thick
דיקטאַט ז(ן)	dictation
דיקטאַטאָר ז(ן)	dictator
דיקטאַטור נ(ן)	dictatorship
דיקטירן (דיקטירט)	dictate
דירה נ(דירות)	apartment
דירה-געלט ס(ער)	rent
דירעקט	direct
דירעקטאָר ז(ן)	director
דישל ז(עס)	wagon shaft
דלות ז	poverty
דלפון, דלפן ז(ים)	poor man
דנאָ ז(ען)	bottom
דעגענעראַט ז(ן)	degenerate
דעה נ(דעות)	opinion; influence

דעזינפעקציע נ(ס)	disinfection
דעזערטיר ז(ן)	deserter
דעזערטירן (דעזערטירט)	desert
דעטאַל ז(ן)	detail
דעטעקטיוו ז(ן)	detective
דעליקאַט	delicate
דעלעגאַט ז(ן)	delegate
דעלעגאַציע נ(ס)	delegation
דעלפין ז(ען)	dolphin
דעמאַגאָג ז(ן)	demagogue
דעמאַגאָגיע נ(ס)	demagogy
דעמאָלט	then
דעמאָנסטראַציע נ(ס)	demonstration
דעמאָנסטרירן (דעמאָנסטריט)	demonstrate
דעמאָקראַט ז(ן)	democrat
דעמאָקראַטיע נ(ס)	democracy
דעמאָקראַטיש	democratic
דעמאָראַליזירן (דעמאָראַליזירט)	demoralize
דעמב ז(ן)	oak
דעמפּיק	humid
דענטיסט ז(ן)	dentist
דעניש	Danish
דענמאַרק [ס]	Denmark
דענערווירן (דענערווירט)	vex
דענערווירן זיך	be nervous
דענקען (געדענקט)	think
דעסגלײַכן	likewise
דעספּאָט ז(ן)	despot
דעפּאָרטירן (דעפּאָרטירט)	deport
דעפּעש נ(ן)	telegram
דעפיניציע נ(ס)	definition
דעפיציט ז(ן)	deficit
דעצידירן (דעצידירט)	decide

דעצעמבּער ז (ס)	December
דעק ז (ן)	lid; blanket; deck (of a ship)
דעקאַן ז (ען)	dean
דעקאָראַציע נ (ס)	decoration
דעקאָרירן (דעקאָרירט)	decorate
דעקל ס (עך)	cover, lid
דעקלאַמירן (דעקלאַמירט)	recite
דעקלאַראַציע נ (ס)	declaration
דעקלאַרירן (דעקלאַרירט)	declare
דעקלינאַציע נ (ס)	declension
דעקלינירן (דעקלינירט)	decline
דעקרעט ז (ן)	decree
דער אַרט	the (masc. sg.)
דערבּאַרעמדיק	merciful
דערבּײַ	nearby, close
דערגרייכונג נ (ען)	achievement
דערגרייכן (דערגרייכט)	achieve
דערהאַלטן (דערהאַלטן)	receive; preserve
דערהייבּן (דערהויבּן)	elevate
דערהרגענען (דערהרגעט)	kill
דערוואַקסן	grown-up, adult
דערוואַרגן (דערוואָרגן)	choke
דערוואַרעמען (דערוואַרעמט)	warm
דערווײַז ז (ן)	proof
דערווײַזן (דערוויזן)	prove
דערווײַל	meanwhile
דערוויסן זיך (דערוווסט)	learn, find out
דערווישן (דערווישט)	catch; trace
דעריאָגן (דעריאָגט)	overtake
דעריבּער	therefore
דערלאָזן (דערלאָזט)	allow; tolerate
דערלאַנגען (דערלאַנגט)	hand over
דערלויבּן (דערלויבּט)	allow
דערלויבּעניש ס (ן)	permission
דערלייגן (דערלייגט)	add; lose (money in an enterprise)
דערלעבּן (דערלעבּט)	live to see
דערמאָנונג נ (ען)	reminder
דערמאַנען, דערמאָנען (דערמאַנט, דערמאָנט)	remind
דערמאָנען זיך	recollect
דערמוטיקן (דערמוטיקט)	encourage
דערמיט	with it; herewith
דערנאָך	afterwards
דערנידעריקונג נ (ען)	humiliation
דערנידעריקן (דערנידעריקט)	humiliate
דערנענטערן (דערנענטערט)	bring near
דערנענטערן זיך	approach
דערנערונג נ	nourishment
דערנערן (דערנערט)	nourish
דערעיקרשט	essentially
דערעסן (דערעסן)	bore; annoy
דערפאָלג ז (ן)	success
דערפאַר	therefore
דערפינדונג נ (ען)	invention
דערפירן (דערפירט)	bring about
דערפל ס (עך)	hamlet
דערפרייען (דערפרייט)	gladden
דערפרייען זיך	be delighted
דערפרישונג נ (ען)	refreshment
דערפרישן (דערפרישט)	refresh
דערצו	thereto, to it
דערציִאונג נ	upbringing
דערציילונג נ (ען)	tale, story
דערציילן (דערציילט)	tell, narrate

דערציִען (דערצויגן)	bring up, educate
דערציִער ז (ס)	educator
דערקוויקן (דערקוויקט)	refresh; delight
דערקוטשען (דערקוטשעט)	pester
דערקלערונג נ (ען)	explanation; statement
דערקלערן (דערקלערט)	explain
דערקענען (דערקענט)	recognize
דערשטוינען (דערשטוינט)	amaze
דערשטיקן (דערשטיקט)	choke
דערשײַנונג נ (ען)	appearance; phenomenon
דערשײַנען (דערשינען)	appear; be published
דערשיסן (דערשאָסן)	kill by shooting
דערשלאָגן (דערשלאָגן)	depress
דערשמעקן (דערשמעקט)	scent; detect
דערשנאַפּן (דערשנאַפּט)	detect (by smelling); sense
דערשרעקן (דערשראָקן)	frighten
דראָט ז/ס (ן)	wire
דראַמאַטורג ז (ן)	playwright
דראַמאַטיזירן (דראַמאַטיזירט)	dramatize
דראַמאַטיש	dramatic
דראַמע נ (ס)	drama
דראַנג ז (ען)	striving
דראָנג ז (ען/דרענגער)	pole, bar
דראָען (געדראָט)	threaten
דראַפּען (געדראַפּעט)	scratch
דראַפּען זיך	clamber
דראָשקע נ (ס)	droshky
דרויסן אדוו	outside
דרויסן ז (ס)	exterior
דרום ז	south
דרוק ז (ן)	print; pressure
דרוקן (געדרוקט)	print
דרוקער ז (ס)	printer
דרוקערײַ נ (ען)	printing shop
דרוקרעכט ס	copyright
דריז נ (ען)	gland
דריט	third
דריטל ס (עך)	third (fraction)
דריטנס	thirdly
דרײַ	three
דריי ז (ען)	turning; trick
דריידל ס (עך)	dreydel (for Chanukah)
דרייסט	bold
דרייסטקייט נ	boldness
דרײַסיק	thirty
דרײַסיקסט	thirtieth
דרייען (געדרייט)	turn, twist
דרײַעק ז (ן)	triangle
דרייער ז (ס)	swindler
דרײַצן	thirteen
דרײַצנט	thirteenth
דרימל ז (ען)	nap
דרימלען (געדרימלט)	nap, doze
דרינגלעך	urgent
דריקונג נ (ען)	stress, pressure
דריקן (געדריקט)	press; oppress
דריקנדיק	oppressive
דרך־אגב	by the way
דרך־ארץ ז	respect

דרעשן (געדראָשן)	thresh
דרשה נ (דרשות)	sermon
דרשה־געשאַנק ס (ען)	wedding present
דרשן ז (ים)	preacher
דרשענען (געדרשנט)	preach

ה

ה ז/נ	the 5th letter of the Hebrew alphabet
האָבן (געהאַט)	have
האָבער ז/ס	oat, oats
האָגל ז (ען)	hail
האָגלען (געהאָגלט)	hail
האָדעווען (געהאָדעוועט)	cultivate; rear, breed
האָז ז (ן)	hare
האָטעל ז (ן)	hotel
האַלאָ!	hello!
האָלאַנד [ס]	Holland
האַלב	half
האַלבאינדזל ז (ען)	peninsula
האַלבמיטל ס (ען)	half measure
האַלבקרײַז ז (ן)	semicircle
האַלדז ז (העלדזער)	neck
האַלדזבאַנד נ (האַלדזבענדער)	necklace
האַלדזונג נ (ען)	embrace
האַלדזן (געהאַלדזט)	embrace
האָלדערן (געהאָלדערט)	gobble
האַלט!	halt! stop!
האַלטונג נ (ען)	posture; attitude
האַלטן (געהאַלטן)	hold
האָלענדיש	Dutch
האָלענדער ז	Dutchman
האָלץ ס	wood (material)
האָלץ ס (העלצער)	block (of wood)
האָלצהעקער ז (ס)	woodcutter
האַמעווען (געהאַמעוועט)	check, restrain
האַמער ז (ס)	hammer
האַמערן (געהאַמערט)	hammer
האָן ז (הענער)	rooster
האָנאָראַר ז (ן)	honorarium; royalties
האַנדל ז (ען)	commerce
האַנדלונג נ (ען)	action
האַנדלען (געהאַנדלט)	act; trade
האַנט נ (הענט)	hand
האַנטאַרבעט נ (ן)	handwork
האַנטעך ז/ס (ער)	towel
האַנטפלאַך נ (ן)	palm (of hand)
האַנטשריפט נ (ן)	handwriting
האָניק ז	honey
האָניק־לעקעך ז (ער)	honeycake
האָפקען (געהאָפקעט)	hop
האָפן (געהאָפט)	hope
האָפענונג נ (ען)	hope
האַק נ (העק)	axe
האָק ז (ן)	hook
האָקי ז	hockey
האַקמעסער ז (ס)	chopper
האַקן (געהאַקט)	chop; knock; chatter
האַקנקרייץ ז (ן)	swastika

האַר ז (ן)	master
האָר נ	hair
האָרב ז (ן)	hump
האַרבסט ז (ן)	autumn
האַרט	hard
האַרטקייט נ	hardness
האָריזאָנט ז (ן)	horizon
האָריק	hairy
האָרכן (געהאָרכט)	listen, obey
האַרמאַט ז (ן)	cannon
האָרמאָן ז (ען)	hormone
האַרמאָניע נ (ס)	harmony
האַרמאָניש	harmonious
האָרן ז (הערנער)	horn
האָרע נ (ס)	hora (Israeli dance)
האָרעוועט (געהאָרעוועט)	toil
האַרעם ז (ס)	harem
האָרעפּאַשניק ז (עס)	toiler
האַרף נ/ז (ן)	harp
האַרץ ס (הערצער)	heart
האַרצווייטיק ז (ן)	heartache
האַרציק	cordial
האָרשפּילקע נ (ס)	hairpin
הגדה נ (הגדות)	Haggadah
הובל ז (ען)	plane (tool)
הובלען (געהובלט)	plane, smooth with a plane
הו־האַ ז	noise, bustle
הו־האַ!	wow!
הווה ז	present (tense)
הוט ז (ן/היט)	hat
הויז ס (הײַזער)	house
הויזן ר	pants
הויט נ (ן)	skin
הויך	high; tall; loud
הויפּטשטאָט נ (הויפּטשטעט)	capital
הויף ז (ן)	yard; court
הויפן ז (ס)	handful; heap
הויקער ז (ס)	hunchback
הוליען (געהוליעט)	revel, carouse
הומאַניסטיק נ	the humanities
הומאָר ז (ן)	humor
הומאָריסט ז (ן)	humorist
הומאָריסטיש	humorous
הון נ (הינער)	hen, chicken
הונגער ז	hunger; famine
הונגעריק	hungry
הונגערן (געהונגערט)	starve
הונדערט	hundred
הונט ז (הינט)	dog
הוסט ז	cough
הוסטן (געהוסט)	cough
הוראַ!	hurrah!
הוראַגאַן ז (ען)	hurricane
הורט ז	wholesale
הורט־סוחר ז (ים)	wholesaler
היג	local
היגיענע נ	hygiene
היגער ז	inhabitant of this locality
היזק ז (ות)	damage
היטל ס (עך/ען)	cap
היטן (געהיט/געהיטן)	guard, watch
היטער ז (ס)	guard
היי ס	hay
היי!	hey!
הייבן (געהויבן)	raise, lift
הייוון ר	yeast
הײַזל ס (עך)	small house
הייזעריק	hoarse
הײַזקע נ (ס)	hut

הײַטל ס (עך)	membrane
הײַ־יאָריק, הײַ־יעריק	this year's
הייך נ (ן)	height; elevation
הייל נ (ן)	cave
היילונג נ (ען)	cure
הייליק	holy
הייליקער ז	saint
היילן (געהיילט)	heal, cure
היים נ (ען)	home
היימיש	familiar
היימלאַנד ס (היימלענדער)	fatherland
היימלעך	cheerful
הײַנט	today
הײַנטיק	of today
הייס	hot
הייסן (געהייסן)	tell, order
הײַפיש ז (ן)	shark
הייצונג נ	heating
הייצן (געהייצט)	heat
היישעריק ז (ן)	locust
הילכיק	resounding
הילכן (געהילכט)	resound
הילף נ	help
הילצערן	wooden
הימל ז (ען)	sky, heaven
הימליש	celestial
הימען ז (ס)	anthem
הינד נ (ן)	doe
הינדל ס (עך)	chick
הינטיש	canine; mean
הינטל ס (עך)	puppy
הינטן	behind
הינטן ז (ס)	back, rear
הינטערגרונט ז (ן)	background
הינטערשטעליק	backward
הינערשטאַל נ (ן)	roost
הינקעדיק	limping, lame
הינקען (געהינקט/געהונקען)	limp
היסטאָריע נ (ס)	history; story
היסטאָריקער ז (ס)	historian
היסטעריע נ (ס)	hysteria
היסטעריש	hysterical
היענע נ (ס)	hyena
היפאָטעז ז (ן)	hypothesis
היפאָטעטיש	hypothetical
היפאָטעק נ (ן)	mortgage
היפאָקריט ז (ן)	hypocrite
היפנאָז ז	hypnosis
היפנאָטיזירן (היפנאָטיזירט)	hypnotize
היפש	considerable
היץ נ (ן)	heat; fever
היצעל ז (ס)	dogcatcher
הירש ז (ן)	deer (stag)
הכנסה נ (הכנסות)	income
הכשר ז (ים)	rabbinical permit
הלוואה נ (הלוואות)	loan
הלוואי	would that!
המון ז (ים/ ען)	crowd; rabble
המן־טאַש ז (ן)	triangular Purim cake
המשך ז (ים)	sequel
הנאה נ (הנאות)	pleasure
הנחה נ (הנחות)	premise; discount
הסכּם ז (ס)	agreement
הסכּם־כּולם ז	consensus
הספד ז (ים)	funeral lament
העבֿרעאיש	Hebrew
העוויה נ (העוויות)	grimace
העזה נ	impudence
העט	far away
העכט ז	pike (fish)

העכסט	highest
העכסטנס	at most
העכער	higher
העכערן (געהעכערט)	raise (price, wages); promote
העל	bright, clear
העלד ז (ן)	hero
העלדיש	heroic
העלדישקייט נ (ן)	heroism
העליקאָפּטער ז (ס)	helicopter
העלפאַנד, העלפאַנט ז (ן)	elephant
העלפט	half
העלפן (געהאָלפן)	help, aid
העלפער ז (ס)	helper
העמד ס (ער)	shirt
הענגל ס (עך)	bunch (of grapes)
הענגען (געהאָנגען)	hang
הענדלער ז (ס)	merchant
הענטל ס (עך)	handle
הענטשקע נ (ס)	glove
הענקער ז (ס)	hangman
העסלעך	ugly
העפט ס (ן)	notebook
העפלעך	polite
העפלעכקייט נ (ן)	politeness
העצן (געהעצט)	incite
העצע נ (ס)	incitement
העקל ס (עך)	hatchet
הער ז (ן)	gentleman
הערינג ז	herring
הערלעך	glorious
הערן (געהערט)	hear
הערצאָג ז (ן)	duke
הערשן (געהערשט)	rule, reign
הפקר	ownerless; licentious
הצלחה נ (הצלחות)	success
הקדמה נ (הקדמות)	preface
הרגענען (געהרגעט)	kill
השגחה נ	supervision; Providence
השערה נ (השערות)	assumption
השפעה נ (השפעות)	influence
התמדה נ	diligence

ו

ו ז/נ	the 6th letter of the Hebrew alphabet
וואָג נ (ן)	weight; scales
וואַגאָן ז (ען)	railroad car
וואָגן ז (ס/וועגענער)	cart, buggy
וואָזנע ז (ס)	bailiff
וואַזע נ (ס)	vase
וואַזעלין ז (ען)	vaseline
וואַטיקאַן ז	Vatican
וואַטע נ	cotton batting
וואַך נ (ן)	guard
וואָך נ (ן)	week
וואַכטל ז (ען)	quail
וואָכיק	weekly
וואַכן (געוואַכט)	keep a vigil
וואָכנבלאַט ס	weekly (publication)
וואָכנדיק	weekly
וואָכעדיק	everyday, ordinary
וואָל נ	wool
וואַלגערן (געוואַלגערט)	roll

וואַלגערן זיך	be homeless
וואַלד ז (וועלדער)	forest
וואָלוול	cheap
וואַלוטע נ ס	foreign currency
וואָלט	would, should
וואַליזע נ (ס)	suitcase
וואַלן ר	election
וואָלף ז (וועלף)	wolf
וואַלפיש ז (ן)	whale
וואָלקן ז (ס)	cloud
וואָלקנדיק	cloudy
וואַנדאַל ז (ן)	vandal
וואַנדאַליזם ז	vandalism
וואַנדערן (געוואַנדערט)	wander
וואַנדערער ז (ס)	wanderer
וואַנט נ (ווענט)	wall
וואַנע נ (ס)	bath tub
וואַנעט, וואַנען: פון וואַנעט, פון וואַנען	whence, from where
וואַנץ נ (ן)	bedbug
וואָנצע נ (ס)	mustache
וואָנצעלעך ר	whiskers (of an animal)
וואָס	what; who, which, that
וואַסער ס (ן)	water
וואָסער	what, which
וואַסערפאַל נ (ן)	waterfall
וואַפליע נ (ס)	waffle
וואָפן ז (ס)	weapon
וואָפן־שטילשטאַנד ז (ן)	armistice
וואָקאַל ז (ן)	vowel
וואַקאַציע נ (ס)	vacation
וואָקזאַל ז (ס)	railway station
וואַקלען (געוואַקלט)	shake
וואַקלען זיך	hesitate; shake

וואַקס ז (ן)	wax
וואַקסן (געוואַקסן)	grow
וואָר נ	reality
וואָרהייט נ (ן)	truth
וואָרט ס (ווערטער)	word
וואַרטן (געוואַרט)	wait
וואָרטש ז (ן)	growl
וואָרטשען (געוואָרטשעט)	growl, grumble
וואָרטשפּיל נ/ס (ן)	pun
וואַרעם	warm
וואָרעם ז (ווערעם)	worm
וואַרעמען (געוואַרעמט)	heat
וואַרעמען זיך	warm oneself
וואַרעמקייט נ	warmth
וואָרענונג נ (ען)	warning
וואָרענען (געוואָרנט)	warn
וואָרף ז (ן)	hurl, throw
וואַרפן (געוואָרפן)	throw, cast
וואָרצל ז (ען)	root
וואָרקען (געוואָרקעט)	coo
וואַרשטאַט ז (ן)	workshop
וואַשמאַשין נ (ען)	washing machine
וואַשן (געוואַשן)	wash
וואַשצימער ז (ן)	washroom
ווויל	nice, good
וווינונג נ (ען)	dwelling, apartment
וווינען (געוווינט)	live, reside
וווּיען (געוווּיעט)	howl
וווּלגאַר	vulgar
וווּלקאַן ז (ען)	volcano
וווּנד נ (ן)	wound, injury
וווּנדער ז (ס)	wonder
וווּנדערן (געוווּנדערט)	astonish, surprise

וווּנדערן זיך	wonder, be surprised
וווּנטש ז (ן)	wish
וווּנק ז (ען)	wink
וווּקס ז (ן)	growth
וווּרשט ז (ן)	sausage
ווי	how; as
וויאָלאָנטשעל ז (ן)	cello, violoncello
וויאָלעט	violet
וויאָרסט ז (ן)	verst (Russian measure)
וויג נ (ן)	cradle
וויגליד ס (ער)	lullaby
וויגן (געוויגט)	swing, rock
ווידוי נ (ים)	confession
ווידמען (געווידמעט)	dedicate
ווידער	again
ווידערקול ס (ות)	echo
ווידערשטאַנד ז	resistance
וויזיט ז (ן)	visit
וויזע נ (ס)	visa
וויטאַמין ז (ען)	vitamin
וויטרינע נ (ס)	shop window
וויי!	alas, woe!
ווײַב ס/נ (ער)	wife
ווײַבלעך	feminine; female
ווידל ז (ען)	tail
ווײַזן (געוויזן)	show
ווײַט	far
ווייטיק ז (ן)	pain
ווײַטיק	remote
ווייטיקדיק	painful
ווייטיקן (געווייטיקט)	ache
ווײַטער	further
ווייך	soft
ווייכקייט נ	softness

ווײַל	because; as long as
וויילן (געווײלט)	elect
ווײַלן (געווײַלט)	stay
ווײַלן זיך	enjoy oneself
ווײַלע נ (ס)	while
ווײַן ז (ען)	wine
ווײַנגאָרטן ז	vineyard
וויינדל ז (ען)	tail
ווײַנטרויב נ (ן)	grape
ווייניק	few
ווייניקסטנס	at least
וויינען (געוויינט)	weep
ווײַנשטאָק ז (ן)	vine
ווײַס	white
ווײַסל ס (עך)	white (of eye, egg)
ווײַסל נ	Vistula (a river in Poland)
ווייען (געווייעט)	blow; winnow
ווייץ ז	wheat
ווייצן	wheaten, made of wheat
ווייקן (געווייקט)	soak
וויכּוח ז (ים)	debate
וויכטיק	important
וויכטיקייט נ	importance
ווילד	wild
ווילדגראָז ס (ן)	weed
ווילדעווען (געווילדעוועט)	rampage
ווילדעניש נ (ן)	wilderness
וויליק	willing
ווילן ז (ס)	will
ווילנדיק	intentionally
ווינט ז (ן)	wind
ווינטיק	windy
ווינטל ס (עך)	breeze
ווינטמיל נ (ן)	windmill

ווינטער ז (ס) winter
ווינטערדיק wintry
ווינטשונג נ (ען) wish
ווינטשן (געווונטשן) wish
ווינציק little
ווינציקסטנס at least
ווינקל ז (ען) corner; angle
ווינקלשטיין ז (ער) cornerstone
ווינקען (געווונקען) wink
וויסט desolate
וויסטעניש נ (ן) wasteland; desert
וויסיק conscious
וויסן ס knowledge
וויסן (געוווּסט) know
וויסנדיק knowingly
וויסנשאַפט נ (ן) science; knowledge
וויפל how many; how much
וויפלט what, which (in order)
וויץ ז (ן) joke
וויציק witty
וויצלען זיך (געוויצלט) joke
וויקלען (געוויקלט) wrap
ווירטשאַפט נ (ן) economy
ווירקונג נ (ען) effect
ווירקלעך real; indeed
ווירקלעכקייט נ reality
ווירקן (געווירקט) effect
ווישן (געווישט) wipe
וועבן (געוועבט) weave
וועבער ז (ס) weaver
וועבשטול נ (ן) loom
וועג ז (ן) way, road
וועגן (געוויגן) weigh
וועגן about, regarding
וועווערקע נ (ס) squirrel

וועזן ס (ס) being; fuss
וועט ז (ן) bet
וועטן זיך (געוועט) bet
וועטער ז/ס (ן) weather
וועטערינאַר ז (ן) veterinarian
וועטשערע נ (ס) supper
וועכטער ז (ס) guard
וועלדל ס (עך) grove
וועלט נ (ן) world
וועלטלעך secular
וועלט־מלחמה נ (־מלחמות) World War
וועלכער, וועלכע, וועלכעס which, what
וועלן (געוואָלט) want, wish
וועמען whom
וועמענס, וועמעס whose
ווען when
ווענדן (געווענדט/געוואָנדן) turn
ווענטילאַטאָר ז (ן) ventilator
וועסטל ס (עך) vest
וועקזייגער ז (ס) alarm clock
וועקן (געוועקט) awaken, wake
וועקסל ז (ען) promissory note
ווער who
ווערב ז (ן) verb
ווערבע נ (ס) willow
ווערגן (געוואָרגן) choke
ווערדיק dignified
ווערדע נ (ס) dignity
ווערט worthy
ווערט נ/ז (ן) worth; value
ווערטל ס (עך) saying

ווערטערבוך ס/ז (ווערטערביכער)	dictionary
ווערטערשפיל נ/ס(ן)	pun
ווערן (געוואָרן)	become
וועש ס	laundry
וועשערין נ(ס)	laundress

ז

ז ז/נ	the 7th letter of the Hebrew alphabet
זאָאָלאָגיע נ	zoology
זאָאָלאָגיש	zoological
זאָגן (געזאָגט)	say
זאַווערוכע נ(ס)	blizzard
זאַט	satisfied, full
זאָטל ז/ס(ען)	saddle
זאַטקייט נ	satiety
זאַך נ(ן)	thing
זאַכוואָרט ס	noun
זאַכלעך	neuter (gender)
זאַל ז(ן)	hall
זאַלב נ(ן)	ointment
זאַלבן (געזאַלבט)	anoint
זאָלן (געזאָלט)	ought, should
זאַלץ ס/נ(ן)	salt
זאַלצן (געזאַלצט)	salt
זאַמד ס/ז(ן)	sand
זאַמדיק	sandy
זאַמלונג נ(ען)	collection
זאַמלער ז(ס)	collector
זאַמען זיך (געזאַמט)	linger
זאַנג נ(ען)	stalk; ear (of corn)
זאָנע נ(ס)	zone
זאַפט ז(ן)	sap, juice
זאַפטיק	juicy
זאַץ ז(ן)	sentence

זאַק ז(זעק)	sack, bag
זאָק ז(ן)	sock; stocking
זאָרג נ(ן)	care, worry
זאָרגן (געזאָרגט)	care
זויבער	clean
זויגן (געזויגט)	suck
זויל נ(ן)	sole (of a shoe)
זוים ז/נ(ען)	hem
זוימען ז(ס)	seed; offspring
זוימען זיך (געזוימט)	linger
זויער	sour
זויערטייג ס	leaven
זויערשטאָף ז	oxygen
זויפן (געזויפט)	guzzle
זויפער ז(ס)	drunkard
זוכן (געזוכט)	look for, seek
זומזען (געזומזעט)	buzz
זומער ז(ס)	summer
זומערדיק	summery
זומער־פייגעלע ס(ך)	butterfly
זומער־שפרענקעלע ס(ך)	freckle
זומפ ז(ן)	swamp
זומפיק	swampy
זון ז(זין)	son
זון נ(ען)	sun
זון־אויפגאַנג ז(ען)	sunrise
זון־אונטערגאַנג ז(ען)	sunset
זונה נ(זונות)	prostitute

זונטאָג, זונטיק ז (ן)	Sunday
זוניק	sunny
זון־פֿאַרגאַנג ז (ען)	sunset
זונרויז נ (ן)	sunflower
זופּ נ (ן)	soup
זופּן (געזופּט)	sip
זי	she
זיבן	seven
זיבעציק	seventy
זיבעצן	seventeen
זיג ז (ן)	victory
זיגזאַג ז (ן)	zigzag
זיגל ז/ס (ען)	seal
זיגן (געזיגט)	conquer
זיגער ז (ס)	conqueror
זידלען (געזידלט)	revile, scold
זידן (געזאָדן)	seethe, boil
זיווג ז (ים)	match
זיי	they; them
זייגן (געזייגט)	suckle, nurse
זײַ געזונט	be well!
זייגער ז (ס)	clock
זייגערל ס (עך)	watch
זייגער־מאַכער ז (ס)	watchmaker
זייגקינד ס (ער)	infant
זײַד ס/נ	silk
זײַדן	silken
זיידע ז (ס)	grandfather
זײַט נ (ן)	side; page
זײַל ז (ן)	pillar
זײַן (געווען/געוועזן)	be
זייען (געזייט)	sow
זייער אדי, אדוו	their; very
זייף נ/ס (ן)	soap
זייפֿבלעזל ס (עך)	soap bubble
זיכּרון ז (זכרונות)	memory
זיך	oneself
זיך־אַדרעסירט	self-addressed
זיכער	sure; safe
זיכערקייט נ	safety
זיך־פֿאַרטיידיקונג נ	self-defense
זילבער ס	silver
זילבערן	silvery
זין ז	sense
זינגען (געזונגען)	sing
זינגער ז (ס)	singer
זינד נ	sin
זינדיק	sinful
זינדיקן (געזינדיקט)	sin
זינדיקער ז	sinner
זינט	since
זינען ז	sense
זינקען (געזונקען)	sink
זיס	sweet
זיסקייט נ	sweetness
זיפּ נ (ן)	sieve
זיפּן (געזיפּט)	sift
זיפֿץ ז (ן)	sigh
זיפֿצן (געזיפֿצט)	sigh
זיץ ז (ן)	seat
זיצונג נ (ען)	meeting; session
זיצן (געזעסן)	sit
זכות ז (ן/ים)	merit
זכר ז (ים)	male
— לשון־זכר ס	masculine (gender)
זלידנע	annoying
זמן ז (ים)	term; semester
זעברע נ (ס)	zebra
זעג נ (ן)	saw
זעגל ז (ען)	sail

זעגלשיף נ (ן)	sailboat
זעגן (געזעגט)	saw
זעגעכץ ס	sawdust
זעט נ	satiety
זעטיקונג נ	saturation
זעטיקן (געזעטיקט)	satiate
זעכציק	sixty
זעכצן	sixteen
זעלבסט	self
זעלבסטמאָרד ז (ן)	suicide
זעלבשוץ נ/ז	self-defense
זעלבשטענדיק	independent
זעלבשטענדיקייט נ	independence
זעלטן	rare
זעלטנקייט נ (ן)	rarity
זעלנער ז	soldier
זעמל ז/נ	roll, bun
זען, זעען (געזען, געזעען)	see
זעער ז (ס)	seer; prophet
זעץ ז (ן)	blow, knock
זעצן (געזעצט)	seat, place
זעצער ז (ס)	typesetter
זעקל ס (עך)	pouch
זעקס	six
זשאַבע נ (ס)	frog
זשאַווער ז	rust
זשאַווערן (געזשאַווערט)	rust
זשאַלעווען (געזשאַלעוועט)	economize; spare; begrudge
זשאַרגאָן ז (ען)	jargon
זשוזשען (געזשוזשעט)	buzz, hum
זשוליק ז (עס)	crook
זשום ז (ען)	buzz, hum
זשומזשע נ (ס)	bumblebee
זשופיצע נ (ס)	frock
זשוק ז (עס)	beetle
זשורנאַל ז (ן)	journal
זשורנאַליסט ז (ן)	journalist
זשיראַף ז (ן)	giraffe
זשלאָב ז (עס)	boor
זשע	so, then
זשעסט ז (ן)	gesture

ח

ח ז/נ	the 8th letter of the Hebrew alphabet
חבר ז (ים)	friend; comrade
חגא נ (ות)	Christian holiday
חדר ז (ים)	cheder (Jewish religious school)
חוב ז (ות)	debt
חודש ז (חדשים)	month
חוזק ז	mockery, ridicule
חומש ז (ים)	Chumash, Pentateuch
חופה נ (חופות)	wedding canopy
חוץ	except
חוצפה נ	impudence, nerve
חורבן ז (ות)	destruction, ruin
חוש ז (ים)	sense
חושד זיַין (חושד געווען)	suspect
חזיר ז (ים)	pig
חזיר־ניסל ס (עך)	acorn
חזיר־שטאַל נ/ז (ן)	pigsty
חזן ז (ים)	cantor

חיבור ז (ים) — addition; treatise
חיה נ (חיות) — animal
חינוך ז — education
חיסור ז — subtraction
חיסרון ז (חסרונות) — fault, defect
חכם ז (ים) — wise man
חכמה נ (חכמות) — wisdom; wit
חלה נ (חלות) — challah
חלום ז (ות) — dream
חלומען (געחלומט) — dream
חלילה־וחס — God forbid!
חלשן (געחלשט) — faint
חמץ ז/ס — leavened bread
חן ז (ען) — charm
חנוכּה ז — Hanukkah
חניפה נ (חניפות) — flattery
חנפענען (געחנפעט) — flatter
חס־וחלילה — God forbid!
חסיד ז (ים) — Hasid
חסידיזם ז — Hasidism
חרטה נ — regret
חרטה האָבן — regret
חרם ז (ס/ים) — ban
חרפה נ (חרפות) — disgrace
חשבון ז (ות) — account; calculation
חשד ז (ים) — suspicion
חשוב — respected
חשק ז — desire
חתונה נ (חתונות) — marriage
חתן ז (ים) — bridegroom

ט

ט ז/נ — the 9th letter of the Hebrew alphabet
טאַבאַק ז (ן) — tobacco
טאַביק ז — tobacco; snuff
טאָג ז (טעג) — day
טאָגבוך ס (טאָגביכער) — diary
טאָג־טעגלעך — day-to-day
טאָגן (געטאָגט) — dawn
טאָגצײַטונג נ (ען) — daily (a newspaper)
טאָוול ז (ען) — board
טאַטע ז (ס) — dad, father
טאָטער ז (ן) — Tatar
טאַטעשי ז (ס) — daddy
טאָטשען (געטאָטשעט) — nag
טאָכטער נ (טעכטער) — daughter
טאָל ז (ן) — valley
טאַלאַנט ז (ן) — talent
טאַלאַנטירט — talented
טאָלכל ס (עך) — dale
טאָלערירן (טאָלערירט) — tolerate
טאָלק ז — order; sense
טאָמער — perhaps; if
טאָן ז (ען) — ton
טאָן ז (טענער) — tone, note
טאָן (געטאָן) — do
טאַנץ ז (טענץ) — dance
טאַנצן (געטאַנצט) — dance
טאַנק ז (ען) — tank
טאָפּ ז (טעפּ) — pot
טאָפּטשען (געטאָפּטשעט) — plod; trudge
טאָפּל — double
טאַפּן (געטאַפּט) — touch; grope

טאַץ נ/ז (ן)	tray
טאַקט ז (ן)	tact
טאַקסי ז/נ (ס)	taxicab
טאַקע	indeed
טאַראַקאַן ז (עס)	cockroach
טאָרבע נ (ס)	sack
טאַריף ז (ן)	tariff
טאָרן (געטאָרט)	be allowed
— ניט טאָרן	be forbidden
טאָרנאַדאָ ז (ס)	tornado
טאַרעראַם ז (ען)	tumult
טאָרפּעדע נ (ס)	torpedo
טאָרף ז	turf; peat
טאָרקלען (געטאָרקלט)	coo
טאַש נ/ז (ן)	pocket
טבֿע נ (ס)	nature; character
טובֿה נ (טובֿות)	favor
טוי ז (ען)	dew
טויב	deaf
טויב נ (ן)	pigeon, dove
טויבנשלאַק ז (ן)	pigeon coop
טויגן (געטויגט)	be good for; be of use
טויזנט	thousand
טויט	dead
טויט ז (ן)	death
טויטשטראָף נ	capital punishment
טויער ז (ן)	gate
טויפן (געטויפט)	baptize
טוישן (געטוישט)	change, exchange
טוך ס (טיכער)	cloth
טוליען (געטוליעט)	clasp, nestle
טולפּאַן ז (ען)	tulip
טומל ז (ען)	noise
טומלדיק	noisy

טומלען (געטומלט)	make noise
טון (געטון)	do
טונעל ז (ן)	tunnel
טונק ז (ען)	dip
טונקל	dim; obscure
טונקען (געטונקען)	dip
טונקער ז (ס)	diver
טוער ז (ס)	active person
טופּען (געטופּעט)	stamp (one's foot)
טוץ ז (ן)	dozen
טוריסט ז (ן)	tourist
טורמע נ (ס)	prison
טורעם ז (ס)	tower
טוש ז (ן)	India (Indian) ink
טיאָכקען (געטיאָכקעט)	throb
טיגער ז (ס)	tiger
טיטל ז (ען)	title
טיי נ (ען)	tea
טייג ס (ן)	dough
טײַוול ז (טײַוואָלים/טײַוולאָנים)	devil
טײַוולאָניש	diabolical
טייטל ז/נ (ען)	date (fruit)
טײַטל ז (ען)	pointer
טײַטלען (געטײַטלט)	point
טײַטש ז/נ (ן)	meaning
טײַטשן (געטײַטשט)	interpret
טײַך ז (ן)	river
טײַכל ס (עך)	creek, brook
טייל ז/נ (ן)	part; portion
טיילונג נ (ען)	division
טיילמאָל	sometimes
טיילן (געטיילט)	divide
טיילער ז (ס)	denominator

טײַסטער ז (ס)	purse
טײַער	dear
טיכל ס (עך)	kerchief
טינט נ (ן)	ink
טינטער ז (ס)	inkwell
טינק ז/נ	plaster
טיפ ז (ן)	type
טיפיש	typical
טיפש ז (ים)	fool
טיפשות ס	foolishness
טיף	deep
טיפוס ז	typhus
טיפקייט נ (ן)	depth
טיקטאַק ז	tick-tock
טיר נ (ן)	door
טיראַן ז (ען)	tyrant
טיראַניש	tyrannical
טירגלעקל ס (עך)	doorbell
טירחה נ (טירחות)	trouble
טיש ז (ן)	table
טישטעך ס/ז (ער)	tablecloth
טלאָ נ (ען)	hoof
טליִען (געטליִעט)	smolder
טעאַטער ז (ס)	theater
טעאָלאָגיע נ	theology
טעאָריע נ (ס)	theory
טעאָרעטיקער ז (ס)	theoretician
טעגלעך	daily
טעות ז/ס (ן/ים)	mistake
טעזיס ז (ן)	thesis
טעטיק	active
טעטיקייט נ (ן)	activity
טע־טע־טע!	well, well!
טעכנאָלאָגיע נ	technology
טעכניק נ (עס)	technique

טעכניקער ז (ס)	technician
טעכניש	technical
טעלעגראַמע נ (ס)	telegram
טעלעגראַף ז (ן)	telegraph
טעלעוויזיע נ	television
טעלעפאָן ז (ען)	telephone
טעלעפאָנירן (טעלעפאָנירט)	telephone, communicate by telephone
טעלעפאָניש	by telephone
טעלער ז (ס)	plate
טעלערל ס (עך)	saucer
טעם ז (ען/ים)	taste; reason
טעמע נ (ס)	theme, topic
טעמפ	dull
טעמפאָ ז (ס)	tempo, pace
טעמפעראַטור נ (ן)	temperature
טעמפעראַמענט ז (ן)	temperament
טענדענץ נ (ן)	tendency
טענה נ (טענות)	complaint; claim
טענהן (געטענהט)	argue; plead
טעניס ז	tennis
טענענבוים ז (טענענביימער)	spruce
טענצער ז (ס)	dancer masc
טענצערין נ (ס)	dancer fem
טעפוואַרג ס	pottery
טעפער ז (ס)	potter
טעצל ס (עך)	saucer
טעקסט ז (ן)	text
טעקסטיל ז (ן)	textile
טעקע נ (ס)	briefcase
טעראַסע נ (ס)	terrace
טעראָר ז	terror
טעראָריסט ז (ן)	terrorist
טעריטאָריע נ (ס)	territory
טעריטאָריעל	territorial

טערמאָמעטער ז (ס)	thermometer
טערמיט ז (ן)	termite
טערמין ז (ען)	term
טערמינאָלאָגיע נ (ס)	terminology
טערק ז (ן)	Turk
טערקײַ [נ]	Turkey
טערקיש	Turkish
טפו!	phooey! pugh !
טראַגיש	tragic
טראָגן (געטראָגן)	carry
טראַגעדיע נ (ס)	tragedy
טראָגער ז (ס)	bearer
טראַדיציאָנעל	traditional
טראַדיציע נ (ס)	tradition
טראָט ז (טריט)	step, pace
טראָטואַר ז (ן)	sidewalk
טראַך!	bang! crash!
טראַכטן (געטראַכט)	think
טראַמוויַי ז (ען)	streetcar
טראָן ז (ען)	throne
טראַנסיסטאָר ז (ן)	transistor
טראַנספּאָרט ז (ן)	transport; shipment
טראַנספּאָרטירן (טראַנספּאָרטירט)	transport
טראַנספֿער ז (ן)	transfer
טראַסק ז (עס/ן)	bang, crash
טראַסקען (געטראַסקעט)	bang, clatter
טראָפּ ז	accent; stress
טראָפּיק ז (ן)	tropic
טראָפּיש	tropical
טראָפּן ז (ס)	drop
טראַף ז (ן)	syllable; chance
טראַקטאָר ז (ן)	tractor
טרוים ז (ען)	dream
טרוימען (געטרוימט)	dream
טרויער ז	grief
טרויעריק	sad
טרויערן (געטרויערט)	mourn, grieve
טרומייט ז (ן)	trumpet
טרומייטערן (טרומייטערט)	trumpet; blow
טרונק ז (ען)	drink
טרוסקאַפקע נ (ס)	strawberry
טריט ז	step
טרײַ	faithful
טרײַבן (געטריבן)	drive; chase
טרייסט נ (ן)	consolation
טרייסטן (געטרייסט)	console
טרייסלען (געטרייסלט)	shake
טרייף	non-kosher
טרינקען (געטרונקען)	drink
טריפן (געטריפט)	drip
טריקאָטאַזש ז	knitwear
טריקעניש נ (ן)	drought
טריקענען (געטריקענט)	dry
טרעגער ז (ס)	porter
טרעטן (געטראָטן)	tread
טרעפּ נ	stair
טרעפן (געטראָפן)	guess; meet
טרער נ (ן)	tear
טשאַד ז	carbon monoxide
טשאַטע נ (ס)	flock (of animals)
טשאָלנט ז (ן)	tsholent (a traditional Sabbath dish)
טשוואָק ז (טשוועקעס)	nail
טשופּרינע נ (ס)	forelock
טשײַניק ז (עס)	teapot
טשיפּמאָנק ז (ן)	chipmunk
טשיקאַווע	curious
טשעך ז (ן)	Czech

טשעכאָסלאָוואַקיע [נ] Czechoslovakia
טשעכיש Chech
טשעלאָ ז (ס) cello
טשעמאָדאַן ז (עס) valise
טשעפּען (געטשעפּעט) bother; touch
טשעק ז (ן) check, cheque
טשערעפּאַכע נ (ס) tortoise; turtle

י

י ז/נ the 10th letter of the Hebrew alphabet
יאָ yes, yea
יאָג נ (ן) chase
יאַגדע נ (ס) berry
יאָגורט ז (ן) yoghurt, yogurt
יאָגן (געיאָגט) chase
יאָגעניש ס haste
יאָד ז iodine
יאָדלע נ (ס) fir
יאָדלען (געיאָדלט) yodel
יאוש ז despair
יאַט ז (ן) chap
יאַטקע נ (ס) butcher shop
יאָך ז/נ (ן) yoke
יאַכט ז (ן) yacht
יאָלד ז (ן) dupe, sucker
יאָמער ז (ן) lament
יאָמערן (געיאָמערט) lament
יאַנואַר ז (ן) January
יאַסמין ז (ען) jasmine
יאַפּאַן [ס] Japan
יאַפּאַניש Japanese
יאַר ז (ן) ravine
יאָר ס (ן) year
יאַרד ז (ן) yard (measure)
יאָרטאָג ז (יאָרטעג) anniversary
יאַרמלקע נ (ס) skullcap
יאָרצײַט נ (ן) anniversary (of a person's death)
יאַשטשערקע נ (ס) lizard
יובילעאום ז (ס) jubilee
יוגאָסלאַוויע [נ] Yugoslavia
יוגנט נ youth
יוגנטלעך youthful
יוטשען (געיוטשעט) grunt
יויך נ (ן) broth, soup
יולי ז (ס) July
יום־טוב ז (ים) holiday
יום־כּיפּור ז Day of Atonement
יונג young
יונג ז (ען) lad
יונגאַטש ז (עס) rascal
יוני ז (ס) June
יוניאָן נ (ס) (labor) union
יורש ז (ים) heir
יושר ז equity; justice; fairness
יחוס ז noble descent
יחסן ז (ים) privileged man
ייִד ז (ן) Jew
ייִדיש Jewish
ייִדיש ס Yiddish
ייִדענע נ (ס) elderly woman
ייִנגל ס/ז (עך) boy

יינגער	younger; junior
ים ז (ען/ים)	sea
ים־הונט ז (־הינט)	seal
ים־שפּיגל ז	sea level
יסורים ר	pains
יעגער ז (ס)	hunter
יעדנפֿאַלס	in any case
יעדערער	everyone; each one
יעטן (געיעט)	weed
יענטע נס	female busybody
יענער	that; other
יענק ז (ען)	moan
יענקען (געיענקעט)	moan
יעצט	now
יעקן (געיעקט)	taunt
יערלעך	yearly
יערן (געיוירן)	ferment
יצר־הרע ז (ס)	evil inclination
ירושה נ (ירושות)	inheritance
ירושלים [ס]	Jerusalem
יריד ז (ן/ים)	fair (for selling goods)
ירשענען (געירשנט)	inherit
ישיבה נ (ישיבות)	Yeshivah
ישׂראל [ס]	Israel
ישׂראלי ז (ים)	Israeli
יתום ז (ים)	orphan *m*
יתומה נ (יתומות)	orphan *f*

כּ

כּ ז/נ	the 11th letter of the Hebrew alphabet
כּבוד ז	honor
כּדאי	worthwhile
כּדי	so that
כּוונה נ (כּוונות)	intention
כּוח ז (ות)	strength
כּוס ז (ות)	cup, goblet
כּיבוד ז	refreshments
כּישוף ז	witchcraft; charm, spell
כּישוף־מאַכער ז (ס)	magician
כּלב ז (ים)	dog; scoundrel
כּלבטע נ (ס)	bitch
כּלה נ (כּלות)	bride
כּלי נ (ם)	utensil
כּלי־זמר ז (ס/ים)	musician
כּלל ז (ים)	rule; community
כּלערליי	various
כּמעט	almost
כּעס ז	anger
כּפל ז	multiplication
כּשר	kosher

כ

כאָוען (געכאָוועט)	raise, cultivate
כאַטע נ (ס)	hut; cabin
כאָטש	although
כאַ־כאַ!	ha-ha!
כאַלאַט ז (ן)	frock
כאַליאַסטרע נ (ס)	gang
כאַליף ז (ן)	caliph
כאָלערע נ	cholera
כאַם ז (עס)	boor
כאַמעלעאָן ז (ען)	chameleon

כאַפּ־לאַפּ	helter-skelter
כאַפּן (געכאַפּט)	catch; grab
כאַפּעניש ס	rush, haste
כאַקי ז	khaki
כאָר ז (ן)	choir
כאַראַקטער ז (ס/ן)	character
כאַראַקטעריסטיש	characteristic
כאַרט, כאָרט ז (עס/ן)	greyhound
כאָרכלען (געכאָרכלט)	rattle, wheeze
כוואַליע נ (ס)	wave
כוליגאַן ז (עס)	hooligan, ruffian
כיטראַק ז (עס)	sly person
כיטרע	sly, cunning
כיכען (געכיכעט)	giggle
כינין ז	quinine
כינע [נ]	China
כינעזיש	Chinese
כינעזער ז	Chinese
כירורג ז (ן)	surgeon
כירורגיע נ	surgery
כלאָפּ ז (עס)	churl; peasant
כלאָר ז	chlorine
כליעפּטשען (געכליעפּטשעט)	guzzle
כליפּען (געכליפּעט)	sob, cry
כמאַל ז (ן)	whack
כמאַרנע	cloudy
כמאַרע נ (ס)	heavy cloud
כמורנע	cloudy; gloomy
כניאָק ז (עס)	bigot
כעמיע נ	chemistry
כראָם ז	chromium
כראָמאָסאָם ז (ען)	chromosome
כראָנאָלאָגיע נ (ס)	chronology
כראָנאָלאָגיש	chronological
כראָפּען (געכראָפּעט)	snore
כריין ז	horseradish

ל

ל ז/נ	the 12th letter of the Hebrew alphabet
לאַבאָראַטאָריע נ (ס)	laboratory
לאָגאַריטם ז (ען)	logarithm
לאָגיק נ	logic
לאָגיש	logical
לאַגע נ (ס)	situation
לאַגער ז (ס/ן)	camp
לאָדן ז (ס)	shutter
לאָדן (געלאָדן)	load; litigate
לאָזונג נ/ז (ען)	slogan
לאָזן (געלאָזט/געלאָזן)	let, leave (a person alone to do something)
לאָזשע נ (ס)	loge
לאַטײַן ס	Latin (language)
לאַטײַניש	Latin
לאַטע נ (ס)	patch
לאַטען (געלאַטעט)	patch, mend
לאָטעריע נ (ס)	lottery
לאַטקע נ (ס)	pancake
לאָטקע נ (ס)	boat
לאַטש ז (ן)	slipper
לאָיאַל	loyal
לאָך ס/ז (לעכער)	hole
לאַכן (געלאַכט)	laugh
לאָם	lame

be worthwhile	לוינען (געלוינט)	pawnshop	לאָמבאַרד ז(ן)
run	לויפֿן (געלאָפֿן)	lantern	לאַמטערן ז(ס)
sleepwalker	לונאַטיקער ז(ס)	let me	לאָמיך
lung	לונג נ(ען)	let us	לאָמיר
pneumonia	לונגען־אָנצינדונג נ(ען)	lamp	לאָמפּ ז(ן/לעמפּ)
cheerful	לוסטיק	long	לאַנג
air	לופֿט נ(ן)	boring	לאַנגווייליק
airy, breezy	לופֿטיק	slow	לאַנגזאַם
idler;	לופֿטמענטש ז(ן)	land; country	לאַנד ס (לענדער)
impractical fellow		compatriot	לאַנדסמאַן ז(לאַנדסלײַט)
ventilate	לופֿטערן (געלופֿטערט)	lawn	לאָנקע נ(ס)
airmail	לופֿטפּאָסט נ	burden	לאַסט נ(ן)
luxury	לוקסוס ז(ן)	paw	לאַפּע נ(ס)
to life, to your	לחיים !	spade	לאָפּעטע נ(ס)
health! (toast)		lapel	לאַץ ז/נ (ן)
any	ליאַדע	curl	לאָק ז/נ (ן)
doll	ליאַלקע נ(ס)	tenant	לאָקאַטאָר ז(ן)
noise	ליאַרעם ז(ס)	salmon; lox	לאַקס ז(ן)
make a noise	ליאַרעמען (געליאַרעמט)	lurk	לאָקערן (געלאָקערט)
dear	ליב	noodle; (slang) dollar	לאָקש ז(ן)
love	ליב האָבן (ליב געהאַט)	laurel	לאָרבער ז(ס)
amiable	ליבהאַרציק	lord	לאָרד ז(ן)
darling; pet	ליבלינג ז(ען)	larva	לאַרווע נ(ס)
lovely	ליבלעך	colt	לאָשעק ז(עס)
love	ליבן (געליבט)	moon	לבֿנה נ(לבֿנות)
love; romance	ליבע נ(ס)	Lebanon	לבֿנון [ס]
liberal	ליבעראַל	funeral n	לוויה נ(לוויות)
liberal	ליבעראַל ז(ן)	Jewish calendar	לוח ז(ות)
rather	ליבערשט	praise	לויבן (געלויבט)
affection	ליבשאַפֿט נ	loose	לויז
lie, falsehood	ליגן ז(ס)	louse	לויז נ(לײַז)
lie, be located	ליגן (געלעגן/געליגן)	according	לויט
liar	ליגנער ז(ס)	pure; mere	לויטער
league	ליגע נ(ס)	shine	לויכטן (געלויכטן)
song	ליד ס (ער)	wages	לוין ז

ליולקע נ (ס)	tobacco pipe
ליטוואַק ז (עס)	Lithuanian Jew
ליטווינער ז	Lithuanian
ליטע [נ]	Lithuania
ליטער ז (ס)	liter, litre
ליטעראַטור נ (ן)	literature
ליטעראַריש	literary
לייבֿ ז (ן)	lion
לײַבֿ ס (ער)	body
לײַבוועכטער ז (ס)	bodyguard
לייבֿיכע נ (ס)	lioness
לײַבקנעכט ז	serf
לייגן (געלייגט)	lay; put
לייגן זיך	lie down
לייד נ (ן)	suffering
לײַדאַק ז (עס)	scoundrel
ליידיק	empty; idle
ליידיקגייער ז (ס)	loafer
לײַדן (געליטן)	suffer
לײַדנשאַפט נ (ן)	passion
לײַדנשאַפטלעך	passionate
ליידער	unfortunately
לײַוונט נ/ס (ן)	linen
לייזן (געלייזט)	take in (receipts); solve
לײַט ז	grown-up man
לײַטיש	decent, respectable
לײַטישקייט נ	decency
לייטענאַנט ז (ן)	lieutenant
לייטער ז (ס)	ladder
לײַכט	light; easy
לײַכטזיניק	thoughtless
לײַכטיק	luminous
לײַכטן (געלויכטן)	shine
לײַכטער ז (ס)	candlestick
לײַכטקייט נ	ease
לײַלעך ס/ז (ער)	bed sheet
ליים ס/נ	clay
לײַן ז	flax
לײַען (געליִען)	lend; borrow
לייענען (געלייענט)	read
לייענער ז (ס)	reader (person)
לייצע נ (ס)	rein
לייקענען (געלייקנט)	deny
ליכט ס/נ	light; candle
ליכטבענטשן ס	blessing over the Sabbath candles
ליכטיק	bright
ליליע נ (ס)	lily
ליליפּוט ז (ן)	Liliputian, midget
לימוד ז (ים)	study; subject studied
לימענאַד ז (ן)	lemonade
לימענע נ (ס)	lemon
לינגוויסטיק נ	linguistics
לינד	mild
לינדערן (געלינדערט)	soothe; alleviate
לינטשן (געלינטשט)	lynch
ליניע נ (ס)	line
לינק	left
לינקס	to the left
ליסטע נ (ס)	list
ליסינע נ (ס)	baldness
ליסע	bald
ליפּ נ (ן)	lip
ליציטאַטאָר ז (ן)	auctioneer
ליציטאַציע נ (ס)	auction
ליקווידירן (ליקווידירט)	liquidate
ליקער ז (ן)	liqueur
ליריק נ	lyric poetry

ליריש	lyrical
לכבוד	in honor
למדן ז (ים)	scholar
למשל	for example
לעביונג ז (ען)	playboy
לעבלעך	lukewarm
לעבן ס (ס)	living
לעבן (געלעבט)	live
לעבן פּרעפּ	near
לעבעדיק	lively
לעבער נ (ס)	liver
לעגאַל	legal
לעגיאָן ז (ען)	legion
לעגיסלאַטור נ (ן)	legislature
לעגענדאַריש	legendary
לעגענדע נ (ס)	legend
לעדער ס/נ	leather
לעדערן אדי	leather
לעזן (געלעזן)	read
לעזער ז (ס)	reader (person)
לעטלאַנד [ס]	Latvia
לעכל ס (עך)	little hole
לעכערדיק	full of holes
לעכערלעך	ridiculous
לעכערן (געלעכערט)	perforate
לעכצן (געלעכצט)	yearn
לעמאָנאַדע נ (ס)	lemonade
לעמפּערט ז (ן)	leopard
לענג נ	length
לענגער	longer
לענד נ (ן)	hip
לעסטערונג נ (ען)	blasphemy
לעסטערן (געלעסטערט)	blaspheme
לעפּל ס (עך)	(ear) lobe
לעפל ז	spoon
לעפעלע ס (ך)	teaspoon
לעצט	last
לעצטנס	lately
לעקטאָר ז (ן)	lecturer
לעקיש ז (עס/ן)	fool; simpleton
לעקישעוואַטע	foolish, stupid
לעקן (געלעקט)	lick
לעקסיקאָגראַפיע נ	lexicography
לעקסיקאָן ז (ען)	lexicon
לעקעך ז (ער)	cake
לעקציע נ (ס)	lesson; lecture
לערנבוך ס (לערנביכער)	textbook
לערניינגל ס (עך)	apprentice
לערנען (געלערנט)	learn; teach
לערע נ (ס)	teaching
לערער ז (ס)	teacher masc
לערערין, לערערקע נ (ס)	teacher fem
לעשן (געלאָשן)	extinguish
לץ ז (ים)	clown
לשון ס (ות)	language
לשון־הרע ס	slander
לשון־זכר ס	masculine gender
לשון־יחיד ס	singular number
לשון־נקבה ס	feminine gender
לשון־סתּם ס (מין סתּמי)	neuter gender
לשון־קודש ס	the Sacred Language, Hebrew
לשון־רבים ס	plural number

מ

מ ז/נ	the 13th letter of the Hebrew alphabet
מאָביליזאַציע נ(ס)	mobilization
מאָביליזירן (מאָביליזירט)	mobilize
מאַגיע נ	magic
מאַגיקער ז(ס)	magician
מאָגן ז(ס)	stomach
מאַגנעט ז(ן)	magnet
מאַגנעטיש	magnetic
מאָגער	slim
מאַדאַם נ(ען)	madam; Mrs.
מאָדיש	stylish
מאָדנע	strange, odd
מאָדע נ(ס)	style
מאָדעל ז(ן)	model
מאָדערן	modern
מאָזאַאיק נ(עס)	mosaic
מאָזלען ר	measles
מאָזלען (געמאָזלט)	have measles
מאַט	dull
מאַט ז	checkmate
מאָטאָ ז(ס)	motto
מאָטאָציקל ז(ען)	motorcycle
מאָטאָר ז(ן)	motor, engine
מאָטיוו ז(ן)	motive
מאָטיווירן (מאָטיווירט)	motivate
מאָטעל ז(ן)	motel
מאַטעמאַטיק נ	mathematics
מאַטעמאַטיקער ז(ס)	mathematician
מאַטערדיק	tiresome
מאַטעריאַל ז(ן)	material
מאַטעריאַליזם ז	materialism
מאַטעריע נ(ס)	matter
מאַטערן (געמאַטערט)	torment
מאַטערן זיך	slave; suffer
מאַטראָז ז(ן)	sailor
מאַטראַץ ז(ן)	mattress
מאַי ז	May
מאַיאָנטיק ז(מאַיאָנטקעס)	estate; fortune
מאַיאָר ז(ן)	(army) major
מאַיאָריטעט נ(ן)	majority
מאָך ז(ן)	moss
מאַכט נ(ן)	might, power
מאַכן (געמאַכט)	make, do
מאַכער ז(ס)	doer; influential person; swindler
מאָל ס	time, instance
מאָל ז(ן)	moth
מאַלאַריע נ	malaria
מאַלינע נ(ס)	raspberry
מאַליער ז(ס)	(house) painter
מאָלן (געמאָלט/געמאָלן)	paint
מאָלן (געמאָלן)	grind, mill
מאָלער ז(ס)	(art) painter
מאַלפּע נ(ס)	monkey, ape
מאָלצײַט ז(ן)	meal
מאַמע נ(ס)	mother
מאַמע־לשון	mother tongue; Yiddish
מאָמענט ז(ן)	moment, instant
מאַמעשי נ(ס)	mommy
מאַן ז(מענער)	man; husband
מאָן ז(ען)	poppy; poppy seed

מאָנאַט ז(ן)	month
מאָנאָטאָנקייט נ	monotony
מאָנאַטלעך	monthly
מאָנאָטעאיזם ז	monotheism
מאָנאַטשריפט ז(ן)	monthly (magazine)
מאָנאַך ז(ן)	monk
מאָנאָלאָג ז(ן)	monologue
מאָנאַסטיר ז(ן)	monastery
מאָנאָפּאָל ז(ן)	monopoly
מאָנאַרך ז(ן)	monarch
מאָנאַרכיע נ(ס)	monarchy
מאָנאַשקע נ(ס)	nun
מאַנדאַט ז(ן)	mandate
מאַנדאָלין נ(ען)	mandolin
מאַנדל ז(ען)	almond
מאַנוסקריפּט ז(ן)	manuscript
מאָנטאָג, מאָנטיק ז(ן)	Monday
מאַנטל ז(ען)	coat
מאַניע נ(ס)	mania, addiction
מאַניפּולירן (מאַניפּולירט)	manipulate
מאַניקור ז(ן)	manicure
מאַנעווער ז(ס)	maneuver
מאָנען (געמאָנט)	dun, ask for payment of a debt
מאַנשאַפט נ(ן)	crew
מאָס נ(ן)	measure
מאַסאַזש ז(ן)	massage
מאַסאַזשירן (מאַסאַזשירט)	massage
מאַסטבוים (מאַסטביימער)	mast
מאַסטער ז(ס)	Master (of Arts, Science, etc.)
מאָסיק	moderate
מאַסע נ(ס)	mass
מאָסקיט ז(ן)	mosquito

מאַסקע נ(ס)	mask
מאַפּע נ(ס)	map
מאַקאַראָנען ר	macaroni
מאַקסימאַל	greatest possible
מאַקסימום ז(ס)	maximum
מאָראַל נ	moral; morale
מאָראַליש	moral
מאַראַן ז(ען)	marrano
מאַראַנץ ז(ן)	orange
מאַראָקאָ [ס]	Morocco
מאַרגאַרין ז	margarine
מאָרגן אדוו	tomorrow
מאָרגן ז(ס)	morning
— גוט מאָרגן	good morning
מאַרגעריטקע נ(ס)	daisy
מאָרד ז(ן)	murder
מאָרדעווען זיך (געמאָרדעוועט)	weary oneself
מאַרטירער ז(ס)	martyr
מאַרך ז	marrow
מאַרמאָר ז	marble
מאַרמעלאַד ז(ן)	marmalade
מאַרס ז	Mars
מאַרץ ז(ן)	March
מאַרציפּאַן ז(עס)	marzipan, marchpane
מאַרק ז(מערק)	market
מאַרקע נ(ס)	postage stamp; brand
מאַרש ז(ן)	march
מאַרשאַל ז(ן)	marshal
מאַרשירן (מאַרשירט)	march
מאַשין נ(ען)	machine
מבול ז(ען)	Flood; downpour
מבין ז(ים)	expert; connoisseur
מגיד ז(ים)	preacher

מגילה נ (מגילות)	scroll; roll
מגן־דוד ז (ן)	Magen David
מדבר ז (יות)	desert
מדינה נ (מדינות)	country; state
מהומה נ (מהומות)	turmoil
מוזיק נ	music
מוזיקאַליש	musical
מוזיקאַנט ז (ן)	musician (player)
מוזיקער ז (ס)	musician (artist)
מוזן (געמוזט)	must; have to
מוזע נ (ס)	muse
מוזעאום ז (ס)	museum
מוח ז (ות)	brain; mind
מוחל זײַן (מוחל געווען)	forgive
מוט ז	courage
מוטיק	courageous
מוטער נ (ס)	mother
מוטערשפּראַך נ (ן)	mother tongue
מוטשען (געמוטשעט)	torment
מוטשען זיך	suffer; toil
מויד נ (מיידן)	maid
מויז נ (מײַז)	mouse
מויל ס (מײַלער)	mouth
מוילאייזל ז (ען)	mule
מוילשלאָס ז (מוילשלעסער)	muzzle
מויער ז/נ (ן)	(outside) wall
מוכר־ספרים ז (מוכרי־)	bookseller
מום ז (ים)	defect
מומיע נ (ס)	mummy
מומע נ (ס)	aunt
מונדיר ז (ן)	uniform
מונטער	cheerful
מונטערן (געמונטערט)	cheer up
מוסטער ז (ן)	pattern
מוסר ז	reproof
מוסר־השׂכּל ז (ס)	moral (of a story)
מוק נ (ן)	gnat
מוקען (געמוקעט)	moo
מורא נ (ס)	fear
מורא האָבן (מורא געהאַט)	be afraid
מוראַשקע נ (ס)	ant
מורמלען (געמורמלט)	murmur
מושב־זקנים ז (ס)	old folks' home
מושׂג ז (ים)	concept
מזוזה נ (מזוזות)	mezuzah
מזומנים ר	cash, (slang) mazuma
מזיק ז (ים)	mischievous child; daredevil; prankster
מזל ס (ות)	luck
מזלדיק	lucky
מזל־טוב!	good luck!
מזרח ז	east
מחבר ז (ים)	author
מחוצף ז (ים)	insolent person
מחותּן ז (ים)	bride's or bridegroom's father
מחותּנעסטע נ (ס)	bride's or bridegroom's mother
מחזור ז (ים)	prayer book for Jewish festivals
מחַיה נ (מחַיות)	pleasure
מחילה נ (מחילות)	pardon
מטבע נ (ות)	coin
מטורף ז (ים)	madman
מטריח זײַן (מטריח געווען)	impose upon
מי נ (ען)	toil; effort
מיאוס	ugly; loathsome
מיד	tired
מידקייט נ	weariness

מיט נ	middle, midst
מיט	with
מיטאָג ז(ן)	midday meal; noon
מיטאָלאָגיע נ	mythology
מיטאָס ז(ן)	myth
מיטגיין (מיטגעגאַנגען)	accompany
מיטגליד ז(ער)	member
מיטגעפיל ס	sympathy
מיטוואָך ז(ן)	Wednesday
מיטל	middle; central
מיטל ס(ען)	means, resource; device
מיטל־אַלטער ז	Middle Ages
מיטלייד נ	compassion
מיטל־לענדישער ים ז	Mediterranean Sea
מיטלשול נ(ן)	high school
מיטמאַכן (מיטגעמאַכט)	experience
מיטן (=מיט דעם)	with the
מיטן ז(ס)	midst, middle
מיטשולד נ	complicity
מײַ ז(ען)	May; lilac
מיידל ס/נ(עך)	girl
מיידלש	girlish, maiden
מײַדן (געמיטן)	shun
מײַטקעס ר	bloomers
מײַל ז/נ(ן)	mile
מײַן	my, mine
מיינונג נ(ען)	opinion
מיינסטנס	mostly
מיינען (געמיינט)	mean; think
מײַסטער ז(ס)	master, skilled craftsman
מײַסטערווערק ס	masterpiece
מיך	me
מיל נ(ן)	mill
מילא	well, anyhow
מילבֿ נ(ן)	mite
מילגרוים ז(ען)	pomegranate
מילד	mild
מיליאָן אדי	million
מיליאָן ז(ען)	million
מיליאָנער ז(ן)	millionaire
מיליטאַריזם ז	militarism
מיליטער ס	army
מיליציע נ(ס)	militia
מילך נ	milk
מילכיק	milky
מילכיקס ס	dairy food
מילכיקער ז(ס)	dairyman
מילנער ז(ס)	miller
מילשטיין ז(ער)	millstone
מימיק נ	mimicry
מין ז/ס(ים)	sort; sex; gender
מין סתמי ז	neuter gender
מינאָריטעט נ(ען)	minority
מינדסט	least
מינדערהייט נ(ן)	minority
מינדער־יעריק	minor (in age)
מינהג ז(ים)	custom
מינוט נ(ן)	minute
מינוס פרעפּ	minus, less
מינוס ז(ן)	minus sign; liability
מינימאַל	minimal
מינימום ז(ס)	minimum
מיניסטער ז(מיניסטאָרן)	minister
מינע נ(ס)	mien, look; mine (explosive device)
מינעראַל ז(ן)	mineral
מינערווערטיקייט נ	inferiority
מינק ז(ען)	mink

מיסט ס (ן)	manure; rubbish
מיסיאָנער ז (ן)	missionary
מיסיע נ (ס)	mission
מיִען זיך (געמיט)	strive
מיקראָב ז (ן)	microbe
מיקראָסקאָפּ ז (ן)	microscope
מיקראָפאָן ז (ען)	microphone
מישונג נ (ען)	mixture
מישמאַש ז (ן)	mishmash, hodgepodge
מישן (געמישט)	mix
מכשף ז (ים)	sorcerer
מכשפה נ (מכשפות)	witch
מלאך ז (ים)	angel
מלאָכה נ (מלאָכות)	craft, trade
מלאך־המות ז	angel of death
מלבוש ס/ז (ים)	garment
מלוכה נ (מלוכות)	kingdom; state
מלחמה נ (מלחמות)	war
מליצה נ (מליצות)	ornate expression
מלך ז (ים)	king
מַלכּה נ (מַלכּות)	queen
מלמד ז (ים)	teacher (in a cheder); impractical person
ממזר ז (ים)	bastard; shrewd fellow
ממש	actually, really
ממשות ס	substance; reality
ממשותדיק	substantial, concrete
מן־הסתּם	probably
מנורה נ (מנורות)	menorah
מסור ז (מוסרים)	informer
מסכּים זײַן (מסכּים געווען)	agree
מסרן (געמסרט)	inform against
מסתּמא	probably
מעבל ס	furniture

מעבלירן (מעבלירט)	furnish
מעגלעך	possible
מעגלעכקייט נ (ן)	possibility
מעגן (געמעגט)	be allowed; may
מעדיצין נ (ען)	medicine
מעדיציניש	medical
מעטאָדיש	methodical
מעטאָדע נ (ס)	method
מעטאַל ז (ן)	metal
מעטאַפאָר ז (ן)	metaphor
מעטאַפיזיק נ	metaphysics
מעטעאָראָלאָגיע נ	meteorology
מעטער ז (ס)	meter
מעטריקע נ (ס)	birth certificate
מעטשעט ז (ן)	mosque
מעכאַניזירן (מעכאַניזירט)	mechanize
מעכאַניזם ז (ען)	mechanism
מעכאַניקער ז (ס)	mechanic
מעכאַניש	mechanical
מעכטיק	mighty
מעל ס/נ	flour
מעלאָדיע נ (ס)	melody
מעלאָן ז (ען)	melon
מעלאַנכאָליע נ	melancholy
מעלדונג נ (ען)	announcement
מעלדן (געמאָלדן)	announce
מעלה נ (מעלות)	advantage, benefit
מעלקן (געמאָלקן)	milk
מען, מע פּראָנ	one, people
מענאַזשעריע נ (ס)	menagerie
מענה־לשון ס	abusive language; glib tongue
מענטש ז (ן)	human being; decent person
מענטשהייט נ	mankind

מענטשלעך	humane; human
מענטשלעכקייט נ	humanity
מעניו ז (ען)	menu
מענלעך	masculine
מעסטונג נ (ען)	measuring; surveying
מעסטן (געמאָסטן)	measure; survey
מעסיק	moderate
מעסיקייט נ	moderation
מעסער ס/ז (ס)	knife
מעסערל ס (עך)	pocket knife
מעקלער ז (ס)	broker
מעקן (געמעקט)	erase
מעקסיקאַנער ז	Mexican
מעקסיקע [נ]	Mexico
מעקען (געמעקעט)	bleat
מעקער ז (ס)	eraser
מער	more
מער ז/נ (ן)	carrot
מערב ז	west
מערבדיק	western
מערדער ז (ס)	murderer
מערדעריש	murderous
מערהייט נ (ן)	majority
מערסטנס	mostly
מערץ ז (ן)	March
מערצאָל נ (ן)	plural
מערקווירדיק	remarkable
מעש ס	brass
מעשׂה נ (מעשׂות/מעשׂיות)	story, tale
מעשׂה־בּיכל ס (עך)	storybook
מעשׂים ר	acts, deeds
מעשׂר ז (ות)	tithe
מעת־לעת ז/ס (ן)	a day and night
מפּלה נ (מפּלות)	downfall; defeat
מצב ז	situation; position
מצבה נ (מצבות)	gravestone
מצה נ (מצות)	matzah
מצווה נ (מצוות)	commandment; good deed
מציאה נ (מציאות)	bargain
מצרים [ס]	Egypt
מקנא זײַן (מקנא געווען)	envy
מרוקען (געמרוקעט)	grumble
מרשעת נ (ן)	wicked woman
משוגע	crazy
משוגענער ז	madman
משוגעת ס (ן)	madness
משומד ז (ים)	convert, apostate
משיח ז (ים)	Messiah; messiah
משל ז (ים)	parable
משפּחה נ (משפּחות)	family
משקה נ (משקאות)	beverage; liquor
משרת ז (ים)	servant
משׂא נ (ות)	load
מתּנה נ (מתּנות)	present, gift

נ

נ ז/נ	the 14th letter of the Hebrew alphabet
נאַ (נאַ דיר; נאַט אײַך)	here! have...
נאַאיוו	naive
נאָגל ז (נעגל)	nail
נאָגן (גענאָגט)	gnaw

נאָדל נ(ען)	needle
נאָדלבוים ז(נאָדלביימער)	conifer
נאָוועמבער ז(ס)	November
נאָז נ(נעזער)	nose
נאָזטיכל ס(עך)	handkerchief
נאָזלאָך נ(נאָזלעכער)	nostril
נאָט נ(נעט)	seam
נאָטאַר ז(ן)	notary public
נאַטור נ(ן)	nature
נאָטיץ נ(ן)	notice; note
נאַטירלעך	natural
נאָטן ר	notes (in music)
נאָך	still, more; after; according
נאָך אַ מאָל	again, once more
נאָכגיין (נאָכגעגאַנגען)	follow
נאָכגעבן (נאָכגעגעבן)	give in, yield
נאָכגעמאַכט	imitated
נאָכווישן (נאָכגעווישט)	mop up
נאָכזאָגן (נאָכגעזאָגט)	repeat
נאַכט (נעכט)	night
נאָכטאָן (נאָכגעטאָן)	imitate
נאָכטאַנצן (נאָכגעטאַנצט)	imitate; ape (dance after a person)
נאַכטיגאַל נ(ן)	nightingale
נאַכטקלוב ז(ן)	nightclub
נאָכיאָגן (נאָכגעיאָגט)	chase
נאַכלעסיק	negligent
נאָכמאַכן (נאָכגעמאַכט)	copy; forge
נאָכמיטאָג ז(ן)	afternoon
נאָכן (=נאָך דעם)	after the
נאָכפאָלגן (נאָכגעפאָלגט)	follow
נאָכפרעג ז	demand
נאָמאַד ז(ן)	nomad
נאָמען ז(נעמען)	name
נאַס	wet
נאָס ז(ן)	sneeze
נאָענט	near, close
נאָפּל ז(ען)	navel
נאַפט ז	naphtha; kerosene
נאַפטפעלד ס(ער)	oil field
נאַצי ז(ס)	nazi
נאַקן ז(ס)	nape
נאַקעט	naked
נאַר ז(נאַראָנים)	fool
נאָר	only
נאָרוועגיע [נ]	Norway
נאָרוועגער ז	Norwegian
נאַריש	foolish
נאַרישקייט נ(ן)	folly; trifle
נאָרמאַל	normal
נאָרמע נ(ס)	norm
נאַרן (גענאַרט)	fool; deceive
נאָרע נ(ס)	lair
נאַרציס ז(ן)	narcissus
נאַרקאָטיק ז(ן)	narcotic
נאַרקאָטיקער ז(ס)	drug addict
נאַשן (גענאַשט)	eat sweets
נביא ז(ים)	prophet
נביאיש	prophetic
נבילה נ(נבילות)	carcass; slut; sloven
נגיד ז(ים)	wealthy man
נדבה נ(נדבות)	donation
נדן ז(ס)	dowry
נדר ז(ים)	vow
נו!	well, now!
נודזשען (גענודזשעט)	bore
נודניק ז(עס)	bore (a dull person)
נודנע	boring
נויט נ(ן)	need, hardship
נול ז	nil, zero

נומער ז (ן)	number
נוס ז/נ (ניס)	nut
נוסח ז (אות)	version
נוץ ז/נ (ן)	use
נוציק	useful
נוצן ז (ס)	use
נוצן (גענוצט)	use
נחת ס/ז	delight, pleasure
ניאַניע נ (ס)	governess
ניגון ז (ים)	tune, melody
נידערטרעכטיק	base, vile
נידעריק	low
ניט, נישט	not
ניטאָ, נישטאָ	absent; there isn't/aren't
ניט־געדאַכט	unmentionable
ניטל ז (ען)	Christmas
נײַ	new
נייגונג נ (ען)	inclination
נייגן (גענייגט)	incline; bow
נײַגעריק	curious
נײַגעריקייט נ	curiosity
נייטאָרין נ (ס)	seamstress
נייטיק	necessary
נייטיקייט נ (ן)	necessity
נייטן (גענייט)	compel
נייטראַל	neutral
נייטראַליטעט נ	neutrality
ניימאַשין נ (ען)	sewing machine
ניין	no
נײַן	nine
נײַנציק	ninety
נײַנצן	nineteen
נייען (גענייט)	sew
נײַעס ר	news
ניכטער	sober; empty (stomach)
ניל, נילוס ז	Nile
נימאס	disgusting
נימפע נ (ס)	nymph
ניסן (גענאָסן)	sneeze
ניצחון ז (ות)	victory
ניצלעך	usable
ניצן (געניצט)	use
ניקאָטין ז	nicotine
ניקל ז	nickel (metal)
ניקל ז (ען)	nickel (a small U.S. coin)
ניר נ (ן)	kidney
נישטיינס (מישטיינס) געזאָגט	alas!
נישטיק	worthless
נישטערן (גענישטערט)	rummage
נישקשה, נישקאָשע	bearable; so-so
נס ז (ים)	miracle
נעבעך	what a pity!
נעבעך ז	wretch, miserable person
נעבעכדיק	pitiful
נעבעכל ס (עך)	helpless person
נעגאַטיוו ז (ן)	negative
נעגער ז (ס)	Negro
נעזבוים ז (נעזביימער)	maple
נעטאָ	net
נעכטיקן (גענעכטיקט)	stay overnight
נעכטן	yesterday
נעמלעך	namely
נעמען (גענומען)	take
נעסט נ (ן)	nest
נעפל ז (ען)	fog
נעפלדיק	foggy
נעץ נ (ן)	net; web
נעץ נ	moisture

נעצן (גענעצט)	wet
נערוו ז(ן)	nerve
נערווירן (נערווירט)	make nervous
נערוועז	nervous
נערונג נ	nutrition
נקודה נ(נקודות)	dot (vowel sign in the Hebrew and Yiddish alphabets)
נקמה נ(נקמות)	revenge
נשמה נ(נשמות)	soul

ס

ס	the 15th letter of the Hebrew alphabet
ס'	it (abbreviation of סע, עס)
סאַבאָטאַזש ז	sabotage
סאָד ז(סעדער)	orchard
סאָדע נ(ס)	soda
סאָווע נ(ס)	owl
סאָוועטן־פֿאַרבאַנד	Soviet Union
סאַזשע נ	soot
סאַטיריש	satirical
סאַטירע נ(ס)	satire
סאַטעליט ז(ן)	satellite
סאַכאַרין ז	saccharin
סאַלאַט ז(ן)	salad
סאַלאָן ז(ען)	salon
סאָלדאַט ז(ן)	soldier
סאַלוט ז(ן)	salute
סאַלוטירן (סאַלוטירט)	salute
סאָליד	honest
סאָלידאַריטעט נ	solidarity
סאַמאָוואַר ז(ן)	samovar
סאַמע	very; self
סאַמעט ז	velvet
סאַנדאַל ז(ן)	sandal
סאַנקציע נ(ס)	sanction
סאָסנע נ(ס)	pine
סאָפּען (געסאָפּעט)	pant
סאָפע נ(ס)	sofa
סאָציאָלאָג ז(ן)	sociologist
סאָציאָלאָגיע נ	sociology
סאָציאַליזם ז	socialism
סאָציאַליסט ז(ן)	socialist
סאַקסאָפֿאָן ז(ען)	saxophone
סאַרדין ז(ען)	sardine
סאָרט ז(ן)	sort, kind
סאָרטירן (סאָרטירט)	sort
סאַרקאַזם ז	sarcasm
סאַרקאַסטיש	sarcastic
סביבה נ(סביבות)	environment
סבלנות ס	patience
סדר ז(ים)	order; Seder (Passover ceremonial meal)
סובּיעקט ז(ן)	subject
סובּסידיע נ(ס)	subsidy
סוד ז(ות)	secret
סוואַסטיקע נ(ס)	swastika
סוּווועניר ז(ן)	souvenir
סווישטשען (געסווישטשעט)	swish; whistle
סוועטער ז(ס)	sweater
סוחר ז(ים)	merchant
סוחריש	commercial

סוכּה נ (סוכּות)	booth
סוכּות ז	Sukkos, Succoth
סולטאַן ז (ען)	sultan
סומע נ (ס)	sum
סופּערמאַרק ז (סופּערמערק)	supermarket
סוף ז (ן)	end
סופיט ז (ן)	ceiling
סופיקס ז (ן)	suffix
סופר ז (ים)	scribe (of Torah scrolls, tefillin and mezuzoth)
סחורה (סחורות)	merchandise
סטאַבּיל	stable, firm
סטאַדע נ (ס)	herd
סטאַזש ז (ן)	seniority
סטאָליער ז (ס)	carpenter
סטאַנדאַרד ז (ן)	standard
סטאַנציע נ (ס)	station; lodging
סטאַציע נ (ס)	station
סטאַרען זיך (געסטאַרעט)	endeavor
סטודענט ז (ן)	student
סטודענטקע נ (ס)	coed
סטײַטש	how come? is it possible?
סטיל ז (ן)	style
סטיפּענדיע נ (ס)	scholarship
סטענאָגראַפיסט ז (ן)	stenographer
סטענאָגראַפיע נ	shorthand
סטעפּ ז (עס)	steppe
סטעשקע נ (ס)	trail
סטראַטעגיע נ	strategy
סטראַשען (געסטראַשעט)	threaten
סטרוזש ז (עס)	janitor
סטרונע נ (ס)	string (of a musical instrument)
סטרײַק ז (ן)	strike
סטרײַקן (געסטרײַקט)	strike
סיבה נ (סיבות)	cause; reason
סיביר [ס]	Siberia
סיגנאַל ז (ן)	signal
סידור ז (ים)	Jewish prayer book
סיטואַציע נ (ס)	situation
סײַדן	unless
סײַ ווי סײַ	anyhow
סימבאָל ז (ן)	symbol
סימבאָליש	symbolic
סימן ז (ים)	sign
סימעטריע נ	symmetry
סימפּאָזיום ז (ס)	symposium
סימפּאַטיזירן (סימפּאַטיזירט)	sympathize
סימפּאַטיע נ (ס)	sympathy
סימפּאַטיש	likable, nice
סימפּטאָם ז (ען)	symptom
סימפאָניע נ (ס)	symphony
סינאָנים ז (ען)	synonym
סינדיקאַט ז (ן)	syndicate
סינטאַקס ז	syntax
סיני [ז]	Sinai
סיסטעם נ (ען)	system
סיסטעמאַטיש	systematic
סיריע [נ]	Syria
סירענע נ (ס)	siren
סכּנה נ (סכּנות)	danger
סך: אַ סך	many; much
סך־הכּל ז (ען)	sum, total
סכום ז (ען)	amount
סכסוך ז (ים)	conflict
סכעמע נ (ס)	scheme, outline
סלאַוו ז (ן)	Slav
סלאַוויש	Slavic

סלופ ז(עס)	pole, post
סם ז(ים/ען)	poison
סמאָטשקען (געסמאָטשקעט)	smack (lips)
סמאָלע נ(ס)	tar
סמוטנע	sad
סמך ז(ן)	basis, ground
סמעטענע נ(ס)	cream
סמען (געסמט)	poison
סנאָב ז(ן)	snob
סנאָביש	snobbish
סעודה נ(סעודות)	meal
סעזאָן ז(ען)	season
סעלעקציע נ(ס)	selection
סעמיט ז (ן)	Semite
סעמיטיש	Semitic
סעמינאַר ז(ן)	seminar; seminary
סעמעסטער ז(ס)	semester
סענאַט ז(ן)	senate
סענאַטאָר ז(ן)	senator
סענדוויטש ז(ן)	sandwich
סענט ז(ן)	cent
סענטימענט ז(ן)	sentiment
סענסאַציע נ(ס)	sensation
סעסיע נ(ס)	session
סעפטעמבער ז(ס)	September
סעקונדע נ(ס)	second (unit of time)
סעקטאָר ז(ן)	sector
סעקס ז	sex
סעקציע נ(ס)	section
סעקרעטאַר ז(ן)	secretary
סערזשאַנט ז(ן)	sergeant
סעריע נ(ס)	series
סערענאַדע נ(ס)	serenade
סערפ ז(ן/עס)	sickle
ספאָדיק ז(עס)	high fur cap
ספאָנטאַן	spontaneous
ספאָראַדיש	sporadic
ספאָרט ז(ן)	sport
ספעציאַליסט ז(ן)	specialist
ספעציעל	special
ספעקולאַנט ז(ן)	speculator
ספעקולאַציע נ(ס)	speculation
ספעקולירן(ספעקולירט)	speculate
ספערע נ(ס/ספערן)	sphere
ספק ז(ות)	doubt
ספר ז/ס(ים)	Hebrew religious book
ספרדי ז(ים)	Sephardic Jew
ספר־תּורה נ(־ות)	scroll of the Torah
סצענע נ(ס)	scene; stage
סקאַנדאַל ז(ן)	scandal
סקאַנדאַליעז	scandalous
סקאָרפיאָן ז(ען)	scorpion
סקאָרפעט ז(ן)	sock
סקולפטאָר ז(ן)	sculptor
סקולפטור נ(ן)	sculpture
סקי ז	ski
סקיצירן (סקיצירט)	sketch
סקיצע נ(ס)	sketch
סקלאַד ז(ן)	warehouse
סקעלעט ז(ן)	skeleton
סקעפטיציזם ז	skepticism
סקעפטיש	skeptical
סתּירה נ(סתּירות)	contradiction
סתּם	indefinitely; ordinary

ע

ע ז/נ	the 16th letter of the Hebrew alphabet
עבירה נ (עבירות)	transgression
עָבר ז (ס)	past
עֵבֶר־הירדן ס	Trans-Jordan
עִברי ס	reading of Hebrew (in a cheder)
עִברי־טײַטש ס	archaic Yiddish
עִברית ס	modern Hebrew
עגאָאיזם ז	egoism
עגאָאיסט ז (ן)	egoist
עגיפּטיש	Egyptian
עגיפּטן [ס]	Egypt
עַגמת־נפש ס	grief
עֵדות ז	witness
עֵדות־זאָגן ס	evidence
עוֹדף ז	excess, surplus
עוואָלוציע נ (ס)	evolution
עוואַנגעליע נ (ס)	gospel
עַוולה נ (עוולות)	injustice, wrong
עוֹל ז/ס	yoke; burden
עוֹלם ז (ס)	public; people
עוֹלם־הבא ז	world to come
עוֹלם־הזה ז	this world
עוֹנג ז	enjoyment
עוֹף ס (ות)	fowl
עוֹשר ז	wealth; rich man
עַזות ס	impertinence
עַזות־פָּנים ז (פְּנימער)	impertinent person
עט!	so what, it's nothing!
עטוואָס	something
עטימאָלאָגיע נ (ס)	etymology
עטיק נ	ethics
עטיש	ethical
עטלעכע	several
עטער ז	ether
עיבּור־יאָר ס (ן)	leap year
עיכּוב ז (ים)	hindrance
עילוי ז (ים)	genius
עין־הרע ז/נ (ס)	evil eye
עיפּוש ז	stench
עיקר ז (ים)	principle
עך!	oh, eh!
עכאָ ז (ס)	echo
עכט	genuine
עלאַסטיש	elastic
עלאַסטישקייט נ	elasticity
עלטסטער	oldest
עלטער	older
עלטער נ	age; old age
עלטער־באָבע נ (ס)	great-grandmother
עלטער־זיידע ז (ס)	great-grandfather
עלטערן ר	parents
עלטערן זיך (געעלטערט)	grow old
עלטער־פּענסיע	old age pension
עלנבויגן ז (ס)	elbow
עלנט	lonely
עלנטקייט נ	loneliness
עלעגאַנט	elegant
עלעגאַנט ז (ן)	dandy
עלעמענט ז (ן)	element

עלעמענטאַר elementary
עלעקטראָניק נ electronics
עלעקטראָניש electronic
עלעקטריע נ electricity
עלעקטריקער ז(ס) electrician
עלעקטריש electrical
עלף eleven
עלפט eleventh
עמאַנציפאַציע נ emancipation
עמאָציאָנעל emotional
עמאָציע נ(ס) emotion
עמבאַרגאָ ז(ס) embargo
עם־הארץ ז(ים) ignoramus, boor
עם־הארצות ס ignorance
עמיגראַנט ז(ן) emigrant
עמיגראַציע נ(ס) emigration
עמיגרירן (עמיגרירט) emigrate
עַמְך ס common people
עמעצער somebody, someone
עמער ז(ס) bucket
עמעריטור נ retirement
ענג tight; crowded
ענגלאַנד [ס] England
ענגליש אדי, ס English
ענגלענדער ז Englishman
ענגשאַפט נ narrowness; crush
ענד נ(ן) end
ענדיקן (געענדיקט) end, finish
ענדלעך at last
ענדערונג נ(ען) change
ענדערן (געענדערט) change
ענו, עניו ז(ים) modest man
ענטוזיאַזם ז(ען) enthusiasm
ענטפער ז(ס) answer, reply
ענטפערן (געענטפערט) answer, reply

עניין ז(ים) matter, affair
ענלעך similar
ענלעכקייט נ(ן) similarity
ענערגיע נ(ס) energy
ענערגיש energetic
ענציקלאָפעדיע נ(ס) encyclopedia
עסטלאַנד [ס] Estonia
עסטעטיק נ esthetics
עסטעטיש esthetic
עסטרײַך [ס] Austria
עסיי ז/נ (ען) essay
עסיק ז vinegar
עסן (געגעסן) eat
עסנוואַרג ס food
עספעראַנטאָ ס Esperanto (international language)
עסצימער ז(ן) dining room
עסק ז/ס(ים) business
עסקאַלאַטאָר ז(ען) escalator
עסקן ז(ים) worker (for a cause)
עפאָכע נ(ס) epoch
עפידעמיע נ(ס) epidemic
עפידעמיש epidemical
עפיזאָד ז(ן) episode
עפל ז apple
עפעס something; somewhat
עפנטלעך public; publicly
עפענונג נ(ען) opening
עפענען (געעפנט) open
עפעקט ז(ן) effect
עצה נ(עצות) advice
עק ז(ן) end; tail
עקאָנאָמיע נ(ס) economy
עקאָנאָמיש economical
עקבער ז(ס) drill

עקבערן (געעקבערט)	drill, bore
עקדיש ז (ן)	scorpion
עקוואַדאָר [ס]	Ecuador
עקוואַטאָר ז	equator
עקומעניש	ecumenical
עקזאָטיש	exotic
עקזאַמען ז (ס)	examination, test
עקזאַמינירן (עקזאַמינירט)	examine
עקזיסטירן (עקזיסטירט)	exist
עקזעמפלאַר ז (ן)	specimen
עקל ז (ען)	disgust
עקלדיק	disgusting
עקלען (געעקלט)	disgust, sicken
עקסטאַז ז (ן)	ecstasy
עקסטרע	extra
עקסטרעם	extreme
עקסטרעם נ (ען)	extreme
עקספאָנאַט ז (ן)	exhibit
עקספאָרט ז (ן)	export
עקספאָרטירן (עקספאָרטירט)	export
עקספלאָדירן (עקספלאָדירט)	explode
עקספערט ז (ן)	expert
עקספערימענט ז (ן)	experiment
עקספרעס ז (ן)	express
עקסקורסיע נ (ס)	excursion
עקסקלוסיוו	exclusive
עקשן ז (ים)	stubborn man
עקשנות ס	stubbornness
ער	he
עראָטיש	erotic
עראָפלאַן ז (ען)	airplane
ערגסטער	worst
ערגעץ	somewhere
ערגער	worse
ערד נ	earth
ערדאַרבעט נ	agriculture
ערדמעסטער ז (ס)	surveyor
ערדציטערניש ס (ן)	earthquake
ערווה נ (ערוות)	pudenda
ערלעך	honest
ערלעכקייט נ	honesty
ערנוואָרט ס	word of honor
ערנסט	serious
ערשט	first
ערשטנס	at first
ערשטקלאַסיק	first-rate
עשירות ס	wealth
עתיד ז	future

פ

פ ז/נ	the 17th letter of the Hebrew alphabet
פאַגאַנער ז (ס)	pagan
פאָגראָם ז (ען)	pogrom
פאָדלאָגע נ (ס)	floor (inside bottom covering of a room)
פאָדקעווע נ (ס)	horseshoe
פֵאה נ (פאות)	side curl
פאָווידלע נ (ס)	prune jam
פאַווע נ (ס)	peacock; peahen
פאָזיציע נ (ס)	position
פאָזע נ (ס)	pose
פאַטאָלאָגיש	pathological
פאַטאָס ז	pathos

פּאָטאַש ז	potash
פּאַטעטיש	pathetic
פּאַטענט ז(ן)	patent
פּאָטענציאַל ז(ן)	potential
פּאָטענציעל	potential
פּאָטקעווע נ(ס)	horseshoe
פּאַטראָל ז(ן)	patrol
פּאַטראָן ז(ען)	patron
פּאַטריאָט ז(ן)	patriot
פּאַטריאָטיזם ז	patriotism
פּאַטריאָטיש	patriotic
פּאַטריאַרך ז(ן)	patriarch
פּאַטש ז (פּעטש)	slap
פּאַטשן (געפּאַטשט)	slap
פּאַטשקען (געפּאַטשקעט)	dirty, soil; scribble
פּאַיאַץ ז(ן)	clown
פּאַלאַץ ז(ן)	palace
פּאַלטן ז(ס)	overcoat
פּאָליטור נ(ן)	varnish; polish
פּאָליטיק נ	politics
פּאָליטיש	political
פּאָליציאַנט ז(ן)	policeman
פּאָליציי נ	police
פּאָליצע נ(ס)	shelf
פּאָליש ז/ס(ן)	antechamber of a synagogue
פּאַלמע נ(ס)	palm (tree)
פּאָלע נ(ס)	lap (of a garment)
פּאָלעמיק נ(עס)	polemics
פּאַלעסטינע [נ]	Palestine
פּאָלקע נ(ס)	polka (dance)
פּאַמעלעך	slowly
פּאָמעראַנץ ז(ן)	orange (fruit)
פּאָמפּע נ(ס)	pump
פּאָמפּעווען (געפּאָמפּעוועט)	pump
פּאַמפּלעט ז(ן)	pamphlet
פּאַנאָראַמע נ(ס)	panorama
פּאַנטער ז(ן)	panther
פּאַנטשער ז(ס)	puncture; flat tire
פּאַניק נ	panic
פּאַנסיאָן ז(ען)	boarding house
פּאַנצער ז(ס)	armor; shield
פּאַס ז(ן)	stripe
פּאַס ז(פּעסער)	pass, permit
פּאַסאַזשיר ז(ן)	passenger
פּאָסט נ(ן)	mail
פּאָסטאַמט ז(ן)	post office
פּאָסטגעלט ס	postage
פּאָסטמאַרקע נ(ס)	postage stamp
פּאָסטן ז(ס)	position
פּאַסטע נ(ס)	paste
פּאַסטעך ז(ער)	shepherd
פּאַסטערנאַק ז(עס)	parsnip
פּאָסטקאַרטל ס (עך)	postcard
פּאָסטקעסטל ס (עך)	mailbox
פּאָסטשטעמפּל ז(ען)	postmark
פּאַסיוו	passive
פּאַסיק	appropriate
פּאַסיק ז(עס)	belt
פּאַסירונג נ(ען)	occurrence
פּאַסירן (פּאַסירט)	occur
פּאַסן (געפּאַסט)	fit
פּאַספּאָרט ז(ן)	passport
פּאַסקודניאַק ז(עס)	scoundrel
פּאַסקודנע	nasty
פּאַסקודסטווע נ(ס)	filth
פּאָעזיע נ	poetry
פּאָעט ז(ן)	poet
פּאָעטעסע נ(ס)	poetess

פּאַפּוגײַ ז (ען), פּאַפּוגע נ (ס)	parrot
פּאָפּולער	popular
פּאַפּיר ס (ן)	paper
פּאַפּיראָס ז (ן)	cigarette
פּאָפּן (געפּאָפּן / געפּאָפּט)	(cont.) sleep
פּאַציענט ז (ן)	patient
פּאַציפיק ז	Pacific
פּאַק ז (פּעק)	pack, bundle
פּאַקיסטאַן [ז]	Pakistan
פּאַקן (געפּאַקט)	pack, wrap
פּאָקן ר	smallpox
פּאָקשיווע נ (ס)	nettle
פּאָר נ/ס (ן)	pair
פּאַראַגראַף ז (ן)	paragraph
פּאַראַד ז (ן)	parade
פּאַראַדאָקס ז (ן)	paradox
פּאַראָדיע נ (ס)	parody
פּאַראַזיט ז (ן)	parasite
פּאַראַליז ז	paralysis
פּאַראַליזירן (פּאַראַליזירט)	paralyze
פּאַראַלעל ז (ן)	parallel
פּאַראַפראַז ז (ן)	paraphrase
פּאַראַפראַזירן (פּאַראַפראַזירט)	paraphrase
פּאַראַשוט ז (ן)	parachute
פּאַראַשוטיסט ז (ן)	parachutist
פּאַרוק ז (ן)	wig
פּאָרט ז (ן)	port, harbor
פּאַרטאַטש ז (עס)	bungler
פּאָרטוגאַל [ס]	Portugal
פּאָרטוגעזיש אדי	Portuguese
פּאָרטוגעזער ז	Portuguese
פּאַרטיזאַן ז (ען)	partisan
פּאַרטיי נ (ען)	party
פּאָרטפעל ז (ן)	portfolio
פּאָרטרעט ז (ן)	portrait
פּאַרך ז (עס)	scab (skin disease); rat, sneaky person
פּאַרכעוואַטע	scabby
פּאָרל ס (עך)	couple
פּאַרלאַמענט ז (ן)	parliament
פּאַרלאַמענטאַריש	parliamentary
פּאַרמעט ז (ן)	parchment
פּאַרע נ (ס)	steam
פּאַרעווע	neither of meat nor of milk
פּאָרען זיך (געפּאָרעט)	occupy oneself
פּאַרפום ז (ען)	perfume
פּאַרפומירן (פּאַרפומירט)	perfume
פּאָרציע נ (ס)	portion
פּאָרצעלאַן ס	porcelain
פּאַרק ז (ן)	park (public garden)
פּאַרקיראָרט ז	parking place
פּאַרקן (געפּאַרקט)	park (leave a car somewhere)
פּאַרשוין ז (ען)	person
פּאַשאָל-וואָן!	get out!
פּאַשע נ (ס)	pasture
פּאַשען (געפּאַשעט)	feed; graze
פּגם ז (ים)	blemish
פּגר ז (ים)	carcass
פּגרן (געפּגרט)	(cont.) die
פּודינג ז (ען)	pudding
פּודל ז (ען)	poodle (dog)
פּודער ז (ס)	(cosmetic) powder
פּודערן (געפּודערט)	powder
פּוטער נ	butter
פּויזע נ (ס)	pause
פּויליש	Polish

פוילן [ס]	Poland
פויער ז (ים)	peasant
פויערטע נ (ס)	peasant woman
פויעריש	rustic
פויפסט ז (ן)	pope
פויק נ (ן)	drum
פויקן (געפויקט)	drum
פוך ז	down (fluffy feathers)
פולווער ז (ס)	gunpowder
פולס ז (ן)	pulse
פולפיט ז (ן)	pulpit
פונקט	punctually, exactly
פונקט ז (ן)	point, dot
פונקטירן (פונקטירט)	dot
פוסט	empty; hollow; vain
פוסטעניש נ (ן)	wasteland
פועל־יוצא ז (ס)	consequence, result
פועלן (געפועלט)	prevail; convince
פופיק ז (עס)	navel
פוצן (געפוצט)	polish; brush
פורים ז (זען אסתּר ט׳, כ — לב)	Purim
פורפל ז	purple
פושטשאַק ז (עס)	hollow nut; empty-headed man
פושקע נ (ס)	alms box; (tin) can
פחדן ז (ים)	coward
פחדניש	cowardly
פטור	free, exempt
פטור ווערן (פטור געוואָרן)	get rid of
פטירה נ	demise
פטרן (געפטרט)	squander; ruin
פיאַווקע נ (ס)	leech
פיאַטע	heel; sole (of the foot)
פיאַניסט ז (ן)	pianist
פיאַנע נ (ס)	piano
פיזשאַמעס ר	pajamas, pyjamas
פיטשעווקע נ (ס)	detail
פײַן נ (ען)	pain
פײַניקן (געפײַניקט)	torture
פײַניקער ז (ס)	tormentor
פײַנלעך	painful
פיל נ (ן)	pill
פילאָט ז (ן)	pilot
פילקע נ (ס)	ball
פינגפאָנג ז	ping-pong
פינטל ס (עך)	dot, point
פינטלען (געפינטלט)	mark with dots; blink
פינטל־קאָמע נ (ס)	semicolon
פינטעלע ס (ך)	dot
פינקטלעך	punctual, prompt; accurate
פינקטלעכקייט נ	accuracy
פיסטויל ז (ן)	pistol
פיסק ז (עס)	snout; big mouth
פיעשטשען (געפיעשטשעט)	pamper
פיפערנאָטער ז (ס)	dragon; viper
פיפקע נ (ס)	tobacco pipe
פיפקען (געפיפקעט)	smoke (a pipe)
פיצל ס (עך)	small piece
פיצע נ (ס)	pizza
פיקאַנט	spicy; sharp
פיקהאָלץ ז (ן)	woodpecker
פיקן (געפיקט)	peck
פיקניק ז (ן)	picnic
פיראַט ז (ן)	pirate
פיראַמיד ז (ן)	pyramid
פירוש ז (ים)	commentary
פישטש ז (ן)	whine

פישטשען (געפישטשעט)	whine
פישן (געפישט)	urinate
פלאָג נ(ן)	plague
פלאָגן (געפלאָגט)	harass
פלאָגן זיך	suffer; drudge
פלאַזמע נ	plasma
פלאַזשע נ(ס)	beach
פלאַטפאָרמע נ(ס)	platform
פלאַטשיק	flat
פלאָמבע נ(ס)	leaden seal; (dental) filling
פלאַן ז(פלענער)	plan
פלאָנטער ז(ס)	tangle
פלאָנטערן (געפלאָנטערט)	entangle
פלאַנירן (פלאַנירט)	plan
פלאַנעט ז(ן)	planet
פלאַסטיק ז(ן)	plastic
פלאַסטיש	plastic
פלאַפלען (געפלאַפלט)	chatter
פלאַפלערײַ ס	chatter
פלאַץ ז(פלעצער)	place; plaza
פלאַץ ז(ן)	crack
פלאַצן (געפלאַצט)	crack; burst
פלאַקאַט ז(ן)	poster
פלוידערײַ ס (ען)	chit-chat
פלוידערן (געפלוידערט)	chatter
פלויט ז(ן)	fence
פלוס פרעפ	plus (added to)
פלוס ז(ן)	plus sign; advantage
פלוצלינג	suddenly
פליוש ז	plush
פליושקען (געפליושקעט)	splash
פליט ז(ים)	refugee
פליטה נ(פליטות)	escape
פלייצע נ(ס)	shoulder
פלימעניצע נ(ס)	niece
פלימעניק ז(עס)	nephew
פלעביסציט ז(ן)	plebiscite
פלעצל ס(עך)	cracker
פָּנים ס (פְּנימער)	face
פסוק ז(ים)	verse
פסח ז(זען שמות י״ב)	Passover
פסיכאָלאָג ז(ן)	psychologist
פסיכאָלאָגיע נ	psychology
פסיכאָלאָגיש	psychological
פסיכיאַטער ז(ס)	psychiatrist
פסיכיאַטריע נ	psychiatry
פסלען (געפסלט)	invalidate; reject
פסעוודאָנים ז(ען)	pseudonym
פסק ז(ים)	verdict
פסקענען (געפסקנט)	judge; rul
פעדאַגאָג ז(ן)	pedagogue
פעדאַגאָגיע נ	pedagogy
פעדאַנט ז(ן)	pedant
פעדאַנטיש	pedantic
פעדלען (געפעדלט)	peddle
פעדלער ז(ס)	peddler
פעטיציע נ(ס)	petition
פעטרישקע נ(ס)	parsley
פעטשל ס(עך)	pat
פעך ז/ס	pitch
פעלץ ז(ן)	pelt, fur
פען נ(ען)	pen
פענדזל ז(ען)	paint brush
פעני ז(ס)	penny, cent
פעניס ז(ן)	penis
פענסיאָנער ז(ן)	pensioner
פענסיע נ(ס)	pension
פעסימיזם ז	pessimism
פעסימיסט ז(ן)	pessimist

פעסימיסטיש	pessimistic
פעקל ס (עך)	parcel
פעקלפאָסט נ	parcel post
פער	per, via, by
פערזאָן ז/נ (ען)	person
פערזענלעך	personal
פערזענלעכקייט נ (ן)	personality
פעריאָד ז (ן)	period, term
פעריפעריע נ (ס)	periphery
פערל ז/נ	pearl
פערלמוטער נ	mother-of-pearl
פערסאָנאַל ז	personnel, staff
פערסיע [נ]	Persia
פערסיש	Persian
פערסער ז	Persian
פערפעקט	perfect
פרא־אדם ז (ס)	savage
פראָבלעם נ (ען)	problem
פראָבלעמאַטיש	problematic
פראָבע נ (ס)	test; rehearsal
פראָגראַם נ (ען)	program
פראָגרעס ז	progress
פראָגרעסירן (פראָגרעסירט)	progress
פראָדוצירן (פראָדוצירט)	produce
פראָדוקט ז (ן)	product
פראָדוקטיוו	productive
פראָדוקציע נ (ס)	production
פראַוואָסלאַוונע	Greek Orthodox
פראָוואָקאַטאָר ז (ן)	provocateur
פראָוואָקאַציע נ (ס)	provocation
פראָוויזאָריש	provisional
פראָווינץ נ (ן)	province
פראַוען (געפראַוועט)	perform; celebrate

פראָזאַאיקער ז (ס)	prose writer
פראָזאַאיש	prosaic
פראָזע נ	prose
פראָטאָקאָל ז (ן)	protocol; minutes
פראָטעאין ז (ען)	protein
פראָטעסט ז (ן)	protest
פראָטעסטאַנט ז (ן)	Protestant
פראָטעסטירן (פראָטעסטירט)	protest
פראָטעקטאָראַט ז (ן)	protectorate
פראָטעקציע נ	patronage; pull, special influence
פראָיעקט ז (ן)	project
פראַכט נ	splendor
פראַכטיק	magnificent
פראָלאָג ז (ן)	prologue
פראָלעטאַריאַט ז (ן)	proletariat
פראָלעטאַריער ז	proletarian
פראָנאָם ז (ען)	pronoun
פראָסט	plain, ordinary; vulgar
פראָסטיטוטקע נ (ס)	prostitute
פראָסטקייט נ	vulgarity
פראָספעקט ז (ן)	prospectus
פראָספעריטעט נ	prosperity
פראָפאַגאַנדע נ	propaganda
פראָפאָנירן (פראָפאָנירט)	propose
פראָפאָרציאָנעל	proportional
פראָפאָרציע נ (ס)	proportion
פראָפן ז (ס)	cork
פראָפנציִער ז (ס)	corkscrew
פראָפיט ז (ן)	profit
פראָפיטירן (פראָפיטירט)	profiteer
פראָפיל ז (ן)	profile
פראָפעסאָר ז (ן)	professor
פראָפעסיע נ (ס)	profession
פראָצעדור נ (ן)	procedure

פראָצענט ז (ן)	percent; rate of interest
פראָצענטניק ז (עס)	usurer
פראָצעס ז (ן)	process; lawsuit
פראָצעסיע נ (ס)	procession
פראָקוראָר ז (ן)	prosecutor
פראַקטיק נ	practice, practise
פראַקטיש	practical
פראָקלאַמאַציע נ (ס)	proclamation
פראָקלאַמירן (פראָקלאַמירט)	proclaim
פראָשען (געפראָשעט)	sprinkle
פראָשעק ז (פראָשקעס)	powder
פרובירן (פרובירט)	try, test
פרוּוו ז (ן)	try, attempt
פרוטה נ (פרוטות)	smallest coin
פרט ז (ים)	detail; individual
פריוואַט	private
פריוואַט־לערער ז (ס)	private teacher
פריווילעגיע נ (ס)	privilege
פרײַז ז (ן)	price
פרײַס ז (ן)	Prussian; cockroach
פרײַסיש	Prussian
פרײַסן [ס]	Prussia
פרימאַדאָנאַ נ (ס)	prima donna
פרימיטיוו	primitive
פרינץ ז (ן)	prince
פרינציפּ ז (ן)	principle
פרינצעסין נ (ס)	princess
פריפעטשיק ז (עס)	fireplace, hearth
פריץ ז (ים)	lord; landowner
פריציש	lordly
פריצעווען (געפריצעוועט)	play lord
פריקרע	unpleasant; sullen
פרישטש ז (עס)	pimple
פרנסה נ (פרנסות)	livelihood
פרעגלען (געפרעגלט)	fry
פרעדיקן (געפרעדיקט)	preach
פרעדיקער ז (ס)	preacher
פרעהיסטאָריע נ	prehistory
פרעהיסטאָריש	prehistoric
פרעזידענט ז (ן)	president
פרעזענט ז (ן)	present, gift
פרעכטיק	splendid
פרעמיע נ (ס)	premium, bonus; prize
פרעמיער ז (ן)	premier; prime minister
פרעמיערע נ (ס)	première
פרעס ז (ן)	(printing) press
פרעסאײַזן ז (ס)	iron (appliance)
פרעסטיזש ז	prestige
פרעסן (געפרעסט)	press; iron
פרעסע נ (ס)	press (newspapers and periodicals)
פרעפּאָזיציע נ (ס)	preposition
פרעפיקס ז (ן)	prefix
פרעצעדענט ז (ן)	precedent
פרעריע נ (ס)	prairie
פרצוף ז (ים)	face; physiognomy
פרק ז (פּרקים)	chapter
פרק און פסוק	chapter and verse; precise authority
פרשה נ	section of the Torah
פשוט	simple
פשט ז (ים)	plain meaning
פשטות ס	simplicity
פשֶטל ס (עך)	casuistic interpretation
פשרה (פשרות)	compromise
פתח ז (ן)	pasech (vowel sign as in פַּ)

פ

פאַבל נ(ען) — fable
פאַבריצירן (פאַבריצירט) — manufacture
פאַבריק נ(ן) — factory
פאַבריקאַנט ז(ן) — manufacturer
פאָדעם ז(פעדעם) — thread
פאָדערונג נ(ען) — demand
פאָדערן (געפאָדערט) — demand; require
פאָדערשט — foremost
פאַזאַן ז(ען) — pheasant
פאָטאָגראַפיסט ז(ן) — photographer
פאָטאָגראַפיע נ(ס) — photograph; photography
פאָטאָגראַפירן (פאָטאָגראַפירט) — photograph
פאַטאַל — fatal
פאָטעל ז(ן) — armchair
פאָטער ז(ס) — father
פאָטערלאַנד ס (פאָטערלענדער) — fatherland
פאָטערלעך — fatherly
פאַטשיילע נ(ס) — shawl
פאַך ז(ן) — trade, profession
פאַכמאַן ז(פאַכלײַט) — skilled worker
פאָכען (געפאָכעט) — fan
פאָכער ז(ס) — fan
פאַכשול נ(ן) — vocational school
פאַל ז(ן) — fall; case
פאָלגן (געפאָלגט) — obey
פאָלגנדיק — following
פאַלד ז/נ (ן) — fold
פאַליע נ(ס) — billow
פאַלן (געפאַלן) — fall
פאַלק ז(ן) — hawk
פאָלק ס (פעלקער) — nation; folk, people
פאָלקלאָר ז — folklore
פאָלקסליד ס (ער) — folksong
פאָלקשול נ(ן) — public school
פאַלש — false
פאַלשעווען (געפאַלשעוועט) — falsify
פאַלשקייט נ(ן) — falseness
פאַמיליע נ(ס) — family
פאַן נ(ען) — (frying) pan
פאָן נ(פענער) — flag
פאַנאַטיזם ז — fanaticism
פאַנאַטיקער ז(ס) — fanatic
פאַנאַטיש — fanatic
פאַנגען (געפאַנגען) — catch; capture
פאָנד ז(ן) — fund
פאַנטאַזיע נ(ס) — fantasy
פאַנטאָם ז(ען) — phantom
פאָנטאַנע נ(ס) — fountain
פאַנטאַסטיש — fantastic
פאָניע ז — (nickname) Russian
פאָנעטיק נ — phonetics
פאָנעטיש — phonetic
פאָנפען (געפאָנפעט) — snuffle (speak with a nasal tone)
פאַס ס (פעסער) — barrel
פאַסאָליע נ(ס) — bean
פאַסאָן ז(ען) — fashion, style
פאַסטן (געפאַסט) — fast (abstain from food)

פאָסיל ז(ן) fossil
פאָספאָר ז phosphorus
פאַצעט ז(ן) dandy, fop
פאַקולטעט ז(ן) faculty (a division at a college or university
פאַקט ז(ן) fact
פאַקטיש actual
פאַקל ז(ען) torch
פאַר for; before
פאַראומרייניקן (פאַראומרייניקט) pollute
פאָראורטייל ז(ן) prejudice
פאַראַיאָריק last year's
פאַראיבל ז(ען) grudge
פאַראייביקן (פאַראייביקט) immortalize
פאַראיין ז(ען) union
פאַראייניקונג נ(ען) unification
פאַראייניקטע נאַציעס ר United Nations
פאַראייניקטע שטאַטן ר United States
פאַראייניקן (פאַראייניקט) unite
פאַראַכטאָגן a week ago
פאַראַכטונג נ contempt
פאַראַנטוואָרטלעך responsible
פאַראַנטוואָרטלעכקייט נ(ן) responsibility
פאַרב נ(ן) dye, paint
פאַרבאָט ז(ן) prohibition
פאַרבאָטן (פאַרבאָטן) forbid
פאַרבאַנד ז(ן) union
פאַרביטערן (פאַרביטערט) embitter
פאַרבײַגאַנג ז(ען) passage
פאַרבײַגיין (פאַרבײַגעגאַנגען) pass by; elapse
פאַרבײַגייער ז(ס) passer-by
פאַרבײַט ז(ן) replacement
פאַרבײַטלעך replaceable
פאַרבײַטן (פאַרביטן) replace
פאַרבײַסן (פאַרביסן) take a snack; bite
פאַרבינדונג נ(ען) connection
פאַרבינדן (פאַרבונדן) bind; connect
פאַרביסן grim; stubborn
פאַרבלאָנדזשען (פאַרבלאָנדזשעט) go astray
פאַרבלײַבן (פאַרבליבן) remain; stay
פאַרבן (געפאַרבט) color; dye
פאַרבעטונג נ(ען) invitation
פאַרבעטן (פאַרבעטן) invite
פאַרבענקט nostalgic
פאַרבענקען זיך (פאַרבענקט) yearn, long
פאַרבעסערונג נ(ען) improvement
פאַרבעסערן (פאַרבעסערט) improve
פאַרברייטערן (פאַרברייטערט) widen
פאַרבריִען (פאַרבריט) scald; boil; brew (tea)
פאַרברעכן ס (ס) crime
פאַרברעכער ז(ס) criminal
פאַרברענגען (פאַרבראַכט) spend (time); enjoy oneself
פאַרברענט burned; ardent
פאַרברענען (פאַרברענט) burn
פאַרגאַנגענהייט נ past
פאַרגאַפט amazed
פאַרגוואַלדיקונג נ(ען) rape
פאַרגוואַלדיקן (פאַרגוואַלדיקט) rape
פאַרגיטיקונג נ(ען) compensation

פאַרגיטיקן (פאַרגיטיקט) compensate
פאַרגיכערן (פאַרגיכערט) accelerate
פאַרגינען (פאַרגונען) wish well, not begrudge
פאַרגיסן (פאַרגאָסן) spill
פאַרגיפטונג נ (ען) poisoning
פאַרגלאָצן (פאַרגלאָצט) roll up (one's eyes)
פאַרגליווערן (פאַרגליווערט) congeal; benumb
פאַרגלײַך ז (ן) comparison
פאַרגלײַכלעך comparable
פאַרגלײַכן (פאַרגלײַכט/פאַרגליכן) compare
פאַרגלעטן (פאַרגלעט) smooth over
פאַרגעטערן (פאַרגעטערט) idolize; adore
פאַרגעניגן ס/ז (ס) pleasure
פאַרגעסן (פאַרגעסן) forget
פאָרגעפיל ס (ן) premonition
פאַרגראָבן (פאַרגראָבן) bury
פאַרגרײַזט full of errors
פאַרגרינגערן (פאַרגרינגערט) facilitate
פאַרגרעבט boorish
פאַרגרעסער־גלאָז ס (־גלעזער) magnifying glass
פאַרגרעסערונג נ (ען) enlargement
פאַרגרעסערן (פאַרגרעסערט) enlarge
פאַרדאגהט worried
פאַרדאַכט ז (ן) suspicion
פאַרדאַרבן (פאַרדאָרבן) corrupt
פאַרדאָרבנקייט נ depravity
פאַרדאַרט withered
פאַרדולן (פאַרדולט) stun
פאַרדײַאונג נ (ען) digestion
פאַרדײַען (פאַרדײַעט) digest
פאַרדינגען (פאַרדונגען) let, rent out
פאַרדינסט ס (ן) earnings
פאַרדינען (פאַרדינט) earn
פאַרדעכטיקן (פאַרדעכטיקט) suspect
פאַרדעקן (פאַרדעקט) cover
פאַרדראָס ז (ן) resentment
פאַרדרייט distorted
פאַרדרייען (פאַרדרייט) distort; twist
פאַרדרייעניש ס (ן) tangle
פאַרדריסן (פאַרדראָסן) be annoyed; resent
פאַרהאַלטן (פאַרהאַלטן) detain
פאָרהאַנג ז (ען) curtain
פאַרהאַנדלונגען ר negotiations
פאַרהאַנדלען (פאַרהאַנדלט) negotiate; sell
פאַרהאַקן (פאַרהאַקט) slam
פאַרהאַקן זיך get stuck
פאַרהאַרטעווען (פאַרהאַרטעוועט) harden
פאַרהיטונג נ prevention
פאַרהיטן (פאַרהיט) prevent
פאַרהייליקן (פאַרהייליקט) sanctify
פאַרהייראַט married
פאַרהילכן (פאַרהילכט) deafen (with noise)
פאַרהער ז (ן) interrogation
פאַרהערן (פאַרהערט) examine
פאַרוואַלטונג נ (ען) management
פאַרוואָלקנט cloudy

פאַרוואַנדלען (פאַרוואַנדלט)	convert; transform
פאַר וואָס	why?
פאַרוואַסערן (פאַרוואַסערט)	dilute
פאָרוואָרט ס (פאָרווערטער)	foreword, preface
פאַרוואָרצלען (פאַרוואָרצלט)	root; fix firmly
פאַרווונדיקן (פאַרווונדיקט)	wound
פאָרווורף ז(ן)	reproof
פאַרוויגן (פאַרוויגט)	lull (to sleep)
פאַרווײַלונג נ(ען)	entertainment
פאַרווײַלן (פאַרווײַלט)	entertain
פאַרוויינט	tearfull
פאַרוויקלען (פאַרוויקלט)	wrap; entangle
פאַרווירקלעכן	realize; accomplish
פאַרווישן (פאַרווישט)	efface
פאַרווער ז(ן)	ban
פאַרווערן (פאַרווערט)	ban; forbid
פאָרויס	forward
פאָרויסזאָגן (פאָרויסגעזאָגט)	predict
פאָרויסזען (פאָרויסגעזען)	foresee
פאַרזאַמלונג נ(ען)	assembly
פאַרזאַמלען (פאַרזאַמלט)	assemble
פאַרזאָרגט	worried; provided
פאַרזאָרגן (פאַרזאָרגט)	provide
פאַרזוכן (פאַרזוכט)	taste
פאַרזייען (פאַרזייט)	sow
פאָרזיכטיק	cautious
פאַרזיכערונג נ(ען)	assurance; insurance
פאַרזיכערן (פאַרזיכערט)	assure; insure
פאָרזיצער ז(ס)	chairman
פאַרזעעניש ס(ן)	freak
פאַרזשאַווערט	rusty
פאָרט	yet, after all
פאַרטאָג ז(ן)	dawn
פאַרטאָן	absorbed
פאַרטומלען (פאַרטומלט)	confuse
פאַרטיידיקונג נ(ען)	defense
פאַרטיידיקן (פאַרטיידיקט)	defend
פאַרטײַטשן (פאַרטײַטשט)	interpret
פאַרטיילן (פאַרטיילט)	distribute; omit (a person's share)
פאַרטיליקן (פאַרטיליקט)	annihilate
פאַרטיפט	absorbed
פאַרטיפן זיך (פאַרטיפט)	become absorbed
פאַרטיפערן (פאַרטיפערט)	deepen
פאַרטיק	ready
פאַרטעך ס/ז(ער)	apron
פאַרטראָגן (פאַרטראָגן)	carry away; endure
פאַרטראַכט	deep in thought
פאַרטרויען (פאַרטרויט)	confide
פאַרטרויערט	mournful
פאַרטרײַבן (פאַרטריבן)	expel
פאַרטריקנט	arid
פאַרטרעטונג נ(ען)	representation
פאַרטרעטן (פאַרטראָטן)	represent
פאַרטרעטער ז(ס)	representative; substitute
פאַרטשעפען (פאַרטשעפעט)	hook
פאַרטשעפען זיך	stumble; pick a quarrel
פאַריאָגט	very busy
פאַריאָגן (פאַריאָגט)	drive away

פאַרכּישופן (פאַרכּישופט) bewitch; charm
פאַרכאַפּן (פאַרכאַפּט) seize
פאַרלאַג ז (ן) publishing house
פאַרלאָזן (פאַרלאָזט/פאַרלאָזן) leave; neglect
פאַרלאָזן זיך rely on
פאַרלאַטען (פאַרלאַטעט) patch
פאַרלאַנג ז (ען) request; desire
פאַרלאַנגען (פאַרלאַנגט) request; desire
פאַרלויף ז course
פאַרלוירן lost
פאַרליבן זיך (פאַרליבט) fall in love
פאַרלייגן (פאַרלייגט) misplace; cross (hands)
פאָרלייגן (פאָרגעלייגט) propose
פאַרלײַכטערן (פאַרלײַכטערט) facilitate; lighten
פאַרלייקענען (פאַרלייקנט) deny
פאַרלירן (פאַרלוירן/פאַרלאָרן) lose
פאַרלעגנהייט נ (ן) embarrassment
פאַרלעגער ז (ס) publisher
פאַרלענגערונג נ (ען) extension
פאַרלענגערן (פאַרלענגערט) lengthen
פאַרלעשן (פאַרלאָשן) extinguish
פאַרם נ (ען) farm
פאַרמאָגן (פאַרמאָגט) possess, own
פאַרמאַטערט tired
פאַרמאַטערן (פאַרמאַטערט) tire
פאַרמאַכן (פאַרמאַכט) close
פאָרמאַליטעט נ (ן) formality
פאַרמוטשען (פאַרמוטשעט) exhaust
פאַרמיטאָג ז (ן) forenoon
פאַרמיטלונג נ mediation
פאַרמײַדן (פאַרמיטן) avoid
פאָרמירן (פאָרמירט) form; shape
פאַרמישן (פאַרמישט) mix
פאַרמישפּטן (פאַרמישפּט) sentence
פאַרמעגלעך affluent
פאַרמעגן ס (ס) property; holdings
פאָרמעל formal
פאַרמעסט ז (ן) contest
פאַרמעסטן זיך (פאַרמאָסטן) contest
פאַרמער ז (ס) farmer
פאַרמשכּונען (פאַרמשכּונט) pawn, mortgage
פאַרן (=פאַר דעם; פאַר דער) for the
פאָרן (געפאָרן) go (by vehicle), travel
פאַרנאַכט ז (ן) dusk
פאַרנאַשן (פאַרנאַשט) spend on sweets; spend foolishly
פאַרנומען occupied; busy
פאָרנט אדוו in front
פאָרנט ז (ן) front; forepart
פאַרנייען (פאַרנייט) sew up
פאַרניצן (פאַרניצט) use up
פאַרנעם ז (ען) volume; scope
פאַרנעמען (פאַרנומען) occupy; grasp
פאַרנעפּלט foggy
פאַרסמען (פאַרסמט) poison
פאַרעלטערט obsolete
פאַרענדיקן (פאַרענדיקט) complete
פאַרענטפערן (פאַרענטפערט) justify; explain
פאַרענטפערן זיך apologize
פאַרעקשנען זיך (פאַרעקשנט) be stubborn

פאָרער ז(ס) — traveler
פאַרערגערן (פאַרערגערט) — worsen
פאַרפאַטשקען (פאַרפאַטשקעט) — dirty, soil
פאַרפוצן (פאַרפוצט) — adorn
פאַרפלאָנטערן (פאַרפלאָנטערט) — entangle
פאַרפאָלגן (פאַרפאָלגט) — persecute
פאַרפאַלן — lost; hopeless
פאַרפוילט — rotten
פאַרפינצטערן (פאַרפינצטערט) — darken; embitter
פאַרפירן (פאַרפירט) — mislead; seduce; start (a conversation, etc.)
פאַרפירער ז(ס) — seducer
פאַרפל ר — farfl (noodles); tiny person
פאַרפלייצונג נ(ען) — flood
פאַרפלייצן (פאַרפלייצט) — flood
פאַרפליכטונג נ(ען) — obligation
פאַרפעלן (פאַרפעלט) — omit; miss
פאַרפרוירן — frozen
פאַרפרעמדט — estranged
פאַרצווייפלונג נ(ען) — despair
פאַרצווייפלט — desperate
פאַרצײַטנס — of old, formerly
פאַרצייכענען (פאַרצייכענט) — write down
פאַרציילן (פאַרציילט) — miscount; tell
פאָרצימער ז(ן) — hall
פאַרציִען (פאַרצויגן) — tighten; delay
פאַרצירעווען (פאַרצירעוועט) — darn
פאַרקאַטשען (פאַרקאַטשעט) — roll up (sleeves)

פאַרקאָכט — ardent
פאַרקאָכן (פאַרקאָכט) — boil; concoct
פאַרקויפן (פאַרקויפט) — sell
פאַרקויפער ז(ס) — vendor
פאָרקומען (פאָרגעקומען) — occur
פאַרקוקן (פאַרקוקט) — overlook
פאַרקילונג נ(ען) — cold (infection)
פאַרקילן זיך (פאַרקילט) — catch a cold
פאַרקירצונג נ(ען) — abbreviation; abridgment
פאַרקירצן (פאַרקירצט) — shorten
פאַרקלענערונג נ(ען) — decrease
פאַרקלענערן (פאַרקלענערט) — decrease, lessen
פאַרקניפן (פאַרקניפט) — tie in a knot; unite closely
פאַרקנעפלען (פאַרקנעפלט) — button
פאַרקער ז — traffic
פאַרקערט אַדי, אַדוו — reverse; on the contrary
פאַרקערפערונג נ(ען) — embodiment
פאַרקריכן (פאַרקראָכן) — crawl; get stuck
פאַרקרימט — distorted; crooked
פאַרקרימען (פאַרקרימט) — distort
פאַרקריצן (פאַרקריצט) — gnash (teeth)
פאַרראַט ז(ן) — betrayal
פאַרראַטן (פאַרראַטן) — betray
פאַרריגלען (פאַרריגלט) — bolt
פאַרריכטן (פאַרראָכטן) — repair
פאַררעטער ז(ס) — traitor
פאַרשאָלטן — accursed

פאַרשוואַרצן (פאַרשוואַרצט)	blacken
פאַרשווײַגן (פאַרשוויגן)	refrain from divulging; swallow (an insult)
פאַרשווענדן (פאַרשווענדט)	squander
פאַרשווענדער ז (ס)	spendthrift
פאָרשונג נ (ען)	exploration
פאָרשטאָט נ (פאָרשטעט)	suburb
פאַרשטאַנד ז	understanding
פאַרשטאָפן (פאַרשטאָפט)	stop, plug up
פאַרשטאַרקונג נ (ען)	reinforcement
פאַרשטאַרקן (פאַרשטאַרקט)	strengthen
פאַרשטופן (פאַרשטופט)	push aside
פאַרשטיין (פאַרשטאַנען)	understand
פאָרשטייער ז (ס)	representative
פאַרשטעלונג נ (ען)	obstruction; disguise
פאָרשטעלונג נ (ען)	performance, play
פאַרשטעלן (פאַרשטעלט)	obstruct; disguise
פאָרשטעלן (פאָרגעשטעלט)	perform; introduce
פאָרשטעלן זיך	imagine
פאַרשטענדיקן זיך (פאַרשטענדיקט)	communicate
פאַרשטענדלעך	intelligible
פאַרשטערן (פאַרשטערט)	spoil; frustrate
פאַרשידן	different, various

פאַרשײַט	wanton
פאַרשילטן (פאַרשאָלטן)	damn, curse
פאַרשימלט	moldy
פאַרשיקן (פאַרשיקט)	banish
פאָרשלאָג ז (ן)	proposition
פאָרשלאָגן (פאָרגעשלאָגן)	propose
פאַרשלאָפן (פאַרשלאָפן)	miss by sleeping
פאַרשליסן (פאַרשלאָסן)	lock
פאַרשלעפן (פאַרשלעפט)	drag away
פאַרשלעפערן (פאַרשלעפערט)	lull, cause to sleep
פאַרשמוצן (פאַרשמוצט)	make dirty; disgrace
פאַרשמירן (פאַרשמירט)	smear, soil
פאָרשן (געפאָרשט)	explore
פאַרשנורעווען (פאַרשנורעוועט)	lace
פאַרשעלטן (פאַרשאָלטן)	curse
פאַרשעמען (פאַרשעמט)	put to shame
פאַרשענערן (פאַרשענערט)	beautify
פאָרשער ז (ס)	researcher
פאַרשפאַרן (פאַרשפאַרט)	imprison
פאַרשפאָרן (פאַרשפאָרט)	spare, save
פאַרשפילן (פאַרשפילט)	lose (in a game); forfeit
פאַרשפעטיקן (פאַרשפעטיקט)	be late
פאַרשפרייטונג נ (ען)	distribution
פאַרשפרייטן (פאַרשפרייט)	spread, distribute
פאָרשריט ז	progress
פאַרשרײַבונג נ (ען)	registration

פאַרשרײַבן (פאַרשריבן) register
פאַרתּכלעווען (פאַרתּכלעוועט) squander
פאַשיזם ז fascism
פאַשיסט ז(ן) fascist
פאַשיסטיש fascist
פוטבאָל ז football
פוטער ז(ס) fur; fur coat
פוי phew, fie!
פויגל ז(פייגל) bird
פויל lazy
פוילן (געפוילט) rot
פוילן זיך be lazy
פוילער ז(ס) lazy man, idler
פוילקייט נ laziness
פויסט נ(ן) fist
פּוירהאַנג ז(ען) curtain
פול full
פולמאַכט נ(ן) power of attorney
פון of; from; by
פונדאַמענט ז(ן) foundation
פונט ז(ן) pound
פונעם (=פון דעם) of the
פונק ז(ען) spark
פונקציאָנירן (פונקציאָנירט) function
פונקציע נ(ס) function
פוס ז(פיס) foot
פוסבענקל ס(עך) footstool
פוסגייער ז(ס) pedestrian
פוסדרוק ז(ן) footprint
פוסנאָגל ז(פוסנעגל) toenail
פופציק fifty
פופצן fifteen
פוקס ז(ן) fox

פור נ(ן) wagon
פורמאַן ז(עס) coachman
פיאַלקע נ(ס) violet (flower)
פיאָרד ז(ן) fjord
פיבער ז fever
פיגור נ(ן) figure
פידל ז(ען) fiddle, violin
פידלען (געפידלט) fiddle, play a violin
פידלער ז(ס) fiddler, violinist
פיזיק נ physics
פיזיקאַליש physical (of physics)
פיזיקער ז(ס) physicist
פיזיש physical (pertaining to the body)
פײַג נ(ן) fig
פייגעלע ס(ך) young bird
פײַכט moist
פײַכטקייט נ moisture
פײַל נ(ן) file (tool); arrow
פײַלן (געפײַלט) file
פײַן fine, nice
פײַנד ז enemy
פײַנדשאַפט נ enmity
פײַנט האָבן (פײַנט געהאַט) hate
פײַער ס/ז(ן) fire
פײַערדיק fiery
פײַערונג נ(ען) celebration
פײַערלעך solemn
פײַער־לעשער ז(ס) fireman
פײַער־קאַסע נ(ס) safe
פײַף ז(ן) whistle
פײַפל ס(עך) whistle (instrument)
פײַפן (געפײַפט/געפיפן) whistle
פיל many; much
פילאָלאָג ז(ן) philologist

פילאָלאָגיע נ	philology
פילאַנטראָפ ז(ן)	philanthropist
פילאַנטראָפיע נ(ס)	philanthropy
פילאָסאָף ז(ן)	philosopher
פילאָסאָפיע נ(ס)	phylosophy
פילאָסאָפירן (פילאָסאָפירט)	philosophize
פילאָסאָפיש	philosophical
פילטער ז(ס)	filter
פיליַיכט	perhaps
פילם ז(ען)	film
פילן (געפילט)	feel
פילץ ס	felt
פינאַנציעל	financial
פינאַנצן ר	finances
פינגער ז	finger; toe
פינגערדרוק ז(ן)	fingerprint
פינגערל ס(עך)	ring
פיניש	Finnish
פינלאַנד [ס]	Finland
פינלענדער ז	Finn
פינף	five
פינצטער	dark
פינצטערניש ס	darkness
פינקלען (געפינקלט)	sparkle
פיסטאַשקע נ(ס)	peanut
פיפיק	shrewd
פיקטיוו	fictitious
פיקציע נ(ס)	fiction, made-up story
פיר	four
פירונג נ(ען)	conduct, custom
פירמע נ(ס)	firm
פירן (געפירט)	lead
פירעק ז(ן)	quadrangle
פירער ז(ס)	leader

פירערשאַפט נ	leadership
פירשט ז(ן)	duke
פירשטין נ(ס)	duchess
פיש ז	fish
פישער ז(ס)	fisher
פלאָדן ז(ס)	flat fruit cake
פלאָט ז(ן)	fleet
פלאַטערל ס(עך)	butterfly
פלאַטערן (געפלאַטערט)	flutter, wave
פלאַך	flat
פלאַם ז(ען)	flame
פלאַמיק	flaming
פלאַמען (געפלאַמט)	flame
פלאַנעל ז	flannel
פלאַנץ נ(ן)	plant
פלאַנצן (געפלאַנצט)	plant
פלאַסטער ז(ס)	adhesive tape
פלאָקן ז(ס)	pole
פלאַקס ז	flax
פלאַקער ז(ס)	blaze
פלאַקערן (געפלאַקערט)	blaze
פלאַש נ(פלעשער)	bottle
פלוי ז(פליי)	flea
פלוים נ(ען)	plum
פלי ז(ען)	flight
פליאַסק ז(עס)	slap
פליאַסקען (געפליאַסקעט)	slap
פליבלעטל ס(עך)	leaflet
פליג נ(ן)	fly
פליגל ז (פליגל/ען)	wing
פלייט נ(ן)	flute
פליַיס ז	diligence
פליַיסיק	diligent
פלייצן (געפלייצט)	gush, flow

פלייש ס (ן)	meat; flesh
פליישיק	meaty
פליישיקס ס	food made of meat
פליכט נ (ן)	duty
פליכטלינג ז (ען)	refugee
פלינק	agile
פלינקייט נ	agility
פליסיק	fluid; fluent
פליסן (געפלאָסן)	flow
פליִען (געפלויגן)	fly
פליִער ז (ס)	flier
פליפלאַץ ז (פליפלעצער)	airfield
פליקן (געפליקט)	pluck
פלירט ז (ן)	flirtation
פלירטעווען (געפלירטעוועט)	flirt
פלעגן (פלעג/פלעגט)	used to, be accustomed
פלעדערמויז נ (פלעדערמײַז)	bat
פלעכטן (געפלאָכטן)	twist, braid
פלעק ז (ן)	stain
פלעשל ס (עך)	small bottle
פע!	fie!
פעאָדאַליזם ז	feudalism
פעאיק	capable
פעאיקייט נ (ן)	capability
פעברואַר ז (ן)	February
פעדער נ (ן)	feather
פעדער נ (ס)	pen
פעדעראַל	federal
פעדעראַציע נ (ס)	federation
פעט	fat
פעטס ס	fat; tallow
פעטער ז (ס)	uncle
פעכער ז (ס)	fan
פעל נ (ן)	hide, pelt, fell

פעלד ס (ער)	field
פעלדז ז (ן)	cliff
פעלדמאַרשאַל ז (ן)	field marshal
פעלדשער ז (ס)	barber-surgeon
פעלן (געפעלט)	lack; be missing
פעלער ז (ן)	fault
פעלערדיק	faulty
פעלקערמאָרד ז	genocide
פעלשונג נ (ען)	forgery
פעלשן (געפעלשט)	forge, falsify
פעלשער ז (ס)	forger
פענסטער, פענצטער ז	window
פעסט	firm
פעסטונג נ (ען)	fortress
פעסטקייט נ	firmness
פעסטשטעלונג נ (ען)	statement
פעסטשטעלן (פעסטגעשטעלט)	state; establish
פעסל ס (עך)	keg
פעפער ז	pepper
פעפערדיק	peppery
פערד ס	horse
פערטל ס (עך)	quarter
פערציק	forty
פערצן	fourteen
פראַגע נ (ס)	question
פראַזע נ (ס)	phrase
פראַכט ז	freight
פראַנדז נ (פרענדז/ן)	fringe
פראָנט ז (ן)	front
פראַנצויז ז (ן)	Frenchman
פראַנצויזיש	French
פראַנקרײַך [ס]	France
פראָסט ז (פרעסט)	frost, freezing weather

פראָסטיק	frosty
פראַסק ז(ן)	slap
פראַק ז(ן)	dress coat
פראָש נ/ז (פרעש)	frog
פרוי נ(ען)	woman; wife
פרוכט נ(ן)	fruit
פרוכטבאַר	fruitful
פרום	pious
פרומקייט נ	piety
פרי	early
פרידזשידער ז(ן)	refrigerator
פרידלעך	peaceful
פרידן ז	peace
פריזירער ז(ס)	hairdresser
פרײַ	free; loose; vacant
פרייד נ(ן)	joy
פרײַהייט נ(ן)	freedom
פרײַוויליק	voluntary
פרײַטאָג, פרײַטיק ז(ן)	Friday
פרײַלין נ(ס)	miss, young lady
פריילעך	cheerful, joyful
פריילעכקייט נ	rejoicing
פרײַנד, פרײַנט ז	friend
פרײַנדלעך	friendly
פרײַנדשאַפט נ(ן)	friendship
פרייען זיך (געפרייט)	rejoice
פרילינג ז(ען)	spring
פרימאָרגן ז(ס)	morning
פריִער	earlier; before
פריִערדיק	previous
פריצײַטיק	premature
פרירן (געפרוירן)	freeze
פריש	fresh
פרישטיק ז(ן)	breakfast
פרעגן (געפרעגט)	ask
פרעגצייכן ז(ס)	question mark
פרעך	impudent
פרעמד	strange; foreign
פרעמדער ז	stranger
פרעסן (געפרעסן)	glut, eat greedily
פרעסער ז(ס)	glutton

צ

צ ז/נ	the 18th letter of the Hebrew alphabet
צאָל נ(ן)	number
צאָלונג נ(ען)	payment
צאָלטאָג ז(צאָלטעג)	payday
צאָלן (געצאָלט)	pay
צאָן ז(ציין/ציינער)	tooth
צאָנבערשטל ס(עך)	toothbrush
צאָנווייטיק ז(ן)	toothache
צאַנקען (געצאַנקט)	flicker
צאַפ ז(עס)	male goat
צאָפ ז(צעפ)	braid
צאַפלען (געצאַפלט)	squirm, quiver
צאַפן (געצאַפט)	draw, tap
צאַפן־בערדל ס(עך)	goatee
צאַצקע נ(ס)	toy; ornament
צאַצקען זיך (געצאַצקעט)	delight in
צאַר ז(ן)	czar
צאַרט	tender, gentle
צאָרן ז	wrath, anger

צאַרנדיק	furious
צביעות ס	hypocrisy
צד ז (צדדים)	side (in a dispute)
צדיק ז (ים)	saint
צדקה נ (צדקות)	charity
צדקת נ (ן)	pious woman
צו פרעפ, אַדוו	to; at; excessively
צואה נ (צואות)	excrement
צואײַלן (צוגעאײַלט)	hasten
צובאַמקען (צוגעבאַמקעט)	hum (in accompaniment); consent
צובײַסן (צוגעביסן)	eat a snack
צובינדן (צוגעבונדן)	bind; attach
צוברענגען (צוגעברענגט/צוגעבראַכט)	bring to
צוברענען (צוגעברענט)	burn (in cooking)
צוג ז (ן)	train; draft (of air); move (in a game)
צוגאָב ז (ן)	addition
צוגאַנג ז (ען)	approach
צוגיין (צוגעגאַנגען)	go near
צוגלײַכן (צוגעגליכן/צוגעגלײַכט)	compare
צוגעוויינען (צוגעוויינט)	accustom
צוגרייטונג נ (ען)	preparation
צוגרייטן (צוגעגרייט)	prepare
צודעקן (צוגעדעקט)	cover
צודריקן (צוגעדריקט)	press
צוהעלפן (צוגעהאָלפן)	assist
צוהערן זיך (צוגעהערט)	listen
צוואה נ (צוואות)	will, testament
צוואַנג נ (ען)	tongs; pliers
צוואַנג ז	compulsion
צוואַנגאַרבעט נ	forced labor

צוואַנציק, צוואָנציק	twenty
צוויטשערן (געצוויטשערט)	twitter
צוויי	two
צווײַג נ/ז (ן)	branch
צווײַגל ס (עך)	twig
צווײדײַטיק	ambiguous
צווייט	second
צווייטנס	secondly
צווייפינטל ס (עך)	colon
צווייפל ז (ען)	doubt
צווייפלען (געצווייפלט)	doubt
צוויישפראַכיק	bilingual
צווילינג ז (ען)	twin(s)
צווינגען (געצוווּנגען)	compel
צווישן	between, amid
צווישנרוף ז (ן)	(heckler's) interruption
צווישנרופער ז (ס)	heckler
צוועלף	twelve
צוועק ז (ן)	purpose
צוזאָג ז (ן)	promise
צוזאָגן (צוגעזאָגט)	promise
צוזאַמען	together
צוזאַמענאַרבעטן (צוזאַמענגעאַרבעט)	collaborate
צוזאַמענפאָר ז (ן)	convention
צוזאַמענשטויס ז (ן)	collision
צוטוליען זיך (צוגעטוליעט)	cuddle; cling to
צוטיילן (צוגעטיילט)	allocate
צוטרוי ז	confidence; trust
צוטשעפען זיך (צוגעטשעפעט)	pick on; bother
צוטשעפעניש ס (ן)	pest; nuisance
צויבער ז	charm, magic

צוים ז (ען)	bridle; fence
צוימען (געצוימט)	restrain
צולהכעיס	in spite
צוליב	for the sake of
צוליב טאָן (צוליב געטאָן)	oblige
צולייגן (צוגעלייגט)	add; lose (money)
צולייגן זיך	take a nap
צולייטן (צוגעלייט)	solder
צום (=צו דעם; צו דער)	to the
צומאַכן (צוגעמאַכט)	close, shut
צונאָמען ז (צונעמען)	nickname
צונג נ (ען/צינגער)	tongue
צונויף	together
צונויפברענגען (צונויפגעברענגט/צונויפגעבראַכט)	assemble
צונויפפאַסן (צונויפגעפאַסט)	match up
צונויפצי ז (ען)	contraction
צונויפקומען זיך (צונויפגעקומען)	convene
צונטער ז (ס)	tinder
צונעמען (צוגענומען)	take away
צועסן זיך (צוגעגעסן)	become tedious
צופ ז (ן)	pluck, twitch
צופאַסונג נ (ען)	adaptation
צופאַסיק	adaptable
צופאַסן (צוגעפאַסט)	fit
צופן (געצופט)	pluck, twitch
צופאַל ז (ן)	accident, chance
צופעליק	accidental
צופרידן	satisfied, pleased
צופרידנקייט נ	satisfaction
צופרידנשטעלן (צופרידנגעשטעלט)	satisfy, please
צוציִען (צוגעצויגן)	attract
צוציק ז (עס)	puppy; little boy
צוקאָפנס	at one's head
צוקוועטשן (צוגעקוועטשט)	press
צוקומען (צוגעקומען)	come to, approach
צוקונפט נ	future
צוקוקן זיך (צוגעקוקט)	observe, watch
צוקוקער ז (ס)	spectator
צוקילן זיך (צוגעקילט)	catch a cold
צוקלעפן (צוגעקלעפט)	glue, paste
צוקער ז	sugar
צוקערל ס (עך)	candy
צוקריכן (צוגעקראָכן)	creep to
צורופן (צוגערופן)	call over
צוריק	back; again
צוריקהאַלטן (צוריקגעהאַלטן)	restrain
צוריקטרײַבן (צוריקגעטריבן)	repulse
צוריקצאָל ז (ן)	rebate
צוריקציִען (צוריקגעצויגן)	pull back; withdraw
צוריקציִען זיך	retreat; retire
צוריקקומען (צוריקגעקומען)	come back
צוריקשלאָגן (צוריקגעשלאָגן)	strike back
צורך: טאָן דעם צורך	ease oneself
צורעדן (צוגערעדט)	persuade
צושטאַנד ז (ן)	state, condition

צושטיין (צוגעשטאַנען) join
צושטעלן (צוגעשטעלט) deliver; submit
צושיקן (צוגעשיקט) send to
צושרײַבן (צוגעשריבן) add in writing; ascribe
צי ז (ען) pull
צי קאָן or; if, whether
ציבעלע נ (ס) onion
ציג נ (ן) goat
ציגאַר ז (ן) cigar
ציגײַנער ז Gypsy
ציגל ז brick
ציוויליזאַציע נ (ס) civilization
ציוויליזירן (ציוויליזירט) civilize
ציוניזם ז Zionism
ציוניסט ז (ן) Zionist
ציוניסטיש Zionistic
ציטאַדעל ז (ן) citadel
ציטאַט ז (ן) quotation
ציטירן (ציטירט) quote
ציטער ז (ס) tremble, shiver
ציטערדיק trembling
ציטערן (געציטערט) tremble
ציטרין ז (ען) lemon
צײַט נ (ן) time; tense (gram.)
צײַט קאָן since
צײַטווײַליק temporary
צײַטונג נ (ען) newspaper
צײַטיק mature, ripe
צײַטפלאַן ז (צײַטפלענער) timetable
צײַטשריפט נ (ן) periodical
צייכן ז (ס) sign
צייכענונג נ (ען) drawing
צייכענען (געצייכנט) draw

ציילן (געציילט) count
ציך נ (ן) blanket cover
ציכטיק clean, tidy
ציכל ס (עך) pillowcase
ציל ז (ן) aim, purpose; target
צילינדער ז (ס) cylinder; top hat
צילן (געצילט) aim
צימבל ז (ען) cymbal
צימעס ז (ן) dessert (served on Sabbath); fuss
צימער ז (ן) room
צימערינג, צימרינג ז cinnamon
צין ס tin
צינדבאָמבע נ (ס) incendiary bomb
צינדז ז (ן) toll; tribute
צינדן (געצונדן) light, kindle
ציניזם ז cynicism
ציניקער ז (ס) cynic
ציניש cynical
צינק ס zinc
ציסטערנע נ (ס) cistern, water tank
ציִען (געצויגן) pull, draw
ציפרעס ז (ן) cypress
ציפער ז (ן) digit; number
ציצקע teat
ציקאָריע נ chicory
ציקלאָן ז (ען) cyclone
צירונג ס (ען) jewelry; ornament
צירלען (געצירלט) chirp
צירעווען (געצירעוועט) darn
צירק ז (ן) circus
צירקולאַציע נ (ס) circulation
צירקולירן (צירקולירט) circulate
צלם ז (ים) cross
צלמען זיך (געצלמט) cross oneself

צמאָקען (געצמאָקעט) — smack (lips)
צניעות ס — modesty
צעבלאָזן (צעבלאָזן) — fan (fire); exaggerate
צעבליִען זיך (צעבליט) — blossom forth
צעברעכן (צעבראָכן) — break
צעברעקלען (צעברעקלט) — crumble
צעדערבוים ז (צעדערביימער) — cedar
צעדראַפּען (צעדראַפּעט) — scratch
צעדרייען (צעדרייט) — distort
צעהאַקן (צעהאַקט) — chop
צעהיצן זיך (צעהיצט) — get excited
צעוואַרפן (צעוואָרפן) — scatter
צעוויינען זיך (צעוויינט) — burst into tears
צעווערטלען זיך (צעווערטלט) — exchange angry words
צעזייען (צעזייט) — scatter
צעחושט — distraught
צעטומלען (צעטומלט) — bewilder
צעטיילן (צעטיילט) — divide
צעטל ז (ען / עך) — note, slip
צעטראָגן — absent-minded
צעטראָגן (צעטראָגן) — scatter; spread
צעטרײַבן (צעטריבן) — disperse
צעך ז (ן) — guild
צעכאַפּן (צעכאַפּט) — snatch up
צעלויפן זיך (צעלאָפן) — run away (in different directions)
צעלייגן (צעלייגט) — lay out; arrange
צעלייגן זיך — stretch oneself
צעלייגער ז (ס) — showoff
צעמישן (צעמישט) — mix up, confuse

צעמענט ז — cement
צעמענטירן (צעמענטירט) — cement
צען — ten
צענזאָר ז (ן) — censor
צענזוס ז (ן) — census
צענזור נ (ן) — censorship
צענזורירן (צענזורירט) — censor
צענט — tenth
צענטער ז (ס) — center, centre
צענטראַל — central
צענעלע ס (ך) — dime
צענעמען (צענומען) — take apart
צעפּאַקן (צעפּאַקט) — unpack
צעפּויקן (צעפּויקט) — make known widely
צעפּל ס (עך) — pigtail
צעפאַלן זיך (צעפאַלן) — fall apart
צעפוילט — rotten
צעפלאַקערן זיך (צעפלאַקערט) — flare up
צעצווײַגן (צעצווײַגט) — ramify
צעצווײַגן זיך — branch out
צעקאָכן (צעקאָכט) — boil well
צעקאָכן זיך — become furious
צעקוועטשן (צעקוועטשט) — crush; mash
צעקושן זיך (צעקושט) — kiss each other
צעקנייטשן (צעקנייטשט) — crumple; wrinkle
צער ז — grief
צעראַבעווען (צעראַבעוועט) — plunder, loot
צעראַטע נ (ס) — oilcloth
צערטיפיקאַט ז (ן) — certificate
צערטלעך — tender, gentle

צערטלען (געצערטלט) — caress
צערײַסן (צעריסן) — tear up
צערעמאָניע נ(ס) — ceremony
צעשויבערן (צעשויבערט) — dishevel (hair)
צעשטערן (צעשטערט) — destroy; mar
צעשיידן (צעשיידט) — separate
צעשיקן (צעשיקט) — send out in various directions
צעשלאָגן (צעשלאָגן) — batter
צעשלעפּן (צעשלעפּט) — drag asunder
צעשמעטערן (צעשמעטערט) — smash
צעשמעלצן (צעשמאָלצן) — melt
צעשנײַדן (צעשניטן) — cut
צעשפּאַלטן (צעשפּאָלטן) — split
צעשפּרייטן (צעשפּרייט) — spread
צפון ז — north
צפונדיק — northern
צרה נ(צרות) — trouble; woe

ק

ק ז/נ — the 19th letter of the Hebrew alphabet
קאָאָפּעראַטיוו ז(ן) — cooperative
קאָאָפּעראַציע נ(ס) — cooperation
קאָאָרדינאַציע נ(ס) — coordination
קאַבינעט ז(ן) — cabinet
קאָד ז(ן) — code (a system of signals; a secret writing)
קאָדעקס ז(ן) — code (a collection of laws)
קאָוואַדלע נ(ס) — anvil
קאַוואַלעריע נ — cavalry
קאַוויאַר ז — caviar
קאַווע נ — coffee
קאָוועז (געקאָוועט) — forge, hammer
קאָזאַק ז(ן) — Cossack
קאַזאַרמע נ(ס) — barracks
קאָזשעליק ז(קאָזשעלקעס) — somersault
קאַטאַלאָג ז(ן) — catalog
קאַטאָליק ז(ן) — Catholic
קאַטאַסטראָפע נ(ס) — catastrophe
קאַטויליש — Catholic
קאָטלעט ז(ן) — cutlet
קאַטעגאָריע נ(ס) — category
קאַטעגאָריש — categorical
קאַטעדראַלע נ(ס) — cathedral
קאַטעדרע נ(ס) — cathedra
קאַטער ז(ס) — (nose) cold
קאָטער ז(ס) — tomcat
קאַטערינקע נ(ס) — barrel organ
קאַטשען (געקאַטשעט) — roll
קאַטשקע נ(ס) — duck
קאָכבוך ס(קאָכביכער) — cookbook
קאָכלעפל ז — dipper; busybody
קאָכן (געקאָכט) — boil; cook
קאָלאָניאַל — colonial
קאָלאָניזאַציע — colonization
קאָלאָניזירן (קאָלאָניזירט) — colonize
קאָלאָניע נ(ס) — colony
קאָלאָנע נ(ס) — column
קאָלאָנעל ז(ן) — colonel

קאַלאָריע נ(ס)	calorie, calory
קאַלאָש ז(ן)	galosh, rubber
קאַלבֿ ס (קעלבער)	calf
קאָלדרע נ(ס)	blanket
קאָלומניסט ז(ן)	columnist
קאַלט	cold
קאַלטבלוטיק	coldblooded
קאַליבער ז(ס)	caliber, calibre
קאַליגראַפֿיע נ	calligraphy
קאַליום ז	potassium
קאָלייקע נ(ס)	narrow (railway) train
קאַליע	spoiled
קאַליע מאַכן	spoil
קאַליפֿיאָר ז(ן)	cauliflower
קאַליקע ז/נ(ס)	cripple
קאָליר ז(ן)	color
קאָלירט	colored
קאַלך ז	lime
קאַלך־אויוון ז(ס)	lime kiln
קאַלכן (געקאַלכט)	whitewash
קאָלנער ז(ס/קעלנער)	collar
קאָלעגע ז(ס)	colleague
קאָלעדזש ז(ן)	college
קאַלענדאַר ז(ן)	calendar
קאָלעקציע נ(ס)	collection
קאַלציום ז	calcium
קאַלקולאַציע נ(ס)	calculation
קאַלקולוס ז	calculus
קאַלקע נ(ס)	carbon paper
קאַם ז(ען)	comb
קאָמאַנדיר ז(ן)	commander
קאָמאַנדירן (קאָמאַנדירט)	command
קאָמאַנדעווען (קאָמאַנדעוועט)	give orders

קאָמאַר ז(ן)	mosquito
קאָמבינאַציע נ(ס)	combination
קאָמבינירן (קאָמבינירט)	combine
קאָמוניזם ז	communism
קאָמוניסט ז(ן)	communist
קאָמוניסטיש	communistic
קאָמוניקאַציע נ(ס)	communication
קאָמונע נ(ס)	commune
קאַמופֿלאַזש ז	camouflage
קאָמיטעט ז(ן)	committee
קאָמיסאַר ז(ן)	commissar
קאָמיקער ז(ס)	comedian
קאָמיש	comical
קאָמע נ(ס)	comma
קאָמעדיע נ(ס)	comedy
קאָמעט ז(ן)	comet
קאָמען (געקאָמט)	comb
קאָמענדאַנט ז(ן)	commandant
קאָמענטאַר ז(ן)	commentary
קאַמער נ(ן)	chamber
קאָמערץ ז	commerce
קאָמערציעל	commercial
קאָמפּאָזיטאָר ז(ן)	composer
קאָמפּאָט ז(ן)	compote, stewed fruit
קאָמפּאַס ז(ן)	compass
קאַמפּוס ז(ן)	campus
קאָמפּיוטער ז(ס)	computer
קאָמפּלימענט ז(ן)	compliment
קאָמפּליצירן (קאָמפּליצירט)	complicate
קאָמפּליקאַציע נ(ס)	complication
קאָמפּענסאַציע נ(ס)	compensation
קאָמפּענסירן (קאָמפּענסירט)	compensate

קאָמפּראָמיס ז(ן)	compromise
קאַמף ז(ן)	combat, fight
קאַנאַדיש	Canadian
קאַנאַדע [נ]	Canada
קאַנאַדער ז	Canadian
קאַנאַל ז(ן)	canal; channel; sewer
קאַנאַליזאַציע נ	sewerage
קאַנאָן ז(ען)	canon
קאַנאַפּע נ(ס)	couch, sofa
קאַנאַריק ז(עס)	canary
קאָנגרעס ז(ן)	congress
קאָנדאָמיניום ז(ס)	condominium
קאַנדידאַט ז(ן)	candidate
קאַנדידאַטור נ(ן)	candidacy
קאָנווענט ז(ן)	convent
קאָנווערט ז(ן)	envelope
קאַנט ז(ן)	edge
קאַנטאַטע נ(ס)	cantata
קאַנטאָן ז(ען)	canton
קאָנטאַקט ז(ן)	contact
קאָנטינענט ז(ן)	continent, mainland
קאָנטע נ(ס)	(bank) account
קאָנטעקסט ז(ן)	context
קאָנטראָל ז(ן)	control, check
קאָנטראָלירן (קאָנטראָלירט)	control
קאָנטראַסט ז(ן)	contrast
קאָנטראַקט ז(ן)	contract
קאָנטראַקטאָר ז(ן)	contractor
קאַנטשיק ז(עס)	leather whip
קאָניאַק ז(ן)	cognac
קאַניבאַל ז(ן)	cannibal
קאָניוגאַציע נ(ס)	conjugation
קאָניוגירן (קאָניוגירט)	conjugate
קאָנסאָנאַנט ז(ן)	consonant
קאָנסול ז(ן)	consul
קאָנסולאַט ז(ן)	consulate
קאָנסטיטוציע נ(ס)	constitution
קאָנסערוואַטאָריע נ(ס)	conservatory (a school of music)
קאָנסערוואַטיוו	conservative
קאָנסערוון ר	canned goods
קאָנספּיראַציע נ(ס)	conspiracy
קאָנפיסקאַציע נ(ס)	confiscation
קאָנפיסקירן (קאָנפיסקירט)	confiscate
קאָנפליקט ז(ן)	conflict
קאָנפעדעראַציע נ(ס)	confederation
קאָנפערענץ נ(ן)	conference
קאַנצלער ז(ס)	chancellor
קאָנצענטראַציע־לאַגער ז(ן)	concentration camp
קאָנצענטרירן (קאָנצענטרירט)	concentrate
קאָנצעסיע נ(ס)	concession
קאָנצעפּט ז(ן)	concept
קאָנצערט ז(ן)	concert
קאָנקאָרדאַנציע נ(ס)	concordance
קאָנקורירן (קאָנקורירט)	compete
קאָנקורענט ז(ן)	competitor
קאָנקורענץ נ(ן)	competition
קאָנקרעט	concrete, real
קאָסטיום ז(ען)	costume
קאַסטן ז(ס)	box, case
קאָסטן ר	cost, expense
קאָסטן (געקאָסט)	cost
קאַסינאָ ז(ס)	casino

קאַסיר ז (ן)	cashier
קאַסירן (קאַסירט)	cash; cancel
קאָסמאָנויט ז (ן)	cosmonaut
קאָסמאָס ז	cosmos
קאָסמאָפּאָליט ז (ן)	cosmopolitan
קאָסמאָפּאָליטיש	cosmopolitan
קאָסמיש	cosmic
קאָסמעטיק נ	cosmetics
קאָסמעטיש	cosmetic
קאַסע נ (ס)	cashbox; treasury
קאָסע נ (ס)	scythe
קאָסען (געקאָסעט)	mow
קאַסקע נ (ס)	helmet
קאָעדוקאַציע נ	coeducation
קאָפּ ז (קעפּ)	head
קאַפּאָטע נ (ס)	capote, long coat
קאָפּווייטיק ז (ן)	headache
קאַפּויער	topsy-turvy, upside down
קאַפּיטאַל ז (ן)	capital
קאַפּיטאַליזם ז	capitalism
קאַפּיטאַליסט ז (ן)	capitalist
קאַפּיטאַליסטיש	capitalistic
קאַפּיטאַן ז (ען)	captain
קאַפּיטולירן (קאַפּיטולירט)	capitulate
קאַפּיטל ס/ז (ען/עך)	chapter
קאָפּיטע נ (ס)	hoof
קאָפּיע נ (ס)	copy
קאָפּירן (קאָפּירט)	copy
קאַפּל ס (עך)	skullcap
קאַפּעליוש ז (ן)	hat
קאַפּעליע נ (ס)	band, orchestra
קאַפּען (געקאַפּעט)	trickle, drip
קאָפּען (געקאָפּעט)	kick
קאָפּעקע נ (ס)	kopeck (a small Russian coin)
קאַפּריז ז (ן)	caprice, whim
קאַפּריזיק	capricious
קאָפּ-שאַרבן ז (ס)	skull
קאַפעטעריע נ (ס)	cafeteria
קאַץ נ (קעץ)	cat
קאַצעט ז (ן)	concentration camp
קאַקאַאָ ז	cocoa
קאַקטוס ז (ן)	cactus
קאָקטייל ז (ס)	coctail
קאַקן (געקאַקט)	defecate
קאָקעטיש	coquettish, flirtatious
קאָקעטקע נ (ס)	coquette
קאַקער ז (ס)	(cont.) upstart; good-for-nothing
קאַראַוואַן ז (ען)	caravan
קאַראַט ז (ן)	carat
קאַראַנטין ז (ען)	quarantine
קאָרב ז (קערב)	basket
קאַרג	stingy
קאַרגן (געקאַרגט)	be stingy
קאַרגער ז	stingy person
קאַרדינאַל ז (ן)	cardinal
קאַרוסעל נ (ן)	carousel
קאָרופּציע נ	corruption
קאָרט נ (ן)	playing card
קאַרטאָטעק נ (ן)	file
קאַרטאָן ז (ען)	cardboard; carton
קאַרטאָפל ז/נ	potato
קאַרטאָפליע נ (ס)	potato
קאַרטל ס (עך)	card
קאָריגירן (קאָריגירט)	correct
קאָרידאָר ז (ן)	corridor

קאָריטע נ(ס) trough
קאַריערע נ(ס) career
קאָריק, קאָרעק ז(קאָרקעס) cork
— קאָריק־ציִער ז(ס) corkscrew
קאַריקאַטור נ(ן) caricature
קאַרליק ז(עס) midget
קאָרן ז rye
קאַרנאַוואַל ז(ן) carnival
קאָרסעט ז(ן) corset
קאָרע נ(ס) bark
קאָרעספּאָנדירן (קאָרעספּאָנדירט) correspond
קאָרעספּאָנדענט ז(ן) correspondent
קאָרעספּאָנדענץ נ(ן) correspondence
קאָרעע [נ] Korea
קאָרעער ז Korean
קאָרעקט correct
קאָרעקטאָר ז(ן) proofreader
קאַרפּ ז(ן) carp
קאָרפּאָראַל ז(ן) corporal
קאָרפּאָראַציע נ(ס) corporation
קאָרפּוס ז(ן) corps; corpus
קאַרצער ז(ס) dungeon
קאַרק ז(עס/קערק) nape
קאַרש נ(ן) cherry
קאַשטאַן ז(עס) chestnut
קאָשיק ז(עס) basket
קאָשמאַר ז(ן) nightmare
קאַשע נ(ס) gruel; cereal; mess
קאָשציאָל ז(ן) Polish church
קאַשקעט ז(ן) cap
קבצן ז(ים) pauper
קבצניש beggarly
קבר ז/ס(ים) grave

קהילה נ (קהילות) Jewish community
קהל ז/ס Jewish public
קו נ(קי) cow
— קו־שטאַל נ/ז(ן) cowshed
קובּ ז(ן) cube
קובּאַ [ס] Cuba
קובּאַנער ז Cuban
קוגל ז(ען) kugel (a traditional Sabbath pudding)
קוואַדראַט ז(ן) square
קוואָטע נ(ס) quota
קוואַטש ז squash; twaddle; milksop
קוואַל ז(ן) spring, source
קוואַליטעט נ(ן) quality
קוואַליפיצירט qualified
קוואַליפיצירן (קוואַליפיצירט) qualify
קוואַליפיקאַציע נ(ס) qualification
קוואַנטיטעט נ(ן) quantity
קוואַס ז kvass (a sour beverage)
קוואָקטשען (געקוואָקטשעט) cluck
קוואָקע נ(ס) brooding hen
קוואָקען (געקוואָקעט) cluck; hatch
קוואַקען (געקוואַקעט) quack; croak
קוואָרום ז(ס) quorum
קוואַרטאַל ז(ן) quarter, ward (of a city)
קוויט quits
קוויטל ס (עך) note, slip
קוויטש ז(ן) scream

קוויטשען (געקוויטשעט)	scream, shriek
קוויקן זיך (געקוויקט)	be delighted
קוועטש ז(ן)	squeeze
קוועטשן (געקוועטשט)	squeeze, press
קוועלן (געקוואָלן)	beam, smile radiantly
קווענקלען זיך (געקווענקלט)	hesitate
קווענקלעניש ס (ן)	hesitation
קוועקזילבּער ס	quicksilver
קוזין ז(ען)	(male) cousin
קוזינע, קוזינקע נ(ס)	(female) cousin
קוזניע נ(ס)	smithy
קויל נ(ן)	bullet; globe
קוילן ר	coal
קוילנגרובּ נ (קוילנגריבּער)	coal mine
קוילנשטאָף ז	carbon
קוילערן זיך (געקוילערט)	roll
קוים	barely, scarcely
קוימען ז(ס)	chimney
קוימען־קערער ז(ס)	chimney sweep
קויפן (געקויפט)	buy
קויפער ז(ס)	buyer
קויש ז(ן)	basket
קוכן ז(ס)	cake
קוכער ז(ס)	cook, chef
קול ס (ות)	voice
קולט ז(ן)	cult
קולטור נ(ן)	culture
קולטורעל	cultural
קולטיווירן (קולטיווירט)	cultivate
קוליס ז(ן)	(theater) wing; curtain
קומען (געקומען)	come
קומען (געקומט)	owe; be due; deserve
קומענדיק	coming, next
קונד ז(ן)	customer
קונדס ז(ים)	prankster
קונה ז(קונים)	buyer, customer
קונסט נ(ן)	art
קונסטווערק ס	work of art
קונץ נ(ן)	trick
קונצנמאַכער ז(ס)	juggler; trickster
קוסט ז(ן/עס)	bush, shrub
קופּאָל ז(ן)	cupola, dome
קופּאָן ז(ען)	coupon
קופּע נ(ס)	pile, heap
קופּער ס	copper
קופּערט ז(ן)	coffer, trunk
קוק ז(ן)	look, glance
קוקאַווקע נ(ס)	cuckoo
קוקן (געקוקט)	look
קוקעריקו!	cock-a-doodle-doo!
קוראַזש ז	courage
קוראַטאָר ז(ן)	curator
קוראַציע נ(ס)	cure
קוראָרט ז(קורערטער)	spa, health resort
קוריאָז ז(ן)	curiosity
קוריער ז(ן)	courier
קוריערצוג ז(ן)	express train
קורירן (קורירט)	cure
קורס ז(ן)	course; rate of exchange
קורץ	short, brief

קורצזיכטיק	nearsighted
קורצשלוס ז(ן)	short circuit
קוש ז(ן)	kiss
קושוואָך נ(ן)	first week of a newly married couple
קושן (געקושט)	kiss
קיאָסק ז(ן)	newsstand
קיבוץ ז(ים)	kibbutz
קיבעצן (געקיבעצט)	kibitz
קיבעצער ז(ס)	kibitzer
קיבערנעטיק נ	cybernetics
קיט ז	putty
קייט נ(ן)	chain
קייטלען (געקייטלט)	link
קײַכן (געקײַכט)	gasp
קײַלעכדיק, קײַלעכיק	round
קיין	no; not any; to
קיינמאָל ניט	never
קיינער... ניט	nobody, no one
קייסער ז(קייסאָרים)	emperor
קייסערינע נ(ס)	empress
קײַען (געקײַט, געקײַעט)	chew
קײַער ז(ס)	jaw
קיישל ס (עך)	basket
קיך נ(ן)	kitchen
קיכל ס (עך)	cookie
קיל	cool, chilly
קילאָ ז(ס)	kilo, kilogram
קילאָגראַם ז(ען)	kilogram
קילאָמעטער ז(ס)	kilometer
קילן (געקילט)	cool
קילקייט נ	coolness
קימל ז	caraway seeds, kimel
קימערן זיך (געקימערט)	care, worry
קימפעטאָרין נ(ס)	woman in childbirth
קינאָ ז(ס)	cinema
קינד ס (ער)	child
קינדהייט נ	childhood
קינדיש	childish
קינדערגאָרטן ז (ס/קינדערגערטנער)	kindergarten
קינדעריש	childlike
קיניגל ס (עך)	rabbit
קינסטלעך	artificial
קינסטלער ז(ס)	artist
קינסטלעריש	artistic
קיסר ז(ים)	emperor
קיפּראָס [ז]	Cyprus
קיצבה נ	dole
קיצור ז(ים)	abbreviation; abridgment
קיצל ז(ען)	tickle
קיצלען (געקיצלט)	tickle
קירבעס ז(ן)	pumpkin
קירזשנער ז(ס)	hatter; furrier
קירך נ(ן)	church
קירצן (געקירצט)	shorten
קישן ז(ס)	cushion
קישקע נ(ס)	intestine; hose
קלאָג נ(ן)	lamentation
קלאָגליד ס (ער)	dirge
קלאָגן (געקלאָגט)	lament
קלאָזעט ז(ן)	toilet
קלאַמער ז(ן)	bracket
קלאַנג ז(ען)	sound; rumor
קלאַס ז(ן)	class, grade; schoolroom
קלאַסיפיצירן (קלאַסיפיצירט)	classify

קלאַסיפיקאַציע נ(ס)	classification
קלאַסיקער ז(ס)	classicist
קלאַסיש	classic
קלאַסנקאַמף ז(ן)	class struggle
קלאַפ ז(קלעפ)	blow, knock
קלאַפן (געקלאַפט)	knock
קלאָפס ז(ן)	meat loaf
קלאַפערשלאַנג נ(ען)	rattlesnake
קלאָץ ז(קלעצער)	log
קלאָץ-קשיא נ(־קשיות)	foolish question
קלאָר	clear
קלאָרקייט נ	clarity
קלוב ז(ן)	club
קלוג	wise
קלוגשאַפט נ	wisdom
קלויז נ(ן)	small Jewish house of prayer
קלויסטער ז(ס)	cloister
קלונג ז(ען)	ring
קליאַטשע נ(ס)	mare
קליאַמקע נ(ס)	door handle
קליאַפע נ(ס)	lapel
קליגער	wiser
קליגעריש	shrewd
קליי ז(ען)	glue
קלײַבן (געקליבן)	choose; gather
קלייד ס(ער)	dress
קליידונג נ	clothing
קליידל ס(עך)	skirt
קליידן (געקליידט)	clothe, dress
קלייט נ(ן)	shop, store
קליין	little, small
קליינגעלט ס	small change
קלייניקייט נ(ן)	trifle
קליינשטעטלדיק	of a small town
קלימאַט ז(ן)	climate
קלימאַקס ז(ן)	climax
קלינגען (געקלונגען)	ring, sound
קליניק נ(עס)	clinic
קליניש	clinical
קליענט ז(ן)	client, customer
קליענטור נ	clientele
קליקע נ(ס)	clique
קללה נ(קללות)	curse
קלעבן (געקלעבט)	glue
קלעזמער ז(ס/קלעזמאָרים)	musician
קלעטערן (געקלעטערט)	climb
קלעם נ	straits, plight
קלעמען (געקלעמט)	pinch; grieve
קלענער	smaller
קלעפן (געקלעפט)	glue, paste
קלעפעדיק	sticky
קלעפצעטל ז(ען)	sticker, label
קלעצל ס(עך)	(small wooden) block
קלעק ז(ן)	(ink) blot
קלעקן (געקלעקט)	suffice; blot
קלעקער ז(ס)	blotter
קלעקפאַפיר ס(ן)	blotting paper
קלערן (געקלערט)	think
קמיע נ(ות)	amulet
קמץ ז(ן)	komets (vowel sign as in קָ)
קמצן ז(ים)	miser
קמצנות ס	stinginess
קנאָבל ז	garlic
קנאה נ	envy
קנאַל ז(ן)	bang, crack
קנאַלן (געקנאַלט)	bang, crack
קנאָספ ז(ן)	bud

קנאַפּ scarce, scant; almost
קנאָפּ ז (קנעפּ) button; knob
קנאַק ז (ן) crack, snap
קנאַקן (געקנאַקט) crack, snap
קנאַקניסל ס (עך) nutcracker
קנאַקעדיק crackling
קנאַקער ז (ס) bigshot
קנויט ז/נ (ן) wick
קנויל ז (ן) ball (of thread)
קנופּ ז (ן) knot
קנורען (געקנורעט) snarl
קני ז/נ (ען) knee
קניידל ס (עך) matzo ball
קנייטש ז (ן) crease; wrinkle
קנייטשן (געקנייטשט) crease; crumple
קנײַפּן (געקנײַפּט/געקניפּן) pinch
קניִען (געקניִט) kneel
קניפּ ז (ן) pinch, nip
קניש ז (עס) knish
קנס ז (ים) fine (penalty)
קנסן (געקנסט) fine, impose a fine on
קנעטן (געקנאָטן) knead
קנעכט ז slave
קנעכל ס (עך) ankle; knuckle
קנעלן (געקנעלט) teach (by forceful urging); inculcate
קנעפּל ס (עך) button
קעבסווײַב ס/נ (ער) concubine
קעגן against
קעגנאיבער opposite
קעגנזײַטיק mutual
קעגנחתמענען (קעגנגעחתמעט) countersign
קעגנמיטל ס (ען) countermeasure

קעגנער ז (ס) opponent
קעגנשטעל ז resistance
קעז ז (ן) cheese
קעכין ז (ס) (female) cook
קעלבערנס ס veal
קעלט נ (ן) cold, chill
קעלנער ז (ס) waiter
קעלנערין נ (ס) waitress
קעלער ז (ס) cellar
קעמל ז/ס (ען) camel
קעמען (געקעמט) comb
קעמפן (געקעמפט) fight
קעמפער ז (ס) fighter
קענגורו ז (ען) kangaroo
קענטיק apparent
קענטשאַפט נ knowledge, mastery
קעניג ז (ן) king
קעניגין נ (ס) queen
קעניגן (געקעניגט) reign
קעניגרײַך ס (ן) kingdom
קענען (געקענט) can, be able; know
קענער ז (ס) expert
קעסט ז keep, support
קעסטל ס (עך) box
קעסטקינד ס (ער) ward, charge
קעסל ז (ען) kettle, boiler
קעפּל ס (עך) head; headline
קעצל ס (עך) kitten
קעקעצן (געקעקעצט) stammer
קעראַמיק נ ceramics
קעראָסין ז kerosene
קערן ז (ער) kernel
קערן (געקערט) sweep; turn
קערנדל ס (עך) granule
קערעווען (געקערעוועט) steer, guide

קערפער ז (ס)	body
קערפערלעך	corporal
קעשענע נ (ס)	pocket
קפדן ז (ים)	strict person
קצב ז (ים)	butcher
קראָ נ (ען)	crow
קראַב ז (ן)	crab
קראַגן ז (ס)	collar
קראַוואַט ז (ן)	cravat, nectie
קראָט ז (ן)	mole
קראָטבערגל ס (עך)	molehill
קראַך ז (ן)	crash
קראָכמאַל ז	starch
קראַכן (געקראַכט)	crash
קראָליק ז (עס)	rabbit
קראָם נ (ען)	store, shop
קראַן ז (ען)	tap, faucet
קראַנץ ז (קרענץ)	wreath, garland
קראַנק	sick
קראַנקייט נ (ן)	sickness
קראַנקן־שוועסטער נ	nurse
קראַפט נ (ן/קרעפטן)	force, vigor
קראַפטיק	vigorous
קראַץ ז (ן)	scratch
קראַצן (געקראַצט)	scratch
קראָקאָדיל ז (ן)	crocodile
קרבן ז (ות)	sacrifice
קרוב ז (ים)	relative, kinsman
קרוג ז (ן/קריג)	pitcher
קרויט ס (ן)	cabbage
קרוין נ (ען)	crown
קרוינונג נ (ען)	coronation
קרוינען (געקרוינט)	crown
קרוינפרינץ ז (ן)	crown prince

קרום	crooked
קרומלעך	askance
קריג ז/נ (ן)	war; quarrel
קריגן (געקראָגן/געקריגן)	get, receive
קריגן (געקריגט)	wage war
קריגן זיך	quarrel
קריגסגעריכט ס (ן)	court-martial
קריגערײַ ס (ען)	quarrel, brawl
קריגשיף נ (ן)	warship
קריוודע נ (ס)	wrong, injustice
קריוודען (געקריוודעט)	wrong, treat unjustly
קריזיס ז (ן)	crisis
קריטיק נ	criticism
קריטיקירן (קריטיקירט)	criticize
קריטיקער ז (ס)	critic
קריטיש	critical
קריטעריע נ (ס)	criterion
קרײַד נ/ס	chalk
קרײַז ז (ן)	circle
קרייען (געקרייט, געקרייעט)	crow
קרייץ ז (ן)	cross
קרייצפאַרהער ז (ן)	cross-examination
קריכן (געקראָכן)	crawl
קריכער ז (ס)	crawler
קרימינעל	criminal
קרימען זיך (געקרימט)	make faces
קריסט ז (ן)	Christian
קריסטאָל ז (ן)	crystal
קריסטאַליזירן (קריסטאַליזירט)	crystallize
קריסטנטום ס	Christianity
קריצן (געקריצט)	engrave; gnash
קריקבליק ז (ן)	retrospect

קריקפּאָסט נ	return mail
קריקצאָל ז (ן)	refund
קרישלען (געקרישלט)	crumble
קרישקע נ (ס)	crumb
קרן ז (ס)	fund; capital; principal
קרעדיט ז (ן)	credit
קרעטשמע נ (ס)	inn, tavern
קרעטשמער ז (ן)	innkeeper
קרעכץ ז (ן)	groan
קרעכצן (געקרעכצט)	groan

קרעם ז (ען)	cream
קרעמל ס (עך)	small store
קרעמער ז (ס)	shopkeeper
קרענק נ (ען)	sickness
קרענקלעך	sickly
קרענקען (געקרענקט)	be sick
קרעפּל ס (עך)	krepil, dumpling
קרעץ ר	scabies
קשאַק ז (עס)	shrub
קשיא ז (קשיות)	(difficult) question

ר

ר ז/נ	the 20th letter of the Hebrew alphabet
ראָב ז (ן)	raven; wren
ראַבאַט ז (ן)	rebate
ראָבאָט ז (ן)	robot
ראַבאַרבער ז	rhubarb
ראַבעווען (געראַבעוועט)	rob, plunder
ראָד ס/נ (רעדער)	wheel
ראַדאַר ז (ן)	radar
ראַדיאָ ז (ס)	radio
ראַדיקאַל	radical
ראָז, ראָזיק	pink; rosy
ראַזירן (ראַזירט)	shave
ראָזשינקע נ (ס)	raisin
ראַטן (געראַטן)	advise
ראַטעווען (געראַטעוועט)	rescue
ראַטעווער ז (ס)	rescuer
ראַיאָן ז (ען)	region, district
ראיה נ (ראיות)	proof; evidence
ראָלע נ (ס)	role; part

ראָם נ (ען)	frame
ראָמאַן ז (ען)	novel; romance
ראָמאַנטיש	romantic
ראָמען (געראָמט)	clean, tidy up
ראָמש ז (ן)	odds and ends
ראָמשפּאַרקויף ז (ן)	rummage sale
ראַנגלען זיך (געראַנגלט)	wrestle
ראַנגלער ז (ס)	wrestler
ראַנד ז (ן)	edge; brim; margin
ראָנדקע נ (ס)	date
ראַסע נ (ס)	race
ראַץ ז (ן)	rat
ראַק ז (עס)	lobster
ראַק ז (ן)	cancer
ראַקעט ז (ן)	rocket
ראש־חודש ז	beginning of the Jewish month
ראשי־תּיבֿות ר	initials
רבֿ	Reb (Jewish title)
רבותי	gentlemen, sirs!

רבי ז (ס/ים)	Hasidic rabbi; teacher (in a cheder)
רבי־געלט ס	tuition fee (in a cheder)
רבים ז (ס)	majority; plural
רביצין נ (ס)	rabbi's wife
רבניש	rabbinic
רב ז (רבנים)	rabbi
רגזן ז (ים)	bad-tempered man
רגע נ (ס)	moment, instant
רו נ	rest, calm
רואינירן (רואינירט)	ruin
רואיק	calm
רובין ז (ען)	ruby
רובל ז	ruble
רוב ס	majority
רודער ז (ס)	oar; helm
רודערן (גערודערט)	row (a boat); make a noise
רווח ז (ים)	profit
רוח ז (ות)	ghost
רוט נ (ריטער)	rod
רוטין נ (ען)	routine
רוי	raw; unripe
רויב ס	booty, loot
רויבער ז (ס)	robber
רויג ז (ן)	roe
רויז נ (ן)	rose
רויט	red
רויטלעך	reddish
רויך ז (ן)	smoke
רויכיק	smoky
רוים [ס]	Rome
רוימיש	Roman
רוימען (גערוימט)	clean, make tidy
רוישן (גערוישט)	make a noise
רומעניע [נ]	Rumania
רומעניש	Rumanian
רומענער ז	Rumanian
רוס ז (ן)	Russian
רוסיש אדי ס	Russian
רוסלאַנד [ס]	Russia
רוען (גערוט)	rest; repose
רוף ז (ן)	call
רופן (גערופן)	call
רוצח ז (ים)	murderer
רוקזאַק ז (רוקזעק)	knapsack
רוקן ז (ס)	back
רוקן (גערוקט)	move, push
רוקנביין ז (ער)	backbone
רושם ז (ס)	impression
רחבות ס	spaciousness
רחמנות ס	pity, compassion
ריגל ז (ען)	bolt
ריז ז (ן)	giant
ריזיק	gigantic
ריזיקאַליש	risky
ריזיקאַנט ז (ן)	gambler
ריזיקירן (ריזיקירט)	risk
ריזיקע נ (ס)	risk, gamble
ריזעדיק	gigantic
ריח ז (ות)	smell, scent
ריטם ז (ען)	rhythm
ריטמיש	rhythmic
ריטער ז (ס)	knight
ריטעריש	chivalrous
ריטשען (געריטשעט)	bellow; roar
ריי נ (ען)	row, line; queue
רײַבונג נ (ען)	friction
רײַבן (געריבן)	rub

רייד ר	talk, words
רײַז נ/ז	rice
רײַזע נ (ס)	journey
רײַטוואָגן ז (ס)	chariot
רײַטן (געריטן)	ride
רײַטער ז (ס)	rider, horseman
רײַך	rich
רייכערן (גערייכערט)	smoke
רײַכקייט נ	wealth
ריין	clean
ריינוואַשן (ריינגעוואַשן)	absolve
רייניקונג נ (ען)	cleaning
רייניקן (גערייניקט)	clean
ריינקייט נ	cleanliness
רײַסיק	striking; flagrant
רײַסן (געריסן)	tear, rip
רײַסן זיך	quarrel; strive
רייף נ/ז (ן)	hoop; tire, tyre
רײַף	ripe
רייץ ז (ן)	irritation; charm
רייצן (גערייצט)	irritate; allure
רייצנדיק	irritating; charming
ריכטונג נ (ען)	direction
ריכטיק	right, correct
ריכטן (געריכט)	perform
ריכטן זיך	expect, anticipate
ריכטער ז (ס)	judge
רימען (גערימט)	praise
רימען זיך	boast
רינג ז (ען)	ring; link
רינדערנס ס	beef
רינען (גערונען)	leak
רינשטאָק ז (ן)	gutter
ריס ז (ן)	rip
ריפּ נ (ן)	rib

ריצנאייל ז	castor oil
רירן (גערירט)	move, stir; touch
רירנדיק	stirring; touching
רירעוודיק	agile
רישעות ס	malice
רכילות ס (ן)	gossip
רעאַגירן (רעאַגירט)	react
רעאַל	real
רעאַליזם ז	realism
רעאַליסט ז (ן)	realist
רעאַליסטיש	realistic
רעאַקציאָנער ז (ן)	reactionary
רעאַקציע נ (ס)	reaction
רעגולירן (רעגולירט)	regulate
רעגימענט ז (ן)	regiment
רעגיסטראַר ז (ן)	registrar
רעגיסטרירן (רעגיסטרירט)	register; enroll
רעגירונג נ (ען)	government
רעגירן (רעגירט)	govern
רעגן ז (ס)	rain
רעגנבויגן ז (ס)	rainbow
רעגנדיק	rainy
רעגנמאַנטל ז (ען)	raincoat
רעגענען (גערעגנט)	rain
רעדאַקטאָר ז (ן)	editor
רעדאַקציע נ (ס)	editor's office
רעדל ס (עך)	dial; circle; group
רעדן (גערעדט)	speak
רעדנער ז (ס)	speaker
רעדע נ (ס)	speech
רעוואָלווער ז (ן)	revolver
רעוואָלוציע נ (ס)	revolution
רעוויזיע נ (ס)	revision
רעוומאַטיזם	rheumatism

רעזולטאַט ז(ן) — result
רעזיגנירונג נ(ען) — resignation
רעזיגנירן (רעזיגנירט) — resign
רעזערוואַציע נ(ס) — reservation
רעזערווירן (רעזערווירט) — reserve
רעזשים ז(ען) — regime
רעטאָריק נ — rhetoric
רעטאָריש — rhetorical
רעטעך ז(ער) — radish
רעטעניש ס(ן) — riddle
רעטראָאַקטיוו — retroactive
רעטראָספעקט ז — retrospect
רעכט — right, proper
רעכטס — to the right
רעכענונג נ(ען) — calculation
רעכענען (גערעכנט) — count, calculate; consider
רעלאַטיוויטעט נ — relativity
רעליגיע נ(ס) — religion
רעליגיעז — religious
רעמאָנט ז(ן) — renovation (of a building)
רענטגען-שטראַל ז(ן) — x ray
רענעסאַנס ז — renaissance
רעסטאָראַן ז(ען) — restaurant
רעספעקט ז — respect
רעספעקטירן (רעספעקטירט) — respect
רעפאָרט ז(ן) — report
רעפאָרטירן (רעפאָרטירט) — report
רעפאָרטער ז(ן) — reporter
רעפובליק נ(ן) — republic
רעפעטיציע נ(ס) — rehearsal
רעפערטואַר ז(ן) — repertoire
רעפרעזענטירן (רעפרעזענטירט) — represent
רעפאָרם נ(ען) — reform
רעפלעקס ז(ן) — reflex
רעפעראַט ז(ן) — lecture
רעפערענדום ז(ס) — referendum
רעפערענץ נ(ן) — reference
רעציטאַציע נ(ס) — recital
רעציטירן (רעציטירט) — recite
רעצענזיע נ(ס) — review, critique
רעצעפט ז(ן) — prescription
רעקאָמענדאַציע נ(ס) — recommendation
רעקאָמענדירן (רעקאָמענדירט) — recommend
רעקאָרד ז(ן) — record
רעקלאַמע נ(ס) — advertisement
רעקרוט ז(ן) — recruit
רער נ/ז (ן) — pipe, tube
רעש ז — noise
רעשט ז/נ — remainder; change
רעשטל ס (עך) — remnant
רפואה נ(רפואות) — drug, remedy
רצון ז — will, desire
רשימה נ(רשימות) — register, list
רשע ז(ים) — wicked man

ש

ש ז/נ — the 21st letter of the Hebrew alphabet
שאַ! — hush!
שאַבלאָן ז(ען) — stencil; cliché

שאָד ז	pity
שאָדן ז(ס)	damage
שאָוויניזם ז	chauvinism
שאַטינקע נ(ס)	woman with auburn hair
שאַטן (געשאַט)	harm
שאָטן ז(ס)	shadow
שאַך ז(ן)	chess
שאַכברעט ס/נ (שאַכברעטער)	chessboard
שאַכטל ס (עך)	small box
שאַל ז/נ (ן)	shawl, scarf
שאלה נ(שאלות)	question
שאָלעכץ נ/ס(ן)	peel (of potatoes), skin (of fruits), shell (of nuts)
שאַמפּאַניער ז	champagne
שאַמפּו ז(ען)	shampoo
שאַנד נ	disgrace; shame
שאַנס ז(ן)	chance
שאַנעווען (געשאַנעוועט)	spare (refrain from harming)
שאַנק נ/ז (שענק)	closet
שאָס ז(ן)	shot
שאָסיי ז(ען)	highway
שאָפּ ז(ן)	racoon
שאָף נ	sheep
שאַפונג נ(ען)	creation
שאַפן (געשאַפן)	create
שאַפע נ(ס)	cupboard; bookcase; closet
שאָפער ז(ן)	driver, chauffeur
שאַצונג נ(ען)	estimate, appraisal
שאַצן (געשאַצט)	estimate
שאַקאַל ז(ן)	jackal
שאָקאָלאַד ז(ן)	chocolate
שאָקל ז(ען)	shake; nod
שאָקלען (געשאָקלט)	shake
שאַרבן ז(ס)	potsherd; skull
שאָרך ז(ן)	rustle
שאָרכען (געשאָרכעט)	rustle
שאַרלאַטאַן ז(ען)	charlatan
שאַרם ז	charm
שאַרן (געשאַרט)	scrape, rake
שאַרף	sharp
שאַרף נ(ן)	edge, blade
שאַרפן (געשאַרפט)	sharpen
שאַרפקייט נ	sharpness
שאַרפשטיין ז(ער)	whetstone
שבת ז(ים)	Sabbath
שבתדיק	of the Sabbath; festive
שבת־ליכט ר	Sabbath candles
שבועה נ(שבועות)	oath
שבועות	Shevuos (a Jewish holiday)
שבעה נ	Shive (week of mourning for a close relative)
שד ז(ים)	demon
שדים־טאַנץ ז	pandemonium
שדכן ז(ים)	matchmaker
שדכנען (געשדכנט)	propose a match to
שְדרה נ(שדרות)	spine
שוואָגער ז(ס)	brother-in-law
שוואַך	weak
שוואַכקייט נ(ן)	weakness
שוואַלב נ(ן)	swallow
שוואָם ז(ען)	sponge
שוואַן ז(ען)	swan
שוואַנגערן (געשוואַנגערט)	be pregnant
שוואָרעם ז(ס)	swarm

שוואַרץ	black
שוואַרצאַפּל ס (ען)	pupil (of the eye)
שוואַרצן (געשוואַרצט)	blacken; smuggle
שוואַקס ז (ן)	shoe polish
שווונג ז (ען)	swing; zest
שוויגער נ (ס)	mother-in-law
שווײַג ז	silence
שווײַגן (געשוויגן)	be silent
שווײַגנדיק, שווײַגעוודיק	silent
שוויס ז	sweat
שווייץ [נ]	Switzerland
שווייצאַריער ז	Swiss
שווייצאַריש אדי	Swiss
שווימען (געשוווּמען)	swim
שווימער ז (ס)	swimmer
שווינדל ז (ען)	swindle
שווינדלען (געשווינדלט)	swindle; feel dizzy
שווינדלער ז (ס)	swindler
שווינטוך ז (עס)	hog, vulgar man
שוויצבאָד נ (שוויצבעדער)	steambath
שוויצן (געשוויצט)	sweat
שווישטשען (געשווישטשעט)	whistle
שוועבל ז	sulphur
שוועבן (געשוועבט)	hover
שוועבעלע ס (ך)	match
שוועגערין נ (ס)	sister-in-law
שוועד ז (ן)	Swede
שוועדיש	Swedish
שוועדן [ס]	Sweden
שוועל נ/ז (ן)	doorstep
שוועמל ס (עך)	mushroom
שווענקען (געשווענקט)	rinse
שוועסטער נ	sister
שוועסטערקינד ס (ער)	cousin
שווער	heavy; difficult
שווער ז (ן)	father-in-law
שווערד נ (ן)	sword
שוועריקייט נ (ן)	difficulty
שווערן (געשווירן/געשוואָרן)	swear
שוחד ז	bribe
שוטה ז (שוטים)	fool
שויב נ (ן)	pane, glass
שוידער ז (ס)	shudder
שוידערלעך	horrible
שוים ז (ען)	foam
שוימען (געשוימט)	foam
שוין	already; at once
שוינען (געשוינט)	spare (treat with lenience)
שויס ז (ן)	lap
שוך ז (שיך)	shoe
שוכבענדל ס (עך)	shoelace
שול נ (ן)	school; synagogue
שולד נ (ן)	guilt
שולדיק	guilty
שולדיקער ז	culprit
שולע נ (ס)	school
שומר ז (ים)	guard
שונד ז	trashy literature
שוסטער ז (ס)	shoemaker
שופט ז (ים)	judge
שופלאָד ז/ס (ן/שופלעדער)	drawer
שורה נ (שורות)	line
שושקען (געשושקעט)	whisper
שותּף ז (ים)	partner
שותּפות ס (ן)	partnership
שטאַב ז (ן)	staff (of officers)

שטאַט ז (ן) state
שטאָט נ (שטעט) city
שטאָטגאָרטן ז (שטאָטגערטנער) park
שטאָטראַט ז (ן) city council
שטאָך ז (ן) prick, sting
שטאָך ז (שטעך) stitch
שטאָכוואָרט ס (שטאָכווערטער) sarcastic word
שטאַל נ/ז (ן) stable (for horses, cows, etc.)
שטאָל ס steel
שטאָלן of steel
שטאָלץ proud
שטאָלץ ז pride
שטאָלצירן (שטאָלצירט) be proud
שטאַם ז (ען) stem, trunk; clan; ancestry
שטאַמבוים ז (שטאַמביימער) pedigree
שטאַמלען (געשטאַמלט) stammer
שטאַמלער ז (ס) stammerer
שטאַמען (געשטאַמט) originate, be descended
שטאַנג ז/נ (ען) pole; bar
שטאַנד ז (ן) standing; status
שטאַנדפּונקט ז (ן) standpoint
שטאַפּל ז (ען) rung, step; degree, level
שטאָפּן (געשטאָפּט) stuff, fill up
שטאָף ז (ן) stuff, material
שטאָק ז floor, story
שטאַרביק mortal
שטאַרבן (געשטאָרבן) die
שטאָרך ז (ן) stork
שטאַרק strong
שטאַרקייט נ (ן) strength
שטאַרקן (געשטאַרקט) strengthen
שטוב נ (שטיבער) house, home; room
שטודירן (שטודירט) study
שטויב ז/ס (ן) dust
שטויביק dusty
שטוינען (געשטוינט) be astonished
שטוינענדיק amazing
שטויס ז (ן) push
שטויסן (געשטויסן) push
שטויסעניש ס pushing
שטול נ/ז (ן) chair
שטום dumb, mute
שטומער ז dumb man
שטונדע נ (ס) hour
שטופּ ז (ן) push
שטופּן (געשטופּט) push
שטופּעניש ס pushing
שטורך ז (ן) jostle
שטורכען (געשטורכעט) jostle
שטורעם ז (ס) storm
שטורעמדיק stormy
שטורעמווינט ז (ן) tempest
שטורעמען (געשטורעמט) storm; charge; rage
שטות ז/ס (ים) nonsense, folly
שטח ז (ים) area
שטיבל ס (עך) shtibel (small Hasidic house of prayer)
שטיגן ר staircase
שטיוול ז boot
שטײַג נ (ן) cage
שטײַגונג נ (ען) rising; ascent

שטײַגן (געשטיגן)	rise; ascend
שטייגער ז(ס)	manner, custom
– אַ שטייגער	for example
שטיין ז(ער)	stone
שטיין (געשטאַנען)	stand
שטיינדל ס (עך)	pebble
שטיינהאַקער ז(ס)	stonecutter, quarrier
שטיינהאַקערײַ נ(ען)	quarry
שטייסל ס (ען)	mortar (kitchen utensil)
שטײַער ז(ן)	tax
שטײַערקלאַס ז(ן)	tax bracket
שטײַף	stiff
שטײַפקייט נ	stiffness
שטיל	quiet, still
שטילן (געשטילט)	calm; quench, slake
שטילעט ז(ן)	dagger
שטילערהייט	quietly
שטילקייט נ	silence
שטילשטאַנד ז(ן)	standstill
שטים נ(ען)	voice; vote
שטימונג נ(ען)	mood
שטימען (געשטימט)	vote; fit in, correspond
שטימרעכט ס	suffrage
שטינקען (געשטונקען)	stink
שטינקענדיק	stinking
שטינקער ז(ס)	stinker
שטיפברודער ז (שטיפברידער)	stepbrother
שטיפזון ז(שטיפזין)	stepson
שטיפטאַטע ז(ס)	stepfather
שטיפטאָכטער נ (שטיפטעכטער)	stepdaughter
שטיפמאַמע נ(ס)	stepmother
שטיפקינד ס (ער)	stepchild
שטיפשוועסטער נ	stepsister
שטיצן (געשטיצט)	support
שטיצע נ(ס)	support
שטיצער ז(ס)	supporter
שטיק ס/ז (ער)	piece
שטיק ר	pranks
שטיקל ס (עך)	small piece
שטיקלעכווײַז	piecemeal
שטיקן (געשטיקט)	choke; embroider
שטיקשטאָף ז	nitrogen
שטעג ז(ן)	path, lane
שטעטל ס (עך)	small town
שטעכיק	prickly
שטעכל-חזיר ז(ים)	porcupine
שטעכן (געשטאָכן)	sting, prick; stab
שטעל נ(ן)	stall, stand
שטעלונג נ(ען)	attitude
שטעלן (געשטעלט)	set, put; place
שטעלע נ(ס)	position, job
שטעמפל ז(ען)	stamp, seal
שטעמפלען (געשטעמפלט)	stamp; brand
שטענגל ס (עך)	stalk, stem; cluster (of grapes)
שטענדיק אדי, אדוו	standing; always
שטענדער ז(ס)	pulpit
שטעפן (געשטעפט)	stitch
שטעקל ס (עך)	wand
שטעקן ז(ס)	stick, cane
שטעקן (געשטעקט)	stick
שטעקשוך ז(שטעקשיך)	slipper

שטער ז (ן)	hindrance
שטערונג נ (ען)	disturbance
שטערן (געשטערט)	disturb, hinder
שטערן ז (ס)	forehead
שטערן ז (שטערן)	star
שטערנדל ס (עך)	asterisk
שטערצל ס (עך)	lid (of a pot)
שטראַל ז (ן)	beam, ray
שטראַלן (געשטראַלט)	beam, radiate
שטראַלנדיק	beaming; jubilant
שטראָם ז (ען)	stream, current
שטראָמען (געשטראָמט)	stream, flow
שטראָף נ (ן)	penalty
שטראָפן (געשטראָפט)	punish
שטרודל ז (ען)	strudel
שטרוי ז (ען)	straw
שטרוידאַך ז (שטרוידעכער)	thatched roof
שטרויכלונג נ (ען)	stumbling
שטרויכלען (געשטרויכלט)	stumble
שטרויכלשטיין ז (ער)	stumbling stone
שטרויס ז (ן)	ostrich
שטרויען, שטרויערן	of straw
שטרײַמל ס (עך)	shtreimel (Hasidic fur hat)
שטרײַף ז (ן)	stripe
שטרײַק ז (ן)	strike (of employees)
שטרײַקברעכער ז (ס)	strikebreaker, scab
שטרײַקן (געשטרײַקט)	strike
שטרײַקער ז (ס)	striker
שטריק ז/נ	rope
שטריקל ס (עך)	string
שטריקן (געשטריקט)	knit

שטרעבונג נ (ען)	striving, aspiration
שטרעבן (געשטרעבט)	strive, aspire
שטרענג	strict, rigorous
שטרענגקייט נ	strictness, rigor
שטרעקע נ (ס)	distance
שטשור ז (עס)	rat
שטשעפּ ז (ן)	graft (of a plant)
שטשעפּען (געשטשעפּעט)	graft
שיבּוש ז (ים)	trifle
שידוך ז (ים)	match (marriage)
שיטה נ (שיטות)	system
שיטן (געשאָטן/געשיט)	strew
שיטער	sparse, thin
שייגעץ ז (שקָצים)	impudent boy
שיידוועג ז (ן)	crossroad
שיידונג נ (ען)	parting
שיידן זיך (געשיידט)	part, separate
שייטל ס (עך)	shaitel (wig)
שײַכות ס (ן)	relation
שיילן (געשיילט)	peel
שיין	beautiful
שײַן נ	shine, brightness
שיינהייט נ (ן)	beauty, beautiful woman
שײַנען (געשײַנט)	shine
שיינקייט נ (ן)	beauty; loveliness
שײַער ז (ן)	barn
שײַערן (געשײַערט)	scrub
שיכּור ז (ים)	drunkard
שיכּורן (געשיכּורט)	drink (alcoholic liquors excessively)
שיכּרות ס	drunkenness
שיכט ז (ן)	layer
שילד ז/נ (ן)	sign, signboard; shield

שילדערונג נ (ען)	description
שילדערן (געשילדערט)	describe
שילדקרעט ז (ן)	tortoise; turtle
שילער ז (ס)	pupil; schoolboy
שילערין נ (ס)	pupil; schoolgirl
שימל ז	mold, mould; mildew
שימלען (געשימלט)	become moldy
שימערן (געשימערט)	shimmer
שינדל נ (ען)	shingle
שינדן (געשונדן)	skin, flay
שינקע נ (ס)	ham
שיסל נ (ען)	bowl, dish
שיסן (געשאָסן)	shoot
שיסער ז (ס)	marksman
שיעור ז (ים)	lesson; limit
שיף נ (ן)	ship
שיפל ס (עך)	boat
שיצן (געשיצט)	protect
שיק ז	chic, elegance
שיקיִנגל ס/ז (עך)	errand boy
שיקלען (געשיקלט)	squint look sideways
שיקן (געשיקט)	send
שיקסע נ (ס)	gentile girl
שירעם ז (ס)	umbrella
שישקע נ (ס)	cone, strobile
שָכן ז (שכֵנים)	neighbor
שלאָגן (געשלאָגן)	beat, strike
שלאָגן זיך	fight
שלאַכט נ (ן)	battle
שלאַכטפעלד ס (ער)	battlefield
שלאַנג ז/נ (ען/שלענג)	snake
שלאַנק	slender, slim
שלאָס ז (שלעסער)	lock; castle
שלאָסער ז (ס)	locksmith
שלאַף	weak; sick
שלאָף ז	sleep
שלאָפן (געשלאָפן)	sleep
שלאָפצימער ז (ן)	bedroom
שלאַק ז (שלעק)	stroke; wretch
שלווה נ	tranquility
שלום ז	peace
שלומיאל ז (ס)	schlemiel, schlemihl (bungler; misfit)
שלום־עליכם	hello!
שלוק ז (ן)	swig, gulp
שלוקעכץ, שלוקערץ ז (ן)	hiccup
שלוקערצן (געשלוקערצט)	hiccup
שלח־מנות ז/ס	Purim presents
שליח ז (ים)	messenger
שליחות ס (ן)	mission
שליטלען זיך (געשליטלט)	sled, ride on a sled
שליטן ז (ס)	sled, sleigh
שלײַדער נ (ס)	sling, hurl
שלײַדערן (געשלײַדערט)	sling, hurl
שלײַם ז (ען)	phlegm
שלייער ז (ס)	veil
שלייף נ (ן)	temple (side of the forehead)
שלײַפן (געשליפן)	grind, sharpen; whet
שלײַפשטיין ז (ער)	grindstone
שלימזל ז (ען)	shlimazl (unlucky man)
שלינגען (געשלונגען)	swallow
שליסל ז (ען)	key
שליסן (געשלאָסן)	lock; conclude
שליפע נ (ס)	epaulet
שלעגער ז (ס)	beater; bully

שלעגעריש	pugnacious
שלעכט	bad, evil
שלעכטס ס	wrongdoing
שלענגלען זיך (געשלענגלט)	wind, meander
שלעפּ ז(ן)	drag, pull
שלעפּן (געשלעפּט)	drag, pull
שלעפּער ז(ס)	tramp, hobo, vagrant
שלעפֿעריק	sleepy
שמאַטע נ(ס)	rag
שמאַכטן (געשמאַכט)	languish, pine
שמאָל	narrow
שמאַלץ ס/נ	(animal) fat
שמאַלצגרוב ז/ס	treasure
שמאַלציק	fat, greasy
שמאָנצעס ר	nonsense
שמד ז	conversion (to Christianity, etc.)
שמדן (געשמדט)	convert (to Christianity, etc.)
שמוגלען (געשמוגלט)	smuggle
שמוגלער ז(ס)	smuggler
שמועס ז(ן)	talk, chat
שמועסן (געשמועסט)	talk, chat
שמוץ ס	filth, dirt
שמוציק	filthy
שמיד ז(ן)	blacksmith
שמידן (געשמידט)	forge, hammer
שמידערײַ נ(ען)	smithy
שמייכל ז/ס(ען)	smile
שמייכלדיק	smiling
שמייכלען (געשמייכלט)	smile
שמײַסן (געשמיסן)	whip
שמינקע נ(ס)	rouge
שמיץ ז	lash, spank
שמיר ז(ן)	smear
שמירן (געשמירט)	smear, lubricate
שמעגעגע ז(ס)	dawdler; humdrum
שמעטערן (געשמעטערט)	smash
שמעלצן (געשמאָלצן)	melt
שמעלקע ז(ס)	confidant; prominent person
שמעק ז(ן)	sniff
שמעקן (געשמעקט)	smell
שמערץ ז(ן)	pain
שמש ז(ים)	beadle, sexton
שנאָבל ז(ען)	beak
שנאַפּן (געשנאַפּט)	sniff, spy
שנאַפּס ז(ן)	brandy
שנאָרכצן (געשנאָרכצט)	snore
שנאָרען (געשנאָרעט)	beg, panhandle
שנאָרער ז(ס)	beggar
שנור ז(ן)	string, cord
שנור נ(ן/שניר)	daughter in-law
שנורעווען (געשנורעוועט)	lace (shoes)
שניט ז(ן)	cut; harvest
שניי ז(ען)	snow
שנייאיק	snowy
שנײַדן (געשניטן)	cut; harvest, reap
שנײַדער ז(ס)	tailor
שנייען (געשנייט)	snow
שנײַצן (געשנײַצט)	blow (nose)
שניפּס ז(ן)	necktie
שניצן (געשניצט)	carve
שנירל ס(עך)	string, lace
שנעל ז(ן)	fillip
שנעל	fast, quick

שנעלצוג ז(ן)	express train
שנעלקייט נ	rapidity
שנעק ז(ן/עס)	snail; urchin
שעדיקן (געשעדיקט)	hurt
שעדלעך	harmful
שעה נ(ען)	hour
שעכטן (געשאָכטן)	slaughter
שעלטן (געשאָלטן)	curse
שעמעוודיק, שעמעדיק	shy
שעמען זיך (געשעמט)	be ashamed
שענדן (געשענדט)	dishonor; violate
שענק נ/ז (ען)	saloon, tavern
שענקען (געשאָנקען/געשענקט)	give (as a gift); forgive
שענקער ז(ס)	saloonkeeper
שעפּטשען (געשעפּטשעט)	whisper
שעפּן (געשעפּט)	draw; scoop
שעפּס ז(ן)	sheep
שעפּסנס ס	mutton
שעף ז(ן)	chef; chief
שעפּעלע ס (ך)	lamb
שעצן (געשעצט)	esteem
שער נ(ן)	shears; scissors
שַׁעַר־בלאַט ז (־בלעטער)	title page
שערן (געשוירן)	shear, cut (with shears or scissors)
שערער ז(ס)	barber
שערץ נ(ן)	apron
שפּאַגאַט ז(ן)	cord
שפּאָט ז	mockery
שפּאַלט ז(ן)	crack
שפּאַלטונג נ(ען)	split
שפּאַלטן (געשפּאָלטן)	split
שפּאַן ז(ען)	span; pace
שפּאָן ז(שפּענער)	chip
שפּאַנונג נ(ען)	tension; suspense
שפּאַניע [נ]	Spain
שפּאַניער ז	Spaniard
שפּאַניש	Spanish
שפּאַנען (געשפּאַנט)	harness; pace, stride; strain
שפּאַנענדיק	thrilling
שפּאַס ז(ן)	joke
שפּאַסיק	funny
שפּאַסן (געשפּאַסט)	make fun
שפּאַציר ז(ן)	walk, stroll
שפּאַצירן (שפּאַצירט)	walk, stroll
שפּאַצירער ז(ס)	walker (for pleasure)
שפּאָר ז(ן)	(horseman's) spur
שפּאָרבאַנק נ (שפּאָרבענק)	savings bank
שפּאָרבער ז(ס)	sparrow hawk
שפּאַרן זיך (געשפּאַרט)	dispute; insist
שפּאָרן (געשפּאָרט)	save, economize
שפּאָרעוודיק	thrifty
שפּאָרעוודיקייט נ	thrift
שפּול נ(ן)	spool
שפּור ז/נ(ן)	trace
שפּיאָן ז(ען)	spy
שפּיאָנירן (שפּיאָנירט)	spy
שפּיגל ז(ען)	mirror
שפּיגלען (געשפּיגלט)	shine
שפּיגלען זיך	mirror; delight in
שפּיז ז/נ	spear
שפּיטאָל ז/ס (שפּיטעלער)	hospital
שפּײַ ז(ען)	spit
שפּײַז נ(ן)	food
שפּײַזונג נ	nourishment

שפּײַזיק	nutritious
שפּײַזן (געשפּײַזט)	nourish
שפּײַזער ז (ס)	breadwinner
שפּײַזקראָם נ (ען)	grocery
שפּײַכלער ז (ס)	granary
שפּײַעכץ ס (ן)	saliva
שפּײַען (געשפּיגן)	spit
שפּיל נ/ס (ן)	play, game
שפּילן (געשפּילט)	play
שפּילעכל ס (עך)	toy; trifle
שפּילער ז (ס)	player
שפּילקע נ (ס)	pin
שפּין נ/ז (ען)	spider
שפּינדל ס (עך)	spindle
שפּינוועבעכץ ס	spider web, cobweb
שפּינען (געשפּונען)	spin
שפּינער ז (ס)	spinner
שפּיץ ז (ן)	point; top; peak
שפּיציק	pointed
שפּיצל ס (עך)	prank
שפּירן (געשפּירט)	feel
שפּעט אדוו	late
שפּעטיק אדי	late
שפּעטער	later
שפּענדל ס (עך)	splinter, chip
שפּערל ז (עך)	sparrow
שפּראַך נ (ן)	language
שפּראָץ ז (ן)	sprout
שפּראָצן (געשפּראָצט)	sprout
שפּרוך ז (ן)	incantation
שפּרונג ז (ען)	jump, leap
שפּרײַז ז (ן)	pace, stride
שפּרײַזן (געשפּרײַזט)	pace, stride
שפּרייטונג נ (ען)	spread
שפּרייטן (געשפּרייט)	spread
שפּריכוואָרט ס (שפּריכווערטער)	proverb
שפּרינגען (געשפּרונגען)	jump
שפּרינגער ז (ס)	leaper; grasshopper
שפּרינקלען (געשפּרינקלט)	sprinkle
שפּריץ ז (ן)	spurt, squirt; spray
שפּריצן (געשפּריצט)	spurt; spray; splash
שפע נ (ס)	abundance
שקאַפּע נ (ס)	mare; jade
שקלאַף ז (ן)	slave
שקלאַפּיש	servile
שקלאַפן (געשקלאַפּט)	slave
שקלאַפערײַ ס	slavery
שקר ז (ים)	lie, untruth
שקראָבען (געשקראָבעט)	scrape
שקרן ז (ים)	liar
שרויף ז/נ (ן)	screw
שרויפן (געשרויפט)	screw
שרויפנציִער ז (ס)	screwdriver
שריט ז	step
שרײַ ז (ען)	shout
שרײַיִק	shrill; loud
שרײַבמאַשין נ (ען)	typewriter
שרײַבן (געשריבן)	write
שרײַבער ז (ס)	writer
שרײַען (געשריגן)	shout
שרײַער ז (ס)	loudmouth
שריפט ז (ן)	script
שרעטעלע ס (עך)	elf, hobgoblin
שרעק ז/נ (ן)	horror
שרעקלעך	frightening
שרעקן (געשראָקן)	frighten
שרעקעוודיק	timid
שתּדלן ז (ים)	intercessor
שתּדלנות ס	intercession

ש

שימחה נ(שימחות) joy; party
שכל ז sense; reason
שכל־הישר ז common sense
שר ז(ים) dignitary; minister (a member of the Israeli Cabinet)

ת

ת ז/נ the 22nd letter of the Hebrew alphabet
תאווה נ(תאוות) lust
תבואה נ(תבואות) grain
תביעה נ(תביעות) claim
תובע ז(ים) claimant; plaintiff
תוכן ז contents
תורה נ Torah
תושב ז(ים) resident
תיכף immediately
תימן [ס] Yemen
תירוץ ז(ים) answer; pretext, dodge
תכלית ז(ים) purpose; practicality
תכשיט ז(ים) jewel; brat
תל ז ruin
תל־אביב [ס] Tel Aviv
תלמוד ז(ים) Talmud
תלמוד־תורה נ(־תורות) Talmud Torah (a religious Hebrew school)
תלמיד ז(ים) pupil masc.
תלמידה נ(תלמידות) pupil fem.
תלמיד־חכם ז (תלמידי־חכמים) rabbinic scholar
תם ז(ען) simpleton
תמימותדיק naive
תמעוואַטע foolish
תמצית ז/ס(ים) essence
תנאי ז(תנאָים) condition
תנאים ר engagement ceremony
תענוג ז(ים) pleasure
תענית ז(ים) fast
תפילה נ(תפילות) prayer
תפיסה נ(תפיסות) prison.
תקיף ז(ים) influential man
תקנה נ(תקנות) statute; remedy
תשובה נ(תשובות) answer; repentance
תתחדש wear it (the new garment) well!